固定資産税の
38のキホンと88の重要裁判例

弁護士
宮崎 裕二

多発する固定資産税の課税ミスに
いかに対処するか！

は じ め に

　自宅を購入すると，翌年に役所から固定資産税（都市部では都市計画税も併せて）の納税通知書が来ます。

　そこには一括払いと分割払いの納付書が入っており，年間で数万円から数十万円の金額を納めるように記載されています。

　私たちは，役所から来た通知だから，まさか間違いはあるまいと，そのまま疑問を持つことなく支払いをしています。

　確かに，相続税のように桁違いの税金を支払うわけではないので，簡単に右から左へスルーしているのが現状です。

　ところが，固定資産税には思わぬ落とし穴があります。役所も間違えることがあるからです。

＊

　本書では，第1編の固定資産税の「キホン」編で38のポイントをあげて，固定資産税がいかに分かりにくく間違えやすい構造になっているかを明らかにし，第2編，第3編の「裁判例」編で，固定資産税をめぐって争われた最高裁および下級審の88の重要な裁判例を紹介しています。

＊

　不動産を所有している以上，固定資産税は，相続税と異なり，毎年必ず支払わなければなりません。

　ちりも積もれば山となる，といいますが，年間10万円の固定資産税の誤りがあれば，30年間で300万円という大損になるのです。

そう考えると，固定資産税の納税通知書を見過ごすわけにはいかないと思いませんか。

＊

政治の基本は，英国のマグナカルタ以来，税金の支払い方と使い方にあるといわれてきました。

本書によって，少しでも固定資産税について関心を深め，役所のすることをきちんと監視する人が増えれば，わが国の政治が少しは良い方向へ向かうことと信じています。

平成 29 年 晩夏

弁護士　宮崎　裕二

目　　次

第1編　固定資産税の 38 のキホン

① 固定資産税と都市計画税の納税通知書とは？ …………………… 2

② 固定資産税の対象となる固定資産とは？ ………………………… 7

③ 固定資産税はどういう税金で，どんな法律に規定されているのか？ ………………………………………………………………… 9

④ 固定資産税がかけられる家屋と償却資産との違いは？ ………… 11

⑤ 固定資産税を支払うのは誰か？ …………………………………… 13

⑥ いつの時点で固定資産税がかかり，いつまでに支払うのか，不動産の売主・買主間で固定資産税はどのように処理しているか？ ………………………………………………………………… 15

⑦ 固定資産税の精算金はどのように取り扱われ，国税不服審判所の判断はどうだろうか？ …………………………………………… 17

⑧ 固定資産税と都市計画税の違いは？ ……………………………… 19

⑨ 固定資産税を免れる個人や法人があるのか，また固定資産税がかけられない土地や家屋があるのか？ ……………………………… 21

⑩ 固定資産税の減免制度と，非課税や課税免除・不均一課税との違いは？ ………………………………………………………………… 23

⑪ 固定資産税と所得税との納税方式の違いは？ …………………… 25

⑫ 固定資産の評価基準を決めるのは誰か，その基準に基づき誰が固定資産の価格を決めるのか，そして実際に評価するのは誰か？ ………………………………………………………………… 27

⑬ 固定資産評価基準とはどういうもので，憲法の「租税法律主義」に違反しないのか？ ……………………………………… *29*

⑭ 土地の固定資産評価基準とは？ ……………………………… *31*

⑮ 固定資産評価基準でいう「画地計算法」とは？ …………… *33*

⑯ 家屋の固定資産評価基準とは ………………………………… *36*

⑰ 土地の「一物五価」とは？ …………………………………… *38*

⑱ 宅地の固定資産税評価額は，なぜ公示価格の７割なのか？ ……… *40*

⑲ 固定資産税の負担調整措置とは？ …………………………… *42*

⑳ 固定資産税と都市計画税の税率はいくらか？ ……………… *44*

㉑ 住宅用地の特例措置とは？ …………………………………… *46*

㉒ 納税通知書と課税明細書に記載されているいろいろな金額の意味は？ ……………………………………………………………… *48*

㉓ 自分の土地や家屋の固定資産税評価額や税額を知るにはどうすればよいのか，また，近隣の土地や家屋の固定資産税評価額を知ることはできるか？ ………………………………………… *50*

㉔ 固定資産税の路線価と相続税の路線価とはどう違うのか，また，なぜ固定資産税の路線価は３年に一度しか評価替えしないのか？ ……………………………………………………………… *52*

㉕ 不動産を取得すると固定資産税や都市計画税以外にも，どんな税金がかかるか？ …………………………………………… *54*

㉖ 家屋の評価は，誰がどのようにするのか？ ………………… *56*

㉗ 家屋を増改築したり，用途を変更した場合にも家屋の調査があるのか？ ……………………………………………………… *58*

㉘ 新築住宅や改修工事について固定資産税の減額制度があるか？ ……… *59*

㉙ 家屋を取り壊したら土地の固定資産税が上がるのは本当か，住宅用地の特例措置を受け続ける方法はないか？ ……………… *61*

㉚ 空家対策特別措置法によって住宅用地の特例措置が適用されないことがあるか？ ……………………………………………… *63*

㉛ 相続でもめて相続人が決まらない不動産の固定資産税は誰が負

担するのか，相続人がいない場合はどうなるのか？ ……………… 65

㉜ 農地に対する固定資産税 ……………………………………………… 67

㉝ 固定資産税の課税ミスは，なぜ度々あるのか？ …………………… 69

㉞ 固定資産税に関する不服申立には 2 つのルートがある ………… 71

㉟ 固定資産税評価額に不服があるときは，どうすればよいか ……… 73

㊱ 支払い過ぎとわかった場合に還付される固定資産税は何年分
か？ …………………………………………………………………… 75

㊲ 市町村が固定資産税をきちんと賦課・徴収していないときは，
住民はどのような方法をとればよいのか？ ………………………… 77

㊳ 課税ミスを防ぐには，どうしたらよいのか？ ……………………… 79

（第2編） 固定資産税に関する 28 の最高裁裁判例

【1】 固定資産税の賦課決定が憲法違反として争われたことがある
か？ （最高裁昭和 30 年 3 月 23 日判決・民集 9 巻 3 号 336 頁） ………………… 83

【2】 固定資産税の賦課決定処分に対する不服申立のルートはどう
なっているのか？ （最高裁昭和 44 年 3 月 11 日判決・民事 94 号 605 頁） …… 85

【3】 真の所有者でないのに登記・登録されて固定資産税の納税義
務を負担したものは，真の所有者に対し不当利得返還請求が
できるか？ （最高裁昭和 47 年 1 月 25 日判決・民集 26 巻 1 号 1 頁） ………… 86

【4】 地方税法で固定資産税を支払わないでよい法人として挙げら
れている「学術の研究を目的とするもの」とはどういう法人
か，そうであっても課税される固定資産もあるのか？ （最高裁
昭和 49 年 9 月 2 日判決・民集 28 巻 6 号 1033 頁） ……………………………… 87

【5】 不動産取得税の課税標準となる固定資産課税台帳に登録され
ている価格について不動産取得者が争えないか，それは憲法
違反にならないのか？ （最高裁昭和 51 年 3 月 26 日判決・民事 117 号
309 頁） ……………………………………………………………………… 90

【6】 どちらの固定資産税も支払わなければいけないのか？（最高裁昭和 54 年 9 月 20 日判決・民事 127 号 461 頁）‥‥‥‥‥‥ 93

【7】 名寄帳の閲覧請求はできないのか？（最高裁昭和 57 年 1 月 19 日判決・判時 1031 号 115 頁）‥‥‥‥‥‥‥‥‥‥‥‥‥ 94

【8】 固定資産課税台帳の縦覧は誰でもできるか？（最高裁昭和 62 年 7 月 17 日判決・判時 1262 号 93 頁）‥‥‥‥‥‥‥‥‥ 95

【9】 固定資産評価審査委員会の審査では審査申出人に対し土地の評価の根拠等についてどの範囲まで知らせるべきか，また他の土地の評価額等の開示はしないのか？（最高裁平成 2 年 1 月 18 日判決・民集 44 巻 1 号 253 頁）‥‥‥‥‥‥‥‥‥ 97

【10】 固定資産課税台帳の登録価格によって不動産取得税が決定されている場合に，客観的に適正な価格と異なると主張して価格を争えないか，賦課期日後に生じた特別の事情に限られるのか？（最高裁平成 6 年 4 月 21 日判決・判時 1499 号 59 頁）‥‥‥‥‥‥‥‥ 102

【11】 市が公共の用に供した固定資産については，いつでも固定資産税はかからないか？（最高裁平成 6 年 12 月 20 日判決・民集 48 巻 8 号 1676 号）‥‥‥‥‥‥‥‥‥‥‥‥‥‥‥‥‥ 104

【12】 小作地に対する宅地並み課税により固定資産税等の額が増加したことを理由とした小作料の増額請求は認められないか？（最高裁平成 13 年 3 月 28 日判決・民集 55 巻 2 号 611 頁）‥‥‥‥‥‥‥‥ 108

【13】 原処分庁の補助職員が固定資産評価審査委員会に同席してもよいのか？（最高裁平成 14 年 7 月 9 日判決・判例地方自治 234 号 22 頁）‥‥ 112

【14】 固定資産課税台帳に登録された土地の価格が客観的な交換価値を上回る場合にはどうなるのか？（最高裁平成 15 年 6 月 26 日判決・判時 1830 号 29 頁）‥‥‥‥‥‥‥‥‥‥‥‥‥‥ 115

【15】 家屋の評価について評価基準に従えば適正な時価といえるのか？（最高裁平成 15 年 7 月 18 日判決・判時 1839 号 96 頁）‥‥‥‥‥‥ 119

【16】 固定資産税等の課税処分が違法であるとして国家賠償請求訴訟を提起した場合に弁護士費用も損害として認められるか？（最高裁平成 16 年 12 月 17 日判決・判時 1892 号 14 頁）‥‥‥‥‥‥‥‥ 120

【17】 同一の敷地にある複数の建物の固定資産評価審査委員会の決

定は複数か，複数としたら行政事件訴訟法 13 条六号の関連請
求の要件を満たすか？（最高裁平成 17 年 3 月 29 日決定・判時 1890 号
43 頁）‥‥‥‥‥‥‥‥‥‥‥‥‥‥‥‥‥‥‥‥‥‥‥‥‥‥‥‥‥ *122*

【18】 固定資産評価審査委員会の決定の取消訴訟で委員会の認定金
額が裁判所の認定金額を上回るときは全部取り消すのか，超
える部分だけを取り消すのかのどちらか？（最高裁平成 17 年 7 月
11 日判決・民集 59 巻 6 号 1197 頁）‥‥‥‥‥‥‥‥‥‥‥‥‥‥‥‥ *125*

【19】 固定資産税の課税標準である固定資産の適正な時価とは収益
還元価格ではないのか？（最高裁平成 18 年 7 月 7 日判決・判時 1949 号
23 頁）‥‥‥‥‥‥‥‥‥‥‥‥‥‥‥‥‥‥‥‥‥‥‥‥‥‥‥‥‥ *127*

【20】 無道路地と同一所有者による公路への通路がある場合に通路
開設補正が適用されるか？（最高裁平成 19 年 1 月 19 日判決・判時
1962 号 57 頁）‥‥‥‥‥‥‥‥‥‥‥‥‥‥‥‥‥‥‥‥‥‥‥‥‥ *129*

【21】 固定資産評価基準による評価が建築請負代金より高くても
「適正な時価」といえるのか？（最高裁平成 19 年 3 月 22 日判決・判
例地方自治 290 号 71 頁）‥‥‥‥‥‥‥‥‥‥‥‥‥‥‥‥‥‥‥‥ *132*

【22】 市街化区域内農地と適正な時価（最高裁平成 21 年 6 月 5 日判決・判
時 2069 号 6 頁）‥‥‥‥‥‥‥‥‥‥‥‥‥‥‥‥‥‥‥‥‥‥‥‥ *134*

【23】 固定資産評価審査委員会への審査申出および同委員会の決定
に対する取消訴訟を経ないで国家賠償請求をすることができ
るか？（最高裁平成 22 年 6 月 3 日判決・民集 64 巻 4 号 1010 頁）‥‥‥‥ *139*

【24】 家屋を建替え中の土地の固定資産税はどうなるのか？（最高裁
平成 23 年 3 月 25 日判決・判時 2112 号 30 頁）‥‥‥‥‥‥‥‥‥‥‥‥ *143*

【25】 固定資産課税台帳に登録された基準年度における土地の価格
が評価基準によって決定される価格を上回ると違法か？（最高
裁平成 25 年 7 月 12 日判決・民集 67 巻 6 号 1255 頁）‥‥‥‥‥‥‥‥‥ *146*

【26】 賦課期日の時点で登記簿または補充課税台帳に登録がされて
いない場合に賦課決定処分時までに登記または登録がされて
いれば納税義務があるか？（最高裁平成 26 年 9 月 25 日判決・民集 68
巻 7 号 722 頁）‥‥‥‥‥‥‥‥‥‥‥‥‥‥‥‥‥‥‥‥‥‥‥‥‥ *150*

【27】 登記簿表題部の所有者欄に「大字西」などと記載されている

土地について，当該土地の自治会または町会を納税義務者と
できるか？（最高裁平成 27 年 7 月 17 日判決・判時 2279 号 16 頁）・・・・・・・・・・・ *153*

【28】 信託財産の受託者が所有する複数の不動産の固定資産税に係
る滞納処分は許されるか？（最高裁平成 28 年 3 月 29 日判決・民事 252
号 109 頁）・・・ *156*

第3編 固定資産税に関する 60 の下級審裁判例

1 家屋と償却資産との違い

【1】 エレベーターは家屋の一部か，償却資産か？（東京高裁平成 24 年
7 月 11 日判決・判例秘書）・・ *162*

2 固定資産税の負担者

【2】 無効な登記で所有者として登記された場合にも固定資産税は
かかるか？（東京地裁平成 23 年 5 月 26 日判決・ウェストロー・ジャパン）
・・ *164*

【3】 不動産の登記名義人が納付していた固定資産税等について，
判決でその不存在が確定したとして過誤納付金の返還を請求
できるか？（大阪高裁平成 25 年 7 月 25 日判決・判例秘書）・・・・・・・・・・・・・ *168*

【4】 不動産売買における固定資産税の支払合意に基づく売主から
買主への請求が認められるか？（東京地裁平成 19 年 5 月 28 日判決・
判例秘書）・・・ *170*

【5】 不動産が競売された場合に，元の所有者は買受人に対し取得
以降の期間に対応する固定資産税等について請求できるか？
（大阪高裁平成 23 年 6 月 30 日判決・金法 1942 号 127 頁）・・・・・・・・・・・・・・ *171*

【6】 共同相続した建物の固定資産税等を相続人の 1 人が支払った
場合に他の相続人に請求できるか？（東京地裁平成 22 年 2 月 4 日判
決・ウェストロー・ジャパン）・・・ *175*

3 固定資産税がかからない場合

【7】 宗教法人が動物の遺骨を収蔵保管している建物部分およびその敷地相当部分の土地は非課税対象とならないのか？（東京高裁平成20年1月23日判決・税法学562号203頁）‥‥‥‥‥‥‥ 177

【8】 宗教法人の動物墓地は非課税対象とならないか？（東京高裁平成24年3月28日判決・判例秘書）‥‥‥‥‥‥‥‥‥‥‥‥‥‥ 181

【9】 宗教法人の経営する納骨堂は非課税ではないのか？（東京地裁平成28年5月24日判決・判例秘書）‥‥‥‥‥‥‥‥‥‥‥‥‥ 183

【10】 非課税となる「公共の用に供する道路」とは何か？（福岡高裁平成26年12月1日判決・判例地方自治396号23頁）‥‥‥‥‥ 186

【11】 ため池として登記されているけれど，水面上にデッキプレートが構築されていて，一部を有料で貸している場合にも非課税でよいか？（大阪地裁平成20年2月29日判決・判タ1281号193頁）‥‥‥ 190

【12】 学校法人が直接教育の用に供する非課税の固定資産とは何だろうか？（東京地裁平成23年10月21日判決・ウェストロー・ジャパン）‥‥‥ 194

【13】 老人保健施設の土地・建物が非課税となる社会福祉事業とはどういう場合だろうか？（大阪地裁平成14年7月25日判決・判例秘書）‥‥‥‥‥‥‥‥‥‥‥‥‥‥‥‥‥‥‥‥‥‥‥‥‥‥‥‥‥ 197

【14】 直接その研究の用に供する非課税の固定資産とは何だろうか？（大阪地裁平成18年3月23日判決・判タ1208号133頁）‥‥‥‥‥‥ 201

【15】 農業協同組合とは異なり，農事組合法人の事務所などには課税されるか？（仙台高裁平成14年10月31日判決・裁判所ウェブサイト）‥‥‥‥‥‥‥‥‥‥‥‥‥‥‥‥‥‥‥‥‥‥‥‥‥‥‥‥‥ 205

【16】 独立行政法人が所有する不動産の一部をレストランなどの営業目的で賃貸した場合には，その部分は課税対象となるか？（東京地裁平成19年10月11日判決・判例秘書）‥‥‥‥‥‥‥‥‥‥ 207

4 固定資産税の減免が認められる場合

【17】 家計が苦しいことを理由に固定資産税の減免申請が認められた例があるか？（秋田地裁平成23年3月4日判決・判例秘書）‥‥‥‥‥ 210

【18】 朝鮮総連が使用する施設についての固定資産税の減免措置は認められるか？（福岡高裁平成18年2月2日判決・判タ1233号199頁）‥‥‥ *216*

5 固定資産評価基準の拘束力

【19】 山林の価格がいい加減で，固定資産評価基準に違反した事例があるか？（東京地裁平成14年10月18日判決・裁判所ウェブサイト）‥‥‥ *223*

【20】 土地の固定資産税の評価額は収益還元価格を超えることができるか？（東京高裁平成14年10月29日判決・判タ1109号272頁）‥‥‥ *227*

【21】 大型商業施設の評価に収益還元法を適用すべき特段の事情は認められないか？（名古屋地裁平成17年1月27日判決・判タ1234号99頁）‥‥‥ *234*

6 固定資産評価基準の1画地とは

【22】 1筆の宅地が別画地となることがあるか？（大阪地裁平成18年12月20日判決・判時1987号39頁）‥‥‥ *237*

【23】 所有者が異なるが一体利用されている2筆を1画地として評価することは国家賠償法上違法となるか？（高松高裁平成23年12月20日判決・判例秘書）‥‥‥ *241*

【24】 所有者を異にする数筆の土地を1画地と認定することに合理的な場合があるか？（大阪地裁平成14年7月19日判決・判例地方自治242号58頁）‥‥‥ *244*

【25】 ゴルフ場のコース部分と山林部分の一体評価は許されるか？（名古屋高裁平成24年7月19日判決・判時2166号67頁）‥‥‥ *250*

【26】 ゴルフ場と遊園地の評価で使われる潰れ地とは？（大阪地裁平成22年6月24日判決・判タ1345号149頁）‥‥‥ *252*

7 固定資産評価基準の宅地についての「所要の補正」とは

【27】 公図上は公道に接続していないけれど，実際は接続している場合に固定資産評価基準の「無道路地」とならないのか？（大阪地裁平成27年12月25日判決・判例秘書）‥‥‥ *265*

【28】 土地の不整形地補正が認められるのは，どういう場合か？（大阪地裁平成27年8月5日判決・判例秘書）‥‥‥ *267*

【29】 地中のアスベストスラッジは「所要の補正」に当たらない
か？（佐賀地裁平成 19 年 7 月 27 日判決・判例秘書）··················· 270

【30】 近隣の暴力団事務所は土地の減額補正にならないか？（大阪地
裁平成 23 年 1 月 19 日判決・判例地方自治 356 号 67 頁）··············· 272

【31】 市街地宅地評価法では適正な時価を算定できないことがある
か？（東京地裁平成 26 年 3 月 27 日判決・ウェストロー・ジャパン）·········· 274

8 家屋の固定資産評価基準——再建築方式

【32】 再建築方式が家屋の適正な時価といえるか？（名古屋地裁平成 14
年 6 月 28 日判決・裁判所ウェブサイト）····························· 281

【33】 需給事情を理由として，固定資産評価審査委員会の認定した
価格が適正な時価を超えるとして取り消した例があるか？（鳥
取地裁平成 19 年 1 月 23 日判決・判例地方自治 297 号 17 頁）·············· 288

【34】 空港ターミナルビル事業の廃止に対し，需給事情による補正
は 1 割程度にとどまるか？（那覇地裁平成 20 年 10 月 28 日判決・判例
秘書）·· 292

【35】 事務所部分と住居部分からなる区分所有建物については，単
一の経年減点補正率を適用するのか？（札幌地裁平成 28 年 1 月 28
日判決・判例秘書）·································· 296

9 住宅用地の特例措置

【36】 住宅用地の特例を規定した地方税法 349 条の 3 の 2 でいう
「家屋」とは，区分所有建物の場合，1 棟の建物全体か，それ
とも区分所有の専有部分か？（東京高裁平成 17 年 12 月 13 日判決・
判例秘書）（原審：さいたま地裁平成 17 年 7 月 20 日判決・判例秘書）············ 301

【37】 阪神・淡路大震災で損壊した居住用建物が所在していた土地
が有料駐車場として使用されている場合に，小規模住宅用地
の特例措置が適用されるか？（大阪高裁平成 19 年 3 月 27 日判決・判
タ 1251 号 186 頁）································· 304

【38】 賦課期日時点で建物が未完成の場合には，住宅用地の特例措
置は適用されないか？（さいたま地裁平成 15 年 2 月 26 日判決・判例地
方自治 244 号 62 頁）······························· 309

10 相続の場合の納税義務者

【39】登記名義が被相続人のままの場合に，固定資産税納税義務者
の代表者を指定するのは課税庁の裁量に任されているか？（福
岡地裁平成 25 年 2 月 26 日判決・判例地方自治 381 号 21 頁） ……………… *311*

11 農地の賃貸借の解約申入れ

【40】固定資産税額が賃料額を上回る逆ざや現象の場合に，農地法
に基づく解約申入れが認められるか？（宇都宮地裁平成 24 年 9 月
13 日判決・判例秘書） …………………………………………………………… *316*

12 固定資産税の賦課決定の手続

【41】賦課決定に当たり価格の適正を判断するのに必要な資料の交
付を欠いていても違法ではないのか，また裁決手続において
建築士を代理人として選任できるか？（東京高裁平成 23 年 12 月 15
日判決・ウェストロー・ジャパン）（原審：東京地裁平成 23 年 6 月 30 日判決・
ウェストロー・ジャパン） ……………………………………………………… *319*

【42】東日本大震災の減免措置が取り消された場合に，市長への審
査請求を経ることなく取消訴訟を提起することができるか？
（仙台地裁平成 25 年 10 月 8 日判決・判例秘書） ……………………………… *321*

13 固定資産評価審査委員会への審査申出か，市町村長
への審査請求か

【43】課税地目の認定に誤りがあることを理由に，固定資産評価審
査委員会への審査申出をしないで賦課決定の取消しを求める
ことができるか？（岡山地裁平成 22 年 9 月 29 日判決・判例秘書）（控訴
審：広島高裁岡山支部平成 23 年 6 月 23 日判決・判例秘書） ………………… *325*

【44】市長による登録価格の修正処分への不服申立は審査委員会へ
の異議申出か市長への審査請求か，修正処分は何年分できる
か？（大阪地裁平成 15 年 7 月 25 日判決・判例地方自治 264 号 51 頁） ……… *328*

【45】固定資産評価審査委員会では，非課税の有無について争え
るか？（東京地裁平成 25 年 1 月 16 日判決・ウェストロー・ジャパン） …… *331*

14 固定資産評価審査委員会の手続

【46】 固定資産評価審査委員会が地方税法 433 条 1 項の審査決定期間を守らなくても違法ではないのか？（神戸地裁平成 14 年 11 月 14 日判決・判例地方自治 244 号 58 頁）‥‥‥‥‥‥‥‥‥‥‥‥‥‥‥‥ 333

【47】 固定資産評価審査委員会が時価について評価基準への適合の有無とは別に実体的判断をしなければならない場合があるか？（東京地裁平成 16 年 2 月 27 日判決・判例秘書）‥‥‥‥‥‥‥‥‥ 334

【48】 現所有者が前所有者の代理人としてなした審査申出に対する棄却決定の取消しを求める訴えについて原告適格があるか？（福岡高裁平成 18 年 2 月 14 日判決・判例秘書）‥‥‥‥‥‥‥‥‥‥‥ 339

【49】 審査途中に不動産を買い受けた者は審査請求人の地位を承継するか？（福岡地裁平成 20 年 8 月 26 日判決・判タ 1296 号 146 頁）‥‥‥‥ 342

【50】 固定資産評価審査委員会が市側のみを呼び出したことは中立性，独立性に反するか？（東京高裁平成 24 年 3 月 14 日判決・判例秘書）‥‥‥‥‥‥‥‥‥‥‥‥‥‥‥‥‥‥‥‥‥‥‥‥‥‥‥‥‥‥‥ 344

15 国家賠償訴訟

【51】 住宅用地の特例を適用しないで過大納付させた市に対する国家賠償請求が認められるか？（神戸地裁平成 17 年 11 月 16 日判決・判例地方自治 285 号 61 頁）‥‥‥‥‥‥‥‥‥‥‥‥‥‥‥‥‥‥‥ 345

【52】 登記官の過失と市の担当官の過失のいずれもが認められる場合に国の責任が認められるか？（新潟地裁平成 23 年 1 月 29 日判決・判例秘書）‥‥‥‥‥‥‥‥‥‥‥‥‥‥‥‥‥‥‥‥‥‥‥‥‥‥‥ 349

【53】 別荘についての定義が変わったことで住宅用地の特例を適用すべきであるのに不適用のままにしていたことで市の責任が問われるか？（鳥取地裁平成 26 年 10 月 15 日判決・判例地方自治 403 号 17 頁）‥‥‥‥‥‥‥‥‥‥‥‥‥‥‥‥‥‥‥‥‥‥‥‥‥‥‥‥‥ 352

【54】 住宅用地の特例の不適用による国家賠償法上の請求について過失相殺が認められるか？（東京地裁平成 27 年 10 月 26 日判決・判例秘書）‥‥‥‥‥‥‥‥‥‥‥‥‥‥‥‥‥‥‥‥‥‥‥‥‥‥‥ 357

【55】事務所部分と住居部分からなる区分所有建物に単一の経年減
点補正率を適用しなかったことについて市と県の責任を問え
るか？（札幌地裁平成 28 年 1 月 28 日判決・判例秘書）························· *359*

16 冷凍倉庫の課税ミス

【56】地方税法所定の救済手続を経ることなく，各課税処分の違法
を理由とする国家賠償請求をすることは許されるか？（名古屋
高裁平成 21 年 4 月 23 日判決・判時 2058 号 37 頁）····························· *363*

【57】「冷凍倉庫用のもの」とは何だろうか？（東京地裁平成 24 年 1 月 25
日判決・判タ 1387 号 171 頁）·· *368*

17 怠る事実と住民訴訟

【58】本来の額をより減額した固定資産税を賦課した町長の怠る事
実の確認を求められるか？（高松高裁平成 14 年 3 月 28 日判決・判例
秘書）··· *371*

【59】第三セクターに対する固定資産税延滞金の徴収を怠るのは違
法か？（津地裁平成 17 年 2 月 24 日判決・判タ 1217 号 224 頁）················· *375*

【60】市の住民が固定資産税等の賦課徴収を怠ったとして，市長に
対し，元市長らに対する支払請求をするように住民訴訟を起
こせるか？（大阪地裁平成 20 年 2 月 29 日判決・判タ 1281 号 193 頁）········ *378*

《判例索引》··· *383*

第1編
固定資産税の 38 のキホン

固定資産税と都市計画税の納税通知書とは？

　1戸建てやマンションを買うと，翌年の4月か5月頃に市役所（東京都23区は東京都）から，「固定資産税・都市計画税　納税通知書（土地・家屋）」が来ます。その後も，自宅を手放さない限り毎年同じころに必ず来ます。

　しかし，この納税通知書をきちんと見る人がどれだけいるでしょうか。

　納税通知書については，固定資産税に限りませんが，地方税法1条1項六号において，「その賦課の根拠となった法律及び当該地方団体の条例の規定，納税者の住所及び氏名，課税標準額，税率，税額，納期，各納期における納付額，納付の場所並びに納期限までに税金を納付しなかった場合において執られるべき措置及び賦課に不服がある場合における救済の方法を記載した文書で当該地方団体が作成するものをいう。」と規定されています。

　この規定を読むだけでは分かりにくいので，もう少し説明します。

　第1に，税金を支払えという以上は法律か条例の根拠を示さなければなりません（これを租税法律主義といいます）。

　第2に，誰が税金を支払わなければならないのかを特定する必要があります。

　第3に，税金の対象となる財産等について地方団体が算定した金額（課税標準額）を書いています（価格，つまり「固定資産税評価額」とは異なります）。

　第4に，その課税標準額に対する割合を示して，それを積算することで税額が分かるようにしています。

　第5に，税金の支払期限が書かれています。

第6に，それぞれの支払額が書かれています。

第7に，同封されている納付書の裏面に納付場所の銀行等が記載されています。

第8に，支払期限までに納付しない場合の加算税や延滞金の定めです。

第9に，納税通知書の内容に不服があれば，どこにどのような申出をすればよいのかが書かれています。

以前は，ここまででしたが，平成15年度以降の固定資産税について，課税明細書の交付も義務付けられるようになりました（地方税法364条3項，9項）。

土地について，所在，地番，地目，地積，価格（固定資産税評価額），当該年度分の課税標準額，軽減税額，前年度分の課税標準額です。

家屋について，所在，家屋番号，種類，構造，床面積，価格，課税標準額，軽減税額です。

土地も家屋も，不動産登記法34条，44条の表示に関する登記事項と課税標準額が記載されている点は同じですが，土地について前年度の課税標準額も記載事項となっている点が注目されます。

つまり，前年度と比べて今年の課税標準額がどれだけ増減したかが分かるのです。確かに去年のことは忘れてしまっていることが多いので，対比ができることはよいことです。これによって，本当にこんなに増えてよいのかどうかを検討することが大事です。

参考までに，納税通知書と課税明細書を一例として挙げておきます。

平成 29 年度（2017 年度）固定資産税・都市計画税　納税通知書［土地・家屋］〔○○市〕

課税標準額	固定資産税（円）	都市計画税（円）
土地	14 730 550	29 461 120
家屋	3 875 830	3 875 830
合計	18 606 380	33 336 950
軽減税額等	0	0
減免税額	0	0
猶予税額	0	0
算出税額	260 470	100 000

年税額　360400円

期別	納期限	税額（円）
1 期	平成 29 年 5 月 31 日	90 400
2 期	平成 29 年 8 月 1 日	90 000
3 期	平成 29 年 12 月 26 日	90 000
4 期	平成 30 年 2 月 28 日	90 000

平成 29 年度（2017 年度）の固定資産税・都市計画税の課税額を上記のとおり決定しましたので、同封の納付書で納期限までに納めてください。

平成 29 年（2017 年）5 月 10 日

○○　市　長

〒○○○-○○○○

○○市
○○町○丁目
○番○号

○○　○○　様

（1234　567890　＊）

納税義務者名　○○　○○　様

課税番号 12345-67-890

平成29年度（2017年度）　課税明細書〈土地〉（その1）

氏名　○○　○○　様　　　　課税番号　12345－67－890

地番	課税地目 税地目	課税地積（m²） 固定資産税／都市計画税	価格（評価額）（円）／課税標準額（円）／課税標準額（円）	（前年度課税標準額）（円）／（前年度課税標準額）（円）	軽減等の適用	備考	減免前相当税額（固定資産税＋都市計画税）（円）
○○町○丁目 ○－○ △△△．△	宅地（住宅宅地）		29 310 580 7 361 830 14 723 670	（7 361 830） （14 723 670）			147 210
○○町○丁目 ○－○ △△△．△	宅地（住宅宅地）		29 338 010 7 368 720 14 737 450	（7 368 720） （14 737 450）			147 360
【余白】							

平成29年度（2017年度）課税明細書〈家屋〉（その1）

| 氏名 | ○○　○○　様 | | 課税番号 | 12345－67－890 |

町名	地番	課税床面積	家屋の種類	家屋番号	家屋の構造	価格（評価額）(円)／固定資産税課税標準額(円)／都市計画税課税標準額(円)	軽減等の適用／備考	減免前相当税額（固定資産税＋都市計画税）(円)
登記 ○○町○丁目	登記 ○-○	△△△.△	居宅	○-○	木造	3 875 830 / 3 875 830 / 3 875 830		65 870
【余白】								

固定資産税の対象となる固定資産とは？

　固定資産税は，固定資産に対し，その固定資産が所在する市町村が課する地方税です（地方税法342条1項）。

　所得税や法人税が国の税金で「国税」といわれるのに対して，都道府県や市町村（東京都では特別区）の税金を「地方税」といいます（地方税法1条1項四号）。

　では，固定資産って何でしょう。

　地方税法341条一号に定義があります。

　「固定資産　土地，家屋及び償却資産を総称する。」

　土地や家屋というと，何となくイメージが浮かびます。1戸建てでもマンションでも，敷地とその上の建物かなと思います。

　もっとも，地方税法341条では，もっと詳しく書かれています。

　土地については，「田，畑，宅地，塩田，鉱泉地，池沼，山林，牧場，原野その他の土地をいう。」（二号），家屋については，「住家，店舗，工場（発電所及び変電所を含む。)，倉庫その他の建物をいう。」（三号）と定められています。

　塩田や鉱泉地とか，耳慣れない言葉が出てきますが，それでも，私たちが一般的にいう「不動産」と考えれば問題ないと思います。

　ここで1つ注意すべきことは，次の償却資産との対比でいうと，居住用，事業用を問わないということです。

　これに対して，償却資産は，「土地及び家屋以外の事業の用に供することができる資産でその減価償却額……の規定による所得の計算上損金又は必要な経費に算入されるもののうちその取得価額が少額である資産その他の政令で定める資産以外のものをいう。」（四号）と書かれています。

もっとも，ここでは略しており，実際には，括弧書きやただし書きがあり，もっと複雑な規定です。

でも，最初から括弧書きやただし書きがやたらに出てくると，読むのが嫌になって，本を閉じられても困るので，少し省いたのです。

要は，ここで言いたいことは，固定資産税が課せられる償却資産というのは，土地や家屋と異なり，事業用に限定されていて，それなりの値段がするもの，ということです。

本書のテーマは，「土地，家屋の固定資産税」ですから，償却資産についての当面の説明はこのあたりにしておきますが，④でもう一度取り上げます。

ところで，不動産登記法では，2条一号で，不動産について，「土地又は建物をいう。」と定めており，建物と定めているのに，地方税法ではなぜ「家屋」という聞きなれない言葉を使うのでしょうか。

実際のところ，地方税法の施行に関する取扱通知（市町村税に関する平成22年4月1日　総税市第16号）の「第3章　固定資産税　第1節　通則　第1　課税客体　2」では，「家屋とは不動産登記法の建物とその意義を同じくするものであり，したがって，登記簿に記載されるべき建物をいうものであること。」と規定されており，それなら最初から建物といえばよさそうですが，このように一般に使われない言葉をあえて使用するのが税法のやり方なのかもしれません。

固定資産税はどういう税金で，どんな法律に規定されているのか？

　税金には，国税と地方税があります。

　国税としては，所得税，法人税，消費税，相続税等があり，それぞれの税金ごとに法律が定められています。これに対して，地方税は，「地方税法」という法律でまとめて規定されています。

　地方税には，都道府県が課することのできる「道府県税」と市町村および東京都の23区が課することのできる「市町村税」の2種類があります。

　そして，それぞれの税ごとにいろいろな税金があり，それを「税目」といいます。

　都道府県が課することのできる税目としては，都道府県民税，事業税，不動産取得税，ゴルフ場利用税，自動車取得税等（地方税法4条）が，市町村が課することのできる税目としては，市町村民税，固定資産税，軽自動車税等（地方税法5条）があります。

　ところで，国税と地方税を合わせた税収がどの程度あると思いますか。

　総務省の「平成28年予算　地方財政計画額」によると，国税が約61兆2,000億円，地方税が約38兆8,000億円で，合計すると約100兆円となっています。

　国税では，所得税が約18兆円，消費税が約17兆8,000億円，法人税が約12兆2,000億円です。

　地方税のうち，道府県税の約18兆1,000億円に対し，市町村税は約20兆7,000億円と市町村税の方が2兆6,000億円も多いのです。

　固定資産税は，約8兆7,000億円と，地方税の中で2割以上，市町村税の中で4割以上を占める，最も大きい地方税の税目なのです。

10

　さらに言えば，固定資産税とともに土地，家屋に対し徴収される都市計画税を合わせると，地方税の4分の1を，市町村税の約半分を占めています。税収全体からみても約1割と大きな存在感を示しています。

　固定資産税は，また安定した税収ともいえます。平成18年以来8兆円台で推移しており，景気の波にあまり左右されません。

　しかも，土地，家屋や償却資産を所有する多くの個人や法人から徴収しており，特定の個人，法人に依存していないという意味でも，安心できる税金です。

　以上の通り，固定資産税は，地方税，いや税金全体からみても，もっとも主要な安定した税目といえます。

　なお，固定資産税は，所有する不動産や償却資産という財産に着目して課される税金ですから，「財産税」の1種とも言われています。

固定資産税がかけられる家屋と償却資産との違いは？

②で述べましたが，固定資産税の対象となる「家屋」は，不動産登記法でいう「建物」と同じです。

では，建物と償却資産の違いはどうかという疑問に対しては，第1に，償却資産は，土地や建物以外のものだから，その違いは明らかである，第2に，どちらも固定資産税がかかるのだから，建物と償却資産の違いにそれほど目くじらを立てなくてもよい，と言われそうです。

でも，コトはそう簡単ではないのです。

第2についてまず説明すると，家屋（建物）は，事業用かそうでないかを問わず固定資産税がかかるのに対して，償却資産は，事業用に限定されているので，事業用でない場合に家屋か償却資産かの違いは，固定資産税がかかるかどうかという大問題に直結するのです。

たとえば，ビニールハウスについて，事業用ではなく，個人的な趣味に使用するものだというのであれば，家屋でなく償却資産と認定されると固定資産税がかからないので，家屋か償却資産かで税金面からは大変な違いになるのです。

第1の問題に戻ります。

不動産登記に関する登記事務の取扱いについて定めた平成17年2月25日法務省民二第456号民事局長通達の「不動産登記事務取扱手続準則」の第77条によれば，「建物の認定に当たっては，次の例示から判断し，その利用状況等を勘案して判定するものとする。」としています。

(1) 建物として取り扱うもの
　ア　停車場の乗降場または荷物積降場。ただし，上屋を有する部分に限る。

イ　野球場または競馬場の観覧席。ただし，屋根を有する部分に限る。

　ウ　ガード下を利用して築造した店舗，倉庫等の建造物

　エ　地下停車場，地下駐車場または地下の建造物

　オ　園芸または農耕用の温床施設。ただし，半永久的な建造物と認められるものに限る。

(2)　建物として取り扱わないもの

　ア　ガスタンク，石油タンクまたは給水タンク

　イ　機械上に建設した建造物。ただし，地上に基脚を有し，または支柱を施したものを除く。

　ウ　浮舟を利用したもの。ただし，固定しているものを除く。

　エ　アーケード付街路（公衆用道路上に屋根覆を施した部分）

　オ　容易に運搬することができる切符売場または入場券売場等

　以上の例示で，何となく分かったような気もしますが，結構微妙といえます。

　私の感覚では，地面に固定しているものが建物，つまりは固定資産税の対象となる家屋と認定されやすいのかなと思いますが，具体的な事例では，土地家屋調査士等の不動産の表示登記の専門家に聞くのが無難です。

固定資産税を支払うのは誰か？

　税金を支払う人を「納税義務者」といいます。

　固定資産税の納税義務者は，所有者に決まっている，と言われそうですが，そう簡単ではありません。

　確かに，地方税法343条1項では，「固定資産税は，固定資産の所有者に課する。」と定められています。

　もっとも，括弧書きで，「質権又は百年より永い存続期間の定めのある地上権の目的である土地については，その質権者又は地上権者とする。以下固定資産税について同様とする。」と例外規定がありますが，文字通り例外的な場合ですから，考慮しなくてよいと思います。

　問題は，ここでいう所有者とは何かです。

　これについて，同条2項で，「前項の所有者とは，土地又は家屋については，登記簿又は土地補充課税台帳若しくは家屋補充課税台帳に所有者（区分所有に係る家屋については，当該家屋に係る建物の区分所有等に関する法律第2条第2項の区分所有者とする。以下固定資産税について同様とする。）として登記又は登録されている者をいう。この場合において，所有者として登記又は登録されている個人が賦課期日前に死亡しているとき，若しくは所有者として登記又は登録されている法人が同日前に消滅しているとき，又は所有者として登記されている第348条第1項の者が同日前に所有者でなくなっているときは，同日において当該土地又は家屋を現に所有している者をいうものとする。」と定めています。

　要するに，登記されている土地または家屋については登記簿に所有者として登記されている者を，登記されていない土地または家屋については市町村の課税台帳に登録されている者を，固定資産税をかける所有者

として取り扱うというのです。

　つまり，本当の所有者ではなくても，登記または登録されている者が納税義務者となるのです。市町村に本当の所有者を調査させることは大変なので，登記簿や課税台帳で形式的，画一的に取り扱うこととしたものです。

　もっとも，登記や登録されている者が賦課期日（⑥参照）前に死亡あるいは消滅しているときは，さすがに死亡した人を所有者として取り扱うわけにはいかないので，土地や家屋の本当の所有者（相続人とか吸収合併した会社など）が納税義務者となります。

　さらに，同条４項では，「市町村は，固定資産の所有者の所在が震災，風水害，火災その他の事由によって不明である場合においては，その使用者を所有者とみなして，これを固定資産課税台帳に登録し，その者に固定資産税を課することができる。」と定めているので，使用者に固定資産税が課されることがあります。

⑥ いつの時点で固定資産税がかかり，いつまでに支払うのか，不動産の売主・買主間で固定資産税はどのように処理しているか？

　地方税法359条は，「固定資産税の賦課期日は，当該年度の初日の属する年の1月1日とする。」と規定しています。
　「賦課期日」とは，その日現在で1年度分の納税義務者を確定する日です。
　したがって，⑤で述べたとおり，1月1日現在で登記または登録されている所有者に対して，1年分の固定資産税が課せられることになります。
　いつまでに支払うかということについては，地方税法362条1項で，「固定資産税の納期は，4月，7月，12月及び2月中において，当該市町村の条例で定める。但し，特別の事情がある場合においては，これと異なる納期を定めることができる。」と規定しています。
　もっとも，市町村が納税通知書を発送するのが5月初めであることが多いので，第1回目の納期限（地方税法362条1項では「納期」と書かれていますが，「納期限」というのが一般的です）は5月末が多いようです。無論，全額を第1回目の納期限に納めることもできます。
　また，固定資産税額が条例で定める一定額以下の場合には，全額納めなければなりません（地方税法362条2項）。
　ところで，不動産を売買したときに，固定資産税相当額の精算方法について売買契約書に明記しています。
　具体的には，納税義務者の売主が未経過分を含めて全額納付することを前提に，売買決済期日以後の分を買主が負担するということで買主か

ら売主へ精算金が支払われています。

　基準日については，賦課期日である１月１日の場合と年度初めの４月１日に分かれています。４月１日を基準日とすることは大阪でよく見受けられますが，この方が 90 日分買主の負担額が重くなります。

　問題は，当年度の固定資産税がまだ決まっていない３月より前に売買がなされているときです。

　前年度の固定資産税額を目安に精算することがありますが，前年度と比べて当年度の固定資産税が大幅に増減した場合に紛争が生じかねません。そこで，そのような場合の対処についても明記する必要があります。

　売主が，売買後に固定資産税の納税通知書を受け取ったときに，その納付書を買主に送付して，買主が固定資産税を納付するという方法もありますが，納税義務者である売主は，買主が納税しない場合のリスクを背負うことになります。

　逆に，買主からすると，売買後に届く納税通知書に従って売主がきちんと固定資産税を支払うか不安な面もあります。

　結局は，売主・買主双方の経済状況等を勘案しながら仲介業者が上手に調整しなければなりません。

固定資産税の精算金はどのように取り扱われ，国税不服審判所の判断はどうだろうか？

　固定資産税の精算金に対する国税上の取扱いについて，国税不服審判所では何回も争われています。

　たとえば，平成24年8月26日裁決・裁事64巻152頁では，Xが，平成22年4月に破産会社破産管財人甲から本件土地を2,250万円で，本件建物を1,050万円（消費税含む）で購入した際に，本件不動産に賦課される固定資産税について1月1日を基準に日割精算するとの約定の下に，甲に対し，本件建物に係る固定資産税51万1,370円のうち37万5,070円を「未経過固定資産税等相当額」として支払いました。

　Xは，平成22年度の法人税について，本件精算金は租税公課であり一般管理費であるとしてその額を損金の額に算入し，また，消費税および地方消費税（以下「消費税等」という）の額と当該消費税等に係る取引の対価の額とを区分しないで経理する税込経理方式を適用し，本件精算金の額のうち本件建物に係る額は消費税の課税仕入れの対価の額に含まれないということを前提として計算した平成21年7月から平成22年6月までの本件課税期間の納付すべき消費税等の額を損金経理により未払金に計上し，租税公課として損金の額に算入して，所得の金額を計算のうえ確定申告をしました。

　原処分庁は，法人税法施行令54条の規定等に照らすと，本件精算金の額は本件不動産の取得価額に含まれるものであり，その額を本件事業年度の所得の金額の計算上損金の額には算入できないとし，また，本件精算金の額のうち本件建物に係る額については，消費税の課税仕入れの対価の額に含まれることとなり，これに伴い本件課税期間の納付すべき

消費税等の額が減少するから、その減少額は、本件事業年度の所得の金額の計算上損金の額には算入できないとして、本件事業年度の法人税について本件更正処分と過少申告加算税の賦課決定処分（以下「本件更正処分等」という）をしました。

そこで、Xは、本件更正処分等を不服として、国税不服審判所に平成24年5月に審査請求をしましたが、同審判所は本件更正処分等を適法としました。

本件裁決では、未経過固定資産税等相当額は租税公課ではなく、購入の代価としての取得価額に含まれるので、所得の計算上損金算入できないし、また、建物消費税についても、消費税の課税仕入れに係る支払対価の額に含まれることにより納付すべき消費税等の額が減少するので、所得の計算上損金算入できないというものです。

国税不服審判所では繰り返し争われてきましたが、いずれも裁決の結果は同じであり、固定資産税の精算金の取扱いには注意が必要です。

固定資産税と都市計画税の違いは？

確かに，納税通知書には，固定資産税と並んで都市計画税が記載されていることが多いですね。

都市計画税については，地方税法702条1項で以下の通り規定されています。

「市町村は，都市計画法に基づいて行う都市計画事業又は土地区画整理法に基づいて行う土地区画整理事業に要する費用に充てるため，当該市町村の区域で都市計画法第5条の規定により都市計画区域として指定されたもの（以下この項において「都市計画区域」という。）のうち同法第7条第1項に規定する市街化区域（当該都市計画区域について同項に規定する区域区分に関する都市計画が定められていない場合には，当該都市計画区域の全部又は一部の区域で条例で定める区域）内に所在する土地及び家屋に対し，その価格を課税標準として，当該土地又は家屋の所有者に都市計画税を課することができる。当該都市計画区域のうち同項に規定する市街化調整区域内に所在する土地及び家屋の所有者に対して都市計画税を課さないことが当該市街化区域内に所在する土地及び家屋の所有者に対して都市計画税を課することとの均衡を著しく失すると認められる特別の事情がある場合には，当該市街化調整区域のうち条例で定める区域内に所在する土地及び家屋についても，同様とする。」

何やら難しそうな規定にみえますが，要するに，都市計画事業を進めるために，原則としては市街化区域内の（例外として市街化調整区域の一定区域内の）土地および家屋の所有者に対して課する地方税ということです。

都市計画税の納税義務者は，同条2項において，「当該土地又は家屋

に係る固定資産税について第343条において所有者とされ又は所有者とみなされる者をいう。」と定められているように，固定資産税の納税義務者と同じく，1月1日現在で所有者として登記または登録されている者です。

そこで，市町村は，市街化区域内の土地所有者に対し，固定資産税の納税通知に合わせて都市計画税の納税通知を行っているわけです。

固定資産税を免れる個人や法人があるのか，また固定資産税がかけられない土地や家屋があるのか？

　固定資産税を免れること，つまり固定資産税の非課税の範囲については，地方税法348条に規定されています。

　まず1項で，「市町村は，国並びに都道府県，市町村，特別区，これらの組合，財産区及び合併特例区に対しては，固定資産税を課することができない。」として，市町村は，国や地方公共団体等の公的な団体に対して，固定資産税をかけることができません。他方で，個人に対して固定資産税をかけないことはありません。

　次に2項柱書で，「固定資産税は，次に掲げる固定資産に対しては課することができない。ただし，固定資産を有料で借り受けた者がこれを次に掲げる固定資産として使用する場合においては，当該固定資産の所有者に課することができる。」として，一号から四十三号まで列挙しています。この中から，私たちの生活になじみのある固定資産をいくつか挙げてみます。

- 国や地方公共団体が公用または公共の用に供する固定資産（一号）
- 宗教法人が専らその本来の用に供する宗教法人法3条に規定する境内建物および境内地（三号），墓地（四号）
- 公共の用に供する道路等（五号）
- 学校法人等が学校において直接保育または教育の用に供する固定資産や宗教法人または社会福祉法人が設置する幼稚園で直接保育の用に供する固定資産（九号）
- 医療法人等が看護師等の養成所で直接教育の用に供する固定資産（九号の二）

- 社会福祉法人等が小規模保育事業の用に供する固定資産（十号の二）
- 社会福祉法人等が老人福祉施設の用に供する固定資産の一部（十号の五）
- 包括的支援事業の委託を受けた者が事業の用に供する固定資産（十号の九）
- 健康保険組合等が経営する病院，診療所で直接その用に供する固定資産（十一号の四）
- 公益社団法人等が学術研究のため直接その用に供する固定資産（十二号）

　以上の通り，様々な固定資産があり，しかも枝番が付いているように，非課税とされる固定資産は，時代に応じて追加，あるいは削除されています。

　なお，2項柱書のただし書きにあるように，その固定資産を有料で借り受けて使用する場合には固定資産税を課することができます。

　さらに，同条3項では，「市町村は，前項各号に掲げる固定資産を当該各号に掲げる目的以外の目的に使用する場合においては，前項の規定にかかわらず，これらの固定資産に対し，固定資産税を課する。」としているので要注意です。

　固定資産に対し固定資産税がかかるかどうかについては，結構裁判でも争われており，皆さんも一度点検してみてはいかがでしょうか。

固定資産税の減免制度と，非課税や課税免除・不均一課税との違いは？

　地方税法367条は，「市町村長は，天災その他特別の事情がある場合において固定資産税の減免を必要とすると認める者，貧困に因り生活のため公私の扶助を受ける者その他特別の事情がある者に限り，当該市町村の条例の定めるところにより，固定資産税を減免することができる。」と規定しています。

　⑨の非課税の対象となるのが，国などの特定の法人と公共の用に供される固定資産で，国が一律に非課税と定めているのに対して，ここでの減免制度は，特別の事情があると認めた個人もしくは法人に対して，市町村が条例によって独自に減免するものです。

　地方税法367条が定めているのは次の3つです。
① 　震災や台風などで損害を受けた固定資産
② 　生活保護受給者が所有する固定資産
③ 　その他公益上等の特別の事情があると市町村が認める固定資産

①および②については，特に問題はないと思います。

　しかし，③については，何が「特別の事情」といえるのかについて，条例の規定の仕方が抽象的であると，解釈が分かれる可能性があり，問題となることがあります。

　大阪市の場合には，公衆浴場について100分の67，地域社会の福祉の増進を図るために組織された市地域振興会，区地域振興会，連合振興町会および振興町会が専らその本来の用に供する固定資産などの全額を減免すると規定しています。

　減免制度は，本人の申請に基づいて行われるものですから，市町村としても，減免の対象者が減免の申請の機会を失しないように，広報に努

める必要があります。

ところで，地方税法6条は，固定資産税に限らず地方税一般について，1項で，「地方団体は，公益上その他の事由に因り課税を不適当とする場合においては，課税をしないことができる。」，2項で，「地方団体は，公益上その他の事由に因り必要がある場合においては，不均一の課税をすることができる。」と，規定しています。

これを，「課税免除及び不均一課税」と呼んでおり，工場等の企業誘致策として行われることがあります。

もっとも，固定資産税は，地方税の根幹であり，固定資産の価値に応じて税負担を求められる物税という性格から，すべての固定資産を通じて一律でなければならないはずですから，地方税法6条の適用については安易に行われないようにすべきです。

固定資産税と所得税との納税方式の違いは？

　納税義務者が負う納付すべき税額の確定については，「申告納税方式」と「賦課課税方式」があり，国税通則法16条に規定されています。

　同条1項一号では，「申告納税方式」として，「納付すべき税額が納税者のする申告により確定することを原則とし，その申告がない場合又はその申告に係る税額の計算が国税に関する法律の規定に従っていなかった場合その他当該税額が税務署長又は税関長の調査したところと異なる場合に限り，税務署長又は税関長の処分により確定する方式をいう。」と，同条2項二号では，「賦課課税方式」として，「納付すべき税額がもっぱら税務署長又は税関長の処分により確定する方式をいう。」と，それぞれ定められています。

　この2つの方式のうち，申告納税方式の代表例が，所得税，法人税や消費税そして相続税で，賦課課税方式としては加算税があります。

　他方で，地方税法では，1条1項八号で，「申告納付」として，「納税者が納付すべき地方税の課税標準額及び税額を申告し，及びその申告した税額を納付することをいう。」として，国税の申告納税方式に対応しています。法人県民税や法人市民税がこれにあたります。

　これに対して，国税の賦課課税方式に対応する地方税が，1条1項七号の「普通徴収」で，「徴税吏員が納税通知書を当該納税者に交付することによって地方税を徴収することをいう。」と定めています。固定資産税がまさにこれにあたります。

　もっとも，一般的には，国税，地方税を合わせて，国税の定義で呼んでおり，固定資産税も賦課課税方式の代表例とされています。

　国税通則法と地方税法の定め方の順番からもわかるとおり，国税では

申告納税方式が，地方税では賦課課税方式が，それぞれ原則とされています。

　固定資産税が申告納税方式ではなく，賦課課税方式とされた理由については，主に2つ言われています。

　第1に，固定資産税の対象となる固定資産を所有する人が膨大なので納税義務者に手数をかけさせる不便を省くため，第2に，行政庁にとって固定資産税の対象となる固定資産の把握が登記等により容易であるため，とのことですが，本当にそうでしょうか？

　第1については，申告納税方式の代表である所得税，法人税，消費税，相続税を申告する人や法人もかなりの数に及ぶので，数の大きさだけで賦課課税方式を採用することにはなりません。

　第2については，後で述べるように，固定資産の一応の把握はできても，その課税標準額の算定が非常に複雑で間違えやすく，しかも申告納税方式でないだけに，その誤りが長期間放置されるという重大な問題を抱えているのです。

　賦課課税方式のままでよいのかどうか，ここで1つ問題提起しておきます。

⑫ 固定資産の評価基準を決めるのは誰か，その基準に基づき誰が固定資産の価格を決めるのか，そして実際に評価するのは誰か？

　地方税法の「第2節　固定資産税」の「第5款　固定資産の評価及び価格の決定」の最初の条文である388条1項の第1文で，「総務大臣は，固定資産の評価の基準並びに評価の実施の方法及び手続を定め，これを告示しなければならない。」と規定しており，固定資産の評価の基準等は総務大臣が決めます。

　市町村長は，この評価基準によって，固定資産の価格を決定しなければなりません（地方税法403条1項）。つまり，固定資産の価格を決定するのは市町村長となります。

　そこで，「固定資産の評価に関する事務に従事する市町村の職員は，総務大臣及び道府県知事の助言によって，且つ，納税者とともにする実地調査，納税者に対する質問，納税者の申告書の調査等のあらゆる方法によって，公正な評価をするように努めなければならない。」と市町村職員の任務が規定されています。

　市町村職員の責任者として，「固定資産評価員」の設置が定められています（地方税法404条1項）。そして，「固定資産評価員は，固定資産の評価に関する知識及び経験を有する者のうちから，市町村長が，当該市町村の議会の同意を得て，選任する。」（同条2項）ことから，特別な公務員と位置付けられます。

　もっとも，「2以上の市町村の長は，当該市町村の議会の同意を得て，その協議によって協同して同一の者を当該各市町村の固定資産評価員に選任することができる。この場合の選任については，前項の規定による

議会の同意を要しないものとする。」(同条3項)として,市町村をまたがった広域行政の中で共通の固定資産評価員を選ぶことができます。

さらに,「市町村は,固定資産税を課される固定資産が少ない場合においては,第1項の規定にかかわらず,固定資産評価員を設置しないで,この法律の規定による固定資産評価員の職務を市町村長に行わせることができる。」(同条4項)と定めて,兼務を認めています。

地方財政が厳しいこともあり,実際上どの程度「固定資産の評価に関する知識及び経験を有する」正式な固定資産評価員を設置しているのか,よくわかりません。ここにも,後で述べる固定資産評価の誤りの一因が潜んでいると思われます。

固定資産評価基準とはどういうもので，憲法の「租税法律主義」に違反しないのか？

　固定資産評価基準とは，総務大臣が定めた固定資産の評価の基準ならびに評価の実施の方法および手続で，これを告示したものです（地方税法388条1項）。

　市町村長は，この固定資産評価基準によって，固定資産の価格を決定しなければならない（地方税法403条1項），と規定されています。

　この固定資産評価基準は，昭和38年2月25日に自治省告示第158号として告示され，以後ほぼ2年に1度のペースで改正がなされてきました。

　ところで，ここで青臭い話をしますが，憲法84条は，「あらたに租税を課し，又は現行の租税を変更するには，法律又は法律の定める条件によることを必要とする。」と規定しており，これを「租税法律主義」と言います。

　これは，税金を新しく作ったり，変更するのは，国会の役割であって，行政が勝手に行ってはいけないということで，しかも国の一番基本となる憲法に定めてあるのですから，これに違反することはできないはずです。

　ところが，固定資産評価基準は，行政の1つの機関である総務大臣が定めるので，これは憲法に違反しないのか，という疑問が出され，実際に裁判で争われたのです。

　詳しいことは，第2編の裁判例で説明しますが，ここで結論を述べれば，地方税法という法律が，総務大臣に固定資産評価基準の作成を委任しているのだから，固定資産評価基準も地方税法の一部であるとして，

憲法に違反しないと考えられています。

　これを国会が作るべき法律を，法律自体が行政に任せているということで，「委任立法」といいますが，本当にそれでよいのかどうか，私は素朴な疑問を持ちます。

　それを言い出したら，どんなことでも，法律の中で，「○○大臣が××の基準を定める。」，「市町村長は，××の基準によって評価しなければならない。」とさえ規定すれば，法律で基準を定めなくても，その基準を行政が守らなければならず，はたしてこれが憲法のいう租税法律主義といえるのでしょうか，私からみると，国会の怠慢ではないかと思わざるをえません。

　まあ，でも現実の行政はこれで動いているので，この疑問はこのあたりにとどめ，これからはこの固定資産評価基準に従って説明していきます。

　なお，固定資産評価基準は，「第1章　土地」，「第2章　家屋」，「第3章　償却資産」の3つの章からなっています。

土地の固定資産評価基準とは？

　固定資産評価基準の「第1章　土地」の中で，まず，「第1節　通則」の「一　土地の評価の基本」として，「土地の評価は，次に掲げる土地の地目の別に，それぞれ，以下に定める評価の方法によって行うものとする。この場合における土地の地目の認定に当たっては，当該土地の現況及び利用目的に重点を置き，部分的に僅少の差異の存するときであっても，土地全体としての状況を観察して認定するものとする。」と規定され，宅地など9つの地目が記載されています。

　「通則」では，この他に，「二　地積の認定」について，原則として「登記簿に登記されている地積によるものとし」，「三　地上権等が設定されている土地の評価」については，「これらの権利が設定されていない土地として評価するものとする。」と定めています。

　第2節以下で地目別に規定されており，以下では，一般の人に馴染みのある「第3節　宅地」について説明します。

　まず，「一　宅地の評価」として，「各筆の宅地について評点数を付設し，当該評点数を評点1点当たりの価額に乗じて各筆の宅地の価額を求める方法によるものとする。」ことを原則としています。

　次に，「二　評点数の付設」として，主に市街地的形態を形成する地域における宅地については，「市街地宅地評価法」によって，それに至らない地域における宅地については，「その他の宅地評価法」によって付設するものとしています。

　そして，「(一)「市街地宅地評価法」による宅地の評点数の付設」として，(1)標準宅地の選定，(2)路線価の付設，(3)各筆の宅地の評点数の付設，という順序によるものとしています。

標準宅地の選定については，商業地区，住宅地区，工業地区等に区分し，それぞれの地区をさらに分けます。たとえば，住宅地区は，高級，普通，併用等に分けています。

これによって，区分した各地区を，街路の状況や宅地の利用状況等からみて相当に相違する地域ごとに区分し，当該地域の主要な街路に沿接する宅地から標準的なものを選定するのです。

路線価の付設については，主要な街路は，当該街路に沿接する標準宅地の単位地積当たりの，売買事例価額から評定した適正な時価に基づいて付設し，その他の街路は，近傍の主要な街路の路線価を基礎とし，街路の状況等を総合的に考慮して付設します。

各筆の宅地の評点数の付設については，路線価を基礎とし，「画地計算法」を適用して敷設しますが，「画地計算法」については，⑮で述べます。

評点1点当たりの価額は，市町村長が決定しますが，その基準となる「提示平均価額」は，県庁所在地や東京都特別区の「指定市」では総務大臣が，それ以外の市町村は都道府県知事が，それぞれ算定して，市町村長に通知します。

⑮ 固定資産評価基準でいう「画地計算法」とは？

　固定資産評価基準の「第1章　土地　第3節　宅地　4　各筆の宅地の評点数の付設」で出てくる「画地計算法」は、「別表第3　画地計算法」として添付されています。

　別表第3では、まず、「各筆の宅地の評点数は、各筆の宅地の立地条件に基づき、路線価を基礎とし、次に掲げる画地計算法を適用して求めた評点数によって付設するものとする。」として、以下の4つを掲げています。

　(1)　奥行価格補正割合法

　(2)　側方路線影響加算法

　(3)　二方路線影響加算法

　(4)　不整形地、無道路地、間口が狭小な宅地等評点算出法

　次に、「画地の認定」として、「各筆の宅地の評点数は、1画地の宅地ごとに画地計算法を適用して求めるものとする。この場合において、1画地は、原則として、土地課税台帳又は土地補充課税台帳に登録された1筆の宅地によるものとする。ただし、1筆の宅地又は隣接する2筆以上の宅地について、その形状、利用状況等からみて、これを一体をなしていると認められる部分に区分し、又はこれらを合わせる必要がある場合においては、その一体をなしている部分の宅地ごとに1画地とする。」と述べており、1筆1画地を原則としています。

　もっとも、裁判でしばしば問題となるのは、ただし書きの例外規定に該当するかどうか、たとえば、2筆の宅地が一体利用されている場合に1画地と認定してよいかなどです。第2編の裁判例を参照してください。

　奥行価格補正割合法については、「宅地の価額は、道路からの奥行が

長くなるにしたがって，又，奥行が著しく短くなるにしたがって漸減するものであるので，その一方においてのみ路線に接する画地については，路線価に当該画地の奥行距離に応じ「奥行価格補正率表」（附表1）によって求めた当該画地の奥行価格補正率を乗じて単位地積当たり評点数を求め，これに当該画地の地積を乗じてその評点数を求めるものとする。」と書かれています。

　要は，奥行があり過ぎても，なさ過ぎても，宅地の評価が下がるというのです。

　側方路線影響加算法については，「正面と側方に路線がある画地（以下「角地」という。）の価額は，側方路線（路線価の低い方の路線をいう。以下同様とする。）の影響により，正面路線（路線価の高い方の路線をいう。以下同様とする。）のみに接する画地の価額よりも高くなるものであるので，角地については，当該角地の正面路線から計算した単位地積当たり評点数に，側方路線影響加算率によって補正する単位地積当たり評点数を加算して単位地積当たり評点数を求め，これに当該画地の地積を乗じてその評点数を求めるものとする。この場合において，加算すべき単位地積当たり評点数は，側方路線を正面路線とみなして計算した単位地積当たり評点数を「側方路線影響加算率表」（附表2）によって求めた側方路線影響加算率によって補正する評点数によるものとする。」と書かれています。要するに，角地の評価は相当程度上がるのです。

　二方路線影響加算法については，「正面と裏面に路線がある画地（以下「二方路線地」という。）の価額は，裏路線（路線価の低い方の路線をいう。以下同様とする。）の影響により，正面路線のみに接する画地の価額よりも高くなるものであるので，二方路線地については，正面路線から計算した単位地積当たり評点数に二方路線影響加算率によって補正する単位地積当たり評点数を加算して単位地積当たり評点数を求め，これに当該画地の地積を乗じてその評点数を求めるものとする。この場合において，

加算すべき単位地積当たり評点数は，裏路線を正面路線とみなして計算した単位地積当たり評点数を「二方路線影響加算率表」（附表3）によって求めた二方路線影響加算率によって補正する評点数によるものとする。」と定めています。2つの路線に挟まれた土地は，角地と同様に，評価が上昇するのです。

　角地や2つの路線に挟まれた宅地と異なり，「不整形地（三角地及び逆三角地を含む。以下同様とする。），無道路地（路線に接しない画地をいう。以下同様とする。），間口が狭小な宅地等については，その形状等に応じ，評点数を求めるものとする。」と定めており，それぞれの補正率表を乗じて評価を減額しています。

　特に，無道路地については，これを利用する場合において，その利用上最も合理的であると認められる路線価に奥行価格補正率表によって求めた補正率，通路開設補正率表によって求めた補正率およびその無道路地の近傍の宅地との均衡を考慮して求める無道路地補正率（下限0.60）を乗じて評点数を求めます。

　ところで，画地計算法を全国一律に適用すると，地域の実情に合わないことも出てきます。

　そこで，市町村長は，宅地の状況に応じ，必要があるときは，画地計算法の附表等について，「所要の補正」をして適用することができます。

　画地計算法の詳細や具体例を知りたい人には，固定資産評価基準に直に当たることを勧めますが，以上述べただけでも，画地計算法について，相当に複雑な計算を要求されていることは分かるでしょう。

　したがって，市町村の担当者に間違いがあっても，それほど不思議なことではないと思われます。

家屋の固定資産評価基準とは？

　固定資産評価基準「第2章　家屋　第1節　通則」において，まず，「一　家屋の評価」で，「家屋の評価は，木造家屋及び木造家屋以外の家屋（以下「非木造家屋」という。）の区分に従い，各個の家屋について評点数を付設し，当該評点数に評点1点当たりの価額を乗じて各個の家屋の価額を求める方法によるものとする。」として，木造家屋と非木造家屋に分けていますが，そもそもこの分け方自体に問題があると思われます。

　確かに，現在でも居住用については木造家屋の数が多いのは事実ですが，店舗や事務所用では鉄筋や鉄骨あるいは軽量鉄骨の割合が相当高くなっており，耐震構造を目指す今後を考えると，このような木造家屋を主とした二分法にいつまでもこだわるのは疑問です。

　次に，「二　評点数の付設」において，「各個の家屋の評点数は，当該家屋の再建築費評点数を基礎とし，これに家屋の損耗の状況による減点を行って付設するものとする。この場合において，家屋の状況に応じ必要があるものについては，さらに家屋の需給事情による減点を行うものとする。」として，家屋の評価の基準を「再建築費」とすると明記した上で，損耗の状況と需給事情による減点を認めています。

　「三　評点1点当たりの価額の決定及び提示平均価額の算定」については，⑭の末尾の「宅地」で述べたこととほぼ同様です。

　問題は，再建築費の評点数の算出方法です。木造家屋も非木造家屋も，当該市町村に所在する家屋の状況に応じ，「部分別による再建築費評点数の算出方法」または「比準による再建築費評点数の算出方法」のいずれか，ただし，在来分（新築以外の家屋）については「在来分の家屋に係る再建築費評点数の算出方法」により求めるとしていますが，比準の

基となる標準家屋は部分別により算出するものですし，在来分についても最終的には新築時に遡るので，結局部分別による算出が基本となります。

そこで，どのような部分別区分をしているかといえば，木造家屋については，⑴屋根，⑵基礎，⑶外壁，⑷柱・壁体，⑸内壁，⑹天井，⑺床，⑻建具，⑼建築設備，⑽仮設工事，⑾その他工事の 11 に，非木造家屋については，⑴主体構造部，⑵基礎工事，⑶外周壁骨組，⑷間仕切骨組，⑸外部仕上，⑹内部仕上，⑺床仕上，⑻天井仕上，⑼屋根仕上，⑽建具，⑾特殊設備，⑿建築設備，⒀仮設工事，⒁その他工事の 14 に，それぞれ区分しています。

これだけ多くの区分による再建築費評点数の算出方法に加えて，さらに減点要因としての損耗の状況と需給事情も考慮しなければならず，このような家屋の固定資産評価基準は極めて複雑なものといえます。

土地の「一物五価」とは？

　一物五価とは，わが国では一つの土地に五つの異なった価格があることをいいます。

　五つの価格とは，①時価，②公示価格，③都道府県基準地標準価格，④相続税評価額（路線価），⑤固定資産税評価額です。

　①時価は，実勢価格ともいわれ，実際に取引されている売買価格です。

　②公示価格は，公示地価ともいわれ，国土交通省土地鑑定委員会が地価公示法に基づいて，毎年1月1日時点の都市計画区域等における標準地を選定して（全国で25,270地点，うち原発事故のため15地点休止，平成28年），「正常な価格」を判定し3月に公示するものです。地価公示の目的は，一般の土地の取引価格に対して指標を与えるとともに，公共事業用地の取得価格の算定等の基準とされ，適正な地価の形成に寄与することにあります。

　③都道府県基準地標準価格は「基準地価」ともいわれ，都道府県が，国土利用計画法に基づいて，毎年7月1日時点の各都道府県の基準地21,675地点（平成28年）について，不動産鑑定士の評価を参考に判定し，国土交通省が9月にまとめて公表しています。公示価格と同様に，土地取引価格の指標を示すとともに，公示価格の半年後の地価を評価することから，地価の変動を速報し，これを補完するものともいわれています。

　④相続税評価額は，国税庁が財産評価基準に基づき，毎年7月に1月1日時点での価格として公表しており，そのうち，市街地などでは公衆が通行する道路に付けられた価格であることから，「路線価」とも言われています。

　固定資産税評価額でも路線価があるのですが，路線価というとほぼイ

コール相続税評価額のことです。

公示価格の8割が目安とされており，調査地点は公示価格の地点の10倍以上あります。

なお，路線価が定められていない地域については，固定資産税評価額に一定の倍率を乗じた価格が相続税評価額とされています。

最後が，本書のテーマである⑤固定資産税評価額です。

固定資産税評価額は，地方税法に基づき市町村長が，3年ごとに1月1日時点の価格を決定しています。

固定資産評価基準「第1章 土地 第12節 経過措置 一」では，「宅地の評価において，第3節二㈠3⑴及び第3節二㈡4の標準宅地の適正な時価を求める場合には，当分の間，基準年度の初日の属する年の前年の1月1日の地価公示法による地価公示価格及び不動産鑑定士又は不動産鑑定士補による鑑定評価から求められた価格等を活用することとし，これらの価格の7割を目途として評定するものとする。この場合において，不動産鑑定士又は不動産鑑定士補による鑑定評価から求められた価格等を活用するに当たっては，全国及び都道府県単位の情報交換及び調整を十分に行うものとする。」として，公示価格の7割を目途とすることを明記しています。

宅地の固定資産税評価額は，なぜ公示価格の7割なのか？

　訴訟をする場合には，裁判所に訴訟費用として印紙税を納める必要がありますが，不動産の所有権を争うときの訴訟費用の基準とされているのが固定資産税評価額です。

　そこで，私たち弁護士にとっては，土地や建物の固定資産税評価額はなじみのある数字なのですが，私が弁護士なりたての昭和の終わり頃は，確かに宅地の固定資産税評価額は，現在よりずっと低い水準で，時価の2割前後であったと記憶しています。

　それが，平成6年度の評価替えの際にぐっと引き上げられました。

　⑰で述べたとおり，固定資産評価基準の「経過措置」において，公示価格の7割を目途と明記されたのです。

　平成6年度にこうなった直接的な契機は，一般財団法人資産評価システム研究センターが平成3年11月に公表した「土地評価に関する調査研究―土地評価の均衡化・適正化等に関する調査研究―」（以下，調査研究自体は「本調査研究」，公表した書面は「本報告書」とそれぞれいいます）にあると言われています。

　平成3年当時といえば，バブルのほぼ頂点であったこともあり，固定資産税評価額と公示価格とのかい離が大きなものとなっていたことや，平成元年の土地基本法および平成3年1月25日閣議決定の総合土地政策推進要綱において，公的土地評価相互の均衡と適正化の必要性が指摘され，固定資産税における土地評価についても公示価格の一定割合を目標とすることが示されました。

　その結果，本調査研究において，公示価格の7割の水準を目途に平成6年度の評価替えを行うことが妥当であるとの結論に達したものです。

7割とした理由について，本報告書では以下のように記述されています。

まず前提として，公示価格が「最有効使用」に基づく合理的な期待を反映するのに対して，固定資産税の評価額は土地の利用の経常的な収益の中から支払われるものとして，「通常可能な使用」に対応する価格と考えられるので，両者の評価にはギャップがあってよいというものです。

その上で，固定資産税評価を土地の通常の使用のもとでの収益に基づいて定義すべきだとすれば，収益還元法が価格の根拠を説明し得る優れた手法であるとして，代表的な標準宅地の収益価格の平均が公示価格の7割程度の水準であったこと，家屋についての再建築価額の取得価額に対する割合が公示価格の6割から7割程度であったこと，昭和50年代の初頭から中頃の地価安定期における固定資産税の評価が公示価格の7割程度の水準にあったこと，の3つを挙げています。

多少こじつけの感がありますが，結論としては妥当なものと思われます。

固定資産税の負担調整措置とは？

⑱で述べたように、平成6年度の評価替えに際して、固定資産税評価額が大幅に引き上げられました。

それまでは、公示価格の2、3割程度であったのが、公示価格の7割にまで一気に上昇したので、固定資産税評価額は以前と比べて3倍以上になったのがざらでした。

だからといって、固定資産税そのものを3倍以上に一気に引き上げれば、国民が怒ることは目に見えています。

そこで、取られた措置が、「負担調整措置」で、固定資産税を徐々に上げていこうというものです。

負担調整措置は、当年度の本則課税標準額（200㎡未満の小規模宅地でいえば固定資産税評価額の6分の1）に対する前年度の課税標準額の割合（これを「負担水準」といいます）に応じて、当年度の課税標準額を調整するというものです。

住宅用地については、従前はこの負担水準が90％以上100％未満であれば、前年度課税標準額と同額に据え置かれていたのですが、平成24年度の税制改正により、平成26年度からこの据置制度が廃止され、その場合でも本則課税標準額の5％を上乗せすることになりました。

その結果、固定資産税評価額が下がっても、税額が上がる場合があります。

たとえば、前年度の固定資産税評価額が3,000万円で小規模宅地の適用により本則課税標準額がその6分の1の500万円のところが、実際の課税標準額が360万円であった場合に、当年度の固定資産税評価額が2,400万円に下がり、当年度の本則課税標準額が400万円であることか

ら，税制改正前であれば，［360万円÷400万円］で負担水準が90％として課税標準額が据え置かれるところでした。

ところが，税制改正によりこの据置制度が廃止されたため，課税標準額は，［360万円＋400万円×5％＝380万円］となります。

さらに，その翌年の固定資産税評価額は3年間固定する関係で変わりませんが，課税標準額は，［380万円＋400万円×5％＝400万円］となります。

他方で，商業地等では，負担水準が70％超では当年度の固定資産税評価額の70％とし，60％以上70％以下では前年度の課税標準額に据え置き，60％未満の場合は上記の住宅用地と同様に5％上乗せとしています。

この結果，総務省が作成した平成27年3月31日付固定資産税等関係説明資料によれば，固定資産税評価額が乙地より高い甲地について，据置特例が適用された場合には，その特例の適用がない乙地よりも，課税標準額が低くなって，税額も少なくなるという逆転現象が生じることがあります。

以上のとおり，固定資産税の負担調整措置は，複雑で，しかも税制改正により変わっていきますので，十分注意しておかなければなりません。

⑳ 固定資産税と都市計画税の税率はいくらか？

　固定資産税と都市計画税の税率については，世の中では結構知られています。特に不動産業者で知らない人はまずいないですね。

　そうです。固定資産税が 1.4％，都市計画税が 0.3％です。

　では，その根拠となる法律の条文はどこかというと，これがなかなか出てきません。

　そして，いざ法律をみると，固定資産税，都市計画税ともに，必ずしも今述べた確定した数字ではないことが分かります。

　まず，固定資産税からみます。

　地方税法 350 条 1 項では，「固定資産税の標準税率は，100 分の 1.4 とする。」と明記されており，一見すると，何だ，やはり 1.4％で決まりじゃないかと思うかもしれませんが，「固定資産税の税率は」ではなく，「固定資産税の標準税率」と記載されているのが問題なのです。「標準」ということは，1.4％より多くても少なくてもよいということです。

　現に，2 項では，「市町村は，当該市町村の固定資産税の一の納税義務者であってその所有する固定資産に対して課すべき当該市町村の固定資産税の課税標準の総額が当該市町村の区域内に所在する固定資産に対して課すべき当該市町村の固定資産税の課税標準の総額の 3 分の 2 を超えるものがある場合において，固定資産税の税率を定め，又はこれを変更して 100 分の 1.7 を超える税率で固定資産税を課する旨の条例を制定しようとするときは，当該市町村の議会において，当該納税義務者の意見を聴くものとする。」と定めている通り，固定資産税の税率を 1.7％まで上げることは特に制限はないのです。

　1.7％を超えようとするときに，ある人（会社などの法人でも）がたま

第 1 編　固定資産税の38のキホン　　45

たまその市の固定資産税の課税標準額の3分の2を超えるような大きな土地を持っている場合にその人の意見を聴けと書かれているだけなのです。

　それはともかくとして，ここでは，固定資産税の税率は1.4％で確定しているわけではない，市町村によってその増減ができることを知っておいてください。

　次に，都市計画税ですが，地方税法702条の4では，「都市計画税の税率は，100分の0.3を超えてはならない。」と規定されており，固定資産税の税率とは書き方が違うことが分かりますか。

　そうです。固定資産税では，「標準税率」という言葉がありましたが，都市計画税では，「標準」が抜けています。さらに，都市計画税では，「超えてはならない。」と書かれています。

　つまり，固定資産税では，標準ということで，1.3％より上も下も可能だったのが，都市計画税では，0.3％以下でないといけないのです。そこで，固定資産税の「標準税率」という言い方に対し，都市計画税は「制限税率」と言われています。

　なお，東京都では，都市計画税について，税率自体は0.3％のままですが，小規模住宅用地では半額に軽減されています。

住宅用地の特例措置とは？

　住宅用地の特例措置として，固定資産税については地方税法349条の3の2で，都市計画税については地方税法702条の3でそれぞれ規定しています。

　まず，固定資産税については，地方税法349条の3の2の1項で，「専ら人の居住の用に供する家屋又はその一部を人の居住の用に供する家屋で政令で定めるものの敷地の用に供されている土地で政令で定めるものに対して課する固定資産税の課税標準は，……当該住宅用地に係る固定資産税の課税標準となるべき価格の3分の1の額とする。」として，専用住宅については家屋の床面積の10倍の住宅敷地について，また，住宅部分が一定割合以上ある併用住宅についても一定限度の住宅敷地について（地方税法施行令52条の11），課税標準となるべき価格を固定資産税評価額の3分の1としました。

　さらに，2項で，「住宅用地のうち，次の各号に掲げる区分に応じ，当該各号に定める住宅用地に該当するもの（以下この項において「小規模住宅用地」という。）に対して課する固定資産税の課税標準は，……当該小規模住宅用地に係る固定資産税の課税標準となるべき価格の6分の1の額とする。」として，一号で，「住宅用地でその面積が200㎡以下であるもの　当該住宅用地」，二号で，「住宅用地でその面積が200㎡を超えるもの　当該住宅用地の面積を当該住宅用地の上に存する住居で政令で定めるものの数（以下……「住居の数」という。）で除して得た面積が200㎡以下であるものにあっては当該住宅用地，当該除して得た面積が200㎡を超えるものにあっては200㎡に当該住居の数を乗じて得た面積に相当する住宅用地」と定められています。

第1編　固定資産税の38のキホン　47

　要するに，住宅用地のうち，住宅1戸当たり200㎡までは小規模住宅用地として，課税標準となるべき価格を固定資産税評価額の6分の1としたのです。

　次に，都市計画税の課税標準については，地方税法702条の3で，1項において住宅用地について固定資産税の課税標準となるべき価格の3分の2，2項において小規模住宅用地について固定資産税の課税標準となるべき価格の3分の1と定めています。

　以上により，住宅用地の課税標準額については，固定資産税が3分の1（200㎡以下の小規模住宅用地では6分の1）に，都市計画税が3分の2（200㎡以下の小規模住宅用地では3分の1）にと，それぞれ大幅に圧縮されているのです。

　ところが，この住宅用地の特例措置の適用については，㉝で述べる通り市町村の課税ミスが多発しており，皆さんも十分注意して納税通知書および課税明細書を点検することを勧めます。

納税通知書と課税明細書に記載されているいろいろな金額の意味は？

①で述べたとおり、自宅などの不動産を所有していると、毎年、「平成〇〇年度　固定資産税・都市計画税（土地・家屋）納税通知書」（以下「納税通知書」といいます）が、「平成〇〇年度　固定資産税・都市計画税（土地・家屋）課税明細書」（以下「課税明細書」といいます）および納付書とともに送付されてきます。

市町村によって取扱いが異なりますが、納税通知書には納税者の住所、氏名、そして通知日が記載されて、「平成〇〇年度の賦課額を決定しましたので、通知します。」と書かれているだけの市もあります。つまり、中身は課税明細書を見よ、ということです。

そこで、課税明細書をみると、土地の地番や家屋の家屋番号等の表示の他に、いろいろな数字が記載されています。

評価額あるいは「固定資産税評価額」の他に、「固定資産税前年度課税標準額」と「固定資産税課税標準額」が、また、「都市計画税前年度課税標準額」と「都市計画税課税標準額」のそれぞれの記載があります。場合によっては、さらに「本則課税標準額」という記載もあります。

そして、固定資産税と都市計画税のそれぞれの算出税額（「減免前相当税額」ともいいます）から軽減税額や減免税額があればその記載があり、それらを控除した差引税額が、最終的に納付する年税額となります。

まずは、固定資産税評価額と課税標準額との違いを述べます。

家屋の場合は、両者が一致するのが通常です。

しかし、㉑でも述べたように、住宅用地の場合には、固定資産税評価額の3分の1（小規模住宅用地であれば6分の1）が固定資産税の課税標準額、3分の2（小規模住宅用地であれば3分の1）が都市計画税の課税

標準額となります。

そして，この課税標準額に固定資産税および都市計画税の各税率を積算して出た数字が算出税額となります。

さらに，住宅用地に限らず，課税標準額は，⑲の負担調整措置による影響を受ける関係で，「前年度課税標準額」や「本則課税標準額」が記載されることもあります。

特に，前年度課税標準額が記載されていることで，前年度との比較，対照ができます。

軽減税額としては，後でも述べますが，新築住宅や中高層耐火建築物等に対する一定期間の減額措置があります。

減免税額の例としては，東日本大震災のような被災地に対し，市町村が指定した区域内の土地や家屋について免税措置が取られました。

㉓ 自分の土地や家屋の固定資産税評価額や税額を知るにはどうすればよいのか，また，近隣の土地や家屋の固定資産税評価額を知ることはできるか？

　毎年5月頃に送られてくる納税通知書と課税明細書をみれば，固定資産税評価額は分かりますが，せいぜい固定資産税と都市計画税の税額だけ見て，右から左にどこかにやってしまい，後で探しても見つからないことがままあります。

　土地や家屋を売却するときには，固定資産税や都市計画税の精算をするために，固定資産税評価額や固定資産税および都市計画税の税額を知る必要があります。

　そこで，市町村の固定資産税課等に問い合わせると，固定資産課税台帳登録事項等証明書を発行してくれます。

　「市町村は，固定資産の状況及び固定資産税の課税標準である固定資産の価格を明らかにするため，固定資産課税台帳を備えなければならない。」（地方税法380条1項）として，その台帳について，納税義務者や弁護士等の職務上の請求によりこの台帳の閲覧および証明書の交付が認められています（地方税法382条の2，382条の3）。

　また，納税義務者からの請求があれば，その市町村内にある全ての土地および家屋をまとめたもの（土地名寄帳および家屋名寄帳といいます）の閲覧も認められています。

　さらに，地方税法は，「市町村長は，固定資産税の納税者が，その納付すべき当該年度の固定資産税に係る土地又は家屋について土地課税台

帳等又は家屋課税台帳等に登録された価格と当該土地又は家屋が所在する市町村内の他の土地又は家屋の価格とを比較することができるよう，毎年4月1日から，4月20日又は当該年度の最初の納期限の日のいずれか遅い日以後の日までの間，その指定する場所において，土地価格等縦覧帳簿又はその写しを当該市町村内に所在する土地に対して課する固定資産税の納税者の縦覧に供し，かつ，家屋価格等縦覧帳簿又はその写しを当該市町村内に所在する家屋に対して課する固定資産税の納税者の縦覧に供しなければならない。」（416条1項）と規定して，同じ市町村内の他の土地や家屋と比較するための縦覧制度を設けました。

　もっとも，この縦覧制度は，土地，家屋の納税通知書が来る前の，しかも1か月足らずの短期間しか認めていないので，必ずしも実効性があるとはいえず，あまり評判がよくありません。

固定資産税の路線価と相続税の路線価とはどう違うのか，また，なぜ固定資産税の路線価は3年に一度しか評価替えしないのか？

⑭で述べたように，土地の固定資産評価基準では，標準宅地を選定した上で，街路に「路線価の付設」をします。そして，⑰の「一物五価」で書いている通り地価公示価格の7割を目途としています。

これに対して，相続税の路線価は，平成4年1月10日閣議決定された「平成4年度税制改正の要綱」で，「相続税等の負担調整」として，「土地の相続税評価の評価割合を地価公示価格水準の8割程度に引き上げる等の適正化に伴う相続税等の負担調整を行う。」として，8割という数字を明記しました。

相続税の路線価と固定資産税の路線価とで大きく異なる点がもう1つあります。

相続税は毎年評価替えするのに対して，固定資産税は3年に一度しか評価替えしません。

地方税法341条六号で，「基準年度 昭和31年度及び昭和33年度並びに昭和33年度から起算して3年度又は3の倍数の年度を経過したごとの年度をいう。」として，直近でいえば，昭和93年度に相当する平成30年が基準年度となります。昭和も平成も3で割れる数ですね。

そして，固定資産評価基準の「経過措置」によれば，基準年度の初日の属する年の前年の1月1日の地価公示価格等を活用するので，直近でいえば，平成29年1月1日現在の公示価格の7割を目途として，固定資産税の路線価は3年間変わらないことになります。

これに対して，相続税の路線価は，毎年1月1日時点の公示価格の8

割を目安として毎年8月に公表しているので，平成28年度は平成28年1月1日現在の公示価格の8割，平成29年度は平成29年1月1日現在の公示価格の8割，平成30年度は平成30年1月1日現在の公示価格の8割を目安とすることになります。

つまり，基準年度ですでに1年のズレがあるので，翌々年には3年もの評価時点のズレが生じてしまうのです。

このため，地価が変動するときには，固定資産税の路線価が公示価格や相続税の路線価と大きくかい離することになり，決して好ましい現象ではないと思われます。

固定資産税の路線価評価が，以上の通り3年に一度の基準年度ごとにしか行われないのは，効率性や徴税コストの観点からと一般的に言われていますが，元となる公示価格が毎年公表されていることや，相続税の路線価で現にできていることですから，パソコンの簡単なソフトを使えば，固定資産税の路線価でできないことはないと思われます。

なお，一般社団法人資産評価システム研究センターは，HP上で「全国地価マップ」を提供しており，固定資産税路線価，相続税路線価，地価公示価格，都道府県地価調査価格のいずれについても，閲覧できるようにしています。

不動産を取得すると固定資産税や都市計画税以外にも，どんな税金がかかるか？

　まず，あまり皆さんが税金と意識しないで支払っているのが，土地や家屋（建物）を登記する際の登録免許税があります。登録免許税法に基づく国の税金です。

　司法書士に支払う登記手数料等の中に含まれているのが一般的なので，手数料の一部と思っていて，税金を支払っているとは思わないことが多いですね。

　売買による場合は，不動産価格の2％が原則ですが，住宅用家屋に係るときなど租税特別措置法による軽減税率の適用がありますので，詳細については司法書士に聞いてください。

　なお，相続や合併の場合は0.4％となります。

　また，家屋について所有権の保存登記をする場合も0.4％ですが，これも新築建物等については特例がありますから要注意です。

　税率をかける価格については，固定資産税評価額が原則ですが，新築建物のように，まだ市町村の評価がされていない家屋については，所轄法務局の登記官が「新築建物課税標準価格認定基準表」に基づいて評定します。

　この表は，地域によって異なる上に，家屋の構造と種類，そして建築年月日で数字が変わってくるので，所轄の法務局に問い合わせる必要があります。

　次に，取得してから半年くらい経過した頃に納税通知書が来るのが，不動産取得税です。

　不動産取得税は，地方税法に基づく道府県税の1つです。

地方税法 73 条の 13 は，「不動産取得税の課税標準は，不動産を取得した時における不動産の価格とする。」と規定していますが，この価格は，登録免許税と同じく固定資産税評価額です。

ただし，平成 18 年 1 月 1 日から平成 30 年 3 月 31 日までに取得した宅地等については，固定資産税評価額の 2 分の 1 が課税標準となります。

なお，「不動産取得税の標準税率は，100 分の 4 とする。」（地方税法 73 条の 15）と定められていますが，平成 30 年 3 月 31 日までは 3 ％に軽減されています。

また，住宅については，様々な軽減措置があり，特に，新築住宅の建物に関しては，1,200 万円（長期優良住宅なら 1,300 万円）まで非課税で，その金額を超えた部分に対し軽減税率の 3 ％を乗じることになります。

ここで，家屋について，1 つ問題が生じます。

不動産取得税を課するときは，まだ固定資産税評価額が定まっていない場合があります。

しかし，登録免許税のような「新築建物課税標準価格認定基準表」が都道府県にはありません。

地方税法 73 条の 21 第 2 項により，都道府県知事も固定資産評価基準によって評価することになりますが，後の市町村の評価と齟齬が生じないように，同条第 3 項において，道府県知事はその価格等を市町村長に通知することとしています。

家屋の評価は，誰がどのようにするのか？

　不動産登記法47条1項では，「新築した建物又は区分建物以外の表題登記がない建物の所有権を取得した者は，その所有権の取得の日から1月以内に，表題登記を申請しなければならない。」と規定しています。

　この登記がなされると，登記所から都道府県税事務所と市町村固定資産税担当部署に通知が行きます。

　㉕で述べたように，都道府県の不動産取得税が取得時点を基準として評価するので，市町村の固定資産税評価よりも早くなることが多いと思います。

　その場合の実情については，「2016年度資産評価政策学会シンポジウム―解説　実務家から見た固定資産税の問題点―複雑すぎる評価制度，あるべき方向を探る」では，「自治体間の連携もない。建物が建つと，県がまず不動産取得税をかける。県税担当職員が設計図面を見て積算するが，その評価調書だけを市町村に送る。それで市町村が固定資産税を賦課するが，市町村では家屋評価の計算根拠を何も知らないという実態がある。」(2016年10月21日『税務経理』6頁)と，佐藤政昭一級建築士が述べています。

　地方税法は，409条2項において，「固定資産評価員は……道府県知事が第73条の21第3項の規定によって当該土地又は家屋の所在地の市町村長に通知した価格があるときは……当該通知に係る価格に基いて，当該土地又は家屋の評価をしなければならない。」と定めていることから，市町村の固定資産税の評価担当者は，都道府県の不動産取得税担当者の評価調書を基本としなければならないのです。

　もっとも，固定資産の評価に関する事務に従事する市町村の職員は，

実地調査や納税者への質問等あらゆる方法によって，公正な評価をするように努めなければなりません（地方税法 403 条 2 項）。

　具体的には，建築確認申請書添付の設計図書や竣工図面を精査し，現場で家屋の内外を実査し，⑯で書いてある通り，各区分にどのような部材が用いられているかをチェックしなければなりません。

　大きなビルになると，市町村の担当者が評価するのに莫大な時間と労力を要するので，厳しい予算の制約下において少ない人数で評価をするのには，相当な無理があると言わざるを得ず，したがって，市町村の固定資産評価の担当者が，道府県の不動産取得税担当者の評価を鵜呑みにすることがあっても，責められないところがあると思います。

㉗ 家屋を増改築したり，用途を変更した場合にも家屋の調査があるのか？

　不動産登記法51条1項は，建物の表題部の登記事項に変更があったときは，登記名義人は変更があった日から1か月以内に変更の登記を申請しなければならないと定めています。

　この表題部の登記事項には，「建物の種類，構造及び床面積」（同法44条1項三号）がありますから，家屋の増改築や用途の変更をした場合に，この登記事項の変更に当たれば，変更登記の申請をしなければなりません。

　この変更登記がなされると，登記所から市町村の固定資産税担当部署に通知が行きます。

　これによって，市町村は，家屋の床面積や用途変更を知ることができ，家屋についての固定資産税評価額の評価替えのために調査をすることになります。

　家屋調査を評価する担当者は，予め家屋の所有者に連絡をした上で調査に出向き，㉖の新築時と同様な資料の提示を受けて調査します。

　この調査の結果，家屋の固定資産税評価額が変わるだけでなく，宅地の課税標準額が大きく変わることがあります。

　特に，住宅用地の特例措置の適用の関係での注意が必要です。

　たとえば，専用住宅の場合に，この特例が適用されるのは，家屋の総床面積の10倍までの宅地ですから，家屋の増改築の結果，宅地の面積がこれを超えると，この特例が使えないことがあります。

　また，家屋の用途を住宅から事務所に変更すると，その敷地も住宅用地ではなくなるので，固定資産税の3分の1（小規模住宅なら6分の1）の特例や都市計画税の3分の2（小規模住宅なら3分の1）の特例がなくなり，結果的に大幅な増税になりますので，十分な注意が必要です。

㉘ 新築住宅や改修工事について固定資産税の減額制度があるか？

　宅地一般に関する固定資産税や都市計画税の課税標準の特例については㉑で述べていますが，ここでは新築住宅等についての固定資産税の軽減に関する特例を紹介します。

　もっとも，「特例」というように適用期限が限定されているので，十分注意する必要があります。

　まず，平成30年3月31日までに新築した家屋について，120㎡以下の部分に対応する税額の2分の1が3年間軽減されます。

　このうち，耐火構造もしくは準耐火構造で地上3階以上の家屋については，5年間同様に軽減されます。

　もっとも，家屋の総床面積の2分の1以上が居住用であること等の条件があるので，要注意です。

　ところで，「長期優良住宅の普及及び促進に関する法律」を知っていますか。

　平成20年に制定されて，平成21年6月に施行されています。広告などで目にする「百年住宅」がその一例です。

　長期間良好な状態で住宅として使用できる建物の普及促進を図るために，所得税等各種の税の優遇措置があり，固定資産税については，中高層のマンション等では7年間，それ以外の戸建て等は5年間2分の1減額されます。

　もっとも，この特例の適用を受けるためには，新築した年の翌年の1月31日までに所定の書類を添付して市町村に申告する必要があります。

　新築だけでなく，一定の改修工事に対しても，固定資産税の減額の特例があります。

平成 30 年 3 月 31 日までの間に住宅について 1 戸当たりの工事費が50 万円を超える耐震改修工事をした場合に，工事完了日から 3 か月以内に申告すれば，原則として 1 年分 2 分の 1 減額されます。

65 歳以上の者や障害者等が居住する住宅について，バリアフリー工事をして補助金等を除いた費用が 50 万円を超えた場合には，工事完了の翌年分について 3 分の 1 減額されます。

50 万円を超える窓等の省エネ改修工事についても，3 分の 1 の減額が認められています。

この他にも，特定市街化区域農地に新築した賃貸住宅やサービス付き高齢者向け賃貸住宅（いわゆる「サ高住」）の軽減特例等，時代の政策に応じた固定資産税等の特例措置の改廃がありますので，新築や改修の工事をする場合には，固定資産税に限らず，所得税等の税金の特例措置の適用が可能かどうか，税理士などにあらかじめ十分相談する必要があります。

家屋を取り壊したら土地の固定資産税が上がるのは本当か，住宅用地の特例措置を受け続ける方法はないか？

本当です。

住宅用地については，㉑で述べたように，固定資産税評価額に対し，課税標準額が，それぞれ，固定資産税については3分の1（小規模住宅なら6分の1），都市計画税については3分の2（小規模住宅なら3分の1）に圧縮されます。

しかし，住宅用地の特例措置ですから，その土地の上に住宅が建っていなければ，原則としてこの特例は受けられません。

それでは，課税標準額が固定資産税評価額と同一になるかというと，そうではありません。

住宅用地以外の宅地についての固定資産税および都市計画税の負担調整措置が現時点で継続されているので，固定資産税評価額の最大70％が課税標準額となります。

したがって，たとえば100㎡の宅地で固定資産税評価額が1,200万円の場合，家屋があれば固定資産税の課税標準額は6分の1の200万円で，その1.4％の2万8,000円が固定資産税となり，都市計画税の課税標準額は3分の1の400万円で，その0.3％の1万2,000円が都市計画税となります。

ところが，家屋が取り壊されると，翌年の課税標準額は，固定資産税，都市計画税ともに70％の840万円で，その1.4％の11万7,600円が固定資産税，0.3％の2万5,200円が都市計画税となります。

合計すると，家屋があるときは4万円に対し，家屋が取り壊されると

14万2,800円となり，3.57倍となります。

　ネット等では，「固定資産税が6倍になる」という見出しが躍っています。

　それは若干大げさにしても，大幅なアップ率であることは間違いありません。

　さて，家屋を取り壊しても，住宅用地の特例を受け続ける方法がないかということですが，一定の要件を充たすことで可能です。

　そのためには，1月1日の固定資産税の賦課期日において同じ敷地内で，取壊し前の住宅の同じ所有者またはその親族等一定の要件を満たす者が，住宅の新築工事に着手し，もしくは建築確認申請書を受理し，かつ3月31日までに工事に着手しており，継続適用を受けるための申告をしている必要があります。

　街中を歩いていると，何年間も工事期間中という看板が立っている「お化け住宅」を見かけることがあります。

　住宅用地の特例をあてにして，工事に着手したものの，費用不足等から途中で工事が放置され，いつまで経っても完成しない工事現場です。

　いつまでこの特例の適用を認めてよいのか，市町村としても悩むところで，裁判で争われることもあります。

空家対策特別措置法によって住宅用地の特例措置が適用されないことがあるか？

　「空家等対策の推進に関する特別措置法」というのが正式名称ですが，平成26年11月に制定されて，翌27年5月から全面施行されています。

　この法律ができたきっかけは，平成26年7月に総務省統計局が公表した「平成25年住宅・土地統計調査」で，総住宅数に対する空家率が13.5％，820万戸にも上るという衝撃的な数字でした。

　空家がなぜこんなに増えたかというと，高齢化の進展から介護施設入居により持家に誰も居住しないこと，相続税対策等による貸家の供給過多が止まらないこと，相続紛争の多発化，長期化で相続物件が放置されること等があります。

　空家の何が悪いかといえば，人が住まなくなると家屋は急速に劣化し倒壊の危険が生じること，不法侵入や放火等の犯罪を招くこと，不法投棄を誘発し非衛生的となり景観も害することで地域全体の資産価値を減少させること等が指摘されています。

　それなら，さっさと空家を取り壊して更地化すればよいではないかと思われるかもしれませんが，更地化するにはどんなに小さな家でも数百万円単位の解体費用がかかることに加えて，住宅用地の特例措置が適用されなくなり，固定資産税や都市計画税が数倍に跳ね上がることが大きなネックになっていたのです。ここで本書のテーマの固定資産税等の問題が絡んでくるのです。

　空家対策特別措置法は，国による基本方針の策定とか，都道府県による市町村に対する技術的助言とか，市町村による空家の情報収集等の規定を設けていますが，目玉は何と言っても，この2つの問題に対する対

処を定めたことです。

　そのために，まず空家の中から，著しく保安上危険とか，著しく衛生上有害とか，著しく景観を損なっているとか，周辺環境を保全するために放置するのが不適切か，のいずれかに当たれば，「特定空家」と認定します。

　そうすると，市町村は，所有者等に対し，解体等の助言や指導を行い，状態が改善されないと認めると，相当の猶予期間を付けての勧告をします。

　それでも対応しないときには命令を出しますが，この命令に従わないときは，最終的に「行政代執行」といって，市町村が強制的に解体してしまうのです。

　そして，もう1つの対策が，税制上の措置といわれるものです。勧告対象となった特定空家の土地について，住宅用地に係る固定資産税および都市計画税の特例措置の対象から除外してしまうのです。

　このように，空家対策特別措置法は，空家を放置する大きな原因であった解体費用と固定資産税の問題に鋭く切り込んでおり，今後の活用が期待されます。

㉛ 相続でもめて相続人が決まらない不動産の固定資産税は誰が負担するのか，相続人がいない場合はどうなるのか？

　地方税法9条の2によれば，納税者に相続があった場合に，相続人が2人以上あるときは，被相続人の固定資産税等の書類を受領する代表者を指定することができ，この場合には地方団体に届け出なければなりません。

　この届け出がないときは，地方団体の方で相続人の1人を代表者と指定することができます。

　他方で，「相続人が数人あるときは，相続財産は，その共有に属する。」（民法898条）ことから，相続人間で遺産分割協議がまとまらないと，共有状態が続きます。

　問題は，その場合に地方税法10条の2第1項が，「共有物……により生じた物件又は共同行為に対する地方団体の徴収金は，納税者が連帯して納付する義務を負う。」と定めており，固定資産税についてもこれが当てはまるので，相続人の代表者の指定の有無にかかわらず，相続人全員が連帯債務者となります。

　その結果，市町村は，相続人1人に的を絞って固定資産税の全額を請求することが可能で，資産を有する相続人ほど割を食うことになります。

　そうならないためにも，資産を有する相続人は，ある程度妥協して遺産分割協議を整える必要があります。

　世の中には天涯孤独な資産家がいます。結婚せず，子供もいなくて，兄弟やその子供たちもいない人が意外にいるものです。

　それでも，遺言を作成して世話になった人や法人に包括遺贈をしてお

けばよいのですが，それもしないままに不動産を残すと，相続人が不存在の不動産が残ることになります。

　この場合には，民法951条が「相続財産は法人とする。」と定めており，相続財産法人となります。

　そして，利害関係人または検察官の請求により家庭裁判所が選任する相続財産管理人（民法952条）が，相続財産の処分等の清算業務を行い，残余財産があれば国庫に帰属します（民法959条）。

　固定資産税については，死亡した年の分は，被相続人の納税義務を相続財産法人が承継し，死亡した翌年以降の分は，相続財産法人自体が納税義務者となります。

　いずれにせよ，相続財産法人が固定資産税を納めなければならないので，相続財産管理人としては，賦課期日である1月1日をまたがないように，できるだけ年内中に不動産を処分して現金化することが望ましいといえます。

農地に対する固定資産税

　農地に対する固定資産税の評価および課税は複雑です。
　その1つの理由は，評価の問題と課税の問題を混同するところにあります。そこに注意しながら読んでください。
　まず，その農地が市街化区域にあるか否かで，「一般農地」と「市街化区域農地」とに区分されます。
　一般農地は農地としての固定資産税評価がなされ，その評価に対する農地課税となりますから，固定資産税は大変安い金額です。
　次の区分としては，市街化区域農地の中で，「生産緑地地区」の指定を受けた農地であるか否かがあります。
　生産緑地地区の指定を受けた農地は，一般農地と同様に，農地としての固定資産税評価がなされ，その評価に対する農地課税となるので，固定資産税は安くなります。
　これに対して，生産緑地地区の指定を受けていない市街化区域農地の固定資産税評価は，宅地並み評価とされます。
　第3番目として，市街化区域農地の中で，三大都市圏の特定市に所在するか否かで，「特定市街化区域農地」と「一般市街化区域農地」とに区分されます。
　「三大都市圏の特定市」とは，首都圏である東京，千葉，神奈川，埼玉，茨城の中の計106市（23区も1つの市と数える），中部圏である愛知と三重の計28市，近畿圏である大阪，京都，兵庫，奈良の計56市を指します。
　一般市街化区域農地，特定市街化区域農地のいずれも，固定資産税評価額は宅地並み評価ですが，一般市街化区域農地については，一般農地

の負担調整措置が適用されるために，農地に準じた課税がなされます。

　もっとも，この措置がなされていても，相当に高い水準になっている農地も増えており，「農地に準じた」と必ずしも言えるわけではありません。

　これに対して，特定市街化区域農地は，宅地並み課税がなされるので，相当に高額の固定資産税が賦課されることになります。

　以上を，大まかな倍率で捉えると，一般農地に対して，一般市街化区域農地は数十倍，特定市街化区域農地は数百倍の固定資産税になると考えられます。

　ところで，特定市街化区域農地を転用して平成30年3月31日までに中高層耐火建築物の賃貸住宅を新築して賃貸の用に供される場合に，市町村が認めたものに限り，家屋およびその敷地に対し，固定資産税が減額されています。

　家屋については，当初2年間は3分の2を，その後の3年間は2分の1を減額し，敷地については，当初3年間は12分の1減額します。

固定資産税の課税ミスは，なぜ度々あるのか？

　固定資産税の課税ミスは，マスコミ報道ではあまり目立っていませんが，毎年必ず起こっています。

　目立たない理由は，国税に関する記事と異なり，主要な新聞の一面を飾ることが少なく，主要新聞の地方版か地方新聞の三面記事に取り上げられる程度だからです。

　それでも，ネットを検索してみると，結構な数の記事が出てきます。

　たとえば，平成29年1月25日付山陽新聞では，「倉敷市が30年間，男性に過大課税　軽減措置取らず144万円」との見出しで，自宅を建築した後にも，市の年1回の現状確認の漏れがあり，住宅用地の特例の対象から外れていたためで，市は文書で謝罪しましたが，返還する金額は地方税法が定める5年間と市の要綱に基づく5年間の計10年分の約50万円としており，「全額返還されないのは納得がいかない。」との男性のコメントがありました。

　また，平成28年12月14日付秋田魁新報では，「秋田市は13日，住宅用地の固定資産税を軽減する特例措置を適用していなかったため，最大で144件の過大徴収があったことを明らかにした。土地，家屋の調査や事務作業上のチェックが不十分だったことなどが原因とみられる。」と記載されています。

　同年11月26日付千葉日報でも，「館山市は25日，市内の小売店から2003年度から16年度の14年間で，固定資産税と都市計画税1億351万2,800円を過大に課税していたと発表した。税務課職員が評価額を記載する際に入力ミスしていた。市は過大に課税した金額に加え，還付加算金と賠償金約3,600万円を返還する。」との記事がありました。

これは，県作成の評価調書の評価額を課税台帳に入力するときに誤って，その後のチェックでも見落としていたというものです。

さらに，平成 27 年 11 月 27 日付産経新聞ウェストでは，香川県綾川町で平成 9 年から 26 年までの間に 639 人から 3,750 万円を過大徴収して，利息を含め 4,300 万円を返還すると書いています。

同年 10 月 28 日付の宝塚市のホームページでは，都市計画道路予定地に含まれる宅地評価額について，0.99 ～ 0.7 の減額補正率の適用漏れが平成 8 年以降の 20 年間で 3,200 万円に上り，還付加算金と利息を含め 4,700 万円になるとの記述がありました。

課税ミスの原因として，平成 29 年 1 月 24 日につくば市長が臨時記者会見で配布した資料の「固定資産税，都市計画税および国民健康保険税の課税誤りについて」の中では，「①過去における家屋所在地番確認の精度不足，②家屋担当と土地担当の連携不足，③課税台帳への入力漏れおよび入力誤り，④課税台帳入力後の確認体制の不備，⑤担当者の認識不足」を挙げていますが，はたして，そのような事務処理上のミスだけで片づけてよいのでしょうか。

固定資産税に関する不服申立には２つのルートがある

　固定資産税評価額に不服がある場合と，そうでない場合の２つがあります。固定資産税評価額そのものに不服がある場合は次の㉟で説明します。

　ここでは，固定資産税評価額以外の点で不服がある場合の手続きについて述べます。

　評価額以外にどんな不服があるのかと不思議に思うかもしれませんが，いろいろあります。

　そもそも自分に身に覚えのない土地についての固定資産税の納税通知が来たとか，評価額は正しいけど課税標準額や税額の計算が間違っているというような場合です。

　こうした場合の不服申立を，一般的に「審査請求」といい，行政不服審査法で規定されています。

　審査請求をする宛先は，市町村長です（特別区の場合は東京都知事です）。

　審査請求期間は，処分のあったことを知った日の翌日から起算して３月以内が原則です（行政不服審査法18条）。知らない場合も１年を経過すると審査請求できません。

　固定資産税に関する審査請求は，窓口で言うだけでは認められておらず，文書で行わなければなりません。

　また，審査請求書に記載すべきことが決まっているので，あらかじめ市町村に問い合わせておく必要があります（行政不服審査法19条）。

　この審査請求を経ないで，いきなり訴訟をすることができるかどうかという質問を受けます。

　市で決めたことを同じ市の市長に審査請求をしても結論は決まってい

るはずだから無駄な手間暇をかけたくないというのです。

　その気持ちも分からなくはありませんが，行政不服審査法9条2項一号では，決定に関与した者は審理に関与してはならないと規定しており，結論が変わることもあり得ます。

　また，地方税法19条の12では，「第19条に規定する処分（注：本件でいえば固定資産税の賦課決定）の取消しの訴えは，当該処分についての審査請求に対する採決を経た後でなければ，提起することができない。」と定めていることから，原則としては，裁決を経る必要があります。

　例外としては，たとえば兵庫県伊丹市のホームページによれば，①審査請求をして3月経過しても裁決がないとき，②著しい損害を避けるため緊急の必要があるとき，③その他裁決を経ないことにつき正当な理由があるときには，裁決を待たずに賦課決定の取消しの訴訟を提起することができます。

　いずれにせよ，市町村によって，審査請求の仕方などについては取扱いが異なると思いますから，事前に窓口へ行って十分な打ち合わせをする必要があります。

固定資産税評価額に不服があるときは，どうすればよいか？

　固定資産税評価額に対する不服申出については，地方税法が，固定資産税の中に，「第6款　固定資産の価格に係る不服審査」という特別な規定を設けており，まず423条1項で，「固定資産評価審査委員会」が設置されています。

　固定資産評価審査委員会は，委員3人以上からなり，その市町村の住民，市町村税の納税義務がある者または学識経験者から，議会の議決を経て，市町村長が選任します。

　審査の申出は，審査申出書を市町村固定資産評価審査委員会に提出して行います。

　審査の申出ができるのは納税者のみです。

　審査の申出ができる期間は，納税通知書を受け取ってから3か月以内ですから，あっという間ともいえます。

　問題は，申出ができる対象が固定資産課税台帳に登録された価格，つまり固定資産税評価額に限られるということです。課税標準額は含まれません。

　固定資産税評価額は，基準年度の価格が3年間据え置かれるので，原則として3年間に一度しか不服申立ができません。

　もっとも，家屋の新築や土地の分筆等によって，新たに固定資産課税台帳に価格が登録された場合や，増改築や地目の変換によって価格が変更された場合には，基準年度以外の年であっても，審査の申出ができます。

　固定資産評価審査委員会は，審査の申出を受けた場合に，直ちにその必要と認める調査，口頭審理その他事実審査を行った上で，その申出を

受けた日から 30 日以内に審査の決定をしなければならず（433 条 1 項），審査申出人の申請があったときは，特別の事情がある場合を除き，口頭審理の手続によらなければならず（同条 2 項），この場合には，審査申出人，市町村長または固定資産評価員その他の関係者の出席および証言を求めることができ（同条 3 項），手続は公開しなければならない（同条 6 項）と規定されています。

　これらの各定めに違反した手続がなされたときに，固定資産評価審査委員会の決定自体の取消事由となるかどうかについては，第 2 編の裁判例を参照してください。

　固定資産評価審査委員会の決定に不服があるときは，その決定を知った日の翌日から 6 か月以内にその決定の取消しの訴えを提起することができます。

　審査の申出を受けた日から 30 日以内に決定が出ない場合には，固定資産評価審査委員会が却下決定をしたとみなして，同様に取消しの訴えをすることができます。

　ところで，審査の申出をすると，固定資産税を納付しないでよいと勘違いをしている人がいますが，そうではありません。

　納期限を経過しても支払わないと，滞納したものとして扱われ，加算税や延滞金が課されるので気を付けてください。

　審査の申出が認められて，固定資産評価審査委員会で価格の訂正がなされた場合には，後で支払い過ぎの税金が利息とともに還付されます。

支払い過ぎとわかった場合に還付される固定資産税は何年分か？

　固定資産税の還付が認められるのは，固定資産評価審査委員会への審査申出や市町村への審査請求あるいは賦課決定処分の取消訴訟で支払い過ぎが認められた場合だけではありません。

　市町村の独自の調査によって，納税者の支払い過ぎが判明した場合にも，一定期間の還付が認められます。

　地方税法 18 条の 3 第 1 項は，「地方団体の徴収金の過誤納により生ずる地方団体に対する請求権及びこの法律の規定による還付金に係る地方団体に対する請求権は，その請求をすることができる日から 5 年を経過したときは，時効により消滅する。」と規定していることから，固定資産税の過払分については時効にかからない 5 年分が還付されます。

　もっとも，市町村によっては，独自の要綱などを定めることによって，5 年を超える一定期間を返還するところが増えています。

　現に，㉝で紹介した「つくば市」の事例では，平成 28 年度の還付金 640 万円の他に，平成 9 年度から平成 27 年度までの過年度還付金として 1 億 1,480 万円に加えて，同期間の加算金 4,250 万円を還付するとしています。つまり，20 年分の還付をしているのです。

　他方で，同じく㉝で紹介した倉敷市の事例では，ある男性の 30 年間の支払い過ぎについて，市の要綱による 5 年分を含めた 10 年分の還付を認めたことに対し，その男性は，「全額返還されないのは納得がいかない。引き続き要望していく。」と話している，とのことです。

　つくば市の事例と倉敷市の事例は，いずれも住宅用地の特例措置の適用を誤ったものであるにもかかわらず，自分が居住する市町村によって，還付される期間が異なることで還付金額が大幅に変わるのは，納税者と

して釈然としないものがあると思います。

　各市町村の要綱などでは，支払い過ぎの還付について，地方税法の５年分を含めて10年分とするところと20年分とするところが多いようです。

　10年分と20年分の違いは，民法167条１項の債権の消滅時効10年と，民法724条２項の不法行為の消滅時効20年のいずれを採用するかということなのかもしれません。

　もっとも，市町村と納税者との納税関係は，賦課決定という公権力の行使に基づくものですから，契約によるものではあり得ません。

　そこで，市町村側に過ちがあるときは，公務員の不法行為として国家賠償法の対象となりえるものですから，20年分の還付を認めるのが筋といえます。

　第２編の裁判例の中で紹介する冷凍倉庫事件は，まさに20年分の還付を認めた事例です。

市町村が固定資産税をきちんと賦課・徴収していないときは，住民はどのような方法をとればよいのか？

　固定資産税については，過大徴収だけでなく，賦課，徴収漏れもあります。

　平成28年12月1日のTBSテレビの「Nスタ」では，栃木県那須町における賦課漏れの実態が放映されました。

　そのような場合に，住民としてできることは，「住民監査請求」です。

　地方自治法242条1項は，「普通地方公共団体の住民は，当該普通地方公共団体の長若しくは委員会若しくは委員又は当該普通地方公共団体の職員について，違法若しくは不当な公金の支出，財産の取得，管理若しくは処分，契約の締結若しくは履行若しくは債務その他の義務の負担がある（当該行為がなされることが相当の確実さをもって予測される場合を含む。）と認めるとき，又は違法若しくは不当に公金の賦課若しくは徴収若しくは財産の管理を怠る事実（以下「怠る事実」という。）があると認めるときは，これらを証する書面を添え，監査委員に対し，監査を求め，当該行為を防止し，若しくは是正し，若しくは当該怠る事実を改め，又は当該行為若しくは怠る事実によって当該普通地方公共団体のこうむった損害を補填するために必要な措置を講ずべきことを請求することができる。」と定めています。

　本件でいえば，固定資産税の賦課や徴収を怠ったこと，いわゆる「怠る事実」について，監査請求ができるということです。

　この請求があると，「監査委員は，監査を行い，請求に理由がないと認めるときは，理由を付してその旨を書面により請求人に通知するとともに，これを公表し，請求に理由があると認めるときは，当該普通地方

公共団体の議会，長その他の執行機関又は職員に対し期間を示して必要な措置を講ずべきことを勧告するとともに，当該勧告の内容を請求人に通知し，かつ，これを公表しなければならない。」（同条4項）ことになっています。

　この監査および勧告は，請求があった日から60日以内に行わなければなりません（同条5項）。

　そして，監査請求をした住民が，同条4項の規定による監査委員の監査の結果や勧告あるいは勧告を受けた長などの措置に不服があるときなどには，裁判所に対し，違法な行為もしくは怠る事実につき，訴えをもって242条の2第1項一号から四号までのいずれかの請求をすることができます。

　本件でいえば，賦課，徴収を怠る事実に対してですから，三号の「当該怠る事実の違法確認の請求」，または，四号の「当該職員又は当該行為若しくは怠る事実に係る相手方に損害賠償又は不当利得返還の請求をすることを当該普通地方公共団体の執行機関又は職員に対して求める請求」を訴えることになります。

　242条の2の訴訟を，住民訴訟といいます。

　固定資産税についての賦課・徴収漏れでは，この訴訟がしばしば提起されています。

課税ミスを防ぐには，どうしたらよいのか？

　固定資産税の過大徴収，逆に賦課，徴収漏れの課税ミスといっても，いろいろな場合があります。
　確かに，㉝で紹介したように，住宅用地の特例措置の適用を怠る場合が多いのは事実ですが，この場合のミスは，ある意味で分かりやすいミスです。
　納税者が，地方税法を少し勉強すれば，特例措置の適用があるかどうかが分かり，計算も簡単だからです。
　それなのに，全国あちこちで何十年間も課税ミスが放置されていることについては，納税者が自分で税額を計算して申告する「申告納税方式」ではなく，市町村の処分によって税額が確定する「賦課課税方式」だからといえます。
　つまり，お上任せだから，納税者が当然気づかないし，役所の側は自分が間違いを犯すはずがないと思い込んでいるからです。
　このような課税ミスを防ぐために，つくば市が再発防止策として挙げているように，①家屋担当と土地担当との連携強化，②課税台帳への入力漏れ，入力誤りを防ぐためのチェック体制の二重化，③課税台帳入力後の確認体制の整備，④担当者に対する定期的研修や指導強化による知識の向上，⑤納税者への特例措置の制度の周知，などが有効といえます。
　しかし，より深刻な問題は，土地や家屋の固定資産税評価制度そのものにあります。
　⑬から⑯で述べている「固定資産評価基準」について，理解できる納税者がどれだけいるでしょうか。
　市町村の固定資産税の担当者ですら，本当はよく分からないままに

日々の業務をこなしているのかもしれません。

　平成28年8月に発刊された『週刊エコノミスト』30頁以下で，旧自治省（現総務省）時代に固定資産税課長を務めた片山義博前鳥取県知事のインタビュー（固定資産税を取り戻せ）が載っています。

　片山氏は，固定資産税制が市町村の担当職員も理解できない複雑怪奇な制度になっていることを強調しており，もっとシンプルな制度にして，納税者がインターネットでいつでも自由に自分の課税台帳だけでなく，他の土地や家屋の評価も見られるようにすべきであると訴えています。

　東京都主税局長は，平成28年4月に「固定資産評価に関する検討会」を設けました。

　ここでは，特に事業用の大規模ビルを念頭に，従来の再建築方式から取得価額活用方式という新たな評価方法を検討しています。

　㉖でも紹介した「2016年度資産評価政策学会シンポジウム—解説　実務家から見た固定資産税の問題点—複雑すぎる評価制度，あるべき方向を探る」においても，福井秀夫政策研究大学院大学教授は，「端的な時価である取得価額をベースに経年減価して算定してはいけないのか」と問題提起しているのは同感であり，土地の評価制度についても取得価額をベースにすべき時期が来ていると思われます。

第2編

固定資産税に関する 28 の最高裁裁判例

《裁判例に入るにあたって》

　本書では，最高裁裁判例 28 例と下級審裁判例 60 例の合計 88 例を紹介しています。

　最高裁については年代順に取り上げているのに対して，下級審については第 1 編の「固定資産税のキホン」の目次の順番に従っています。

　このように，最高裁と下級審で構成を変えたのにはわけがあります。最高裁は，下級審の事実審に対し，法律審といわれるように，原則として事実認定に関与しません。しかも，最高裁に対する上告理由は，民事訴訟法 312 条に規定している「憲法の解釈の誤り」など極めて限定されています。つまり，最高裁では，主に憲法に関わる重要な「価値判断」が下される場合が多いのです。

　この「価値判断」というのは，その時の政策や時代の雰囲気に左右されることがままあります。たとえば，憲法が施行されて間もないころは，憲法の「租税法律主義」についてどう考えるのかという議論が熱心になされています。また，行政訴訟や国家賠償請求訴訟について，以前であれば，最高裁は原告側に冷たく，高裁で原告側が勝訴しても最高裁で逆転敗訴することが多いといわれていました。ところが，平成 16 年に行政訴訟をより利用しやすくする目的で行政事件訴訟法が大幅に改正（この中には，取消訴訟の被告適格の変更を受けて，たとえば，各市町村の固定資産評価審査委員会から市町村を被告として訴えることになりました）されたことを契機として，最高裁の姿勢が変わりつつあるともいわれています。固定資産税に関する最高裁裁判例も，そのような時代の雰囲気などを反映している可能性もあり，年代順に紹介したものです。

　他方で，下級審裁判例は，専ら地方税法の解釈や事実認定に主眼が置かれています。裁判例が多いのは，地方税法 348 条の「非課税」への該当性，固定資産評価基準の解釈，固定資産評価審査委員会の手続，冷凍倉庫を含む国家賠償請求訴訟などです。そこで，これらの項目ごとに紹介する方が論点を把握しやすいと考えて，最高裁裁判例の年代順とは異なる構成にした次第です。

　最高裁裁判例であれ，下級審裁判例であれ，裁判例に触れることは，具体例を通してイメージを膨らませることができ，固定資産税の「キホン」を理解する上でも，大変役に立つと思います。

　裁判例によっては，大変長く，細かな論点に入り込み過ぎているものもあります。そのような個所はできるだけ省いたつもりですが，それでも長いなあと思えば，適当に走り読みして，関心のあるところを読むだけで一向に構いません。どうか気軽に読んでいただければと思います。

第2編　固定資産税に関する28の最高裁裁判例　83

【1】　固定資産税の賦課決定が憲法違反として争われたことがあるか？

（最高裁昭和30年3月23日判決・民集9巻3号336頁）

事案の概要　　Xは，所有していた大阪市北区内の宅地を昭和26年2月に甲に売却しましたが，大阪市北区長であるYが，同年12月10日付で昭和26年度第4期の固定資産税について，Xに対し，同年12月27日を納期限とする固定資産税の賦課決定を行いました。これに対し，Xは，所有権を喪失した後の納期の賦課処分は違法であるとして，その取消しを求めて提訴しましたが，1審，控訴審ともにXの請求を棄却しました。そこで，Xは，原判決について，固定資産税の納税義務者は，納期において真実の土地所有者と解すべきであるにもかかわらず，地方税法の関係条規を右と異なって解するとすれば，憲法に違反するとして上告しましたが，最高裁は棄却しました。

判決の要旨　　地方税法の関係条規をみると，土地の固定資産税は土地の所有者に課せられるけれども，土地所有者とはその年度の初日の属する年の1月1日現在において，土地台帳もしくは土地補充課税台帳に所有者として登録されている者をいい（地方税法343条，359条），従ってその年の1月1日に所有者として登録されていれば，それだけで固定資産税の納税義務者として法律上確定されるから，4月1日に始まるその年度における納期において土地所有権を有する者であると否とにかかわらず，同年度内は納税義務者にかわりがないことになっている。かように地方税法は固定資産税の納税義務者を決定するのに課税の便宜のため形式的な標準を採用していることがうかがわれるのである。

　おもうに，民主政治の下では国民は国会におけるその代表者を通して，自ら国費を負担することが根本原則であって，国民はその総意を反映する租税立法に基づいて自主的に納税の義務を負うものとされ（憲法30条参照），その反面においてあらたに租税を課しまたは現行の租税を変更するには法律または法律の定める条件によることが必要とされているのである（憲法84条）。されば日本国憲法の下では，租税を創設し，改廃するのはもとより，納税義務者，課税標準，徴税の手続はすべて前示のとおり法律に基づいて定められなければなら

ないと同時に法律に基づいて定めるところに委せられていると解すべきである。それ故地方税法が地租を廃して土地の固定資産税を設け，そして所有権の変動が頻繁でない土地の性格を考慮し，主として徴税の便宜に着眼してその賦課期日を定めることとしても，その当否は立法の過程において審議決定されるところに一任されているものと解すべく，従って1月1日現在において土地所有者として登録されている者を納税義務者と確定し，その年度における納期において所有権を有する者であると否とを問わないこととした地方税法343条，359条の規定は前記憲法の諸条規に適合して定められていること明であって，所論は結局独自の立法論にすぎない。

　もっとも原判決が本件固定資産税の賦課方法を公共の福祉による制約として説示したのは妥当を欠くきらいがないではないが，所論関係条規が憲法に違反していないとしたその判示は結局正当であって所論の違法はないから論旨は採用できない。

コメント　　民主主義から租税法律主義を展開する論旨をみますと，戦後から10年を経過していない最高裁の憲法に対する熱い思いを感じさせられます。原判決が「公共の福祉による制約」と述べていることも，憲法13条等にみられる「公共の福祉」があれば人権を制限できるという条文を意識しすぎた結果ともいえます。

　最高裁判決が，原判決に対し，地方税法の解釈で「公共の福祉による制約」を持ち出すのは妥当ではないとした上で，地方税法が1月1日現在で所有者として登録されている者を納税義務者として扱うとしたことは，立法府である国会に委ねられた結果であるとしたもので，適正な結論と思われます。

第2編　固定資産税に関する28の最高裁裁判例　85

【2】　固定資産税の賦課決定処分に対する不服申立のルートはどうなっているのか？

（最高裁昭和44年3月11日判決・民事94号605頁）

事案の概要　Xは，東京都荒川税務署長であるYの賦課決定処分に対して，課税物件の所有者であることを争って，その取消しを求めましたが，1審，2審ともに棄却したため，上告したところ，最高裁はこれを棄却しました。

判決の要旨　Xが本件課税物件の所有者たることを争うのは，右にいう「固定資産課税台帳に登録された事項」についての不服を申し立てるものであるから，Xは，本件において固定資産評価審査委員会がXの審査の申出を棄却した決定に対し取消しの訴えを提起すべきであったものといわなければならない。しかるにXは，右審査決定に対して取消しの訴えを提起することなくただちに，本件課税処分自体の取消しを求めて本訴を提起したものであり，本件固定資産課税処分に対する取消しの訴えが，審査請求に対する都知事の裁決を経た後でなければ，提起することができず（地方税法19条の12），前記固定資産評価審査委員会に対する審査の申出およびこれに対する同委員会の決定をもって，都知事に対する審査請求およびこれに対する同知事の裁決に代えることができないことは，原判決説示のとおりである。

論旨は，本件において都知事に審査の請求をすることは無意義・不合理であると主張するが，Xは，前記固定資産評価審査委員会の決定の取消しを求めると同時に，これと並行して，都知事に審査の請求をし，その裁決を経て本件課税処分の取消しを求めることができるのであって，一般に，前者の決定が取り消されれば，これが後者の手続に影響を及ぼすべき場合のありうることは言をまたず，都知事に対する審査請求を目して，無意義・不合理と解すべき理由はない。また，論旨は，本件償却資産課税台帳に対する登録は，それ自体として課税処分であると主張するが，主張自体失当とするほかはない。

コメント　本件は，そもそも争い方のルートを間違えたと思われます。固定資産評価審査委員会に審査の申出ができるのは価格に

ついてです。しかし，本件での争点は，所有者であるか否かです。その場合には，固定資産評価審査委員会ではなく，都知事に対する審査請求をすべきでした。ところが，固定資産評価審査委員会に間違って審査申出をしたために棄却されたのです。棄却された以上，その棄却決定に対し取消請求ができるのですが，ここで再び手続の選択を間違えて，棄却決定についての取消しの訴えをすべきところを，当初の荒川税務署長の賦課決定に対する取消しの訴えをしたので，それはダメですよということを，「主張自体失当」と述べているのです。そんなことをするくらいなら，当初の間違いを認めて，都知事に対する審査請求をして，その裁決が出たら，裁決に対する取消しの訴えをしなさい，ということを諭したものと思われます。

【3】 真の所有者でないのに登記・登録されて固定資産税の納税義務を負担したものは，真の所有者に対し不当利得返還請求ができるか？

（最高裁昭和 47 年 1 月 25 日判決・民集 26 巻 1 号 1 頁）

事案の概要 YはXに対し，YからXへの所有権移転登記が無権代理によるものとして，その抹消登記手続請求の提訴をしたところ，勝訴しましたが，判決に基づく登記手続きをしなかったため，Xに対し固定資産税が賦課されました。そこで，XがYに対して，課税相当額を不当利得したとして返還請求をしたところ，1審，2審ともにXの請求が認められたため，Yが上告しましたが，最高裁はこれを棄却しました。

判決の要旨 固定資産税は，土地，家屋および償却資産の資産価値に着目して課せられる物税であり，その負担者は，当該固定資産の所有者であることを原則とする。ただ，地方税法は，課税上の技術的考慮から，土地については，土地登記簿または土地補充課税台帳に，家屋については建物登記簿または家屋補充課税台帳に，一定の時点に所有者として登記または登録されている者を所有者として，その者に課税する方式を採用しているのである。したがって，真実は土地，家屋の所有者でない者が，右登記簿または台帳に所

第2編　固定資産税に関する28の最高裁裁判例　87

有者として登記または登録されているために，同税の納税義務者として課税され，これを納付した場合においては，右土地，家屋の真の所有者は，これにより同税の課税を免れたことになり，所有者として登記または登録されている者に対する関係においては，不当に，右納付税額に相当する利得を得たものというべきである。そして，この理は，同種の性格を有する都市計画税についても同様である。それゆえ，これと同旨の見解のもとに，原判示の限度において，不当利得を原因とするＸの本訴請求を認容した原審の判断は相当であって，原判決に所論の違法はない。

> **コメント**　固定資産税の賦課関係においては，地方税法により，課税上の便宜から，登記または登録されている者を所有者として取り扱うものの，不動産の所有を争っている当事者間においては，真実の所有者が課税相当額を負担すべきであるとしたものです。法律関係は相対的なものですから，民対行政との関係と所有権を争う民対民との関係によって，固定資産税を負担する者が異なる結果となることはやむをえないことです。法律関係を考えるに当たっては，このように柔軟な思考が必要であるという好例です。

【4】　地方税法で固定資産税を支払わないでよい法人として挙げられている「学術の研究を目的とするもの」とはどういう法人か，そうであっても課税される固定資産もあるのか？

（最高裁昭和 49 年 9 月 2 日判決・民集 28 巻 6 号 1033 頁）

事案の概要　財団法人Ｘに対して，旧東京都北多摩南部事務所長（承継者東京都府中都税事務所長）であるＹが固定資産税および都市計画税の，旧狛江町長（現狛江市長）であるＺが不動産取得税の，それぞれ賦課処分をしたことについて，ＸがＹ，Ｚを相手に，いずれも地方税法上非課税であるとして取消訴訟を提起しました。1審，2審ともに，Ｘの請求が認めら

れました。最高裁は，法人としての非課税性は認めたものの，他の点で理由不備があるとして原判決を破棄し，東京高裁に差し戻しました。

判決の要旨 　地方税法348条2項十二号所定の「民法第34条の法人で学術の研究を目的とするもの」における「学術の研究」とは，日本学術会議法10条に定める区分によって示されるような意味における人文科学および自然科学の学理的研究ならびにその応用に関する研究をいい，右における「目的とするもの」とは，当該法人の定款または寄附行為の目的条項に学術の研究を行う趣旨を掲げ，かつ，その組織，運営および活動の実体からみて学術の研究という目的に副っていると認められるものを指し，また，右「学術の研究を目的とする」法人が学術に関する法人として文部大臣の設立許可を受けたもののみに限定されるものとはいえない旨の原審の判断は，正当として是認することができる。

　ところが，原審において，Xが提出した証拠には，本件の固定資産がすべて直接研究用資産に該当するとのXの主張と矛盾するかのような事実の記載があり，また，Zが提出した証拠にも，右Xの主張事実に疑いを生じさせるような記載があることを看取することができるから，原審が，これらの書証の存するにもかかわらず，本件固定資産のすべてが直接研究用資産に該当するとのX主張を肯定する判断をするにあたっては，右書証との関連において首肯するに足りる判断の根拠を示すべき筋合いである。しかるに，この点につき，原判決は，単に弁論の全趣旨により認める旨を説示する外，何ら首肯するに足りる説示をしていないのであって，右の判決は理由不備の違法がある場合にあたるものというべきである。それゆえ，右論旨は理由があり，原判決は，この点において破棄を免れない。

コメント 　地方税法348条は，1項で国や都道府県，市町村などに対するいわば人的な非課税措置を規定し，2項では一定の公共の用に供される固定資産について物的な非課税措置を定めています。もっとも，2項の規定の多くは，その主体についての要件を定めており，人的な要素も加味しているといえます。本件で問題となっている2項十二号もこれに該当します。すなわち，まず主体の要件として，「公益社団

法人又は公益財団法人で学術の研究を目的とするもの」が，そして物的な要件として，「その目的のため直接その研究の用に供する固定資産で政令で定めるもの」と規定しています。ところで，本件で争いとなった当時は，民法34条の規定がありましたが，平成18年に，「一般社団法人及び一般財団法人に関する法律」と「公益社団法人及び公益財団法人の認定等に関する法律」が制定されて，民法34条は廃止されました。もっとも，最高裁判決で判示していることは，今日でも意義を失っていません。「民法第34条の法人」が「公益社団法人又は公益財団法人」に置き換わっただけですから。

　話を戻しますと，最高裁は，主体の要件については，Xの主張を認めました。YやZは，「文部大臣（注：現文部科学省大臣）の設立許可を受けたもののみに限定される」と主張したのですが，最高裁は，定款などに学術研究を行う趣旨を掲げ，活動の実体からみても学術研究の目的にそっている，と認められるものとして，本件のXについて，主体の要件を肯定しました。この判断はもっともであると思います。

　他方で，物的な要件については，原審の判断に理由不備があるとして，Xの主張に否定的な判断をしています。この最高裁判決では，Xの主張と矛盾ないし疑いを生じさせる書証の存在を挙げていますが，それが具体的にどのようなものかは分かりません。ただ，最高裁判決がここまで明言している以上，Xが非課税の固定資産と主張しているもののうち，「学術研究の目的のため直接その研究の用に供する固定資産で政令で定めるもの」には該当しないものが相当数含まれているのでしょう。特に，「直接その研究の用に供する」という直接性の認定が困難な固定資産がかなりの程度あったのです。

　ところで，《裁判例に入るにあたって》で，最高裁は法律審で，事実認定はしないと述べましたが，民事訴訟法312条2項六号で，上告理由の1つに「判決に理由を付せず，又は理由に食違いがあること。」を挙げており，これを理由不備あるいは理由齟齬といい，この証拠からこの事実認定は無理があるというときなどに用いられています。その意味で，「理由不備の違法」は，事実認定の誤りを正しているともいえます。もっとも，

誤りを正すだけで，最終的な判断は高裁に委ねており，法律審としての立場を維持しています。

　そして，差し戻し後の東京高裁昭和50年8月8日判決では，本件固定資産のうち，「直接その研究の用に供する固定資産」とそうでないものに区分して，前者に対する課税処分を違法としました（判タ1208号133頁）。

　なお，本件では，固定資産税および都市計画税の他に不動産取得税についても争われています。固定資産に係る税金という意味では，不動産取得税についても同様な問題が生じることがあるのです。

【5】　不動産取得税の課税標準となる固定資産課税台帳に登録されている価格について不動産取得者が争えないか，それは憲法違反にならないのか？

（最高裁昭和51年3月26日判決・民事117号309頁）

事案の概要　　Xは，昭和31年9月に甲から売買により大阪市生野区の土地と家屋を取得したところ，大阪府生野府税事務所長であるYが，家屋の課税標準額を552万9,000円とする不動産取得税賦課決定をして，X宛てにその通知をしました。Xは，本件家屋は昭和27年11月頃建築のアパートで，粗悪で格安な建築材料を使用していたため耐久年数が極めて短く，そのうえ共用施設が多いため通常の住宅に比べ破損の程度も著しいことから，新築当時の半額とみて坪1万円の246万8,000円が相当であるとして，課税標準額のうち，246万8,000円を超える部分について，Yに対し異議の申立をしました。Yがこれを却下したため，Xは，その取消しを求めて提訴したところ，1審，2審とも棄却したため上告しましたが，最高裁はこれを棄却しました。

判決の要旨　　地方税法（以下「法」という）73条の13第1項は，「不動産取得税の課税標準は，不動産を取得した時における不動産の価格とする。」と規定し，さらに法73条五号は，価格は「適正な時価をいう。」としている。しかし，右適正な時価の決定について，法73条の21第1項は，「道府県知事は，固定資産課税台帳に固定資産の価格が登録されている不動産につ

いては，当該価格により当該不動産に係る不動産取得税の課税標準となるべき
価格を決定するものとする。ただし，当該不動産について増築，改築，損かい
その他特別の事情がある場合において当該固定資産の価格により難いときは，
この限りでない。」と規定しているので，固定資産課税台帳に固定資産の価格
が登録されている不動産については，右但書に該当しない限り，右登録価格に
よって当該不動産に係る不動産取得税の課税標準となるべき価格が決定される
ことになるわけである。

　ところで，固定資産課税台帳の固定資産価格登録の制度は，本来，固定資産
税の課税標準を定めるためのものであって，右登録価格は，毎年2月末日まで
に市町村長により決定され（法410条（注：現規定は3月31日まで）），直ちに固
定資産課税台帳に登録される（法411条）こととなっているのであるが，右登
録価格の決定はいわゆる行政処分と解すべきものであるから，固定資産税の納
税者が法所定の期間内に法所定の手続によって右登録価格を争い，その取消変
更を受けない限り，右価格は確定し，これを争うことができなくなるのである。

　そしてさらに，法が不動産取得税の課税標準となる不動産の価格の決定を前
記のように原則として固定資産課税台帳の登録価格によらせた趣旨は，固定資
産税の課税対象となる土地および家屋は，発電所および変電所を除けば不動産
取得税の課税対象となる土地および家屋と同一であり（法73条一号ないし三号，
341条二号，三号参照），その価格も等しく適正な時価をいうものとされ（法73
条五号，341条五号参照），その評価の基準ならびに評価の実施の方法および手
続も同一であるところから，両税における不動産の評価の統一と徴税事務の簡
素化をはかるためであると考えられるのであり，この趣旨からすれば，法は，
道府県知事が不動産取得税の課税標準である不動産の価格を決定するについて
は，固定資産課税台帳に当該不動産の価格が登録されている場合には，法73
の21第1項但書に該当しない限り，みずから客観的に適正な時価を認定する
ことなく，専ら右登録価格によりこれを決定すべきものとしていると解するの
が相当であり，したがって，仮に右登録価格が当該不動産の客観的に適正な時
価と一致していなくても，それが法73条の21第1項但書所定の程度に達しな
い以上は，右登録価格によってした不動産取得税の賦課処分は違法となるもの
ではなく，右のような場合には，不動産取得税の納税者は，右賦課処分の取消

訴訟において，右登録価格が客観的に適正な時価でないと主張して課税標準たる価格を争うことはできないものと解されるのである。論旨は，法73条の21第1項の規定は，不動産取得税の納税義務者に対し不動産取得税の課税標準たる価格について不服申立の道を一切閉ざしている点において憲法32条，76条2項に違反する，と主張するのである。しかしながら，法73条の21第1項は，不動産取得税の課税標準となるべき不動産の価格を定める実体規定であって，右価格の決定についての不服申立を禁止制限する規定ではないから，Xの右主張の真意は，不動産取得税の課税標準を不動産取得税の納税義務者が争うことのできない固定資産課税台帳に登録された当該不動産の価格により決定してこれを課税すべきものとしている点において，右規定は憲法の上記規定に違反すると主張するにあると解される。しかしながら，右の主張は，結局，不動産取得税については，常に当該不動産の取得時における客観的に適正な時価を課税標準とすべきものであるとの前提の下に，法73条の21第1項が，客観的に適正な時価に一致するかどうかを問わず，形式的に固定資産課税台帳の登録価格によるべきものとしているのは違憲であると主張するのに帰着するものであるところ，このような主張は，ひっきょう，憲法上法律に委ねられた租税に関する事項の定立について，特定の法律における具体的な課税標準の定めに関する立法政策上の適不適を争うものにすぎず，違憲の問題を生ずるものでないことは，当裁判所昭和30年3月23日大法廷判決の趣旨に徴し，明らかである。それ故，法73条の21第1項の規定が違憲でないとした原審の判断は，結論において正当であり，論旨は採用することができない。

コメント　不動産取得税の納税者は，地方税法の規定から，固定資産課税台帳の登録価格を争えず，そうであっても【1】の最高裁判決を引用して，憲法上法律に委ねられているから憲法違反にもならないと，本判決は判示しています。現在の法律の建前からすれば，仕方のないこととしても，地方税法を改正するときには考えてよい項目といえるかもしれません。これを「立法論」としての検討事項といいます。

　もっとも，不動産を購入する人は，移転登記をする関係で固定資産評価証明書をあらかじめ入手し，不動産取得税の金額も分かっているはずで，

第2編　固定資産税に関する28の最高裁裁判例　93

その負担を考えて，売買価格も決まることになるから，登録価格を争えないことはそれほどの不利益ではないという人もいます。その一方で，個人が不動産を購入するのは一生に一度あるかないかで，不動産取得税のことまで知らない人も少なからずいるから，価格を争える道を用意することに意義があるという反論もあり，なかなかに難しい問題といえます。

【6】　どちらの固定資産税も支払わなければいけないのか？
（最高裁昭和 54 年 9 月 20 日判決・民事 127 号 461 頁）

事案の概要　Xは，大阪府との間で，昭和 50 年 1 月 10 日に，Xの所有する甲地と大阪府の所有する乙地との交換契約を締結し，これにより甲地の所有権を喪失し，乙地の所有権を取得しましたが，固定資産税および都市計画税の賦課期日時点において登記が未了でした。このために，Xは，乙地については，地方税法 343 条 2 項後段，702 条 2 項を適用され，甲地については，343 条 2 項前段，702 条 2 項を適用されて，いずれの土地についても固定資産税および都市計画税の賦課処分を受けました。Xは，非課税団体である大阪府との土地の交換という 1 個の法律事実に対して前段と後段とを同時に適用したもので，地方税法 343 条 2 項，702 条の適用解釈を誤り，憲法 11 条，13 条，14 条，29 条に違反しているなどとして，その取消しを求めましたが，1 審，2 審ともに棄却したため上告したところ，最高裁はこれを棄却しました。

判決の要旨　所論の点に関する原審の判断は正当として是認することができ，地方税法 343 条 2 項，702 条 2 項の規定が憲法 11 条，13 条，14 条，29 条に違反するものでないことは，当裁判所昭和 30 年 3 月 23 日大法廷判決・民集 9 巻 3 号 336 頁の趣旨に徴して明らかである。所論は独自の見解に立って原判決を非難するものにすぎず，採用することができない。

コメント　本件は面白い事案です。民間の企業と大阪府が土地の交換をしました。大阪府は地方税法 348 条 1 項により固定資産税の非課税団体とされています。そこで，乙地については，交換しなけ

れば固定資産税が課税されなかったはずなのに，年度途中であっても，地方税法343条2項後段の「所有者として登記されている第348条第1項の者が同日前に所有者でなくなっているとき」という実質主義により，大阪府からXへの移転登記がされていなくてもXに課税されることになります。その一方で，甲地については，元々非課税団体ではないXが所有していたものですから，本来の343条2項前段の適用により登記名義人のXに課税されることになるわけです。

　Xにしてみれば，それはないだろうダブル課税ではないかと言いたくなる気持ちもよく分かります。しかし，ここでも，【1】の最高裁判決が引用されています。要するに，憲法自体が租税の在り方については法律に委ねている以上，地方税法でそう定めているのだから，とやかく言うなということです。そこまで言われると，仕方ないのかもしれませんが，釈然とはしません。これこそ，「立法論」として，地方税法を改正してほしいものです。

【7】　名寄帳の閲覧請求はできないのか？
(最高裁昭和57年1月19日判決・判時1031号115頁)

事案の概要　　　Xは，甲に対し債務名義を持っており，甲の不動産を調査するために，甲に代位して，甲が居住する大分市に対し甲に関する土地および家屋の名寄帳の閲覧を請求しました。原審の福岡高裁がこれを棄却したため，Xは最高裁へ上告しましたが，最高裁はこれを棄却しました。

判決の要旨　　　土地名寄帳および家屋名寄帳は，市町村が固定資産税の課税上の必要に基づいて作成する資料であって，その記載が固定資産税の納税義務者の権利義務になんらの影響を及ぼすものではないから，固定資産の所有者であっても法律上市町村に対し名寄帳の閲覧を請求する権利を有するものではないと解するのが相当である。これと同旨の原審の判断は，正当として是認することができ，原判決に所論の違法はない。

第2編　固定資産税に関する㉘の最高裁裁判例　　95

コメント　　名寄帳については，第1編の㉓で説明しています。土地
や家屋の名寄帳は，納税義務者ごとに土地や家屋の固定資
産税評価額，税額，課税標準額，地目，地積等が記載されている一覧表で
す。地方税法387条1項で，市町村は名寄帳を備え置かなければならな
いとされています。

　従前は，この制度について，課税上の便宜のための内部資料として位置
づけられており，所有者本人に閲覧させることがあっても，それは市町村
の裁量に基づくサービスと考えられていました。

　本最高裁判決も，このような考え方の延長線上にあるものとして，「固
定資産の所有者であっても法律上市町村に対し右名寄帳の閲覧を請求する
権利を有するものではない。」と判示したものです。

　もっとも，その後，行政に対する情報公開の流れが強まったためか，地
方税法387条3項，4項により所有者による閲覧請求が認められています。
実際のところ，各市のホームページをみれば，本人確認の書類さえあれば，
名寄帳の写しを請求できます。

　ところで，本最高裁判決は，所有者本人の閲覧請求を否定しているので，
本人以外の第三者による閲覧請求については言及していません。

　少なくとも，本事案のように債務名義を有している第三者については，
民事執行法の平成15年改正により，第196条以下で「財産開示手続」
が制度化されたことを踏まえると，閲覧請求を認めてよいと思われます。

【8】　固定資産課税台帳の縦覧は誰でもできるか？

（最高裁昭和62年7月17日判決・判時1262号93頁）

事案の概要　　奈良市長Yが，Xに対し，X所有の土地について固定資産税
と都市計画税の賦課決定をしたところ，Xが納付しないため
に，滞納処分としての差押をしました。そこで，Xは，Yを相手に賦課決定お
よび滞納処分の無効確認訴訟を提起しました。1審，2審ともにXの請求を棄

却したため，Ｘが上告したところ，最高裁はこれを棄却しました。

判決の要旨 　地方税法415条1項の規定にいう「関係者」とは，一葉ごとの固定資産課税台帳の固定資産について，同法343条の規定により納税義務者となるべき者，またはその代理人等納税義務者本人に準ずる者をいうものと解するのが相当であり，これと同旨の原審の判断は，正当として是認することができる。

コメント 　Ｘは，賦課決定処分等の無効事由として，地方税法415条に基づき，Ｘ所有地だけでなく，その近隣の類似土地の固定資産課税台帳についても，Ｘに対し「関係者」として固定資産課税台帳を縦覧させなければならないのに，これをしなかった違法があると主張しましたが，原審は，415条の「関係者」とは，納税義務者本人およびこれに準ずる者に限られるとして，Ｘの主張を退けました。

　最高裁は，この原審の判断について，特段の理由を示すことなくこれを認めたものですが，法律を素直に読む限り，当時としてはやむを得ない解釈であったと思われます。

　もっとも，その後行政に対する情報公開の意識が高まったせいでしょうか，地方税法415条は改正され，現在では，416条1項により，土地価格等縦覧帳簿および家屋価格等縦覧帳簿について，市町村に所在する土地に対して課する固定資産税の納税義務者の縦覧に供しなければならないことになりました。つまり，ある土地の固定資産税の納税義務者であれば，その土地が所在する同一市町村の範囲内である限り，納税義務者本人に準ずる者でなくても，縦覧帳簿を縦覧できることになりました。

第2編　固定資産税に関する28の最高裁裁判例　　97

【9】　固定資産評価審査委員会の審査では審査申出人に対し土地の評価の根拠等についてどの範囲まで知らせるべきか，また他の土地の評価額等の開示はしないのか？

（最高裁平成2年1月18日判決・民集44巻1号253頁）

事案の概要　　Xは，所有する甲地の昭和57年度の固定資産評価額に対して，大和郡山市固定資産評価審査委員会Yに審査申出をしたところ，棄却決定がされたため，Yを相手に決定の取消しを求めて提訴しました。1審はXの請求を棄却しましたが，原審の大阪高裁は，口頭審理手続に重大な瑕疵があるとしてXの請求を認めたため，Yが上告したところ，最高裁はYの主張を認め，原判決を破棄し，大阪高裁に差し戻しました。

判決の要旨　　地方税法によれば，固定資産税の課税標準たる固定資産の価格は，市町村長が固定資産評価員の行った評価に基づいて決定し（410条），固定資産課税台帳に登録するのであるが（411条1項），固定資産税の納税者は，その納付すべき当該年度の固定資産税に係る固定資産について固定資産課税台帳に登録された価格（以下「登録価格」という）に不服があるときは，委員会に審査の申出をすることができるとされ（432条1項），また，委員会は，右審査の申出を受けた場合においては，直ちにその必要と認める調査，口頭審理その他事実審査を行った上，その申出を受けた日から30日以内に審査の決定をしなければならないものとされ（433条1項），審査申出人の申請があったときは，特別の事情がある場合を除き，口頭審理の手続によらなければならず（同条2項），この場合には，審査申出人，市町村長または固定資産評価員その他の関係者の出席および証言を求めることができ（同条3項），その手続は公開しなければならない（同条6項）と規定されている。

　法が固定資産の登録価格についての不服の審査を評価，課税の主体である市町村長から独立した第三者的機関である委員会に行わせることとしているのは，中立の立場にある委員会に固定資産の評価額の適否に関する審査を行わせ，これによって固定資産の評価の客観的合理性を担保し，納税者の権利を保護するとともに，固定資産税の適正な賦課を期そうとするものであり，さらに，口頭審理の制度は，固定資産の評価額の適否につき審査申出人に主張，証拠の提

出の機会を与え，委員会の判断の基礎およびその過程の客観性と公正を図ろうとする趣旨に出るものであると解される。

そうであってみれば，口頭審理の手続は，右制度の趣旨に沿うものでなければならないが，それはあくまでも簡易，迅速に納税者の権利救済を図ることを目的とする行政救済手続の一環をなすものであって，民事訴訟におけるような厳格な意味での口頭審理の方式が要請されていないことはいうまでもない。

右の見地に立って，本件口頭審理手続に違法が存するかどうかについて検討する。

まず，審査申出人に対し当該宅地の評価の根拠等を知らせる措置に関して違法が存するかどうかについてみるに，宅地の評価は，法388条以下の規定および固定資産評価基準の定めるところに従い，専門技術的な方法，手順で行われるものであって，固定資産評価基準の「その他の宅地評価法」を例にとっていえば，①おおむねその状況が類似していると認められる宅地の所在する地区ごとに状況類似地区の区分を行う，②状況類似地区ごとに道路に沿接する宅地のうち，奥行，間口，形状等からみて標準的と認められるものを標準宅地として選定して，その適正な時価を評定し評点数を付設する，③標準宅地の評点数に比準して，状況類似地区内の各筆の宅地に評点数を付設する，という方法，手順で評価をするものと定められているのであるが，納税者は，固定資産課税台帳を閲覧してその所有に係る宅地の評価額を知り，これに不服を抱いた場合に，不服事由を具体的に特定するために必要なその評価の手順，方法，根拠等をほとんど知ることができないのが通常である。

したがって，宅地の登録価格について審査の申出があった場合には，口頭審理制度の趣旨および公平の見地から，委員会は，自らまたは市町村長を通じて，審査申出人が不服事由を特定して主張するために必要と認められる合理的な範囲で評価の手順，方法，根拠等を知らせる措置を講ずることが要請されているものと解される。

しかし，委員会は，審査申出人において他の納税者の宅地の評価額と対比して評価が公平であるかどうかを検討することができるように，他の状況類似地域における宅地の評価額等を了知できるような措置を講ずることまでは要請されていないものというべきである。

けだし，法341条五号によれば，固定資産税の課税標準となる固定資産の価格は，適正な時価をいうものとされているのであって，宅地の登録価格についての不服の審査は，宅地の登録価格が適正な時価を超えていないかどうかについてされるべきものである。

そして，法によれば，自治大臣は固定資産評価基準を定め，これを告示しなければならず（388条1項），市町村長は固定資産評価基準に従って固定資産の価格を決定しなければならない（403条1項）と規定され，また，固定資産評価基準によれば，市町村長は，評価の均衡を確保するため当該市町村の各地域の標準宅地の中から1つを基準宅地として選定すべきものとされ，標準宅地の適正な時価を評定する場合においては，この基準宅地との評価の均衡および標準宅地相互間の評価の均衡を総合的に考慮すべきものとされているのであって，法は，このように統一的な一律の評価基準によって評価を行い，かつ，所要の調整を行うことによって各市町村全体の評価の均衡を確保することとし，評価に関与する者の個人差に基づく評価の不均衡も，法および固定資産評価基準の適正な運用によって解消することとしているものと解される。

したがって，特定の宅地の評価が公平の原則に反するものであるかどうかは，当該宅地の評価が固定資産評価基準に従って適正に行われているかどうか，当該宅地の評価に当たり比準した標準宅地と基準宅地との間で評価に不均衡がないかどうかを審査し，その限度で判断されれば足りるものというべきである。

そうである以上，審査申出人が状況類似地域における他の宅地の評価額等を了知できるような措置を講ずべき手続上の要請は存しないと考えられるのである。

原審の確定した前記事実によれば，本件の口頭審理期日において，市の税務担当者は，本件標準宅地の価格，評点数，その評価の方法および手順の概要，本件土地の本件標準宅地に対する比準割合，評点1点当たりの価格を説明しており，また，市の基準宅地の価格はXが本件審査申出前に了知していたところであって，Xにおいて不服事由を特定して主張するために必要と認められる合理的な範囲の事実は明らかにされているものと認めることができる。したがって，右の点に関するYの措置に違法とすべき点は存しないというべきである。

次に，実地調査の結果等の取扱いに関して違法が存するかどうかについてみ

るに、もとより、委員会は、口頭審理を行う場合においても、口頭審理外において職権で事実の調査を行うことを妨げられるものではないところ（法433条1項）、その場合にも審査申出人に立会いの機会を与えることは法律上要求されていない。

また、委員会は、当該市町村の条例の定めるところによって、審査の議事および決定に関する記録を作成し、法430条の規定によって提出させた資料または右の記録を関係者の閲覧に供しなければならないとされているのであって（法433条4項、5項、大和郡山市固定資産評価審査委員会条例7条ないし9条）、審査申出人は、右資料および右条例によって作成される事実の調査に関する記録を閲覧し、これに関する反論、証拠を提出することができるのであるから、委員会が口頭審理外で行った調査の結果や収集した資料を判断の基礎として採用し、審査の申出を棄却する場合でも、右調査の結果等を口頭審理に上程するなどの手続を経ることを要しないものと解すべきである。

原審の確定した前記事実によれば、本件において、Yは、口頭審理外で行った実地調査の結果等の一部を判断の基礎として採用していることが窺われるところ、Yは、昭和57年5月20日の実地調査後の同月26日、Xの要請によりXとYの委員らとの協議会を開催し、その席上において同月20日に実地調査を行ったことをXに知らせた上、Xの意見を聴取したものの、右調査の結果等を口頭審理に上程していないというのであるが、このような実地調査の結果等の取扱いに何らの違法も存しないことは、右に説示したところに照らして明らかである。

以上によれば、本件口頭審理手続に口頭審理を要求した法の趣旨に反すると認められる程度に重大な瑕疵があったとし、これを理由として本件決定を取り消すべきものとした前記原審の判断には、法令の解釈適用を誤った違法があるものといわなければならず、右違法は判決に影響を及ぼすことが明らかであるから、論旨は理由があり、原判決は、その余の論旨について判断するまでもなく破棄を免れない。そして、本件については、本件決定に取消原因となるその余の違法が存するかどうかについてさらに審理をさせる必要があるから、これを原審に差し戻すこととする。

コメント 　この最高裁判決は，原審の大阪高裁判決と真逆の判断をしています。その違いはどこにあるのかといえば，固定資産評価審査委員会の口頭審理手続をどうみるかに尽きるかと思います。

　大阪高裁は，口頭審理手続を通じて，Yが本件土地の評価額に対する不服事由を特定するに足る合理的に必要な範囲で評価の手順，方法，特にその根拠を明らかにせず，また，他の納税者の宅地の評価額と比較検討するため，状況類似地域における標準宅地等合理的に必要な範囲の他の土地の評価額を明らかにする措置を講ぜず，さらに，口頭審理外で職権により収集した資料や調査結果を口頭審理に上程しなかったのであるから，Xが的確な主張および証拠を提出することを可能ならしめるような形で手続を実施しなかったものといわざるを得ず，したがって，本件口頭審理手続には判断の基礎および手続の客観性と公正が充分に図られなかった瑕疵があり，違法たるを免れないとした上，これらの瑕疵は，地方税法が市町村長から独立した第三者機関である固定資産評価審査委員会の口頭による審理手続を通じて，評価額の適否につき審査申出人に対し主張および証拠を提出する機会を与える対審的，争訟的審理構造を採用することにより，判断の基礎および手続の客観性と公正を要求し，もって納税者の権利保護を保障せんとする特別な制度の趣旨の根幹にかかわる重大な瑕疵といわざるを得ないとして，Yの決定は違法としました。

　ところが，最高裁は，簡易迅速に納税者の権利救済を図ることを目的とする行政救済手続の一環をなすものであって，民事訴訟における厳格な意味での口頭審理の方式が要請されていないとして，大阪高裁判決の論旨を退けたのです。

　ここに，行政の準司法的な救済手続をどうみるかという根本的な考え方の違いがあるのですが，地方税法において，被害救済のためにわざわざ「口頭審理手続」を定めているにもかかわらず，その手続の在り方を狭め，被害救済への道を閉ざした最高裁の判断には疑問が残るところであり，むしろ大阪高裁の結論に親近感を抱きます。

【10】 固定資産課税台帳の登録価格によって不動産取得税が決定されている場合に，客観的に適正な価格と異なると主張して価格を争えないか，賦課期日後に生じた特別の事情に限られるのか？

（最高裁平成6年4月21日判決・判時1499号59頁）

事案の概要 Xは，昭和63年に大分市内の建物を取得したところ，大分県税事務所長Yより200万円余の不動産取得税の賦課決定処分がされたため，本件建物の課税標準を固定資産課税台帳の登録価格としたのが違法であるとして，その取消しを求めて提訴しました。1審は，Xの請求を棄却したため，Xが控訴したところ，2審の福岡高裁は，1審を取り消してXの請求を認めました。そこで，Yが上告したところ，最高裁は，原判決を破棄し，Xの控訴を棄却しました。

判決の要旨 固定資産税の課税対象となる土地および家屋と不動産取得税の課税対象となる土地および家屋は同一であり（地方税法341条二号，三号，73条一号ないし三号参照），両税の課税標準である不動産の価格も等しく適正な時価をいうものとしている（法341条五号，73条五号参照）。

そして，法は，固定資産課税台帳に登録される固定資産の価格が適正な時価であるようにするため市町村長等が行う固定資産の評価および価格の決定は自治大臣により定められた評価の基準ならびに評価の実施の方法および手続（固定資産評価基準）に基づいて行い（法388条以下参照），決定された価格については固定資産税の納税者に不服申立ての機会を与える（法432条以下参照）などの規定を設け，さらに，このようにして固定資産課税台帳に登録された基準年度の価格についても，第2年度，第3年度において，「地目の変換，家屋の改築又は損壊その他これらに類する特別の事情」等が生じたため基準年度ないし第2年度の価格によることが不適当，不均衡となる場合には，これによらずに当該不動産に類似する不動産の基準年度の価格に比準する価格によることとする（法349条1項ないし3項参照）などの規定を設けている。

そこで，道府県知事が不動産取得税の課税標準である不動産の価格を定めるに当たっては，原則として，固定資産課税台帳の登録価格によることとし（法

第2編　固定資産税に関する28の最高裁裁判例　　103

73条の21第1項本文参照），両税間における不動産の評価の統一と徴税事務の簡素化を図ったものである。

　そうであるとすると，法73条の21第1項ただし書にいう「当該固定資産の価格により難いとき」とは，当該不動産につき，固定資産税の賦課期日後に増築，改築，損壊，地目の変換その他特別の事情が生じ，その結果，右登録価格が当該不動産の適正な時価を示しているものということができないため，右登録価格を不動産取得税の課税標準としての不動産の価格とすることが適当でなくなった場合をいうものと解すべきである。したがって，不動産取得税の納税者は，右登録価格を課税標準としてされた賦課処分の取消訴訟においては，当該不動産の時価と右登録価格とに隔差があることを主張するだけでは足りず，それが，賦課期日後に生じた右にいう特別の事情によるものであることをも主張する必要があるものというべきである。

　これを本件についてみると，Xは，本件建物の取得時の価格と固定資産課税台帳の登録価格とに隔差があることを主張するのみで，それが賦課期日後に生じた特別の事情によるものであることを主張していないのであるから，本件賦課処分が法73条の21第1項ただし書に違反する違法がある旨の主張としては失当というべきである。

　以上によれば，右と異なる解釈の下にXの本訴請求を認容した原判決には，法令の解釈適用を誤った違法があるといわざるを得ず，その違法は判決に影響を及ぼすことが明らかである。

コメント　原審は，法73条の21ただし書にいう「当該固定資産の価格により難いとき」とは，固定資産課税台帳に登録された価格が当該不動産の客観的な評価として公正妥当なものとみることができない場合をいい，その原因となった事由が右価格の登録後に生じたものに限定されると解する必要はないとして，固定資産課税台帳に登録された価格と比べて900万円強の差があるので，右ただし書に当たり，違法であるとして，Xの請求を棄却しました。本件の最高裁判決は，この原審判決と反対の立場です。

　両者の違いは，結局，不動産の時価と固定資産課税台帳に登録された価

格とが著しく異なる場合に，その原因について賦課期日以前からの事情も含むのか，賦課期日後に生じた事情に限るのか，というところにあると思われます。

前者の説で弱いところは，法73条の21ただし書の例示が，物理的事象に限られていること，不動産取得時に固定資産課税台帳に登録された価格は分かっており，それを承知の上で取得したのであるから，想定内の負担であり，取得後にそれ以外の理由で争うのは問題であるというところでしょうか。また，税の取扱いの統一化，簡素化を考えると，やむを得ないとも考えられます。

他方で，物理的損壊ではないものの，実際の取得価格が固定資産課税台帳に登録された価格とあまりにかけ離れている場合に，それを一切無視することは，かえって不動産の流通を著しく阻害する危険性を内包しています。また，【9】の平成2年最高裁判決と同様に，Xにとって，1審敗訴，2審勝訴，そして最高裁で逆転敗訴という経路をたどっている点で，最高裁の判断に当時の時代の雰囲気が反映されているのかもしれません。行政に対する情報公開の要求が増大している中で，不動産流通における空家対策が国家的課題の1つとも考えられる今日において，立法府としても再検討を迫られているともいえます。

【11】 市が公共の用に供した固定資産については，いつでも固定資産税はかからないか？

（最高裁平成6年12月20日判決・民集48巻8号1676号）

事案の概要　東村山市が，市民の利用に供するテニスコート，野球場，ゲートボール場を設けるために体育施設用地として市民甲らから乙地らを借り受けましたが，その際に地方税法348条2項一号の公用または公共の用に供する固定資産に当たるとして昭和60年度の固定資産税を賦課しませんでした。これに対して，同市の市民のXらが，同市が甲らに対して，3.3㎡当たり1か月50円の報償費として支払ったことが，同条2項ただし書の

第2編　固定資産税に関する㉘の最高裁裁判例　105

「有料」に当たるとして，同市市長のYを相手に，地方自治法242条の2第1項四号に基づき，3.3㎡当たり1か月100円ないし200円の固定資産税相当額約1,200万円の支払いを求める住民訴訟を提訴しました。1審，2審ともにXらの請求を認めましたが，最高裁は原判決を破棄し，1審判決を取り消し，Xらの請求を棄却しました。

判決の要旨　地方税法348条2項は，そのただし書において，固定資産を有料で借り受けた者がこれを同項各号所定の固定資産として使用する場合には，本文の規定にかかわらず，固定資産税を右固定資産の所有者に課することができるとしているところ，ここでいう「固定資産を有料で借り受けた」とは，通常の取引上固定資産の貸借の対価に相当する額に至らないとしても，その固定資産の使用に対する代償として金員が支払われているときには，これに当たるものというべきである。同市が，乙地らの所有者らに対し，土地の借入れの見返りとして支払っている報償費の金額は，一律に3.3㎡当たり月額50円であり，これは，乙地らを賃借した場合の賃料の10分の1以下であるけれども，面積に応じて報償費が支払われていること，前記の使用目的からみて乙地らの所在場所等によってその利用価値に大きな差があるとは考えられないことからすると，報償費は土地使用の代償であって，同市が乙地らを報償費を支払って借り受けたことは「固定資産を有料で借り受けた」場合に当たると解すべきである。原審の判断はこれと同旨であり，正当として是認することができ，この点につき，原判決に所論の違法はない。

　Yが，法律上，固定資産税を課すべき義務を負っている以上，同市が，乙地ら所有者らに対し，固定資産税を課さない旨の見解を示して土地を借り受けたとしても，そのことにより本件非課税措置の違法性が阻却されるものではない。前記のとおり原審の判断はこれと同旨であり，正当として是認することができ，この点につき原判決に所論の違法はない。

　次に，本件非課税措置による損害の発生について検討する。地方自治法242条の2第1項四号に基づく住民訴訟において住民が代位行使する損害賠償請求権は，民法その他の私法上の損害賠償請求権と異なるところはないというべきであるから，損害の有無，その額については，損益相殺が問題になる場合はこれを行った上で確定すべきものである。したがって，財務会計上の行為により

普通地方公共団体に損害が生じたとしても，他方，右行為の結果，その地方公共団体が利益を得，あるいは支出を免れることによって利得をしている場合，損益相殺の可否については，両者の間に相当因果関係があると認められる限りは，これを行うことができる。

　本件においては，同市は，乙地らを借り受けるに際し，甲らに対し，乙地らの固定資産税は非課税とする旨の見解を示し，通常の賃貸借における賃料額よりかなり低額の右報償費を支払うことを約束して貸借の合意に至っており，Ｙは，これに従って本件非課税措置を採ったものである。しかし，前示のとおり，本件は固定資産税を非課税とすることができる場合ではないので，本件非課税措置は違法というべきであり，同市は，これにより右税額相当の損害を受けたものというべきである。しかしながら，同市は，同時に，本来なら支払わなければならない土地使用の対価を免れたものであり，右対価の額から右報償費を差し引いた額相当の利益を得ていることも明らかである。そして，Ｙが本件非課税措置を採らずに固定資産税を賦課した場合には，それでもなお乙地らの所有者らが本件のような低額の金員を代償として土地の使用を許諾したはずであるという事情は認定されていないので，前記の原審認定事実によれば，同市があくまでも乙地らの借受けを希望するときは，土地使用の対価として，近隣の相場に従った額またはそれに近い額の賃料を支払う必要が生じたことは，見やすいところであり，その額が固定資産税相当額に右報償費相当額を加えた額以上の金額になることは，前記の原審の認定する各金額の差から明らかである。

　したがって，Ｙが本件非課税措置を採ったことによる同市の損害と，右措置を採らなかった場合に必要とされる乙地らの使用の対価の支払をすることを免れたという同市が得た前記の差引利益とは，対価関係があり，また，相当因果関係があるというべきであるから，両者は損益相殺の対象となるものというべきである。そうであれば，後者の額は前者の額を下回るものではないから，同市においては，結局，Ｙが本件非課税措置を採ったことによる損害はなかったということになる。

　以上によれば，Ｙが本件非課税措置を採ったことにより同市が固定資産税相当額の損害を被ったとする原判決および第１審判決は，法令の解釈適用を誤った違法があり，右違法は判決に影響を及ぼすことが明らかである。この点の論

第2編　固定資産税に関する㉘の最高裁判例　107

旨は理由があり，その余の上告理由につき判断するまでもなく，原判決は破棄を免れず，第1審判決は取り消されるべきであり，右判示するところによれば，Ｘらの本訴請求は理由がなく，棄却されるべきものである。

コメント　本件の最高裁判決は2つの問題を指摘しています。第1に，固定資産税の約2分の1，相場の賃料の10分の1以下の報償費を支払うことが地方税法348条2項ただし書にいう「固定資産を有料で借り受けた」ことになるのか，第2に，そうであるとして，非課税措置を採ったことにより固定資産税を賦課しなかったことによる損害と非課税措置を採らなかった場合に必要とされる使用の対価を免れたことによる利益が損益相殺の対象となり，その結果損害はないということになるのか，ということです。

　第1の点は，借地借家法の適用の有無でもしばしば問題になります。建物の利用を認めた場合に，借地借家法を適用する前提として，民法601条の「賃料」の支払いが要件となっており，そうでない「無償」の場合には民法593条の「使用貸借」とされます。問題は，多少の金員は支払っているものの，その金額が相場と比べて非常に少ないときです。このような場合には，無償として使用貸借と認められることがあり，現に，最高裁昭和41年10月27日判決・民集20巻8号1649頁は，「建物の借主が，建物を含む貸主所有の不動産に賦課された固定資産税の支払いを負担する等の事実があるとしても，……使用貸借であると認めるのが相当である。」と判示しています。

　この最高裁昭和41年判決の趣旨からすると，本件の事案については，固定資産税相当額どころか，その約2分の1の報償費に過ぎないので，使用貸借にとどまるとして，地方税法348条2項ただし書の適用はないともいえます。そこで決まれば話は簡単なのですが，本件の最高裁判決はそういう解釈をしませんでした。民法の考え方と地方税法のような行政法の考え方とは違うということでしょうか。「固定資産を有料で借り受けた」とは，通常の取引相当額に至らないとしても，固定資産の使用の代償として金員が支払われれば，「固定資産を有料で借り受けた」ことに当たると

したものですが，どうも一般常識とは合わない気がします。

　第2の点ですが，本件の最高裁は，損益相殺の適用については，これを認めました。しかも，その理由が，「住民が代位行使する損害賠償請求権は，民法その他の損害賠償請求権と異なるところはないというべきである。」と言い切っているのです。つまり，地方税法では民法と異なる解釈をしながら，住民訴訟を規定している地方自治法では民法の解釈を採り入れているのです。ここで，民法を持ち出すのであれば，第1の点で民法の使用貸借の適用ないし類推適用をすれば，一般の人にとってもっと分かりやすい判決になったのではないかと思います。

【12】　小作地に対する宅地並み課税により固定資産税等の額が増加したことを理由とした小作料の増額請求は認められないか？

（最高裁平成 13 年 3 月 28 日判決・民集 55 巻 2 号 611 頁）

事案の概要　　Xは，奈良県天理市の市街化区域内の農地である甲地と乙地を所有しており，Y_1 は甲地を，Y_2（以下，Y_1，Y_2 を総称して「Yら」という）は乙地を，それぞれ小作していました。小作料の額は，農地法24条の2第1項に基づいて，天理市農業委員会が定めた小作料の標準額に副って算出され，甲地は年額約2万円，乙地は年額約1万5,000円でした。平成3年の地方税法の改正により，生産緑地法に定める生産緑地地区に指定された場合を除き，甲地および乙地の固定資産税および都市計画税（以下「固定資産税等」という）について，平成4年度以降宅地並み課税の対象となりました。Xも生産緑地地区の指定を受けることを希望し，Yらに対し，賃借人としての同意を求めましたが，Yらはいずれも同意しませんでした。その結果，固定資産税等が宅地並み課税となり，甲地について，平成4年，5年度は約12万円，平成6年度は約12万5,000円，乙地について，平成4年，5年度は約10万円，平成6年度は約12万5,000円にそれぞれ増加しました。ちなみに，宅地並み課税されなかった場合の平成4年度の固定資産税等は，甲地が約2万円，乙地

が約1万7,000円でした。

この結果，固定資産税等の額が小作料の額を大幅に上回る逆ザヤ現象が起こったことから，Xは固定資産税等の額が増加したことを理由に，平成5年度，6年度の小作料について，Yらに対し，それぞれほぼ固定資産税額並みに増額する旨の意思表示をしました。

1審の奈良地裁はXの請求を棄却しましたが，原審の大阪高裁は，Xの請求を固定資産税等の額の限度で認めたため，Yらが上告したところ，最高裁は原判決中Yらの敗訴部分を破棄し，Xの控訴を棄却しました。

（判決の要旨） 農地法は，昭和45年に行われた改正によって，小作料統制令による統制以来行われてきた小作料の最高額の統制を廃止し，小作料を当事者の自由な決定に委ねるとともに，当初定められた小作料の額がその後の事情の変更によって不相当となった場合における小作料の増減請求に関する規定として23条を置き，同条1項は，借地借家法11条1項と同一の趣旨のものであるが，これらの規定が土地に対する租税その他の公課の増減を地代の額の増減事由として明定しているのに対し，経済事情の変動の例として「農産物の価格若しくは生産費の上昇若しくは低下」を挙げているに過ぎず，小作地に対する公租公課の増減を増減事由として定めていない。また，宅地並み課税の税負担は，値上がり益を享受している農地所有者が資産維持の経費として担うべきものと解される。賃貸借契約が有償契約であることからみても，小作料は農地の使用収益の対価であって，小作農は，農地を農地としてのみ使用し得るに過ぎず，宅地として使用することができないのであるから，宅地並みの資産を維持するための経費を小作料に転嫁し得る理由はないというべきである。もっとも，農地所有者が宅地並み課税による税負担を小作料に転嫁することができないとすると，農地所有者は小作料を上回る税を負担しつつ当該農地を小作農に利用させなければならないという不利益を受けることになる。しかし，宅地並み課税の制度目的には宅地の供給を促進することが含まれているのであるから，農地所有者が宅地並み課税によって受ける上記の不利益は，当該農地の賃貸借契約を解約し，これを宅地に転用した上，宅地として利用して相応の収益を挙げることによって解消することが予定されているのである。また，賃貸借契約の解約後に当該農地を含む区域について生産緑地地区の指定が

あったときは，宅地並み課税を免れることができるから，農地所有者は，これによっても不利益を解消することができる。そして，当該農地の賃貸借契約について合意解約ができない場合には，農地所有者は，具体的な転用計画があるときには農地法20条2項二号に該当するものとして，あるいは当該農地が優先的かつ計画的に市街化を図るべき区域であることや逆ざや現象が生じていることをもって同項五号に該当するものとして，解約について知事の許可を申請し，具体的事案に応じた適正な離作料の支払を条件とした知事の許可を得て，解約を申し入れることができるものと解される。

　農地所有者には宅地並み課税による不利益を解消する方法として，上記のとおりの方途が存在するのに対し，宅地並み課税の税負担を小作料に転嫁した場合には，小作農にはその負担を解消する方法が存在せず，当該農地からの農業収益によって小作料を賄うこともできないことから，小作農が離農を余儀なくされたり小作料不払により契約を解除されたりするという事態をも生じかねないのであって，小作農に対して著しい不利益を与える結果を招くおそれがあるというべきである。

　以上説示したところからすれば，小作地に対して宅地並み課税がされたことによって固定資産税等の額が増加したことは，農地法（平成12年法律第143号による改正前のもの。以下「法」という。）23条1項に規定する「経済事情の変動」には該当せず，それを理由として小作料の増額を請求することはできないものと解するのが相当である。これに反し，農地所有者が宅地並み課税による固定資産税等の額の増加を理由として小作料の増額を請求した事案において，小作料の増額を認めた原審の判断を正当なものとして是認した最高裁昭和59年3月8日第1小法廷判決は，変更すべきものである。

　生産緑地法3条1項の規定による生産緑地地区内の区域内の農地は宅地並み課税の対象から除外されるが，当該農地に対抗要件を備えた賃借人がいる場合には生産緑地地区に関する都市計画の案について賃借人の同意が必要とされているため，当該農地の所有者が生産緑地地区の指定を受けることを希望したとしても，賃借人が同意しない限り，当該農地を含む区域が生産緑地地区に指定されることはない。しかし，所有者が生産緑地地区の指定を受けることを希望している場合に，賃借人にこれに同意すべき義務を認める規定は見当たらない。

また，生産緑地地区の区域内の農地が賃貸されているときにこれを農地として管理する義務を負うのは，当該農地について使用収益権を有する賃借人であり，生産緑地における農業経営は原則として30年間継続することが予定されているのであるから，同意をするかどうかは各自の生活設計にわたる事柄というべきであって，賃借人の意向が尊重されるべきものである。そうすると，賃借人には，同意をすべき信義則上の義務があるということはできず，Ｙらが同意しなかったことをもって，信義，公平に反するとして，これを理由に小作料の増額を認めることもできないというべきである。

　そして，Ｘは，小作料の増額を請求する理由として，甲地，乙地に対して宅地並み課税がされた結果固定資産税等の額が増加したことのみを主張し，他に小作料を増額すべき事由を主張しないから，Ｘの請求はいずれも理由がない。

　以上によれば，原審の前記判断には，法令の解釈適用を誤った違法があり，その違法は原判決の結論に影響を及ぼすことが明らかである。論旨は理由があり，原判決のうちＹらの敗訴部分は破棄を免れない。そして，前記説示によれば，Ｘの請求をいずれも棄却した第１審判決は正当であるから，前記敗訴部分につきＸの控訴を棄却することとする。

コメント　判決文の中で，小作料の標準額の制度を設けていることを理由の１つに挙げている個所がありますが，その後の農地法の改正でこの制度自体がなくなったため，ここでは挙げていません。

　それはともかく，この最高裁判決が出た当時は，農地関係者に大変な衝撃を与えたことを覚えています。宅地並み課税による固定資産税等の税額が激増したにもかかわらず，小作料に転嫁できないのであれば，農地所有者としては，大変な重荷を背負わされたようなもので，最高裁はえらい判決を出してくれたものだという恨み節を，判決直後にしばしば聞かされました。

　しかし，最近ではあまりそのようなことが聞こえてきません。小作料の標準額の制度の廃止の影響もあるかもしれませんが，むしろ，この最高裁判決の理解が進んで，生産緑地地区の指定に同意しない賃借人に対しては，農地法に基づく解約が容易になったと受け止められるようになったのでし

ょう。

　いずれにせよ，固定資産税制の改正により国の在り方の根本さえ変えかねないということを示した一例といえます。

【13】　原処分庁の補助職員が固定資産評価審査委員会に同席してもよいのか？

（最高裁平成 14 年 7 月 9 日判決・判例地方自治 234 号 22 頁）

事案の概要　甲地は元々正方形に近い 1 筆の土地で，平成 6 年 1 月 1 日当時は居宅が存在して B が単独で所有しており，平成 6 年度（基準年度）の甲地の固定資産税評価額は 8,046 万 2,940 円でした。甲地は，平成 6 年 7 月に 3 筆に分筆されて，それぞれの筆の土地が間口に対して奥行が長い土地になり，そのうち 2 筆が C と D に譲渡され，同年 10 月に居宅が取り壊されて更地となりました。X ら 2 名は，同年 11 月に B，C，D から 3 筆を買い受けましたが，越谷市長は，平成 7 年 1 月 1 日当時 3 筆であったことから，地方税法 349 条 2 項一号の特別の事情があり，同項ただし書に該当するとして評価替えを行い，3 筆の合計額は 7,477 万 1,852 円となりました。その後，X らが，平成 7 年 2 月に 3 筆を合筆して 1 筆の甲地としたところ，越谷市長は，甲地について，平成 8 年 1 月 1 日当時に，同条 2 項一号の特別の事情があり，同条 3 項ただし書に該当するとして評価替えを行い，平成 6 年度の価格 8,046 万 2,940 円に戻す旨の決定をして，その価格が土地課税台帳に登録されました。

　X らは，甲地の登録価格が不服であるとして，越谷市固定資産評価審査委員会 Y に対し審査申出をしたところ，Y が棄却する旨の決定をしました。X らは，Y を相手に，Y の審議中に越谷市の補助職員が同席するなどの手続的瑕疵があるなどとして本件棄却決定の取消しを求め提訴しました。1 審は，X らの請求を棄却しましたが，2 審の東京高裁は，1 審の判決を取り消して X の請求を認めたため，Y が上告したところ，最高裁は原判決を破棄して，X の控訴を棄却しました。

第2編　固定資産税に関する28の最高裁裁判例　　113

判決の要旨　　まず，Yの平成8年度第2回委員会において委員3名が本件審査申出の適否について審議し，これを棄却することを決定した場に原処分庁の補助職員が同席していたことは，Yの中立，公正の観点からみて不適切であったといわざるを得ないものである。しかし，Yの委員が審議し，本件審査申出を棄却することを決定する過程において，上記職員が，傍聴していたという範囲を超えて，実質的に何らかのかかわりを持ったことや影響を与えたことをうかがわせる事実はないから，上記の点をもって当然に本件棄却決定を取り消さなければならないほどの瑕疵ということはできない。

　次に，原判決は，Yの委員3名が本件棄却決定の決定書正本等の送付に関して越谷市税務部長らと合議したことを指摘するが，前記事実関係によれば，上記委員3名が本件審査申出を棄却することを決定した後，決定書の送付事務について上記税務部長らによる決裁手続が行われたにすぎないものであり，このことは，本件審査手続の瑕疵に当たるとはいえない。

　なお，Xらは，Yがその書記に固定資産税の評価，課税事務を担当する主税課の税制係長であるFを充て，同人を本件審査手続に関与させたことも，本件審査手続の違法事由に当たるというところ，この点は，固定資産評価審査委員会の中立，公正の観点からは適切ではないというべきである。しかし，前記事実関係によれば，Fの本件審査手続への関与は，Yの委員会の招集通知，委員会の結果報告書の作成，関係書類の送付，委員が決定した本件棄却決定の決定書案の作成などといった書記事務を担当したにとどまるものであり，本件審査手続全体を通じてYの中立，公正を損なったり，本件棄却決定の内容自体に関与したことをうかがわせる事実はない。したがって，上記の点も，本件棄却決定を取り消す理由に当たらないというべきである。そして，本件審査手続で執られた上記諸手続を総合的にみても，本件棄却決定を取り消さなければならないほどの瑕疵があるということはできない。

　前記事実関係によれば，平成7年度（第2年度）の固定資産税の賦課期日から同8年度（第3年度）の同賦課期日までの間に本件合筆がされて，間口に対して奥行が長い長方形の形状をし，それぞれ独立の利用が予定された3筆の土地（本件3筆地）を一体のものとする区画（形状）の変更，および土地の利用に関する状況の変動が生じたというのである。したがって，甲地については，

同年度（第3年度）の固定資産税の賦課期日において地方税法349条2項一号の特別の事情があり，同年度（第3年度）の固定資産税の課税標準について，同条3項ただし書にいう同7年度（第2年度）の固定資産税の課税標準とされた価格によることが不適当である場合に当たるというべきである。そうすると，甲地に対して課する同8年度（第3年度）の固定資産税の課税標準の基礎となる甲地の価格は，同条3項ただし書に基づき，甲地に類似する土地の同6年度（基準年度）の価格に比準して評価した価格で決定すべきものである。原処分庁は，甲地に類似する土地として旧甲地を選定し，その同年度（基準年度）の価格である8,046万2,940円に比準して，同価格をもって甲地の同8年度（第3年度）の固定資産税の課税標準の基礎となる価格とする本件価格決定をしたものであるところ，甲地と旧甲地とは同一の宅地であるから，本件価格決定は相当である。そして，Xらが本件価格決定の違法事由であるというその余の点は，いずれも同項ただし書に基づく評価替えとして上記の内容でされた本件価格決定の違法をもたらすものではない。

以上によれば，本件棄却決定を違法とした原判決には，判決に影響を及ぼすことが明らかな法令の違反がある。論旨は理由があり，原判決は破棄を免れない。そして，以上によれば，Xらの請求を棄却すべきものとした第1審判決は正当であるから，Xらの控訴を棄却すべきである。

コメント この判決で図らずも露呈した行政の実体については誠に興味深いものがあります。司法にたとえれば，1審の裁判官が2審の書記官役をするようなもので，裁判所ではあり得ないことです。しかし，行政ではあり得ることなのですね。固定資産評価審査委員会という第三者機関についての「中立，公正の観点からは適切ではない」という指摘は繰り返しされているものの，同委員会の決定を違法として取り消すほどの瑕疵ではない，と結論付けているのは，所詮行政の中でのことだからという，半ば諦めがあるのかもしれません。

確かに，市町村において税務担当者は限られているでしょうから，その中でやりくりしなければならない現場の苦労は分からないでもありません。しかし，それを言いだすと，大変だから何でも許されるのだ，という

ことになってしまいます。

　実質的にみても,「書記事務を担当したにとどまるもの」という考え方にはにわかに同意できません。現在でもある国やある政党の事実上のトップが「書記長」であるように,「書記役」は, その文書の中身を事実上決定できる役回りであることが多いのです。つまり, 委員会の書記は, 脚本家とも言える立場で, 委員会の委員をそのシナリオに沿って踊らせていることが多いのです。そうでないのは, 裁判所の書記官くらいではないでしょうか。

　地方税法が, わざわざ第三者機関を設置した目的に立ち戻ると, 最高裁のこの結論には同意しかねるところがあります。

　もっとも, もう1つの論点である価格の点については, 本件の3筆を同一所有者のXらが所有しているのですから, 以前の所有のときと同じ評価に戻したことは, むしろ当然と思われます。

【14】　固定資産課税台帳に登録された土地の価格が客観的な交換価値を上回る場合にはどうなるのか？

（最高裁平成 15 年 6 月 26 日判決・判時 1830 号 29 頁）

事案の概要　　Xは, 東京都千代田区内の土地2筆の甲地と乙地を所有していますが, 東京都知事によって決定され, 東京都千代田都税事務所長によって土地課税台帳に登録された本件土地1と本件土地2の平成6年度の価格について, 東京都固定資産評価審査委員会Yに対し審査申出をしたところ, いずれも減額して, 本件土地1の価格を 10 億 9,890 万 1,690 円, 本件土地2の価格を 1,103 万 3,010 円とする決定（以下「本件決定」という）を受けましたが, なお不服であるとして, 本件土地1について 1 億 3,629 万 2,820 円を超える部分, 本件土地2について 91 万 8,500 円を超える部分の取消しを求めました。1審は, Yの決定部分のうち, 本件土地1について価格 10 億 7,447 万 9,380 円を超える部分, 本件土地2について価格 1,078 万 7,810 円を超える部分を取り消したところ, Yが控訴しましたが, 2審は控訴を棄却しました。

116

そこで，Yが上告しましたが，最高裁は上告を棄却しました。

判決の要旨　本件決定においては，評価基準にのっとり，本件土地1と本件土地2を1画地として評点数が付設された。この画地が沿接する正面路線および側方路線の路線価を付設する上で比準した各主要な街路の路線価の基となった標準宅地（以下，正面路線価の基準となった標準宅地を「標準宅地甲」といい，側方路線価の基準となった標準宅地を「標準宅地乙」という）の価格の評定に際し，7割評価通達および時点修正通知が適用された。すなわち，本件決定は，標準宅地甲については，価格調査基準日である平成4年7月1日における鑑定評価価格を基に同5年1月1日までの時点修正を行い，その7割程度である910万円をもって，標準宅地乙（地価公示法2条1項の標準地でもある）については，同日の地価公示価格の7割である560万円をもって，それぞれの1㎡当たりの適正な時価とし，これを基礎に，本件各土地の価格を決定した。

標準宅地甲については，平成5年1月1日から同6年1月1日までに32％の価格の下落があり，同日におけるその1㎡当たりの客観的な交換価値は，890万6,028円である。標準宅地乙については，平成5年1月1日から同6年1月1日までに33.75％の価格の下落があり，同日におけるその1㎡当たりの客観的な交換価値は，同日の地価公示価格の530万円である。

上記の標準宅地の客観的な交換価値に基づき，評価基準に定める市街地宅地評価法にのっとって，本件土地1および本件土地2の価格を算定すると，それぞれ10億7,447万9,380円および1,078万7,810円となる。

原審は，①評価基準は，賦課期日における標準宅地の適正な時価（客観的な交換価値）に基づいて，所定の方式に従って評価をすべきものとしていると解すべきであり，その方式には合理性があるものの，本件決定で評定された各標準宅地の価格は，平成6年1月1日のその客観的な交換価値を上回る，②同日における各標準宅地の客観的な交換価値と認められる前記価格に基づき，評価基準に定める市街地宅地評価法にのっとって，本件各土地の価格を算定すると，前記の価格となるから，本件決定のうちこれを上回る部分は違法であり，同部分を取り消すべきであると判断した。

論旨は，原審のこの判断には，地方税法（平成11年法律第15号による改正前

のもの。以下「法」という。）341条五号，349条1項，388条1項の解釈適用の誤りがある旨をいう。法410条は，市町村長（法734条1項により特別区にあっては東京都知事。以下同じ）が，固定資産の価格等を毎年2月末日までに決定しなければならないと規定するところ，大量に存する固定資産の評価事務に要する期間を考慮して賦課期日からさかのぼった時点を価格調査基準日とし，同日の標準宅地の価格を賦課期日における価格の算定資料とすること自体は，法の禁止するところということはできない。しかし，法349条1項の文言からすれば，同項所定の固定資産税の課税標準である固定資産の価格である適正な時価が，基準年度に係る賦課期日におけるものを意味することは明らかであり，他の時点の価格をもって土地課税台帳等に登録すべきものと解する根拠はない。そして，土地に対する固定資産税は，土地の資産価値に着目し，その所有という事実に担税力を認めて課する一種の財産税であって，個々の土地の収益性の有無にかかわらず，その所有者に対して課するものであるから，上記の適正な時価とは，正常な条件の下に成立する当該土地の取引価格，すなわち，客観的な交換価値をいうと解される。したがって，土地課税台帳等に登録された価格が賦課期日における当該土地の客観的な交換価値を上回れば，当該価格の決定は違法となる。

　他方，法は，固定資産の評価の基準ならびに評価の実施の方法および手続を自治大臣の告示である評価基準にゆだね（法388条1項），市町村長は，評価基準によって，固定資産の価格を決定しなければならないと定めている（法403条1項）。これは，全国一律の統一的な評価基準による評価によって，各市町村全体の評価の均衡を図り，評価に関与する者の個人差に基づく評価の不均衡を解消するために，固定資産の価格は評価基準によって決定されることを要するものとする趣旨であるが，適正な時価の意義については上記のとおり解すべきであり，法もこれを算定するための技術的かつ細目的な基準の定めを自治大臣の告示に委任したものであって，賦課期日における客観的な交換価値を上回る価格を算定することまでもゆだねたものではない。

　そして，評価基準に定める市街地宅地評価法は，標準宅地の適正な時価に基づいて所定の方式に従って各筆の宅地の評価をすべき旨を規定するところ，これにのっとって算定される当該宅地の価格が，賦課期日における客観的な交換

価値を超えるものではないと推認することができるためには，標準宅地の適正な時価として評定された価格が，標準宅地の賦課期日における客観的な交換価値を上回っていないことが必要である。

前記事実関係によれば，本件決定において7割評価通達および時点修正通知を適用して評定された標準宅地甲および標準宅地乙の価格は，各標準宅地の平成6年1月1日における客観的な交換価値を上回るところ，同日における各標準宅地の客観的な交換価値と認められる前記価格に基づき，評価基準にのっとって，本件各土地の価格を算定すると，前記の各価格となるというのである。そうすると，本件決定のうち，前記各価格を上回る部分には，賦課期日における適正な時価を超える違法があり，同部分を取り消すべきものであるとした原審の判断は，正当として是認することができ，原判決に所論の違法はない。

コメント　固定資産評価審査委員会が決定した本件各土地の算定価格は，固定資産評価基準に加えて，自治事務次官による「平成4年1月23日自治固第3号」の「7割評価通達」と，自治省税務局資産評価室長による「平成4年11月26日自治評第28号」の「時点修正通知」に基づいています。このうち，7割評価通達については，地価公示価格や鑑定評価価格を活用してその7割程度を目途とするものですから，特段の問題はないと思います。

問題なのは，時点修正通知です。平成6年度の評価替えについて，平成4年7月1日を価格調査基準日としてその価格の7割程度を目標にして，地価の下落傾向に鑑み，「平成5年1月1日」時点における地価動向も勘案して修正を行うとしていることです。平成6年度の賦課期日は「平成6年1月1日」ですから，1年のずれがあります。この1年間に地価が大きく下落すれば，価格調査基準日の価格の7割程度を目標とし，かつ半年間の時点修正をしても，賦課期日における適正な時価（客観的な交換価値）を上回ることは十分予想されます。

本件では，土地課税台帳に登録された価格が賦課期日における客観的な交換価値を上回るという逆転現象が現実に生じたのですから，この価格が違法となることは当然と思われます。

第2編　固定資産税に関する28の最高裁裁判例　　119

【15】　家屋の評価について評価基準に従えば適正な時価といえるのか？

（最高裁平成15年7月18日判決・判時1839号96頁）

事案の概要　甲は，伊達市内に鉄骨造陸屋根3階建店舗を所有していましたが，伊達市長が決定し固定資産課税台帳に登録された本件建物の平成9年度の価格3,008万3,044円を不服として，伊達市固定資産評価審査委員会Yに審査申出をしましたが，棄却決定されました。そこで，甲の相続人であるXが，Yを相手に本件決定の取消しを求めて提訴したところ，1審はXの請求を棄却しました。ところが，2審は，Xが提出した不動産鑑定士乙作成による本件建物の鑑定評価額を1,895万円とする鑑定評価書を踏まえ，本件建物が2,606万円を超えるものではないからYの決定は違法であるとして，Xの請求を認めました。そこで，Yが上告したところ，最高裁は原判決を破棄し，札幌高裁に差し戻しました。

判決の要旨　伊達市長は，本件建物について評価基準に定める総合比準評価の方法に従って，再建築費評点数を算出したところ，この評価の方法は，再建築費の算定方法として一般的な合理性があるということができる。また，評点1点当たりの価額1.1円は，家屋の資材費，労務費等の工事原価に含まれない設計監理費，一般管理費等負担額を反映するものとして，一般的な合理性に欠けるところはない。そして，鉄骨造り（骨格材の肉厚が4mmを超えるもの）の店舗および病院用建物について評価基準が定める経年減点補正率は，この種の家屋について通常の維持管理がされた場合の減価の手法として一般的な合理性を肯定することができる。

　そうすると，伊達市長が本件建物について評価基準に従って決定した前記価格は，評価基準が定める評価の方法によっては再建築費を適切に算定することができない特別の事情または評価基準が定める減点補正を超える減価を要する特別の事情の存しない限り，その適正な時価であると推認するのが相当である。

　乙鑑定書が採用した評価方法は，評価基準が定める家屋の評価方法と同様，再建築費に相当する再調達原価を基準として減価を行うものであるが，原審は，乙鑑定書の算定した本件建物の1㎡当たりの再調達原価および残価率を相当と

する根拠を具体的に明らかにしていないため，原審の前記説示から直ちに上記特別の事情があるということはできない。そして，原審は，上記特別の事情について他に首肯するに足りる認定説示をすることなく，本件建物の適正な時価が2,606万円程度を超えるものではないと判断したものであり，その判断には，判決に影響を及ぼすことが明らかな法令の違反がある。論旨はこの趣旨をいうものとして理由があり，原判決は破棄を免れない。

コメント　最高裁は，固定資産課税台帳に登録された価格が固定資産評価基準に従って決定された場合には，特別の事情がない限り再建築費の算定方法として一般的な合理性があるとしています。

これに対して，不動産鑑定士が作成した鑑定評価書は，固定資産評価基準とは異なる再調達原価と残価率によったため，固定資産評価基準による場合と大きな開きが生じました。特に，残価率については，固定資産評価基準が20％としたのに対し，鑑定評価書では0％としており，両者の結果が大きく異なる原因となりました。

同じく「適正な時価」といっても，家屋を所有しているという現状の税負担能力に着目して算定するのか，家屋の処分を念頭に置いて評価するのか，の違いに由来していると思われます。

本件は，あくまで固定資産税を賦課するための評価である以上，地方税法に根拠を置いた固定資産評価基準に基づく評価について合理性を認めた最高裁の判断はやむを得ないと思われます。

【16】　固定資産税等の課税処分が違法であるとして国家賠償請求訴訟を提起した場合に弁護士費用も損害として認められるか？

（最高裁平成16年12月17日判決・判時1892号14頁）

事案の概要　Xは，平成12年2月に設立登記された学校法人甲の理事ですが，東京都荒川区所在の本件建物について，同年3月に甲

を所有者とし，平成 11 年 11 月 30 日新築を原因とする所有権保存登記がされました。東京都荒川都税事務所長乙が，平成 12 年 10 月に平成 12 年度の固定資産税および都市計画税の賦課期日である同年 1 月 1 日における本件建物の所有者は甲であるとして甲に対し上記各税の賦課決定をしました。甲が同決定について審査請求をしたところ，乙は平成 13 年 8 月に同決定を取り消すとともに，本件建物の所有者は X であるとして，X に対し上記各税の賦課決定（以下「本件課税処分」という）をしました。X は，本件課税処分に係る税額および延滞金を納付した上，本件建物の上記賦課期日における所有者は設立中の甲であると主張して，平成 13 年 10 月に本件課税処分について審査請求をしましたが，その後，裁決がなされないまま約 1 年 2 か月が経過しました。そこで，X は，東京都 Y に対し，平成 14 年 12 月に本件課税処分が違法であるとして，国家賠償法 1 条 1 項に基づき，納税額相当分 390 万 4,700 円，慰謝料 50 万円および弁護士費用相当額 93 万 705 円を請求したところ，Y は平成 15 年 4 月に本件課税処分を取り消し，X に対し過誤納額 392 万 6,900 円および還付加算金額 24 万 7,500 円を支払いました。X は，本件訴訟の請求額を慰謝料 50 万円および弁護士費用 66 万 1,005 円に減縮しました。第 1 審および原審ともに X の請求を棄却したため，X が上告したところ，最高裁は，弁護士費用相当額についての損害賠償請求に係る部分について，原判決を破棄し，東京高裁に差し戻しました。

判決の要旨　原審は，次のとおり判断して，X の弁護士費用相当額の損害賠償請求およびこれに対する遅延損害金の支払請求を棄却すべきものとした。X が本件課税処分について審査請求をしており，本件課税処分の取消しの訴えを提起することができるという事実関係の下では，違法な課税処分に基づいて徴収金を納付したことによる損失の補てんは，過誤納金の還付や還付加算金の制度によってするのを本則とするのであって，国家賠償法による損害賠償請求は，上記制度によっても償われない損害をてん補するものにすぎない。そうすると，X が国家賠償法 1 条 1 項に基づく損害賠償請求訴訟の提起を余儀なくされたということはできないし，本件訴訟の提起は，本件課税処分が違法であることから通常予想されるものではない。したがって，本件課税処分が違法なものであることと X が本件訴訟の提起および追行に係る弁護士

費用を支出したこととの間に，相当因果関係を肯定することはできない。

しかしながら，原審の上記判断は是認することができない。その理由は次のとおりである。前記事実関係の下において，Xが本件訴訟を提起することが妨げられる理由はないというべきところ，本件訴訟の提起および追行があったことによって本件課税処分が取り消され，過誤納金の還付等が行われて支払額の限度でXの損害が回復されたというべきであるから，本件訴訟の提起および追行に係る弁護士費用のうち相当と認められる額の範囲内のものは，本件課税処分と相当因果関係のある損害と解すべきである。

コメント　　　本件の原審判決は，東京高裁平成16年1月21日判決で，【23】の平成22年最高裁判決が出る前であったことから，固定資産税等の過誤納金について国家賠償法1条1項に基づく請求をすることへの消極的な姿勢が明らかに認められます。

これに対して，むしろ最高裁は，本件訴訟を行ったからこそ，本件課税処分が取り消されて過誤納金の還付等がなされたのであるから，これによるXの損害回復と弁護士費用のうちの相当額とは相当因果関係がある損害と認めたものです。【23】の平成22年最高裁判決を予感させるものとして本件判決を位置付けることができると思います。

【17】　同一の敷地にある複数の建物の固定資産評価審査委員会の決定は複数か，複数としたら行政事件訴訟法13条六号の関連請求の要件を満たすか？

（最高裁平成17年3月29日決定・判時1890号43頁）

事案の概要　　　本件は，複数の建物についての固定資産評価審査委員会の決定の数をどうみるかということと行政事件訴訟法13条六号の「関連請求」に当たるかどうかの解釈をめぐる手続上の問題です。

Xは，長野県南佐久郡川上村所在のゴルフ場に併設された1つのリゾートホテルを構成する宿泊施設，事務所，倉庫，店舗，寄宿舎等の21の建物について，

第2編　固定資産税に関する28の最高裁判例　123

平成15年度の固定資産課税台帳に登録された価格について，需給事情による減点補正がされていない点に不服があるとして，川上村固定資産評価審査委員会に対し審査申出をしましたが，これを棄却する旨の決定を受けました。

そこで，Xは，同委員会を相手に，本件決定のうちXが本件各建物の適正な時価と主張する価格を超える部分の取消しを求める訴訟を提起しました。Xは，本件訴訟に係る請求は1個であるとし，本件建物ごとに請求の価額を計算してこれを合算した金額の889万7,800円を訴額として，負担すべき手数料を4万6,000円と算定し，本件訴状に同額の印紙をはって訴状を提出しました。

これに対し，1審の長野地裁の裁判長は，本件訴訟に係る請求は21個であり，行政事件訴訟法13条にいう関連請求に当たらないことを前提に，本件各建物ごとに訴訟の目的の価額を算定し，これに基づいてそれぞれ手数料の額を算出すべきであり，これによれば納められるべき手数料の合計額は8万3,000円であるとした上で，Xが納めた手数料は4棟の建物の手数料に充てられるけれども，残り17棟の建物についての手数料3万7,000円が不足しているとして，Xに対し，14日以内に追納するよう補正命令を発しました。しかし，Xが追納しなかったため，1審裁判長は，17棟に係る部分の訴状を却下しました。そこで，Xが抗告しましたが，東京高裁において棄却されたため，許可抗告を申し立てたところ，最高裁は，原決定を破棄し，1審の裁判長がした訴状一部却下命令を取り消しました。

決定の要旨　固定資産評価に関する地方税法の規定をみると，市町村長は，個々の土地，家屋等の固定資産ごとにその価格を決定し，個々の固定資産ごとに作成される固定資産課税台帳にこれを登録すべきものとされており（同法381条，410条1項，411条1項参照），固定資産評価審査委員会は，個々の固定資産ごとに登録価格に関する審査の申出を受けて審査し，決定をするものとされている（同法432条1項，433条1項）。そうすると，固定資産評価額に関する固定資産評価審査委員会の審査決定は，個々の固定資産ごとにされるものであり，1通の審査決定書において同一人の所有に係る複数の固定資産の登録価格について決定をしている場合でも，審査決定は，当該固定資産の数だけあるものというべきである。したがって，本件決定の個数は21である。

本件は，同一人の所有に係る同一の敷地にあって1つのリゾートホテルを構

成している本件各建物について，同一年度の登録価格につき，需給事情による減点補正がされていないのは違法であるとして，本件決定のうちXが本件各建物の適正な時価と主張する価格を超える部分の取消しを求める訴訟である。これによれば，本件訴訟に係る各請求の基礎となる社会的事実は一体としてとらえられるべきものであって密接に関連しており，争点も同一であるから，上記各請求は，互いに行政事件訴訟法13条六号所定の関連請求に当たるものと解するのが相当である。したがって，上記各請求に係る訴えは，同法16条1項により，これらを併合して提起することができるものというべきである。このように解することが，審理の重複や裁判の矛盾抵触を避け，当事者の訴訟提起・追行上の負担を軽減するとともに，訴訟の迅速な解決にも役立つものというべきである。そうすると，本件訴訟について納付されるべき手数料の額は4万6,000円であって，Xが納付した手数料の額に不足はない。論旨は，以上と同旨をいうものとして理由がある。

　以上によれば，本件訴状の一部を却下すべきものとした原審の判断には，裁判に影響を及ぼすことが明らかな法令の違反がある。したがって，原判決を破棄し，1審の裁判長がした訴状一部却下命令を取り消すこととする。

コメント　　本件の2つの争点のうちの第1の数の点は，固定資産ごとに課税台帳に登録されている以上，それぞれの固定資産ごとに固定資産評価審査委員会に対する審査申出がなされたとみるべきでしょう。

　問題は，第2の関連請求の点です。すなわち，行政事件訴訟法13条六号の「その他当該処分又は裁決の取消しの請求と関連する請求」に当たるかという行政事件訴訟法の解釈の問題です。

　従来は，同法13条一号ないし五号に準ずる程度に密接な法的関係がある場合に限定されるという説が有力でしたが，行政訴訟の活性化が強調されている現在では，それにとどまらず，請求の基礎となる社会的事実の面で密接に関連する場合もこれに含めてよいという考え方が強くなってきました。

　本件の最高裁は，後者の立場に立って，「関連請求」を広く解釈したも

のであり，訴訟の迅速性と負担軽減のために，妥当な決定であったと思われます。

【18】 固定資産評価審査委員会の決定の取消訴訟で委員会の認定金額が裁判所の認定金額を上回るときは全部取り消すのか，超える部分だけを取り消すのかのどちらか？

（最高裁平成 17 年 7 月 11 日判決・民集 59 巻 6 号 1197 頁）

事案の概要　Xは，東京都新宿区内の本件土地 1 ないし 9 の所有者ですが，東京都知事が決定して土地課税台帳に登録した平成 6 年度の価格について，いずれも不服であるとして東京都固定資産評価審査委員会Yに対し審査申出をしました。Yはこのうち 9 の価格を減額し，他はXの申出を棄却する決定をしました。そこで，Xは，本件決定が違法であるとして，主位的に本件決定の全部取消しを，予備的に平成 5 年度の価格を超える部分の取消しを求めて提訴しました。1 審は，本件決定のうち，本件土地 2 ないし 6 に係る決定については，それぞれ以下記載の価格を上回る認定をした点に違法があるとして右決定の全部を取り消し，その余の土地に関しては，主位的請求を棄却し，予備的請求に係る訴えを却下しました。

対象土地	Yが棄却決定した登録価格	1 審判決が認定した価格
本件土地 2	1 億 2,708 万 5,320 円	1 億 2,299 万 7,880 円
本件土地 3	8,932 万 6,290 円	8,619 万 2,040 円
本件土地 4	7,890 万 1,450 円	7,613 万 2,980 円
本件土地 5	1 億 109 万 3,830 円	9,754 万 6,680 円
本件土地 6	4 億 6,746 万 6,800 円	4 億 5,106 万 4,460 円

これに対し，Yが控訴しましたが，2 審の東京高裁は 1 審と同様に，本件土地 2 ないし 6 に係る本件決定の全部を取り消すとしました。そこで，Yから上告受理の申立てがあり，最高裁は，原判決を変更して，本件決定のうち 1 審判

決が認定した価格を超える部分に限り一部取り消し，その余のＸの請求を棄却しました。

判決の要旨　土地課税台帳等に登録された基準年度の土地の価格についての審査決定の取消訴訟においては，審査決定の実体上の適法要件として，固定資産評価審査委員会の認定した価格が基準年度に係る賦課期日における当該土地の適正な時価または評価基準によって決定される価格（以下，両者を併せて「適正な時価等」という）を上回るものでないかどうかが，審理され，判断される（最高裁平成15年6月26日判決・民集57巻6号723頁参照）。このように審査決定の取消訴訟においては固定資産評価審査委員会の認定した価格の適否が問題となるところ，裁判所が，審理の結果，基準年度に係る賦課期日における当該土地の適正な時価等を認定した場合には，当該審査決定が金額的にどの限度で違法となるかを特定することができるのである。そして，上記の場合には，当該審査決定の全部を取り消すのではなく，当該審査決定のうち裁判所が認定した適正な時価等を超える部分に限りこれを取り消すこととしても何ら不都合はなく，むしろ，このような審査決定の一部を取り消す判決をする方が，当該土地の価格をめぐる紛争を早期に解決することができるものである。

　そうであるとすれば，土地課税台帳等に登録された基準年度の土地の価格についての審査決定の取消訴訟において，裁判所が審理の結果，基準年度に係る賦課期日における当該土地の適正な時価等を認定し，固定資産評価審査委員会の認定した価格がその適正な時価等を上回っていることを理由として，審査決定を取り消す場合には，納税者が，審査決定の全部の取消しを求めているか，その一部の取消しを求めているかにかかわらず，当該審査決定のうちその適正な時価等を超える部分に限りこれを取り消せば足りるものというべきである。

コメント　固定資産評価審査委員会の認定した価格が裁判所の認定した金額を上回っている場合に，同委員会の決定を取り消す範囲の問題です。1審，2審は全部取消しとしましたが，最高裁は超える部分に限りこれを取り消すこととしました。

　これまでは，両方の説があって対立していたのですが，この最高裁判決

第 2 編　固定資産税に関する28の最高裁判例　127

で決着がつけられました。この結論は，価格をめぐる紛争の早期解決の面からみてもっともであると思います。というのも，たとえば，固定資産評価審査委員会の認定した価格が 900 万円で，X は 600 万円が適正な時価であるとして同委員会の決定の取消しを求めた場合に，1 審が 700 万円が適正な時価であるとして全部取消しをすると，X は控訴できず，同委員会も控訴しないと確定します。すると，同委員会は確定判決に拘束されて 700 万円の決定を下すので，X は，これになお不服であれば，改めて裁判をする必要があります。他方で，1 審が一部取消しの判決をすると，X は，控訴することにより 2 審で争うことが可能となり，1 つの裁判で済ますことができるのです。どちらが迅速に解決するか，また訴訟経済的にも優れているかは明らかと思われます。

【19】　固定資産税の課税標準である固定資産の適正な時価とは収益還元価格ではないのか？

（最高裁平成 18 年 7 月 7 日判決・判時 1949 号 23 頁）

事案の概要　　X らの被相続人甲は，東京都渋谷区内の本件土地 1 および本件土地 2 の所有者で固定資産税の納税者でした。東京都知事は，平成 9 年度の価格について，本件土地 1 につき 7 億 7,706 万 5,460 円，本件土地 2 につき 1 億 994 万 3,300 円と決定し，土地課税台帳に登録しました。甲は，この価格を不服として，東京都固定資産評価審査委員会 Y に対し審査申出をしましたが，同委員会はこれを棄却する旨の決定をしました。

　そこで，甲の相続をした共有持分権者の X らが，本件決定の取消しを求めて提訴しました。1 審は，X の提出した鑑定書に基づき，本件各土地の適正な時価は，本件土地 1 につき 4 億 1,297 万 730 円，本件土地 2 につき 5,842 万 9,270 円を下回る金額であるとして，本件決定の全部を取り消しました。

　これに対して，Y が控訴したところ，原審は，収益を還元価格により算定しなければならないとした上で，本件決定のうち，本件土地 1 につき 3 億 8,929 万 9,728 円，本件土地 2 につき 5,489 万 2,532 円を超える部分についてのみ取

り消すべきものとして，1審判決を変更しました。

　そこで，Yが上告受理申立をしたところ，最高裁は，原判決のうちYの敗訴部分を取り消し，東京高裁に差し戻しました。

判決の要旨　土地に対する固定資産税は，土地の資産価値に着目し，その所有という事実に担税力を認めて課する一種の財産税であって，個々の土地の収益性の有無にかかわらず，その所有者に対して課するものであるから，その課税標準とされている土地の価格である適正な時価とは，正常な条件の下に成立する当該土地の取引価格，すなわち，客観的な交換価値をいうと解される（最高裁平成15年6月26日判決・民集57巻6号723頁）。

　上記の適正な時価を，その年度において土地から得ることのできる収益を基準に資本還元して導き出される当該土地の価格をいうものと解すべき根拠はない。また，一般に，土地の取引価格は，上記の価格以下にとどまるものでなければ正常な条件の下に成立したものとはいえないと認めることもできない。

　以上と異なる見解に立って，本件各土地の平成9年1月1日における客観的な交換価値を確定することなく，本件決定中本件各土地の前記収益還元価格を超える部分を取り消すべきものとした原審の判断には，判決に影響を及ぼすことが明らかな法令の違反がある。論旨は理由があり，原判決のうちYの敗訴部分は破棄を免れない。そして，本件決定に係る本件各土地の価格が同日におけるその客観的な交換価値および評価基準によって決定される価格を上回るものでないかどうかについて審理を尽くさせるため，上記部分につき本件を原審に差し戻すべきである。

コメント　固定資産税の課税標準とされる土地の価格は土地課税台帳に登録されますが，地方税法において「適正な時価」をいうと規定しているために，この適正な時価とは何かについて争われたものです。

　原審は，この適正な時価について，収益還元法により算定されねばならないとしました。この背景には，平成14年7月3日に全面改正されて，平成15年1月1日から施行された「不動産鑑定評価基準」の存在があると思われます。不動産鑑定評価基準は，不動産鑑定士が依拠しなければな

らないものですが，この全面改正時に初めて「収益還元法」が導入されて，この手法がにわかに注目されるところとなったのです。収益還元法には，直接還元法とＤＣＦ法の２つがありますが，原審は当該年度の収益を基準に還元利回りを年５分として資本還元しているので，直接還元法によったものと思われます。

もっとも，上記不動産鑑定評価基準においても，収益還元法のみによるのではなく，他に「原価法」と「取引事例比較法」も含め，事案に則して複数の手法を使うことを求めており，その点からしても，収益還元法だけで算定した原審の判断を否定したのはやむを得ないことといえます。

なお，原審判決の詳細については，下級審裁判例【20】を参照してください。

【20】 無道路地と同一所有者による公路への通路がある場合に通路開設補正が適用されるか？

（最高裁平成 19 年 1 月 19 日判決・判時 1962 号 57 頁）

事案の概要 Ｘは，東京都三鷹市内の市街化区域農地である本件土地について共有持分権を有する納税義務者です。本件土地は公道に接しない無道路地ですが，同じ共有者の別件土地を通して公道に接しており，別件土地を利用して本件土地に出入りしていました。三鷹市長は，平成 12 年度の本件土地について，固定資産評価基準および三鷹市固定資産評価事務取扱要領（以下「取扱要領」という）により通路開設補正を適用しないで 1 億 9,199 万 6,897 円と決定し，土地課税台帳に登録しました。Ｘは，これに対して三鷹市固定資産評価審査委員会Ｙに審査申出をしたところ，1 億 5,305 万 7,116 円とする本件決定を受けました。

そこで，Ｘは，通路開設補正の適用をしないことなどが違法であるとして，本件決定のうち 6,309 万 646 円を超える部分の取消しを求めて提訴したところ，1 審はＸの請求を棄却しましたが，2 審は，通路の開設の必要性については，本件土地と公道に接する別件土地とが同一の所有者であるか否かにかかわらな

いとして，通路開設補正の適用をすべきとして 8,765 万 6,461 円を超える部分を取り消すべきものと判断しました。Y は，これに対して上告受理の申立てをしたところ，最高裁は，原判決を変更して，本決定のうち 1 億 4,789 万 6,699 円を超える部分を取り消しました。

(判決の要旨) 評価基準は，無道路地に対し画地計算法を適用するに当たり，路線価に奥行価格補正率，通路開設補正率および無道路地補正率を乗じて 1 ㎡当たりの評点数を求め，これに当該無道路地の地積を乗じてその評点数を求めることとしているが，ここにいう通路開設補正率は，当該無道路地が公路に接続しない状態を解消するための通路を確保するのに必要な費用および期間に着目した補正率であると解される。そうすると，現に自己所有地を通路として使用し，これによって公路に接続している土地は，たとえ公図上は公路に接していなくとも，新たにこれを公路に接続させる通路を確保するための費用および期間を要しないのであるから，通路開設補正を適用しない取扱いをすることも許されるものと解するのが相当である。したがって，取扱要領が上記のような土地について通路開設補正を適用しないものと定めていることには合理性があり，この定めが評価基準に反し違法であるということはできず，本件土地の評価に当たっては，取扱要領に従い，通路開設補正を適用しないで評価すべきものである。

これを前提として平成 12 年度における本件土地の価格を算定すると，本件土地の 1 ㎡当たりの評点数は，南側街路の路線価（24 万 6,000 点）に奥行価格補正率 0.81 および無道路地補正率 0.6 を乗じた 11 万 9,556 点となり，これに本件土地の地積の平米数（1,286.67）を乗じた 1 億 5,382 万 9,118 点（小数点以下切捨て）が本件土地の評点数となる。本件土地の平成 12 年度における価格は，これに前記の時価下落修正率 0.979 を乗じた 1 億 5,059 万 8,706 円（1 点数当たり 1 円。小数点以下切捨て）から前記の土地造成費相当額 270 万 2,007 円を控除した 1 億 4,789 万 6,699 円である。

以上によれば，本件土地の評価に当たり取扱要領の定めに合理性がないとして通路開設補正を適用すべきものとした原審の判断には，判決に影響を及ぼすことが明らかな法令の違反がある。論旨はこの趣旨をいうものとして理由があり，原判決のうち上記判断に係る部分は破棄を免れない。そうすると，本件決

第2編　固定資産税に関する28の最高裁裁判例　　131

定のうち価格 6,309 万 646 円を超える部分の取消しを求める X の請求について
は，価格 1 億 4,789 万 6,699 円を超える部分の取消しを求める限度において理
由があるから認容し，その余の請求は理由がないから棄却すべきである。これ
と異なる原判決は主文のとおり変更すべきである。

コメント　　　固定資産評価においては，「路線に接しない画地」を「無
道路地」といいます。無道路地については，3 つの補正率
が乗じられます。奥行価格補正率，通路開設補正率，そして無道路地補正
率です（固定資産評価基準別表第 3 の 7 の(2)）。奥行価格補正率は，道路か
らの奥行が長くなるにしたがって宅地の価額が漸減することなどを考慮し
た補正率です。通路開設補正率は，通路を開設するための費用や期間を考
慮した補正率です。そして，無道路地補正率は，建物の使用が困難である
ことなどから近傍の宅地との均衡を考慮して定められた補正率です。

三鷹市の取扱要領では，所有者が同一の場合に，公道に接しない土地と
公道に接する土地が接していれば，この 3 つの補正率のうちの通路開設
補正率は適用しないとしており，この取扱いが評価基準に違反するかどう
かが争われたものです。

原審の東京高裁は，通路開設補正率を適用すべきとしたのに対して，最
高裁はこれを否定し，三鷹市の取扱要領の取扱いを肯定しました。

確かに，同一所有者の土地が，1 筆か 2 筆かによって，評価基準が異な
るのはおかしいといえますから，最高裁の判断の方が正しいといえます。

さらにいえば，他の 2 つの補正率についても（三鷹市は適用していますが），
適用する必要性があったのかという疑問が生じないではありません。一体
として評価すべきという点では変わりないと思うからです。もっとも，こ
の点については，裁判の争点になっているわけではないので，これ以上深
入りしません。

【21】　固定資産評価基準による評価が建築請負代金より高くても「適正な時価」といえるのか？

（最高裁平成 19 年 3 月 22 日判決・判例地方自治 290 号 71 頁）

事案の概要　Xは，鉄骨造亜鉛メッキ鋼板葺平家建の建物（以下「本件建物」という）を新築して平成 7 年 11 月に取得しました。茨城県筑西県税事務所長Yは，直近の固定資産税に関する基準年度である平成 6 年度に係る評価基準の定める非木造家屋再建築費評点基準表によって求めた標準評点数に基づく方法に従って本件建物を評価し，その評価額に基づく課税標準額を 1 億 857 万 1,000 円として，税額を 434 万 2,800 円とする不動産取得税賦課決定をしました。

　Xは，この決定に対して，取得時点における建物の適正な時価を超えており違法であるとして，その取消しを求めて提訴しました。1 審はXの請求を棄却したため，Xが控訴したところ，原審は，課税標準額 1 億 178 万 4,000 円，税額を 407 万 1,300 円を超える部分を取り消すべきものとしました。そこで，Yが上告受理申立をしたところ，最高裁は，Y敗訴部分を破棄し，Xの控訴を棄却しました。

判決の要旨　評価基準に定める家屋の評価方法は，一般的な合理性があるということができ，本件建物について評価基準に従って決定した価格は，評価基準が定める評価方法によっては再建築費を適切に算定することができないなどの特別の事情の存しない限り，その適正な時価と推認するのが相当である（最高裁平成 15 年 7 月 18 日判決）。一方，原審の推認する本件建物の建築費の金額については，その基礎となる請負金額が当事者間の正常な価格交渉によるものか否かも不明であって，そもそも，このような金額と評価基準が定める評価方法による評価額との間に隔たりがあることが上記評価額の適正さを左右するものということはできない。また，建築費に関する物価水準の下落により前記の標準評点数をそのまま適用した場合に再建築費を適正に算定することができない可能性があるという原審の指摘は，あくまで一般的，抽象的な可能性をいうものにすぎず，本件建物について上記の評価方法による評価を下回る評価を相当とする具体的事情を指摘するものではない。したがって，

第2編　固定資産税に関する28の最高裁裁判例　　133

原審の指摘する事情をもって，本件取得の時点における本件建物の評価につき上記の特別の事情が存するということはできない。他に，本件において上記の特別の事情が存することはうかがわれない。

　以上によれば，上記と異なる見解の下にＸの請求の一部を認容した原審の判断には，判決に影響を及ぼすことが明らかな法令の違反がある。論旨はこの趣旨をいうものとして理由があり，原判決のうちＹ敗訴部分は破棄を免れない。そして，以上説示したところによれば，Ｘの請求は理由がなく，これを棄却した１審の判決の結論は相当であるから，上記部分に係るＸの控訴を棄却すべきである。

コメント　原審は，評価基準の定める家屋の評価方法については，特別の事情がない限り一般的な合理性があることを肯定しつつ，評価基準による評価と建築費との隔たりを看過することができないとしています。そして，新築家屋の請負金額について，施主と請負人との間に特殊な関係がなく，正常な価格交渉がされて請負契約が成立する限り，適正な時価を反映するものとして，本件建物の実際の建築費は9,397万円程度と推認しています。また，平成４年から平成７年にかけて建築費に関する物価水準が相当程度下落し，建築統計年報によれば，鉄骨造の場合は約11.8％減少していることから，平成４年１月現在の物価水準に基づいて算出された標準評点数をそのまま適用すると，本件取得時点における本件建物の再建築費を適正に算定することができない可能性がある，としました。そこで，本件取得時点の本件建物の評価について，Ｘの提出した不動産鑑定評価書による評価額１億178万4,000円を超えないものと認めました。

　最高裁は，上記の原審の判断について，一般論は認めたものの，建築費の金額と評価額との間に隔たりがあることをもって，評価額の適正さを左右できないとしました。また，建築費に関する物価水準の下落による評価基準の適用への疑念について，一般的，抽象的可能性にすぎないと決めつけています。

　しかしながら，この結論については，率直に言って，違和感があります。

評価基準の一般的合理性は，確かに認められるものの，それよりも現実の建築費が下回っているときにこそ，特別の事情があると認定する必要があると思います。また，物価水準の下落も現実そのものであって，一般的，抽象的可能性ではないと思われます。

固定資産評価基準に基づき固定資産課税台帳に登録された土地の価格については，その価格が客観的な交換価値を上回る場合に違法であるとする判例があります（【14】最高裁平成15年6月26日判決・判時1830号29頁）。それと同様に，家屋についても，固定資産評価基準に従って県税事務所が賦課決定した金額であっても，実際の建築費という客観的な交換価値を上回る場合に違法であると認定することは，十分可能であったのではないでしょうか。

【22】 市街化区域内農地と適正な時価

（最高裁平成21年6月5日判決・判時2069号6頁）

事案の概要　Xらは，兵庫県西宮市内の中心地から離れた飛び地の山口町船坂地区に所在する市街化区域内の農地25筆，原野6筆および雑種地5筆（以下「本件各土地」という）を各所有する納税義務者ですが，西宮市は，固定資産評価基準および西宮市が同基準に基づいて土地を評価するために定めた西宮市土地評価要領（以下「評価要領」という）に基づき，宅地の価格に比準する方法を用いていました。西宮市長が決定し，土地課税台帳に登録した平成12年度の価格について，Xらは，西宮市固定資産評価審査委員会Yに対し審査申出をしましたが，棄却決定を受けたため，その取消しを求めて提訴しました。

原判決の大阪高裁は，本件各土地の各価格はいずれも適正な時価を上回ると認められるとして，本件各土地に係る部分の決定は違法であるとしました。そこで，Yが上告受理の申立をしたところ，最高裁は原判決を破棄し，原審に差し戻しました。

第2編　固定資産税に関する28の最高裁判例　135

（**判決の要旨**）　市街化区域は，都市計画区域のうち，既に市街地を形成している区域またはおおむね10年以内に優先的かつ計画的に市街化を図るべき区域として，都市計画に市街化調整区域との区分が定められた区域とされている。市街化区域については，都市計画において用途地域を定め，都市施設のうち少なくとも道路，公園および下水道を定めるものとされているほか，市街地開発事業を施行することができることとされるなど，都市計画法上優先的かつ計画的に市街化を図るための諸施策が講じられることとされている。特に，宅地造成等の開発行為については，市街化調整区域における開発行為が市街化の抑制の見地から規制を受けるのに対し，市街化区域においては，政令所定の規模未満の規模の開発行為は開発許可を受けることなく行うことができ，開発許可を受けることを要するものについても市街地として最低限度必要な水準を確保するために設けられた基準に適合すれば許可すべきものとされ，市街化調整区域における開発行為に比べ，その規制の程度は緩やかなものとされている。

　市街化区域農地は，都市計画上，上記のように位置付けられている市街化区域に在って農地法4条1項または5条1項の許可を受けることを要せず，あらかじめ農業委員会に届け出ることによって，農地以外のものに転用しまたはそのために同法3条1項本文所定の権利を設定しもしくは移転することができるものとされている農地であるから，宅地化の需要が生じやすい区域に在り，かつ，宅地への転用が容易な農地であり，取引される場合には宅地に転用される可能性が高く，その意味で，宅地としての潜在的価値を有する農地ということができる。そして，このことは，正常な条件の下に成立する市街化区域農地の取引において前提とされることが通常であるから，その客観的な交換価値を算定する上で必ず考慮されなければならない要素というべきである。

　市街化区域農地の適正な時価は，一般に，これに状況が類似する宅地の適正な時価に準じた水準にあるとの理解に基づいて，課税の公平および市街化区域における宅地の供給の促進の見地から，市街化区域農地に対して課する固定資産税の課税標準となるべき価格については，当該市街化区域農地とその状況が類似する宅地の固定資産税の課税標準とされる価格に比準する価格によって定められるべき旨を規定していると解される。評価基準所定の市街化区域農地の

評価方法は，上記規定に従うものであり，市街化区域農地の適正な時価を算定する方法として一般的な合理性を有するものということができる。また，前記事実関係等によれば，評価要領は，評価基準所定の上記評価方法を前提として，市街化区域農地と状況が類似する宅地の価格を算定する際その評点数を市街地宅地評価法により付設する旨を定めるとともに，市街化区域農地を宅地に転用する場合に通常必要と認められる造成費相当額を具体的に定めるものであって，その定める市街化区域農地の評価方法は，評価基準の定めを具体化するものとして一般的な合理性があるということができる。

そうすると，西宮市長が決定した本件各市街化区域農地の前記各価格は，評価基準および評価要領に従って決定されたものと認められる場合には，それらの定める評価方法によっては本件各市街化区域農地の価格を適切に算定することのできない特別の事情の存しない限り，その適正な時価であると推認するのが相当である。

前記事情は本件区域内の市街化区域農地にももとより妥当し，また，本件区域内の市街化の程度は本件区域内の宅地の価格にも反映されることに照らせば，前記事実関係等からうかがわれる本件区域全体の市街化の程度，見込みのみをもって直ちに，本件区域内の市街化区域農地が一般的に宅地に準じた価格で取引される状況にないということはできず，評価基準および評価要領所定の前記評価方法によっては本件各市街化区域農地の価格を適切に算定することのできない特別の事情があるということはできない。評価基準所定の近傍地比準方式は，市町村内に原野または雑種地の売買実例価額がない場合における原野または雑種地の適正な時価を算定する方法として，一般的な合理性があるということができるから，西宮市長が決定した本件各原野および各雑種地の前記各価格は，評価要領所定の本件各土地が所在する地区の市街化区域内の原野および雑種地に係る前記各評価方法が評価基準所定の近傍地比準方式を具体化したものとして一般的な合理性を有するものということができ，かつ，上記各価格がこれに従って決定されたものと認められる場合には，上記各評価方法によっては本件各原野および各雑種地の価格を適切に算定することのできない特別の事情の存しない限り，その適正な時価であると推認するのが相当である。

市街化区域にある原野および雑種地は，前記のように宅地化の需要が生じや

第2編　固定資産税に関する28の最高裁裁判例　137

すい区域に在る上に，宅地への転用については市街化区域農地のように農地法
による規制を受けることもなく，宅地への転用が容易であり，宅地に転用され
る可能性が高い土地ということができる。そして，本件区域内の原野および雑
種地についても上記事情が妥当し，本件区域内の市街化の程度は本件区域内の
宅地の価格に反映されることに照らせば，前記事実関係等からうかがわれる本
件区域全体の市街化の程度，見込みのみから直ちに，本件区域内の原野および
雑種地が一般的に宅地に準じた価格で取引される状況になく，付近の宅地の単
価を基礎としてその価格を求める旨を定める評価要領所定の前記各評価方法が
評価基準所定の近傍地比準方式に反するものということはできず，また，評価
基準所定の近傍地比準方式によっては本件各原野および本件各雑種地の価格を
適切に算定することのできない特別の事情があるということもできない。

　そうすると，原審は，他に首肯するに足りる認定説示をすることなく，西宮
市長が決定した本件各土地の前記各価格がその適正な時価を上回るとして，本
件各決定のうち本件各土地に係る部分を取り消すべきものとしたものであり，
その判断には判決に影響を及ぼすことが明らかな法令の違反があるというべき
である。

　以上によれば，論旨は上記の趣旨をいうものとして理由があり，原判決のう
ちY敗訴部分は破棄を免れない。そして，西宮市長が決定した本件各土地の前
記各価格が評価基準の定めに正しく従って算定されたものか評価基準所定の評
価方法によっては当該土地の価格を適切に算定することのできない特別の事情
が存するか等についてさらに審理を尽くさせるため，上記部分につき，本件を
原審に差し戻すこととする。

コメント　筆者はたまたま西宮市民ですから，本件各土地がどのよう
な地域かはよく分かっています。西宮市は，その大半が六
甲山の南側にあって大阪市と神戸市の間に位置する50万人に近い人口密
集地域で，甲子園球場もあります。ところが，本件各土地がある地域は，
六甲山の北側に位置する農村部で，関西の人が抱く西宮市の一般的イメー
ジからかけ離れているといえます。

　本件で，大阪高裁と最高裁とが正反対の判決を下したのは，本件各土地

の現場を知っているかどうかの違いではないかと思ってしまうところがあります。最高裁判決では，何度も「市街化区域農地」という言葉が出てきますが，現場を知っている者からすると，誰もが市街化区域とは思いません。

確かに，兵庫県知事は，高度経済成長時代の昭和45年の都市計画決定において，将来の人口増を期待して本件各土地が所在する地域を市街化区域と指定したのでしょう。しかし，それから40数年経過しても，本件地域を含む面積約916haの船坂地区の人口はほとんど変わらず千人未満のままです。つまり，市街化区域と指定したこと自体が間違いだったのです。

都市計画法7条2項では，「市街化区域は，すでに市街地を形成している区域及びおおむね10年以内に優先的かつ計画的に市街化を図るべき区域とする。」と定められています。上記に挙げた本件各土地が所在する区域が，都市計画法で定めた市街化区域と，いかにかけ離れているかは誰の目にも明らかです。

大阪高裁は，これをもって，固定資産評価基準所定の評価方法の合理性を維持できないとしているのですが，最高裁はこの判断に対し，「是認することができない」としました。その主たる理由は，市街化区域農地については，宅地への転用が容易で，宅地としての潜在的価値を有することにあると思われますが，それこそ机上の判断といえないでしょうか。

最高裁も，固定資産評価基準等の定める評価方法によっては本件各土地の価格を適切に算定することのできない「特別の事情」があるかどうかについてさらに審理を尽くさせるためとして，大阪高裁に差し戻しています。ただ，本件の事情だけでは「特別の事情」があるということはできないとしているのです。話を元に戻しますが，現場を知っているかどうかで結論が分かれるとすると，最高裁の立場上，現場へ行くことはありえないので，「特別の事情」を認定してもらうことは，極めて困難であるということになります。そうすると，固定資産税の評価方法を変更してもらうためには，兵庫県が，都市計画法21条に基づく区域区分の変更，つまり線引きをし直して，市街化調整区域にする方法しかないのかもしれません。

もっとも，今井功裁判官と中川了滋裁判官が，「市街化区域に区分され

ていても，その実質を全く欠くような区域に在る市街化区域農地について宅地並みの評価をすることは，場合によっては，適正な時価を超える評価をすることとなるであろう。その場合にまで，宅地並み評価による価格の決定が違法でないとはいえない。……本件区域が市街化区域としての実質を備えているかについては大きな疑問があるけれども，本件区域が市街化区域の実質を備えていないとしても，そのことから原判決のいうように当然に本件各土地の登録価格がその適正な時価を上回ることになるとは，必ずしもいえない。」と，誠に歯切れの悪い補足意見を書いていることからすると，最高裁内部では相当な議論がなされ，結論は紙一重だったのかもしれません。

【23】 固定資産評価審査委員会への審査申出および同委員会の決定に対する取消訴訟を経ないで国家賠償請求をすることができるか？

（最高裁平成 22 年 6 月 3 日判決・民集 64 巻 4 号 1010 頁）

事案の概要　　Xは，冷凍倉庫を所有し，固定資産税を納付してきました。固定資産評価基準では，木造家屋以外の家屋の損耗の状況による減点補正率を，原則として，非木造家屋経年減点補正率基準表（評価基準別表第13）によって求めるものとしており，平成 20 年総務省告示による改正前の同表の 7 は，工場，倉庫等について用途別に区分して経年減点補正率を定めているところ，これを適用すると，一般用の倉庫は，冷凍倉庫用の建物等（以下「冷凍倉庫等」という）よりも高く評価されることになっていました。

名古屋市長は，本件倉庫について，平成 18 年度に至るまで，一般用の倉庫に該当することを前提に評価して，固定資産税および都市計画税を決定し，Xもこれを納付していました。ところが，名古屋市長から権限の委任を受けていた名古屋市港区長が，平成 18 年 5 月 26 日付で，本件倉庫が冷凍倉庫等に該当するとして平成 14 年度から 18 年度までの登録価格を修正した旨の通知をした上，本件倉庫の固定資産税等の減額更正をしました。その後，Xは，上記減額

した期間の納付済み税額と更正後税額との差額として389万9,000円を還付されました。

そこで，Xは，国家賠償法に基づき，名古屋市Yに対し，還付前の昭和62年度から平成13年度までの固定資産税等の過納金および弁護士費用相当額の損害賠償を求めて提訴しました。1審，2審ともにXの請求が棄却されたため，Xが上告受理の申立をしたところ，最高裁は原判決を破棄し，名古屋高裁に差し戻しました。

判決の要旨　原審は，次のとおり判断して，Xの請求を棄却すべきものとした。国家賠償法に基づいて固定資産税等の過納金相当額を損害とする損害賠償請求を許容することは，当該固定資産に係る価格の決定またはこれを前提とする当該固定資産税等の賦課決定に無効事由がある場合は別として，実質的に，課税処分を取り消すことなく過納金の還付を請求することを認めたのと同一の効果を生じ，課税処分や登録価格の不服申立方法および期間を制限してその早期確定を図った地方税法の趣旨を潜脱するばかりか，課税処分の公定力をも実質的に否定することになって妥当ではない。そして，評価基準別表第13の7の冷凍倉庫等に係る定めが一義的なものではないことなどに照らすと，本件各決定に無効とすべき程度の瑕疵はない。なお，評価事務上の物理的，時間的な制約等を考慮すれば，地方税法408条所定の実地調査は，特段の事情のない限り，外観上固定資産の利用状況等を確認し，変化があった場合にこれを認識する程度のもので足りるところ，本件においてそのような特段の事情があったといえるような事実がうかがわれないことなどからすれば，本件各決定が過失に基づいてされたということもできない。

しかしながら，原審の上記判断は是認することができない。その理由は次のとおりである。

国家賠償法1条1項は，「国又は公共団体の公権力の行使に当る公務員が，その職務を行うについて，故意又は過失によって違法に他人に損害を加えたときは，国又は公共団体が，これを賠償する責に任ずる。」と定めており，地方公共団体の公権力の行使に当たる公務員が，個別の国民に対して負担する職務上の法的義務に違背して当該国民に損害を加えたときは，当該地方公共団体がこれを賠償する責任を負う。前記のとおり，地方税法は，固定資産評価審査委

員会に審査を申し出ることができる事項について不服がある固定資産税等の納税者は，同委員会に対する審査の申出およびその決定に対する取消しの訴えによってのみ争うことができる旨を規定するが，同規定は，固定資産課税台帳に登録された価格自体の修正を求める手続きに関するものであって（435条1項参照），当該価格の決定が公務員の職務上の法的義務に違背してされた場合における国家賠償責任を否定する根拠となるものではない。

　原審は，国家賠償法に基づいて固定資産税等の過納金相当額に係る損害賠償請求を許容することは課税処分の公定力を実質的に否定することになり妥当ではないともいうが，行政処分が違法であることを理由として国家賠償請求をすることについては，あらかじめ当該行政処分について取消しまたは無効確認の判決を得なければならないものではない（最高裁昭和36年4月21日判決・民集15巻4号850頁）。このことは，当該行政処分が金銭を納付させることを直接の目的としており，その違法を理由とする国家賠償請求を認容したとすれば，結果的に当該行政処分を取り消した場合と同様の経済的効果が得られるという場合であっても異ならないというべきである。そして，他に，違法な固定資産の価格の決定等によって損害を受けた納税者が国家賠償請求を行うことを否定する根拠となる規定等は見いだし難い。

　したがって，たとい固定資産の価格の決定およびこれに基づく固定資産税等の賦課決定に無効事由が認められない場合であっても，公務員が納税者に対する職務上の法的義務に違背して当該固定資産の価格ないし固定資産税等の税額を過大に決定したときは，これによって損害を被った当該納税者は，地方税法432条1項本文に基づく審査の申出および同法434条1項に基づく取消訴訟等の手続を経るまでもなく，国家賠償請求を行い得るものと解すべきである。

　また，記録によれば，本件倉庫の設計図に，「冷蔵室（－30℃）」との記載があることや本件倉庫の外観からもクーリングタワー等の特徴的な設備の存在が容易に確認し得ることがうかがわれ，これらの事情に照らすと，原判決が説示するような理由だけでは，本件倉庫を一般用の倉庫等として評価してその価格を決定したことについて名古屋市長に過失が認められないということもできない。

　以上と異なる見解の下に，Xの請求を棄却すべきものとした原審の判断には，

判決に影響を及ぼすことが明らかな法令の違反がある。論旨はこの趣旨をいうものとして理由があり，原判決は破棄を免れない。そして，本件各決定に際し本件倉庫を一般用の倉庫として評価したことは名古屋市長がＸに対する職務上の法的義務に違背した結果といえるか否か，仮に違背していたとする場合におけるＸの損害額等の点についてさらに審理を尽くさせるため，本件を原審に差し戻すのが相当である。

コメント　本件の最高裁判決は，通常とは逆の成り行きとなった珍しい事例です。原審がＸ側の主張を排斥したのを，最高裁がＸ側の主張を認めたからです。すなわち，原審が，国家賠償法に基づいて固定資産税等の過納金相当額に係る損害賠償請求を許容することは課税処分の公定力を実質的に否定することになり妥当ではないと判示したのに対して，最高裁は，行政処分が違法であることを理由として国家賠償請求をすることについては，あらかじめ当該行政処分について取消しまたは無効確認の判決を得なければならないものではないと判断し，その根拠として，自作農創設特別措置法違背の行政処分に係る最高裁昭和36年4月21日判決を挙げたのです。

　国家賠償請求をするために，行政処分の取消しまたは無効の判決が前提条件とならないことについては，行政法学者の間でも一般的に異論のないところですが，問題は本件の課税処分のように，金銭の支払いに絡む行政処分について，その処分性を争えなくなった後に国家賠償請求を認めることは行政処分の公定力に反するから認められないという根強い反対意見がありました。本件の原審も，まさにこの立場に立ったものです。

　しかし，最高裁は，古い最高裁判決（それ自体も理由は特に述べられていません）を持ち出し，それ以外の特段の理由を示すことなく，原審の判断を退けました。確かに，同じ行政処分であるということから別段の処理をする必要はないというのは1つの考え方ですが，それは消極的な理由にすぎません。より積極的な理由を挙げるとすれば，①行政処分の効力を争う取消訴訟や無効確認訴訟と国家賠償請求訴訟とでは，訴訟の目的や趣旨が異なること，②国家賠償請求訴訟では公務員の故意または過失が要件で

あるのに対して，取消訴訟等ではこの要件が不要であること，などがあると思います。

　したがって，最高裁が，原判決を破棄して，国家賠償請求を肯定したことは適切な判断であったと思います。

【24】　家屋を建替え中の土地の固定資産税はどうなるのか？

（最高裁平成 23 年 3 月 25 日判決・判時 2112 号 30 頁）

事案の概要　Xは，東京都渋谷区内に所在する 200 ㎡以下の本件土地およびこれを敷地とする旧家屋を所有していました。Xは，甲との間で，旧家屋を取り壊して，本件土地上に新家屋を建築する旨の工事請負契約を締結しました。甲は，平成 16 年 7 月に旧家屋を取り壊し，新家屋の工事期間を平成 17 年 5 月までと予定して着工しました。ところが，同年 2 月頃，地下 1 階部分のコンクリート工事がほぼ終了した時点で多数の瑕疵の存在が判明したことから，甲は，Xに対し，地下 1 階部分を解体して建築工事を継続すると約しましたが，近隣の反対等もあって，工事が止まったままで推移し，結局，平成 18 年 4 月にXとの間で，本件土地を建築途中の新家屋とともに買い取る旨の和解契約を結び，本件土地の譲渡を受けました。東京都Yは，固定資産税および都市計画税（以下「固定資産税等」という）について，平成 17 年度は同年 6 月 1 日付で，平成 18 年度は，同年 6 月 1 日付で，いずれも地方税法 349 条の 3 の 2 第 1 項所定の住宅用地に対する課税標準の特例（以下「本件特例」という）の適用があるとして，賦課決定をしました（以下「本件各当初処分」という）。その後，Yの職員が現地調査をしたところ，新家屋が完成しておらず建築工事が中断されたままであることを確認したことから，Yは，平成 19 年 2 月 9 日付でXに対し，本件特例の適用がないものとして，本件各当初処分における各年度の固定資産税等と本件土地につき本件特例の適用がないものとして計算した当該各年度の固定資産税等の税額との差額分について，それぞれ賦課決定をしました（以下「平成 17 年度処分」，「平成 18 年度処分」の両者を併せて「本件各処分」という）。

そこで，Xは本件各処分の取消しを求めて提訴しましたが，1審，2審ともにXの請求を棄却したため，Xが上告したところ，最高裁は，原判決のうち平成17年度処分に関する部分を破棄し，同部分につき1審判決を取り消した上で，同処分を取り消しました。

判決の要旨　　原審は，次の通り判断し，Xの請求をいずれも棄却すべきものとした。地方税法349条の3の2第1項にいう「敷地の用に供されている土地」とは，固定資産税の賦課期日において現に居住用家屋の存する土地をいい，居住用家屋の建築予定地および居住用家屋が建築されつつある土地はいずれもこれに当たらないと解される。Yにおける取扱いは，住宅政策上の見地からの住宅用地に係る税負担の緩和という本件特例の趣旨に沿い，課税の公平にもかなうものであるから，同条，同法702条の3の各規定に反し違法とするには及ばないが，本件土地については，前記基準を満たす余地がなくなったと認められるから，賦課期日において本件土地の上に現に居住用家屋が存しなかった平成17年度および同18年度の固定資産税等について本件特例の適用がないものとされた本件各処分は適法である。原審の上記判断のうち，平成18年度処分に関する部分は，結論において是認することができるが，平成17年度処分に関する部分は，是認することができない。その理由は，次のとおりである。

本件特例は，居住用家屋の「敷地の用に供されている土地」（地方税法349条の3の2第1項）に対して適用されるものであるところ，ある土地が上記「敷地の用に供されている土地」に当たるかどうかは，当該年度の固定資産税の賦課期日における当該土地の現況によって決すべきものである。

前記事実関係等によれば，平成17年度の固定資産税の賦課期日である平成17年1月1日における本件土地の現況は，居住用家屋であった旧家屋の取壊し後に，その所有者であったXを建築主とし，同16年7月26日から同17年5月31日までを工事予定期間と定めて，居住用家屋となる予定の新家屋の建築工事が現に進行中であることが客観的に見て取れる状況にあったということができる。このような現況の下では，本件土地は上記「敷地の用に供されている土地」に当たるということができ，その後になって，新家屋の建築工事が中断し，建築途中の新家屋とともに本件土地が甲に譲渡されるという事態が生じ

第2編　固定資産税に関する28の最高裁裁判例　　**145**

たとしても，遡って賦課期日において本件土地が上記「敷地の用に供されている土地」でなかったことになるものではない。そうすると，本件土地に係る平成17年度の固定資産税等については，本件特例のうち面積が200㎡以下である住宅用地に対する特例の適用があるから，その適用がないものとされた平成17年度処分は，地方税法349条の3の2第2項一号，702条の3第2項の各規定に反し，違法というべきである。

　これに対し，前記事実関係等によれば，平成18年度の固定資産税の賦課期日である平成18年1月1日における本件土地の現況は，上記の期間を工事予定期間として着工された新家屋の建築工事が，地下1階部分のコンクリート工事をほぼ終了した段階で1年近く中断し，相当の期間内に工事が再開されて新家屋の完成することが客観的に見て取れるような事情もうかがわれない状況にあったということができる。このような現況の下では，本件土地は上記「敷地の用に供されている土地」に当たるということができず，本件土地に係る平成18年度の固定資産税等については，本件特例の適用がないから，その適用がないものとされた平成18年度処分は，適法というべきである。以上説示したところによれば，平成17年度処分を適法なものとした原審の判断には，判決に影響を及ぼすことが明らかな法令の違反があり，この点に関する論旨は理由がある。原判決のうち平成17年度処分に関する部分は，破棄を免れず，同部分につき，第1審判決を取り消し，Xの請求を容認すべきである。他方，平成18年度処分を適法なものとした原審の判断は，結論において是認することができ，この点に関する論旨は採用することができない。

コメント　　平成17年度処分と平成18年度処分とで最高裁判決の結論が分かれたのは，それぞれの賦課期日における本件土地の現況が客観的にみて，「敷地の用に供されている土地」に当たるかどうかの評価の違いにあると思われます。平成17年度処分の賦課期日である平成17年1月1日の時点では，建築工事が現に進行中であったのに対して，平成18年度処分の賦課期日である平成18年1月1日の時点では，工事が中断して1年近く経過し再開のめども立っていなかったことから，前者の時点では「敷地の用に供されている土地」に該当するが，後者の時

点では「敷地の用に供されている土地」には該当しないと，結論が分かれたのはやむをえないといえます。

また，いったんは本件特例の適用を認めながら，後の調査で遡って否定する東京都の処分の仕方にも問題があったといえます。

もっとも，「敷地の用に供されている土地」に該当するかどうかは，極めて微妙な事実認定であり，現場の職員にその判断を強いるのは酷な面もあるので，法律なり政令なりでより明確な基準を設定する必要があると思われます。

【25】 固定資産課税台帳に登録された基準年度における土地の価格が評価基準によって決定される価格を上回ると違法か？

（最高裁平成 25 年 7 月 12 日判決・民集 67 巻 6 号 1255 頁）

事案の概要 　Xと甲は，Xを登記名義人として，東京都府中市内の本件区分建物および本件各土地を目的とする本件敷地権を共有しています。本件各土地を含む一帯の土地は，車返団地の敷地等で，府中市の都市計画において都市計画法 8 条 1 項一号所定の第一種中高層住居専用地域と定められており，当該地域の指定建ぺい率は 60 %，指定容積率は 200 %です。車返団地は，府中市の都市計画において定められた同法 11 条 1 項八号所定の「一団地の住宅施設」であるところ，本件各土地のうち車返団地の敷地である本件敷地部分については，上記都市計画において，建ぺい率が 20 %に，容積率が 80 %にそれぞれ制限されています。

府中市長は，本件各土地について，地方税法 341 条六号の基準年度に当たる平成 21 年度の価格を決定し，これを土地課税台帳に登録しました。このうち本件敷地部分につき登録された価格（以下「本件敷地登録価格」という）は，課税明細目録記載 1 の土地については 26 億 357 万 6,166 円，同 2 の土地については 2 億 5,557 万 4,844 円，同 3 の土地については 25 億 9,418 万 6,372 円であり，これらの 1 ㎡当たりの価格は 16 万 4,560 円です。Xは，平成 21 年 7 月 2 日頃，

府中市固定資産評価審査委員会Yに対し，本件各土地に係る平成21年度の土地課税台帳に登録された価格につき，上記建ぺい率および容積率の制限を適切に考慮していないとして審査の申出をしたところ，Yは，Xの審査の申出を棄却する旨の本件決定をしました。

　そこで，Xは，Yを相手に，本件決定の取消しを求めて提訴しましたが，1審，2審ともにXの請求を棄却したため，Xが上告受理の申立をしたところ，最高裁は，原判決中Xに関する部分を破棄し，東京高裁に差し戻しました。

判決の要旨　原審は，要旨次のとおり判断し，Xの請求をいずれも棄却すべきものとした。地方税法434条に基づく固定資産評価審査委員会の決定の取消しの訴えにおいては，原則として同法432条に基づく固定資産課税台帳に登録された価格が適正な時価を超えた違法があるかどうかが審理判断の対象となるべきものであり，例外的に固定資産評価審査委員会の審査決定の手続に不服審査制度の根幹に関わり，結論に影響がなくても違法として取り消されなければ制度の趣旨を没却することとなるような重大な手続違反があった場合に限り，固定資産評価審査委員会の決定を取り消すこととなると解すべきである。Xは，本件敷地登録価格につき，その決定には標準宅地の適正な時価の評定の誤りなど多くの誤りがあり，同法388条1項の固定資産評価基準（以下「評価基準」という）によって決定された価格とはいえない旨主張するが，それは，上記の重大な手続違反を主張するものではなく，適正な時価を超えた違法があると主張するに帰するものであるから，本件敷地登録価格の決定の適法性の判断に当たっては適正な時価を超えているかどうかを検討すれば必要かつ十分である。そして，本件敷地部分に関しては，XとYが提出した各鑑定意見書により認められる諸般の事情を総合考慮すると，平成21年度の賦課期日における本件敷地部分の適正な時価は本件敷地登録価格を上回るものと認められるから，本件敷地登録価格の決定が違法となることはない。

　しかし，原審の上記判断は是認することができない。その理由は次のとおりである。地方税法は，土地に対して課する基準年度の固定資産税の課税標準を，当該土地の基準年度に係る賦課期日における価格で土地課税台帳または土地補充課税台帳に登録されたもの（以下「登録価格」という）として，上記の価格とは「適正な時価」をいうと定めているところ，上記の適正な時価とは，正常な

条件の下に成立する当該土地の客観的な交換価値をいうと解される。したがって，土地の基準年度に係る賦課期日における登録価格が同期日における当該土地の客観的な交換価値を上回れば，その登録価格の決定は違法となる（最高裁平成 15 年 6 月 26 日判決）。

　地方税法の規定およびその趣旨等に鑑みれば，固定資産税の課税において全国一律の統一的な評価基準に従って公平な評価を受ける利益は，適正な時価との多寡の問題とは別にそれ自体が地方税法上保護されるべきものということができる。したがって，土地の基準年度に係る賦課期日における登録価格が評価基準によって決定される価格を上回る場合には，同期日における当該土地の客観的な交換価値としての適正な時価を上回るか否かにかかわらず，その登録価格の決定は違法となるものというべきである。

　そして，地方税法は固定資産税の課税標準に係る適正な時価を算定するための技術的かつ細目的な基準の定めを総務大臣の告示に係る評価基準に委任したものであること等からすると，評価対象の土地に適用される評価基準の定める評価方法が適正な時価を算定する方法として一般的な合理性を有するものであり，かつ，当該土地の基準年度に係る賦課期日における登録価格がその評価方法に従って決定された価格を上回るものでない場合には，その評価方法によっては適正な時価を適切に算定することのできない特別の事情の存しない限り，同期日における当該土地の客観的な交換価値としての適正な時価を上回るものではないと推認するのが相当である（最高裁平成 15 年 7 月 18 日判決，最高裁平成 21 年 6 月 5 日判決）。

　以上に鑑みると，土地の基準年度に係る賦課期日における登録価格の決定が違法となるのは，①当該土地に適用される評価基準の定める評価方法に従って決定される価格を上回るときであるか，あるいは，②これを上回るものではないが，その評価方法が適正な時価を算定する方法として一般的な合理性を有するものではなく，またはその評価方法によっては適正な時価を適切に算定することのできない特別の事情が存する場合であって，同期日における当該土地の客観的な交換価値としての適正な時価を上回るときであるということができる。上記に説示したところによれば，本件敷地登録価格の決定およびこれを是認した本件決定の適法性を判断するに当たっては，本件敷地登録価格につき，

適正な時価との多寡についての審理判断とは別途に，上記①の場合に当たるか（前記の建ぺい率および容積率の制限に係る評価基準における考慮の要否や在り方を含む）についての審理判断をすることが必要であるところ，原審は前記のとおりこれを不要であるとしてこの点についての審理判断をしていない。そうすると，原判決には，土地の登録価格の決定が違法となる場合に関する法令の解釈適用を誤った結果，上記の点について審理不尽の違法があるといわざるを得ず，この違法は原判決の結論に影響を及ぼすことが明らかである。

　また，上記に説示したところによれば，上記②の場合に当たるか否かの判断に当たっては，本件敷地部分の評価において適用される評価基準の定める評価方法が適正な時価を算定する方法として一般的な合理性を有するものであるか，その評価方法によっては適正な時価を適切に算定することのできない特別の事情があるか等についての審理判断をすることが必要であるところ，原審は，前記のとおり評価基準によらずに認定した本件敷地部分の適正な時価が本件敷地登録価格を上回ることのみを理由として当該登録価格の決定は違法ではないとしており，これらの点についての審理判断をしていない。そうすると，原判決には，上記の点についても審理不尽の違法があるといわざるを得ず，この違法も原判決の結論に影響を及ぼすことが明らかである。

　以上によれば，論旨は上記の趣旨をいうものとして理由があり，原判決のうちXに関する部分は破棄を免れない。そして，上記の各点等についてさらに審理を尽くさせるため，上記部分につき，本件を原審に差し戻すこととする。

コメント　本件の最高裁判決は，固定資産課税台帳に登録された価格の決定が違法となる場合として，①適正な時価を上回る場合，とは別に示したのが，②評価基準の定める評価方法に従って決定される価格を上回るとき，③評価基準の定める評価方法によっては適正な時価を適切に算定することのできない特別の事情があるときです。

　本件各土地の登録価格が，Xの主張するとおり，付近一帯の建ぺい率60％，容積率200％と異なり，建ぺい率20％，容積率80％と格段に低く抑えられていることを考慮していなかったとすれば，評価基準の定める評価方法に従っていなかったと思われます。つまり，②の場合です。

これまでは，①を念頭に，適正な時価を上回るかどうかが専ら争われてきましたが，②および③の争い方があることを示したもので，納税者としては価値のある判決といえます。

この事案は，結局差し戻し審で，本件決定が取り消され，Yによる上告も棄却され，Xの勝訴が確定しました。府中市の車返団地の住民が勝訴するまでに5年の月日を要したのです（「固定資産税を取り戻せ」『週刊エコノミスト』135頁以下）。

【26】 賦課期日の時点で登記簿または補充課税台帳に登録がされていない場合に賦課決定処分時までに登記または登録がされていれば納税義務があるか？

（最高裁平成 26 年 9 月 25 日判決・民集 68 巻 7 号 722 頁）

事案の概要　　Xは，平成 21 年 12 月 7 日に埼玉県坂戸市内に本件家屋を新築し，その所有権を取得しましたが，平成 22 年 1 月 1 日の時点では，本件家屋について登記されておらず，家屋補充課税台帳にも登録されていませんでした。本件家屋について表題登記されたのは同年 10 月 8 日で，平成 21 年 12 月 7 日新築を登記原因とされました。坂戸市長は，平成 22 年 12 月 1 日に本件家屋につき，平成 22 年度の家屋課税台帳に所有者をX，建築年月日を平成 21 年 12 月，新増区分を新築とするなどの所要の事項の登録をし，同日付でXに対し，本件家屋に係る平成 22 年度の固定資産税等の賦課決定処分（以下「本件処分」という）をしました。

そこで，Xは，本件処分は違法であるとして，坂戸市Yを相手に取消訴訟を提訴したところ，1 審はXの請求を棄却しましたが，2 審の東京高裁はXの請求を認めました。そこで，Yが上告受理の申立をしたところ，最高裁は，原判決を破棄し，Xの控訴を棄却しました。

判決の要旨　　固定資産税は，土地，家屋および償却資産の資産価値に着目し，その所有という事実に担税力を認めて課する一種の財産税であるところ，法は，その納税義務者を固定資産の所有者とすることを基本

としており（地方税法343条1項），その要件の充足の有無を判定する基準時としての賦課期日を当該年度の初日の属する年の1月1日としている（359条）ので，上記の固定資産の所有者は当該年度の賦課期日現在の所有者を指すこととなる。

　他方，土地，家屋および償却資産という極めて大量に存在する課税物件について，市町村等がその真の所有者を逐一正確に把握することは事実上困難であるため，法は，課税上の技術的考慮から，土地または家屋については，登記簿または土地補充課税台帳もしくは家屋補充課税台帳（以下，両台帳を併せて単に「補充課税台帳」という）に所有者として登記または登録されている者を固定資産税の納税義務者として，その者に課税する方式を採用しており（343条2項前段），真の所有者がこれと異なる場合における両者の間の関係は私法上の求償等に委ねられているものと解される（最高裁昭和47年1月25日判決・民集26巻1号1頁参照）。

　このように，法は，固定資産税の納税義務の帰属につき，固定資産の所有という概念を基礎とした上で（343条1項），これを確定するための課税技術上の規律として，登記簿または補充課税台帳に所有者として登記または登録されている者が固定資産税の納税義務を負うものと定める（同条2項前段）一方で，その登記または登録がされるべき時期につき特に定めを置いていないことからすれば，その登記または登録は，賦課期日の時点において具備されていることを要するものではないと解される。

　そして，賦課期日の時点において未登記かつ未登録の土地もしくは家屋または未登録の償却資産に関して，法は，当該賦課期日に係る年度中に所有者が固定資産税の納税義務を負う不足税額の存在を前提とする定めを置いており（368条），また，賦課期日の時点において未登記の土地または家屋につき賦課期日後に補充課税台帳に登録して当該年度の固定資産税を賦課し（341条十一号，十三号，381条2項，4項），賦課期日の時点において未登録の償却資産につき賦課期日後に償却資産課税台帳に登録して当該年度の固定資産税を賦課する（381条5項，383条）ことを制度の仕組みとして予定していると解されること等を踏まえると，土地または家屋に係る固定資産税の納税義務の帰属を確定する登記または登録がされるべき時期について上記のように解することは，関連する法

の諸規定や諸制度との整合性の観点からも相当であるということができる。

　以上によれば，土地または家屋につき，賦課期日の時点において登記簿または補充課税台帳に登記または登録がされていない場合において，賦課決定処分時までに賦課期日現在の所有者として登記または登録されている者は，当該賦課期日に係る年度における固定資産税の納税義務を負うものと解するのが相当である。

　なお，土地または家屋について，賦課期日の時点において登記簿または補充課税台帳に登記または登録がされている場合には，これにより所有者として登記または登録された者は，賦課期日の時点における真の所有者でなくても，また，賦課期日後賦課決定処分時までにその所有権を他に移転したとしても，当該賦課期日に係る年度における固定資産税の納税義務を負うものであるが（最高裁昭和30年3月23日・民集9巻3号336頁，前掲最高裁昭和47年1月25日判決参照），このことは，賦課期日の時点において登記簿または補充課税台帳に登記または登録がされていない場合に，賦課決定処分時までに賦課期日現在の所有者として登記または登録されている者が上記のとおり当該年度の固定資産税の納税義務を負うことと何ら抵触するものではない。

　前記事実関係によれば，Ｘは平成21年12月に本件家屋を新築してその所有権を取得し，本件家屋につき，同22年10月に所有者をＸとして登記原因を「平成21年12月7日新築」とする表題登記がされ，平成22年12月1日に本件処分がされたものであるから，Ｘは，賦課決定処分時までに賦課期日である同年1月1日現在の所有者として登記されている者として，本件家屋に係る平成22年度の固定資産税の納税義務を負うものというべきである。

　また，法は，都市計画税の納税義務者を市街化区域等に所在する土地または家屋の所有者とし（702条1項），その賦課期日と当該年度の初日の属する年の1月1日としており（702条の6），上記の所有者とは当該土地または家屋に係る固定資産税について343条（3項，8項および9項を除く。以下同じ）において所有者とされまたは所有者とみなされる者をいうと定めている（702条2項）ところ，上記のとおり，Ｘは，賦課決定処分時までに賦課期日現在の所有者として登記されており，本件家屋に係る平成22年度の固定資産税について法343条において所有者とされる者であるから，本件家屋に係る同年度の都市計

第２編　固定資産税に関する28の最高裁裁判例　　**153**

画税についても納税義務を負うものというべきである。

　したがって，Ｘを納税義務者として本件家屋に係る平成22年度の固定資産税等を賦課した本件処分は，適法である。

　以上と異なる原審の判断には，判決に影響を及ぼすことが明らかな法令の違反がある。論旨はこの趣旨をいうものとして理由があり，原判決は破棄を免れない。そして，以上に説示したところによれば，Ｘの請求は理由がなく，これを棄却した１審判決は正当であるから，Ｘの控訴を棄却すべきである。

コメント　　本件の最高裁判決については，特に異論はないと思われます。最高裁は，賦課期日の時点において登記申請をしなかったこと等による固定資産税の不足税額および延滞金の徴収を定めた368条等の諸制度との整合性を指摘していますが，賦課期日において家屋が存在している以上，当該家屋の登記申請を故意に遅延させることで固定資産税等を免れさせるような租税回避は許さないという観点からも，この判決は支持されると思われます。

【27】　登記簿表題部の所有者欄に「大字西」などと記載されている土地について，当該土地の自治会または町会を納税義務者とできるか？

（最高裁平成27年7月17日判決・判時2279号16頁）

事案の概要　　大阪府堺市には，土地の登記簿に権利部の登記がなく，表題部の所有者欄に，「大字西」，「共有地」，「大字下」などと記載された本件各土地がありました。以前は，ため池またはその堤とうでしたが，平成18年度から平成20年度の固定資産税および都市計画税（以下「本件固定資産税等」という）の賦課期日における現況は宅地や雑種地で，堺市の作成する財産台帳に登録されており，これらの財産の管理と処分は，堺市の定める要綱等において，自治会または町会（以下「関係自治会等」という）の総会決議によることが基本とされています。堺市は，本件固定資産税等について，納税義

務者を特定できないとして，その賦課徴収を行っていませんでした。

　これに対して，堺市の住民のＸが，本件各土地につき，当時の堺市が本件固定資産税等の賦課徴収を違法に怠ったため，地方税法18条１項の徴収権に係る消滅時効の完成により堺市に損害が生じたと主張して，地方自治法242条の２第１項四号に基づき，同市の執行機関である堺市長Ｙを相手に，本件賦課当時の各市長および各市税事務所長の職にあった本件各専決権者に対し，本件固定資産税等相当額の損害賠償請求をすること等を求めて住民訴訟を提起しました。

　１審はＸの請求を棄却しましたが，２審の大阪高裁はＸの請求を一部認容したため，Ｙが上告受理の申立をしたところ，最高裁は原判決中Ｙ敗訴部分を破棄して，同部分につき大阪高裁に差し戻しました。

（判決の要旨）　憲法は，国民は法律の定めるところにより納税の義務を負うことを定め（30条），新たに租税を課しまたは現行の租税を変更するには，法律または法律の定める条件によることを必要としており（84条），それゆえ，課税要件および租税の賦課徴収の手続は，法律で明確に定めることが必要である（最高裁昭和60年３月27日判決・民集39巻２号247頁参照）。そして，このような租税法律主義の原則に照らすと，租税法規はみだりに規定の文言を離れて解釈すべきものではないというべきであり（最高裁昭和48年11月16日判決・民集27巻10号1333頁，最高裁平成22年３月２日判決・民集64巻２号420頁），このことは，地方税法343条の規定の下における固定資産税の納税義務者の確定においても同様であり，一部の土地についてその納税義務者を特定し得ない特殊な事情があるためにその賦課徴収をすることができない場合が生じ得るとしても変わるものではない。

　ある土地につき地方税法343条２項後段により固定資産税の納税義務者に該当するというためには，少なくとも，固定資産税の賦課期日において当該者が同項後段にいう「当該土地……を現に所有している者」であること，すなわち，上記賦課期日において当該土地の所有権が当該者に現に帰属していたことが必要である。そして，上記に説示したところに照らせば，ある土地につき，固定資産税の賦課期日においてその所有権が当該者に現に帰属していたことを確定することなく，同項後段に基づいて当該者を固定資産税の納税義務者とするこ

第2編　固定資産税に関する28の最高裁裁判例　**155**

とはできないものというべきである。

　しかるに，原審は，本件土地につき，本件固定資産税等の賦課期日における
その所有権の帰属を確定することなく，堺市の定める要綱等における取扱い等
に照らして関係自治会等をその実質的な所有者と評価することができるなどと
して，地方税法343条2項後段の規定を類推適用することにより，関係自治会
等が本件固定資産税等の納税義務者に該当する旨の判断をしたものであり，こ
のような原審の判断には，同項後段の解釈適用を誤った違法があるというべき
である。

　なお，原審は，前記のとおり，堺市の定める要綱等において台帳登録財産の
管理および処分の決定につき当該地区の自治会等の総会の決議に基づくことが
基本とされていること等をもって，台帳登録財産である本件各土地につき，関
係自治会等が堺市により上記の要綱等に従ってその管理処分権限を有する団体
として取り扱われているなどとして，その実質的な所有者と評価することがで
きる旨をいうが，原審の摘示する上記の事情によっても，本件固定資産税等の
賦課期日においてその所有権が関係自治会等に現に帰属していたことを基礎付
けることはできない。

　以上と異なる見解に立って，地方税法343条2項後段の類推適用により関係
自治会等が本件固定資産税等の納税義務者に当たるとした原審の判断には，判
決に影響を及ぼすことが明らかな法令の違反があり，論旨はこの趣旨をいうも
のとして理由がある。

　以上によれば，原判決中Y敗訴部分は破棄を免れない。そして，本件各土地
につき原審において判断されていない地方税法343条4項の適用の有無等につ
いてさらに審理を尽くさせるため，上記部分につき本件を原審に差し戻すこと
とする。

コメント　原審は，関係自治会等が，登記簿上の所有名義人であると
はいえないから地方税法343条2項前段の納税義務者に
は当たらないとしたものの，特定できないとしてその賦課徴収を留保し続
けることは課税上の衡平を著しく害する結果を招来するとして，堺市の定
める要綱等に従って関係自治会等が本件各土地の管理処分権を有する団体

として取り扱われていることなどから実質的な所有者と評価し，「大字西」等の名義で表章される旧来の地縁団体が「消滅」しているものと同視して，地方税法343条2項後段を「類推適用」して同項後段にいう「現に所有している者」として，結局は納税義務者に当たるとしたのです。なお，1つの土地については，堺市が所有者として登記されていましたが，同土地の所有権は堺市に帰属していなかったことから，これも同項後段の「所有者として登記されている第348条第1項の者が同日前に所有者でなくなっているとき」に該当するから，同様に関係自治会等が同法343条2項後段の「現に所有している者」として納税義務者に当たるとしました。

　この原審の判断について，最高裁は，憲法を持ち出して，租税法律主義の観点から，鋭く批判しました。すなわち，法律ではない堺市の定める要綱等における取扱い等に照らして，地方税法343条2項後段の規定を類推適用した原審の解釈を違法としたのです。

　この最高裁の判断そのものは正しいといえます。むしろ意外であったのは，最高裁が大上段に租税法律主義を持ち出したことです。最高裁の別の一面をみたような気がします。

【28】　信託財産の受託者が所有する複数の不動産の固定資産税に係る滞納処分は許されるか？

（最高裁平成28年3月29日判決・民事252号109頁）

事案の概要　　亡SとX₁は，平成18年6月に，Sを委託者兼受益者，X₁を受託者として，Sがその所有する本件土地をX₁に信託譲渡し，X₁において本件土地の管理または処分を行うことを目的とすることで合意し，その旨の所有権移転登記および信託の登記がされました。また，両者間では，X₁がSに対し月額7万4,400円の配当金を支払う合意をしていました。X₁は，同年7月に本件土地上にある本件家屋を売買により取得した上，甲との間で，本件土地および本件家屋を，事務所および駐車場目的で，賃料月額30万円および消費税相当額として賃貸借契約を締結しましたが，本件土地と

第2編　固定資産税に関する28の最高裁裁判例　**157**

本件家屋の賃料の内訳は定められていませんでした。

　その後，X_1が，本件土地，本件家屋およびその他の複数の土地に係る平成18年度分から同23年度分までの固定資産税を滞納したことから，彦根市長Yは，X_1に対し，平成24年1月付で上記固定資産税等を徴収するため，本件賃貸借契約に係る同年2月分以降の賃料の支払請求権を本件滞納固定資産税等の金額に充つるまで差し押さえる旨の本件差押えをしました。

　そこで，X_1と亡S（1審継続中に死亡して，X_2が承継）が，本件土地は信託財産であって，賃料債権のうち本件土地の賃料相当額部分も信託財産であるから滞納処分を行うことはできないとして，Yを相手に差押えの取消しを求めて提訴しました。1審はXらの請求を棄却しましたが，2審はXらの請求を認めたため，Yが上告受理の申立をしたところ，最高裁は原判決を破棄し，Xらの控訴を棄却しました。

（判決の要旨） 本件賃貸借契約においては，賃料のうち本件土地の賃料相当額部分と本件家屋の賃料相当額部分の内訳につき明示の合意はなされていないものの，旧信託法28条が信託契約の受託者は信託財産を固有財産および他の信託財産と分別して管理することを要する旨規定していること，本件土地について信託の登記がされていること，本件土地と本件家屋とは別個の不動産であり，その経済的な価値は別個に観念することが可能であること等に鑑みると，本件賃貸借契約の当事者の意思を合理的に解釈するならば，本件土地および本件家屋の経済的な価値の割合や利用状況等に応じて，本件賃貸借契約に基づく賃料債権につき，本件土地の賃料相当額部分と本件家屋の賃料相当額部分とに区分されるものと解するのが相当である。

　そうすると，本件賃料債権についても，本件土地の賃料相当額部分を区分することが可能であると解されるところ，同部分は，X_1が，信託財産である本件土地の管理行為として締結した本件賃貸借契約に基づき得たものであるから，旧信託法14条により，信託財産に属するものとなる。

　固定資産税の納税義務者が同一の市町村内に複数の不動産を有する場合には，いわゆる名寄せが行われ（地方税法387条），課税技術上，固定資産税は，全ての不動産につき一体として賦課されることとなる。しかし，各不動産に課される固定資産税の課税標準は当該不動産の価格を基準とすること（同法349

条）からすると，上記の場合に賦課される固定資産税については，これを各不動産の課税標準で按分することにより，各不動産の固定資産税相当額を算定することができるというべきである。

そうすると，本件差押えについては，本件滞納固定資産税等のうち本件土地以外の不動産の固定資産税相当額に係る部分に基づき，本件賃料債権のうち本件土地の賃料相当額部分を差し押さえることとなる点において旧信託法16条1項との関係で問題があるといわざるを得ないものの，本件滞納固定資産税等のうち本件土地の固定資産税相当額に係る部分に基づき，本件賃料債権を差し押さえることや，本件滞納固定資産税等に基づき，本件賃料債権のうち本件建物の賃料相当額部分を差し押さえることは，同項に何ら反するものではないというべきである。

このように，本件差押えにつき同項との関係で問題となる部分は上記の限度にとどまり，国税徴収法63条が，徴収職員が債権を差し押さえるときはその全額を差し押さえなければならないと規定していることなどに照らすと，本件差押えの効力を直ちに否定すべき理由はなく，また，本件差押えを全体として違法とするような特段の事情もうかがわれないから，本件差押えは適法である。

もとより，旧信託法16条1項との関係で問題となる部分については，本件賃料債権のうち本件土地の賃料相当額部分をもって本件滞納固定資産税等のうち本件土地以外の不動産の固定資産税相当額に係る部分に充当することはできないから，本件賃料債権が逐次取り立てられて本件滞納固定資産税等に充当された結果，本件滞納固定資産税等のうち本件土地の固定資産税相当額に係る部分が消滅した場合には，Yは，それ以降に本件差押えに基づき取り立てた本件賃料債権のうち本件土地の賃料相当額をX_1に交付すべきものであり，交付されない場合には，X_1は，Yに対し不当利得の返還を求めることができるというべきである。

以上と異なる見解に立って，本件差押えを違法であるとした原審の判断には，判決に影響を及ぼすことが明らかな法令の違反がある。論旨は，以上と同旨をいう限度で理由がある。

なお，本件土地および本件家屋の貸付けに係る消費税の納税義務者は，X_1であり（消費税法5条1項），本件賃料債権のうち本件賃貸借契約において消費

税相当額とされた部分は，本件土地および本件家屋の貸付けの対価の一部であるというべきであるから，本件差押えにより同部分を差し押さえることができるものと解される。

　以上によれば，原判決は破棄を免れず，本件差押えが適法であるとしてＸらの請求を棄却した１審判決は結論において是認することができるから，Ｘらの控訴を棄却することとする。

コメント　　原審は，本件土地，本件家屋およびその他複数の土地の固定資産税相当額に係る租税債権のうち，本件土地の固定資産税相当額部分は，旧信託法 16 条 1 項にいう「信託事務の処理に付生じたる権利」に該当することが明らかであるが，上記租税債権のうち，本件家屋およびその他複数の土地の固定資産税相当額部分は，これに該当するものではないので同部分に基づいて，本件賃料債権のうち，信託財産である本件土地の賃料相当額部分に対して滞納処分を行うことは，同項に抵触すること，固定資産税の納税義務者が複数の不動産を有する場合には，名寄せが行われ，課税標準額および税額を算出する際の端数処理が上記の複数の不動産の価格の合計額について行われるとしても，特定の不動産に対する固定資産税相当額を算出すること自体は可能である以上，信託財産である本件土地のみならず，本件家屋およびその他複数の土地の固定資産税等に基づき，本件賃料債権の全体を差し押さえる本件差押えは，同項に違反し，全体として違法である，と判断しました。

　最高裁も，「本件滞納固定資産税等のうち本件土地以外の不動産の固定資産税相当額に係る部分に基づき，本件賃料債権のうち本件土地の賃料相当額部分を差し押さえることとなる点において旧信託法 16 条 1 項との関係で問題があるといわざるを得ない，と述べているところまでは，共通の問題意識は持っています。

　では，この最高裁の判断と原審の判断との分かれ目はどこにあったのでしょうか。それは，これに続く最高裁の 1 文にあります。「本件滞納固定資産税等のうち本件土地の固定資産税相当額に係る部分に基づき，本件賃料債権を差し押さえること……同項に何ら反するものではない。」つまり，

信託財産である本件土地についても固定資産税等を滞納しているので，その滞納分で信託財産としての本件賃料債権（注：厳密にいえば，そのうちの本件土地の賃料相当額部分）を差し押さえることができるのだから，旧信託法16条1項に違反しないということなのでしょうか。それに加えて，国税徴収法63条が，徴収職員が債権を差し押さえるときは，その全額を差し押さえなければならないと規定していることも挙げています。

　もっとも，最高裁も，「本件賃料債権のうち本件土地の賃料相当額部分をもって本件滞納固定資産税等のうち本件土地以外の不動産の固定資産税相当額に係る部分に充当することはできないから，本件賃料債権が逐次取り立てられて本件滞納固定資産税等に充当された結果，本件滞納固定資産税等のうち本件土地の固定資産税相当額に係る部分が消滅した場合には，Yは，それ以降に本件差押えに基づき取り立てた本件賃料債権のうち本件土地の賃料相当額をX₁に交付すべきものであり，交付されない場合には，X₁は，Yに対し不当利得の返還を求めることができるというべきである。」と述べており，それなりにバランスを取った論法ではないかと思います。

　ところで，土地，建物を一括して賃貸する場合に，土地の賃料と建物の賃料を区別せずに合計賃料で記載することがありますが，本件事案のような紛争を招くことになりかねないので，仲介業者としては，個別に各賃料を記載するように気をつけなければなりません。

第3編

固定資産税に関する
60の下級審裁判例

1 家屋と償却資産との違い

【1】 エレベーターは家屋の一部か，償却資産か？

(東京高裁平成 24 年 7 月 11 日判決・判例秘書)

事案の概要　　X は，本件ビルの所有者ですが，東京都新宿都税事務所長が X に対し，平成 20 年 6 月にした本件家屋に係る固定資産税および都市計画税の賦課決定処分について，建物に付属した昇降機設備を本件ビルの一部と認めたのは違法であるとして，東京都固定資産評価審査委員会に審査申出をしました。同委員会において棄却されたため，X は東京都知事 Y を相手に，上記賦課決定処分ないし同委員会の棄却決定の取消しを求めて提訴しました。原審が X の請求を棄却したため，X が控訴しましたが，東京高裁はこれを棄却しました。

判決の要旨　　X は，本件昇降機設備が地方税法上の償却資産であることは，同法，法人税法，所得税法およびこれらの施行令の文言上極めて明瞭であると主張する。法人税法 2 条二十三号が，減価償却資産を「建物，構築物……その他の資産で償却をすべきものとして政令で定めるものをいう。」と規定するのを受けて，同法施行令 13 条は，法 2 条二十三号の資産として「建物及びその附属設備」を挙げ，附属設備につき「暖冷房設備，照明設備，通風設備，昇降機その他建物に附属する設備をいう。」としている。したがって，法人税法および同法施行令が，建物に附属する昇降機設備を減価償却資産の 1 つとして規定していることは，そのとおりである。

しかしながら，地方税法 341 条は，土地，家屋および償却資産を総称して固定資産と定義し，償却資産を「土地及び家屋以外の事業の用に供することができる資産」で，「その減価償却額又は減価償却費が法人税法又は所得税法の規定による所得の計算上損金又は必要な経費に算入されるもののうち……」と定義している以上，同条にいう償却資産としての固定資産に当たるかについては，

まず，家屋であるかどうか，家屋の範囲はどこまでかが検討されなければならない。そして，この家屋の範囲を検討するに当たっては，床，壁，天井など家屋の躯体を構成する部分かどうかに加えて，家屋に附属する設備であって家屋の一部分を構成するかどうかを検討することになる。すなわち，家屋に附属する設備は，家屋の一部分となって独立性が認められないものについては，家屋以外の資産とはなり得ず，家屋とは別個の独立性が認められるものに限り，地方税法にいう償却資産であるかどうかを検討すべきことになる。Ｘは，「償却資産」とは何かから主張するものであるが，地方税法341条の「土地及び家屋以外の」という部分を没却しており，不当であるといわざるを得ない。

　Ｘは，法人税法，所得税法は，昇降機等の建物附属設備について，建物とは別の，独立した有体動産であることを初めから肯認しているとも主張する。しかしながら，先に挙げた法人税法，所得税法およびこれらの施行令の規定は，減価償却資産に建物附属設備が該当することをいうのみであり，建物附属設備であれば，常に，建物以外の所有権の対象となる物としての独立性があるものと評価しているとは解することができない。具体的な建物との付着状況，建物に対する効用を離れて，常に独立性を肯定するということはできないというべきである。なお，本件では，本件昇降機設備の設置者は，本件ビルの所有者であるＸであるから，民法242条本文を持ち出すまでもなく，本件ビル完成時の本件昇降機設備の所有者はＸである。

　以上のとおり，本件昇降機設備が地方税法上の償却資産であることは法規の文言上明瞭であるとのＸの主張は採用することができない。

　Ｘは，付着したものがもはや切り離しが不可能なまでに固着し，物理的に付着された物の一部となってしまわない程度の独立性があれば，家屋からの独立性が認められる旨主張する。

　しかしながら，所有者以外の者がその物を不動産に付着させた場合であっても，当該不動産の所有者に付着物の所有権が帰属することになる民法242条本文の付合の要件としては，付着物が当該不動産の構成部分または社会通念上その不動産の一部分と認められる状態となり，取引上の独立性を有しなければ足りるというべきであるから，家屋の範囲を画する家屋の附属設備も同様に解するのが相当である。Ｘの主張するような，切り離しが不可能なまでに固着しな

ければ独立性を認めるというのは，取引上の独立性としてみると不相当である。Xは，家屋附属設備は，一般に家屋に設置したままでの担保設定や所有権譲渡が経済取引として普及し，常態化していると主張するが，動産譲渡登記ができるか否かから上記のように解することはできず，どのような附属設備であっても上記のような経済取引が行われていると認めるに足りる証拠はない。

　そこで，前記の観点から本件昇降機設備をみるならば，本件昇降機設備は，社会通念上本件ビルの一部分と認められる状態となり，取引の独立性を有しないと認めることができる。Xの独立性の主張は，採用することができない。

　以上によれば，原判決は相当であり，本件控訴は理由がないから，これをいずれも棄却することとし，主文のとおり判決する。

コメント　昇降機というとピンと来ないかもしれませんが，エレベーターです。昇降機は，法人税法では償却資産として損金処理できるのに，地方税法では償却資産でなく家屋の附属設備と位置付けられています。固定資産税は財産に課される財産税であるのに対して，法人税は所得に対する所得税であり，税の種類や目的が違うので，取扱いが異なるのはやむを得ないと思います。

---

② 固定資産税の負担者

【2】 無効な登記で所有者として登記された場合にも固定資産税はかかるか？

（東京地裁平成 23 年 5 月 26 日判決・ウェストロー・ジャパン）

事案の概要　東京法務局世田谷出張所登記官は，平成 21 年 9 月に，登記申請人であるXと甲から所有権移転登記申請の委任を受けたとする乙司法書士により，本件土地につき，売買を原因とする甲からXへの所

有権移転登記の申請を受け，その旨の登記をしました。同法務局より通知を受けた東京都世田谷都税事務所長は，本件土地に係る登記簿上の所有者の異動を土地課税台帳に記載しました。その後，本件登記がされていることに気づいた甲が，同年11月頃，Xに対して本件土地を売却したことはなく，本件登記の申請の際に提出された乙司法書士に対する委任状等における甲名下の印影も印鑑証明書も偽造されたものであるとして，Xに対し，本件登記の抹消登記手続等を求めて提訴したところ，Xは，平成22年1月頃，これを認諾し，訴状の請求原因事実をすべて認める旨の答弁をしました。甲は，同年2月に出された甲勝訴の判決に基づいて本件登記の抹消登記手続をしました。

Xは，同年6月1日付けで東京都世田谷都税事務所長から本件土地に係る平成22年度の固定資産税等として合計170万1,700円を賦課する旨の決定を受けました。そこで，Xは，東京都知事に対し，本件賦課決定について審査請求をしたところ，東京都知事よりこれを棄却する旨の裁決を受けたため，東京都知事を相手に，本件賦課決定の取消しを求めて提訴しましたが，東京地裁はこれを棄却しました。

（判決の要旨） 地方税法は，土地の所有者の確定に当たり，課税上の技術的考慮から，原則として，賦課期日に登記簿または台帳に所有者として登記または登録されている者を所有者として，その者に課税する台帳課税主義を採用したものである。したがって，真実は土地の所有者でなくても，賦課期日である当該年度の1月1日の時点において，登記簿または台帳に所有者として登記または登録されている者は，納税義務者として固定資産税等を課税されることになる。

これを本件についてみると，Xは，平成22年1月1日時点において，本件土地の登記簿に所有者として登記されていたのであるから，本件土地に係る平成22年度の固定資産税等の納税義務者となる。よって，Xを納税義務者としてされた本件賦課決定は適法である。

これに対し，Xは，地方税法は，原則として固定資産の所有者に対して固定資産税を賦課することとしており，偽造された登記申請書類により勝手に所有者として登記されてしまった者や本来登記されるべきではないのに登記官の過誤により所有者として登記されてしまった者など，当該固定資産とは全く無関

係の者に対してまで納税義務を課していると解すべきではないとして，同法343条2項所定の「登記簿に所有者として登記されている者」とは，真正な登記手続によって登記簿に所有者として登記されている者を指すと解すべきである旨主張する。

しかし，本件登記が不動産登記法，不動産登記令の規定に照らしX主張のとおり当然に登記官の職権により抹消されるべき無効な登記となるか否かはともかくとして，地方税法上，同法343条2項所定の「登記簿に所有者として登記されている者」の範囲を真正な登記手続によって登記簿に所有者として登記されている者に限定するような趣旨の規定は存しない。また，同法は，343条2項後段において，「所有者として登記又は登録されている個人が賦課期日前に死亡しているとき，若しくは所有者として登記又は登録されている法人が同日前に消滅しているとき，又は所有者として登記されている同法348条1項の者が同日前に所有者でなくなっているときは，同日において当該土地又は家屋を現に所有している者をいうものとする。」と定めており，土地について登記簿に登記されている者に固定資産税等を賦課することができない場合には，当該土地の固定資産税等を納付すべき者を明示的に定める規定を置いている。これに対し，X主張のように同法343条2項所定の「登記簿に所有者として登記されている者」の範囲を限定的に解釈すべきであるとすると，登記簿上登記されている者が存在するにもかかわらず，その者がXの主張するような解釈によって同項所定の者に当たらないという場合には，当該土地の固定資産税等の納税義務者は，これを定める規定がない以上，存在しないことになる。そのような事態を同法が想定しているとは考え難いところである。さらに，固定資産税等の納税義務者の範囲を当該登記が真正に登記されたものか否かによって区別すべきであると解釈することは，結局，固定資産税等の賦課に当たり実質的な所有権帰属者が誰であるかを調査するのと同等の調査義務を徴税機関に課すことにほかならず，同法が台帳課税主義を採用した趣旨に反することになる。

したがって，同法343条2項が，同項にいう「登記簿に所有者として登記されている者」の範囲を真正な登記手続によって登記簿に所有者として登記されている者に限定する趣旨の規定であると解することはできない。

Xは，上記のように解釈することについて，固定資産税等は固定資産の所有

者に負担させるべきであるという地方税法の原則を全く逸脱してしまう結果を容認することになり妥当でないとも主張する。

　しかし，地方税法は，台帳課税主義を原則としているのであって，限定的にせよ土地について現実の所有者を納税義務者とする例外を認める同法343条2項後段のような明文の例外規定にも該当しない以上は，本件のように真実は当該土地の所有者でない者に対して固定資産税等を課税するような事態も容認しているといわざるを得ない。また，このように解したとしても，真実は当該土地の所有者でない者が，登記簿または台帳に所有者として登記または登録されているために，固定資産税等の納税義務者として課税され，これを納付した場合においては，当該土地の真の所有者は，これにより同税の課税を免れたことになり，所有者として登記または登録されている者は，当該土地の真の所有者に対し，不当利得として納付税額に相当する金員の返還を請求することができると解され（最高裁昭和47年1月25日判決・民集26巻1号1頁），Xの不利益を調整する道も残されている以上，同法が台帳課税主義を採用したことが，同法343条1項に規定するいわゆる所有者課税の原則との関係で著しく合理性を欠くものということはできない。なお，少なくとも，Xは，全く知らない間に本件土地に係る登記簿に所有者として登記されたわけではなく，甲を偽る者との間でとはいえ，自らの意思で売買契約を締結し，本件登記を経由したというのであって，何らの関与もなく登記名義人とされた者についてはともかく，Xのように自らの意思で登記名義人となった者について，上記のように解釈をすることが，同法の予定しない不当なものであるということはできない。

> **コメント**　偽造された委任状や印鑑証明書により土地の移転登記がされたということで裁判をするのは，売主側が一般的です。現に，本件の裁判の前に，まず売主が買主を相手にその移転登記の抹消を求めて提訴し，買主であるXは，これを認めたため，登記名義が売主に戻りました。ところが，戻る間に固定資産税等の賦課期日である1月1日を跨いだために，Xに対し固定資産税等の賦課決定がなされたわけです。
> 　これに対して，Xは，真実の所有者ではないとして東京都を相手に争ったのですが，東京地裁は，X名義で登記されているので，地方税法が台帳

課税主義を原則としている以上，真実の所有者ではない者を納税義務者とするのは，地方税法 343 条 2 項後段のような明文規定がある場合に限定されており，賦課された分は，甲と調整せよと言ったのです。

　要するに，Xは，訴訟をする相手を間違えたのです。行政を相手ではなく，甲を相手に不当利得返還請求をすればよかったということです。現に，最高裁昭和 47 年 1 月 25 日判決という判例があるのですから，相談を受けた弁護士としては，過去の裁判例をきちんと調査する必要があります。私も他人ごとではないと思いました。

【3】 不動産の登記名義人が納付していた固定資産税等について，判決でその不存在が確定したとして過誤納付金の返還を請求できるか？

（大阪高裁平成 25 年 7 月 25 日判決・判例秘書）

事案の概要　　兵庫県宝塚市の山林 790 ㎡の本件土地の登記名義人であったXが，昭和 59 年度分から平成 22 年度分までの固定資産税等について，宝塚市長から賦課決定をされて，いずれも納付しました。ところが，その後に，Xが提訴した別件訴訟で，本件土地が法律上存在しないことが確定しました。そこで，Xは，宝塚市Yを相手に，上記の各年度分の固定資産税等相当額はいずれも過誤納金であるとして，①平成 18 年度ないし平成 22 年度分については，主位的に不当利得返還請求として 234 万円余の支払を，予備的に国家賠償法に基づく損害賠償請求として 140 万円余の支払を，②昭和 59 年度ないし平成 17 年度分については，主位的に宝塚市固定資産税および都市計画税過誤納金返還事務要綱（以下「本件要綱」という）に基づき 2,293 万円余の支払を，予備的に不当利得返還請求として 1,316 万円余の支払をそれぞれ求めるとともに，③宝塚市長が平成 23 年 5 月 20 日付けでXに対してした平成 18 年度ないし平成 22 年度分の各本件固定資産税等に係る過誤納金不還付決定，ならびに，平成 23 年 7 月 6 日付けでXに対してした昭和 59 年度ないし平成 17 年度分の各本件固定資産税等に係る過誤納金不還付決定の各取消しを求めまし

第3編　固定資産税に関する60の下級審裁判例　　**169**

た。

　原判決は，③の各取消請求をいずれも却下し，①の不当利得返還請求の大部分を認め，その余の各請求をいずれも棄却しました。そこで，Xは，②と③のうちの昭和59年度ないし平成17年度分の不還付決定について控訴するとともに，②について国家賠償法に基づく損害賠償請求を追加し，Yも附帯控訴したところ，大阪高裁は，いずれの控訴および附帯控訴も棄却しました。ここでは，本件要綱に基づく返還請求に関する部分だけ取り上げます。

判決の要旨　　本件要綱は，固定資産税等に係る過誤納金について返還を申し込む者に対し，何らかの請求権を与えるものではないから，Yが返還を拒否したからといって，Xの権利または法的に保護すべき利益が侵害されたことにはならず，国家賠償法上違法であるとはいえない。また，Yが，昭和59年度ないし平成17年度分の過誤納金の返還を拒否したことが，Xの権利または法的に保護すべき利益を侵害して違法となることを肯認しうる事情も認めるに足りない。Xの当審における新請求は理由がない。

コメント　　過誤納金の還付金は，法律上5年の経過で時効により消滅します（地方税法18条の3）。しかし，それでは短すぎるということで，全国の市町村の約7割が固定資産税過誤納金の返還要綱を作成し，10年ないし20年間分を返還することとしています。宝塚市でも本件要綱があったので，Xはこれに基づき返還請求をしたのですが，宝塚市がこれを拒否したため，Xがこの拒否行為自体の違法性を主張しましたが，大阪高裁はこれを認めませんでした。

　本件要綱により住民に何らかの請求権まで付与したものではないとしていますが，本件要綱1条でいう「納税者の不利益を救済し，税務行政に対する信頼を確保するため」というのであれば，Xの返還請求を拒否しなくてもよかったと思います。もっとも，拒否行為自体が違法であるかといえば，行政の裁量の範囲内ということになるのかもしれず，本件判決の結論はやむを得ないのでしょうか。

【4】 不動産売買における固定資産税の支払合意に基づく売主から買主への請求が認められるか？

（東京地裁平成19年5月28日判決・判例秘書）

事案の概要 X₁は学校法人で，X₂はホテル経営をする会社です。X₁は，妙高市所在の甲名義の本件土地を所有し，X₂は本件土地上に本件建物を所有していました。X₁，X₂は，Yとの間で平成15年4月に本件土地，本件建物を併せて1,200万円で売買契約し，同年7月にYに引き渡しました。ただし，本件土地については，甲名義であるため，甲からYに中間省略登記する合意をしています。

本件契約の際に，本件不動産に賦課される固定資産税について，引渡日の前日まではX₁らが，引渡日以降はYが負担する旨の合意をしました。すなわち，本件土地の固定資産税112万3,000円のうちYが負担する81万3,101円をX₁が受領し，本件建物の固定資産税273万2,700円のうちX₂が負担する75万4,106円をYが受領し，X₂から交付された納税通知書に基づきYが全額納付することとし，Yが速やかに登記することで，平成16年度以降分についてはYに賦課されるので，Yが本件不動産すべての固定資産税を納付することになりました。

ところが，Yは，本件建物についての平成15年度分の固定資産税を支払わず，また，本件不動産について移転登記手続が平成16年2月まで遅れたため，平成16年度分の固定資産税について，同年1月1日現在の登記名義人である甲に本件土地分90万4,380円，およびX₂に本件建物分273万2,751円が賦課されました。

そこで，X₁は，平成16年度の固定資産税90万4,380円の，X₂は，平成15年度および平成16年度の固定資産税各273万2,751円ならびに妙高市から請求されている延滞金年14.6％を付して請求しました。東京地裁は，X₁らの請求を全額認めました。

判決の要旨 Yは，本件不動産の所有権移転登記が遅れた原因がX₁らにあると主張するようであるが，X₁らは，Yの希望を聞いた上，本件不動産の売主としてすべきことは全て行っており，その義務違反の事実は

認められない。むしろ，Yの本件不動産の売買代金等の資金調達の事情等に本件不動産の所有権移転登記が遅れた原因があることは明らかであるから，それに伴い，X₁らに課された税金等については，いずれもYにその支払義務があるというべきである。

コメント　本件不動産の売買契約の締結に伴う固定資産税の負担に関する本件合意からすれば，X₁らの請求が認められることは明らかです。本件から売主が学ぶべきことは，売買代金だけでなく，売買に関連する税金を含む諸手続費用の負担能力が買主にあるのかを見極める必要があるということです。

【5】　不動産が競売された場合に，元の所有者は買受人に対し取得以降の期間に対応する固定資産税等について請求できるか？

（大阪高裁平成 23 年 6 月 30 日判決・金法 1942 号 127 頁）

事案の概要　Xは，平成 22 年 1 月 1 日時点において，本件不動産の所有者で登記名義人でしたので，平成 22 年度（平成 22 年 4 月 1 日から平成 23 年 3 月 31 日までの分）の固定資産税および都市計画税（以下「固定資産税等」という）の全額を納付しました。ところが，Yが，平成 22 年 8 月 20 日に，本件不動産を競売で取得したため，XがYに対し，その取得の翌日である同月 21 日から平成 23 年 3 月 31 日までの期間に対応する固定資産税等（以下「本件日割精算額」という）について，Yが法律上の原因なくしてその負担を免れたとして，不当利得返還請求権に基づき，本件日割精算額 200 万 5,472 円とその損害金を求めて提訴しました。原審がXの請求を棄却したため，Xが控訴したところ，大阪高裁はこれを棄却しました。

判決の要旨　担保不動産競売手続により本件不動産を買い受けたYが，本件日割精算額の負担を免れたとしても，それをもって法律上の原因なくして利得したと認めることはできないと判断する。

Xは，不動産競売手続外で執行債務者と買受人が固定資産税等の負担を調整するか否かについて，執行裁判所は関知しないという立場にすぎず，不動産競売手続内で固定資産税等の負担の調整が予定されていないことをもって，同手続外でもその調整が想定されていないとするのは論理が飛躍している旨主張する。しかし，不動産競売手続において，買受人は，所有権取得後における当該不動産の使用・収益方法を検討した上で，その使用・収益に見合う経済的な対価として入札額を決定し，買受けの申出をしているものである。そして，原判決の認定のとおり，不動産競売手続においては，当該不動産の所有権がいつ買受人に移転するかを事前に予測することができないし，さらに，買受人の所有権取得日以降の期間に対応する固定資産税等を執行債務者が納付するか否かに至っては，買受人にとって全く予測することができない上，不動産競売事件の請求債権や被担保債権につき，その弁済を怠っている執行債務者が買受人の所有権取得日以降の期間に対応する固定資産税等を支払うこと自体もそもそも極めて稀である。そうすると，不動産競売手続において，上記のような予測不可能で，かつ極めて稀な事態を想定した上で入札額の決定をすべきであるとすることは，買受人にとってあまりにも酷であるし，そのような考慮によって，入札金額が低下すれば，執行債務者に不利益をもたらすだけではなく，迅速性の要請される不動産競売手続の妨げとなる可能性がある。したがって，不動産競売手続内において，執行債務者と買受人間における固定資産税等の負担の調整が予定されていないだけではなく，同手続外の事後的な調整も想定されていないと解すべきである。

　また，Xは，不動産競売手続の規制によって不利益を被る関係者を訴訟手続で救済することは多くの局面で認められている旨主張する。しかし，不動産競売手続の規制によって不利益を被る関係者が個々の事情により救済されることはあるものの，不動産競売手続においては，その対象が不動産である以上，固定資産税等の負担の問題は常に伴うものであるところ，それにもかかわらず，原判決の説示のとおり，競売不動産の評価や売却基準価額および買受可能価額の決定に際して，固定資産税等の税額およびその納付の有無が考慮されていないのは，当該不動産の所有権がいつ買受人に移転するかを事前に予測することができないとともに，売却基準価額や買受可能価額は一定の基準額にすぎず，

実際の買受金額は売却基準価額を超えている場合が多いため，仮に執行債務者が買受人の所有権取得日以降の期間に対応する固定資産税等を納付したとしても，その日割精算額は，通常，買受金額と売却基準価額の差額により填補されていると考えるべきであって，執行債務者に不利益が生じているとはいえないから，そのような個々の事情を斟酌して不動産競売手続外の事後的な調整を図る必要性はないと解される。

　Xは，不動産競売手続が「ある種の清算的側面」を有しているとしても，同手続内においては，そもそも固定資産税等の負担を調整することができないのであるから，同手続が固定資産税等の負担について清算を完了させる性格を有しているとはいえない旨主張する。しかし，上記説示のとおり，不動産競売手続内で，執行債務者と買受人間における固定資産税等の負担の調整が制度上予定されていないだけではなく，事後的な調整によって，買受人に予想外の負担を強いることができない上，仮に執行債務者が買受人の所有権取得日以降の期間に対応する固定資産税等を納付したとしても，通常，その日割精算額は買受金額と売却基準価額の差額により填補されていると考えるべきであるから，固定資産税等の負担については，不動産競売手続により，執行債務者と買受人間で清算を完了していると解すべきである。

　また，Xは，不動産競売手続が「ある種の清算的側面」を有しているとしても，それは，当該不動産をめぐる権利関係についてであり，執行債務者と買受人との間の金銭的処理に関する清算はされているものではなく，買受人が競売不動産を占有する執行債務者に対し占有に伴う対価を請求する例や，前払いの約定がある借地契約において，執行債務者が借地権付き建物の買受人に対し，所有権取得の日以降の期間に対応する前払いの地代を請求する例を挙げる。しかし，Xが主張する上記各例は，固定資産税等の負担のように不動産競売手続に必然的に伴う問題ではなく，同手続内で清算されているとはいえないことから，個々の事情を斟酌して不公平を調整することが相当と考えられるものであって，本件を検討するについて相当な例とは言い難い。したがって，Xの上記主張は採用できない。

　Xは，画一的・迅速に行うべき不動産競売手続内で固定資産税等の負担の調整を図ることができないのと異なり，不動産競売手続が終了した後に，固定資

産税等の負担を調整しないことの社会的・経済的な合理性はおよそ考え難い旨主張する。しかし，上記説示のとおり，不動産競売事件において，買受人が入札額を決定する時点で，執行債務者が買受人の所有権取得日以降の期間に対応する固定資産税等を支払うという予測不可能で，かつ極めて稀な事態を想定すべきであるとはいえないし，事後的な調整によって，買受人に予想外の負担を強いることは相当ではなく，固定資産税等の負担については，不動産競売手続により，執行債務者と買受人間で清算を完了していると解することこそ社会的・経済的合理性に適うから，買受人であるYが本件日割精算額の負担を免れたことは，不動産競売手続の清算的側面を原因とするものであって，法律上の原因があると認められる。

　また，Xは，執行債務者が競売によって不動産の所有権を喪失した後の期間に対応する固定資産税等までも現実に納付した場合に，その本来的負担者である買受人に請求することを否定すべき理由は実質的にない旨主張する。しかし，上記説示のとおり，執行債務者が買受人の所有権取得日以降の期間に対応する固定資産税等を納付したとしても，通常，その日割精算額は買受金額と売却基準価額の差額により填補されていると考えるべきであり，実際，本件競売事件において，売却基準価額である1億5,138万円を大幅に上回る2億1,000万円で売却されたのであるから，執行債務者であるXにおいて，Yから本件日割精算額の支払を受けることができなかったとしても，実質的な不利益があったとはいえない。したがって，Xの上記主張は採用できない。

コメント　Xの主張は一見するともっともな気がしないではありません。任意の売買であれば，固定資産税等の負担について日割精算額の合意をするのが一般的ですから，競売の場合にも売主に相当する執行債務者から買受人に対し，同様に日割精算額の請求をしてもよいのではないかというものです。

　しかし，売買の場合も当事者間で合意をするから認められるのであって，そのような合意がなされなければ，賦課期日時点での登記名義人である売主が全額負担することになると思われます。まして，競売の場合には買受人と執行債務者との間での日割精算額についての合意がなされるはずもあ

第3編　固定資産税に関する60の下級審裁判例　**175**

りません。また，競売になる状況で執行債務者が固定資産税等を支払い，買受人に請求することは想定されておらず，本件の判決は妥当なものであると思われます。

【6】　共同相続した建物の固定資産税等を相続人の1人が支払った場合に他の相続人に請求できるか？

（東京地裁平成22年2月4日判決・ウェストロー・ジャパン）

事案の概要　甲が借地権付きの本件建物を所有していましたが，甲およびその妻の乙が死亡した後に，その子供らであるXとYらが相続したものの，遺産分割協議は不成立のままでした。Xは，本件建物の固定資産税，改築費用および地代を支払ったとして，Yらに対し，各相続分に応じた遺産管理費用の支払を求めて提訴しましたが，東京地裁はこれを棄却しました。

判決の要旨　甲は，本件建物を所有していたが，昭和34年に同人が死亡し，その後，乙が死亡した昭和52年ころには，乙および子供の1人の丙が本件建物に居住していた。乙の死亡後は，引き続き丙が本件建物に居住しており，昭和61年ころ同人が退去して本件建物に居住する者がいなくなり，そのころからXが本件建物を使用するようになったが，そのことについてはYらから特段の異議等が出されることはなかった。

Xは，本件建物においてXとその家族が居住するとともに，本件建物において印刷業を営むことを考え，改修工事を行った。Xは，昭和61年12月ころから改築した本件建物の一部を工場として使用し，昭和62年3月ころからXとその家族が本件建物に居住するようになり，現在に至るまで，本件建物は専らXとその家族が占有使用してきており，Yらは本件建物を使用していない。

Xは，本件建物を使用するようになってから，本件建物の固定資産税を負担するとともに，本件土地の貸主に対し，平成元年1月分から平成19年11月分まで，本件建物の地代について，毎月あるいは数か月分をまとめて送付して支払っていた。

Yらは，本件建物をXが使用していることについて，XとYとの間には使用

貸借契約が成立していることを主張しているところ，Xも，その根拠はともかくとして，XとYとの間には，遺産分割協議が終了するまで本件建物の使用貸借契約が成立していることを主張しており，この点については当事者間に争いがないものである。そうだとすれば，使用借主は，借用物について通常の必要費を負担すべきであるところ（民法595条1項），本件建物の固定資産税については，同建物自体に関して生じる負担であり，通常の必要費に該当するものであるし，本件土地の地代についても，Xは，昭和62年ころから本件建物を専らXおよびXの家族が居住するために，あるいはXが印刷業を営むための工場として使用してきており，同建物の使用を維持するために本件土地の地代を支払ってきたという事情にも照らせば，同地代の支払は，同建物を維持するために必要な費用であったと言い得るから，いずれもXが負担すべきものであり，Yらに対し，相続分に応じた費用償還請求権を行使することはできないというべきである。

コメント　共同相続した不動産の管理に係る費用をめぐって争いになることはよくあります。特に，固定資産税については，支払う方は毎年賦課されることもあって負担感を感じるのに対して，支払わない方は不動産を利用している以上その程度の金額なら負担すべきであると思うものです。

　問題は，それを法的にどう解決するかということですが，本判決は，不動産を現実に利用している相続人とそれ以外の共同相続人との間で使用貸借契約が成立しており，使用している借主にとって固定資産税は民法595条1項の必要費に当たるので，他の共同相続人に対して法定相続分に応じた費用を請求できないと判断しました。

　独占的に利用するメリットがある以上，ある程度の負担を受けるのは，衡平の原則に適うもので，本判決は妥当なものと思われます。

　東京地裁平成18年3月30日判決・ウェストロー・ジャパンも，法定相続分に従った遺産分割協議をして共有関係にある2人について，そのうちの不動産を使用して占有している1人が，他の共有者に対し固定資産税の立替分を請求したところ，両者間には黙示の使用貸借契約が成立し

第3編　固定資産税に関する⑥の下級審裁判例　177

ている以上，使用できない不利益が固定資産税を負担する不利益を上回ることは明らかであるとして，その請求を棄却しています。必要費とまでは明示していませんが，考え方としては同じものといえます。

③　固定資産税がかからない場合

【7】　宗教法人が動物の遺骨を収蔵保管している建物部分およびその敷地相当部分の土地は非課税対象とならないのか？

（東京高裁平成 20 年 1 月 23 日判決・税法学 562 号 203 頁）

事案の概要　宗教法人Ｘは，1657 年の創建時に馬頭観音堂を建立して以来，動物供養を行ってきましたが，昭和 37 年に回向堂を建立し，動物の遺骨をロッカーで安置する方法を採用し，昭和 57 年には上記観音堂を前身とする供養塔を建立して動物の遺骨を保管・供養するとともに，堂下において動物の遺骨を合祀するようになりました。この他にもＸの境内地には，江戸幕府 11 代将軍家斉の時代に設けられた「猫塚」の他，数多くの動物の供養塔が設けられてきました。

　ところが，東京都Ｙが，Ｘ所有の土地，建物のうち，動物の遺骨を保管収蔵している本件建物部分およびその敷地相当部分に当たる本件土地について，これを課税対象とした平成 16 年度の固定資産税および都市計画税の本件賦課処分を行ったため，ＸがＹを相手にその取消しを求めて提訴したところ，1 審はＸの請求を棄却しました。そこで，Ｘが控訴したところ，東京高裁は，原判決を取り消して，本件賦課処分を取り消しました（なお，Ｙは，これに対し，上告および上告受理の申立てをしましたが，最高裁は，平成 20 年 7 月 17 日に，特段の理由なく上告棄却ならびに上告不受理の決定をしました）。

判決の要旨 地方税法348条2項本文は,「固定資産税は, 次に掲げる固定資産に対しては課することができない。」と規定し, その三号で,「宗教法人が専らその本来の用に供する宗教法人法3条に規定する境内建物及び境内地」を掲げ, また, 同法702条の2第2項は「市町村は, 第348条第2項（中略）の規定により固定資産税を課することができない土地又は家屋に対しては, 都市計画税を課することができない。」と規定している。そして, 宗教法人法3条は, 境内建物とは, 一号に掲げるような宗教法人の同法2条に規定する目的のために必要な当該宗教法人に固有の建物および工作物をいい, 境内地とは, 同条二号から七号までに掲げるような宗教法人の同法2条に規定する目的のために必要な当該宗教法人に固有の土地をいうものと規定し, 同法2条は,「宗教の教義をひろめ, 儀式行事を行い, 及び信者を教化育成すること」を宗教団体の目的として掲げている。

上記各規定からすると, 地方税法348条2項三号にいう非課税とされる境内建物および境内地とは, 宗教法人が, 専らその本来の用に供し, 宗教の教義をひろめ, 儀式行事を行い, および信者を教化育成するために必要な当該宗教法人の固有の境内建物および境内土地をいうものと解される。そして, 当該境内建物および境内地が, 同号にいう「宗教法人が専らその本来の用に供する宗教法人法3条に規定する境内建物及び境内土地」に当たるかどうかについては, 当該境内建物および境内地の使用の実体を, 社会通念に照らして客観的に判断すべきである。

これを本件についてみると, Xにおいては, 江戸時代の開祖以来動物の供養を行ってきたこと, Xにおいて動物を供養することが世間一般に広く受け入れられ庶民の信仰の対象となってきたこと, Xは, 回向堂および供養塔において動物の遺骨の安置をするとともに, 毎日勤行で動物の供養を行うほか, 月1回あるいは年3回の動物供養の法要を行っていることが認められるのであるから, これらの使用状況からみれば, 回向堂および供養塔は, 本件ロッカー部分のみならず, その敷地部分も含めて全体が宗教法人であるXが専ら宗教目的に使用する施設であって, その宗教活動のために欠くことができないものであるというべきである。したがって, 回向堂および供養塔は, その敷地部分も含めて, 地方税法348条2項三号の「宗教法人が専らその本来の用に供する宗教法

人法3条に規定する境内建物及び境内地」に該当するものと認められる。

Yは，人に対する供養と動物に対する供養とは社会的評価が大きく異なるとして，回向堂および供養塔は「専らその本来の用に供する」ものとはいえないと主張する。確かに人の墓地の設置や埋葬行為については，墓地，埋葬等に関する法律が制定されているのに対し，動物の遺骨および埋葬については格別の法的な規制がされていない。そして，一般的に人が供養される場合と動物が供養される場合とで社会的な評価が異なることは否定できないところである。

しかしながら，Xにおいては，江戸時代の開創以来動物の供養が長年月にわたって行われてきたものであり，宗教活動が継続され，社会的にも定着して現在に至り，その間，地域住民からも動物供養の寺として厚い信仰の対象とされてきたこと，そして，動物を供養するための宗教施設として回向堂および供養塔が建立されたことが明らかであるから，上記使用実態に照らすと，回向堂および供養塔における動物の供養については，客観的にみて，その宗教性について社会的な認知が得られているものということができる。したがって，Yの上記主張は採用することができない。

Yは，Xの動物の遺骨保管事業は，民間業者の動物霊園事業と類似しており，その料金が対価性を有するから，非課税の優遇措置を受けるべきではないと主張する。ところで，動物を埋葬する民間業者の実態としては，動物が死亡し，亡骸を焼却した後の焼骨の扱いについては，①他のペットと共に1つの供養塔や碑に納める（合祀），②納骨堂（ロッカーや棚が一般的）に預ける，③ペット（飼い主）別に独立した墓を設ける方式等が採られているが，火葬の点も含めいずれも有料とされていること，動物霊園の納骨堂の料金は，サンプリング調査の結果では，年間平均1万7,333円とされているが，霊園による相違もあり，霊園によっては，骨壷代や管理料を別途設定しているものも多いこと，ほとんどの霊園が，「宗旨・宗派を問わない」としていること，民間業者は，宣伝に比較的積極的であるが，料金等の詳細については問い合わせによることとしているものもあることなどが認められる。

これに対し，Xの動物の安置・供養については，Xは，民間のペット霊園が多数開業する以前の昭和37年からロッカー形式による遺骨の安置を開始していたこと，檀家だけでなく，一般の動物愛好家の飼育していた諸動物の供養を

受け入れているが，浄土宗以外の動物愛好家の教義・作法による供養は行っていないこと，回向堂および供養塔のいずれも馬頭観世音菩薩像がその中心に位置し，動物の遺骨を安置した本件ロッカー部分が仏像を取り囲むように配置され，その間に仕切りはなく，空間的には仏像と不可分一体の構造として設計されていること，Xにおいては，基本的に合祀を勧めており，火葬の後，1年間遺骨を無償で預り，その後も合祀を勧め，それでも気持ちの整理がつかず個別の安置を申し出た者につき，有料で遺骨の保管をするが，合祀については管理費等の費用はかからないこと等，民間業者との相違が認められ，これらの事情を考慮すると，Xが，年間5万円，3万5,000円，2万円の3段階の定額制で動物の霊の供養料を徴収していることをもって，Xの動物の安置保管が，民間業者の行う霊園事業と同様の営利的なものとまでいうことができない。

　したがって，Xの動物の遺骨の保管行為が，民間業者のそれと類似しているから，Xは非課税の優遇措置を受けるべきでないとのYの主張は採用することができない（なお，Xの動物の遺骨の安置保管については，これが法人税法上の収益事業に当るものと認められるが，そのことが直ちに上記地方税法348条2項三号の非課税該当性を否定するものではない）。そうすると，本件賦課処分は違法であるから，その取消しは免れないというべきである。

> **コメント**　地方税法348条2項三号は，「宗教法人が専らその本来の用に供する宗教法人法3条に規定する境内建物及び境内地」を固定資産税の非課税物件としています。そして，宗教法人法3条は，「境内建物及び境内地」について，同法2条に規定する目的のために必要な宗教法人に固有の建物と土地をいい，同法2条は，「宗教の意義をひろめ，儀式行事を行い，及び信者を教化育成すること」を宗教団体の目的としています。つまり，非課税の「境内建物及び境内地」とは，「宗教法人が，自らの宗教の意義をひろめ，儀式行事を行い，及び信者を教化育成する目的で，専ら利用している土地，建物」ということになり，使用の実態を踏まえて，これに該当するか否かを判断することになります。
>
> 　東京高裁は，このような観点から，350年以上前の創建時に遡って以降今日に至るまでの本件「境内建物及び境内地」における宗教活動の実態

をひも解いています。その中で大きな問題となるのが、「人の供養」ではなく、「動物の供養」が主たる目的であるという点です。

地方税法348条2項において、三号と別に四号で、「墓地」の記載がありますが、これは「人の墓地」に限定されていると解されており、それとの対比で、「動物の供養」は三号における「その本来の用に供する」ことにはならないのではないか、という東京都の反論がなされています。

これについて、東京高裁は、地域住民からXという寺がそもそも「動物供養の寺」として江戸時代以来、長く信仰対象とされてきたことなどを踏まえ、348条2項三号に該当すると判断しています。

他の下級審裁判例では、動物の遺骨の収蔵保管について、民間業者も宣伝活動を通して大々的に行っていることから、営利活動であるとして同条項の適用には否定的な傾向があります。しかし、本件の東京高裁は、あくまで宗教活動の一環であることを重視して、同条項の適用を認めました。この結論が、本件事案の特殊性によるものかどうかについては、今後の裁判例の動向を今しばらく見極める必要があります。

【8】 宗教法人の動物墓地は非課税対象とならないか？

(東京高裁平成24年3月28日判決・判例秘書)

事案の概要 　Xと甲はいずれも浄土宗の宗教法人で、Xはその所有する本件土地を甲に対し無償で貸与し、甲は動物専用墓地として使用していました。ところが、練馬都税事務所長が、平成21年6月にXに対し、本件土地を課税対象として固定資産税および都市計画税の本件賦課処分をしたので（それ以外の土地、建物も含む）、Xは東京都知事Yに対し審査請求をしたところ、Yは、括弧書きの部分は取り消して減額処分したものの、本件土地についての本件賦課処分は維持しました。そこで、XがYを相手に、減額後の本件賦課処分の取消しを求めて提訴したところ、1審がXの請求を棄却したため、Xが控訴しましたが、東京高裁はこれを棄却しました。

判決の要旨　Xは，動物墓地である本件土地の利用状況，人の墓地と宗教的意義において差がないことなどからすれば，「宗教上の儀式行事を行うために用いられる土地」（宗教法人法3条四号）として，地方税法348条2項三号に該当する旨主張する。

　しかし，本件土地の利用状況からすると，本件土地が，甲が宗教上の儀式行事を行うという専らその本来の用に供する土地であると認めることはできない。また，地方税法が，宗教法人が保有する境内地の非課税に関し，同じく非課税とされている同法348条2項四号の「墓地」と区別して，「宗教法人が専らその本来の用に供する宗教法人法第3条に規定する境内地」（同項三号）と規定し，宗教法人法3条各号においても「墓地」が含まれていないことからすると，地方税法348条2項三号が規定する「境内地」に「墓地」が含まれないことは明らかというべきであって，本件土地が，その宗教的意義において人の墓地と差がないものであったとしても，同項三号に該当するものということはできない。したがって，Xの主張は採用することができない。

コメント　まず，本件判決では特に触れていませんが，動物墓地は地方税法348条2項四号の「墓地」には該当しません。ここでいう墓地は，「墓地，埋葬等に関する法律」に基づく人の死体（妊娠4か月以上の死胎を含む）に限定しているからです（なお，賦課期日において造成中の土地は，非課税の墓地に当たらない旨のさいたま地裁平成19年6月27日判決・判例秘書があります）。

　そこで，地方税法348条2項三号の「宗教法人が専らその本来の用に供する宗教法人法第3条に規定する境内地」に該当するか否かが問題とされましたが，【7】東京高裁平成20年1月23日判決の事例と異なり，供養塔でなく墓地であること，他の宗教法人に貸与していること，歴史的経緯も認めにくいことなどから，本件土地を課税対象としたことはやむを得ないと思われます。

第3編　固定資産税に関する[60]の下級審裁判例　　**183**

【9】　宗教法人の経営する納骨堂は非課税ではないのか？

（東京地裁平成 28 年 5 月 24 日判決・判例秘書）

事案の概要　　Xは，昭和 28 年 8 月に設立認可を受けた金沢市に本院がある曹洞宗の宗教法人で，平成 23 年 9 月に東京都港区赤坂にある 5 筆計 434.44 ㎡の本件各土地を取得し，本件土地上に平成 25 年 3 月，地下 1 階地上 5 階建・総床面積 838.42 ㎡の本件建物を新築しました。港都税事務所長は，平成 26 年 6 月にXに対し，本件各土地の全てを課税対象として平成 26 年度分の固定資産税および都市計画税（以下「固定資産税等」という）を賦課処分し（以下「本件各土地賦課処分」という），同年 9 月に本件建物のうち 1 階寺務所部分 26.91 ㎡，5 階共用部分以外の部分（本堂，寺務所，庫裏）142.84 ㎡の合計 169.75 ㎡を本件非課税部分と認定し，共用部分合計 179.28 ㎡について非課税部分と非課税対象外部分の割合で按分し，これにより本件建物全体の非課税床面積を 215.43 ㎡と算定した上で，これを除き同年度の固定資産税等を賦課処分し（以下「本件建物賦課処分」という），本件各土地につき，上記本件建物の課税対象部分の割合に応じて，323.73 ㎡を課税地積として固定資産税等を減額処分しました（以下「本件変更決定」という）。Xは，東京都知事Yに対し，本件各土地賦課処分（本件変更決定後のもの）および本件建物賦課処分（以下「本件各賦課処分」という）について審査請求をしましたが，Yはこれを棄却しました。そこで，XがYを相手に本件各賦課処分の取消しを求めて提訴しましたが，東京地裁はこれを棄却しました。

判決の要旨　　地方税法 348 条 2 項は，納骨堂自体は直ちに非課税とはされていない。納骨堂は，同項三号が定める固定資産に該当する場合において，非課税となるものと解される。

　地方税法 348 条 2 項三号は，宗教法人法 3 条に規定する「境内建物及び境内地」について，直ちに固定資産税の非課税対象とせずに，さらに，「宗教法人が専らその本来の用に供する」ものであることを要件としている。同号において，上記の「境内建物及び境内地」について，非課税とする範囲を「宗教法人が専らその本来の用に供する」ものに限定した趣旨は，上記の「境内建物及び境内地」は，宗教法人の主たる目的のために必要で，本来的に欠くことのでき

ないものであるとはいえ，宗教法人は，主たる目的たる宗教的な活動を行うほか，公益事業を行うことができ，さらに，その目的に反しない限り，公益事業以外の事業を行うこともできることから（宗教法人法6条1項および2項），上記の「境内建物及び境内地」が，これらの事業の用に供されることがあり得ることを勘案したものと解される。そうすると，同号にいう「宗教法人が専らその本来の用に供する」とは，当該宗教法人が，当該「境内建物及び境内地」を，専ら，その宗教の教義をひろめ，儀式行事を行い，および信者を教化育成するという宗教団体としての主たる目的を実現するために使用している状態にあることをいい，上記の目的以外の目的による使用が例外的にではなく行われている場合には，上記要件を満たさないと解することが相当である。

　そして，日本国憲法20条1項，同条3項および89条に規定する国家の宗教的中立性の趣旨，宗教法人法84条が規定する宗教上の特性および慣習の尊重の趣旨に鑑みれば，地方税法348条2項三号の要件該当性の判断は，当該建物および土地の実際の使用状況について，賦課期日以前の状態を踏まえて認められる外形的，客観的事実関係に基づき，一般の社会通念に照らして，賦課期日において同号の要件が認められるか否かを判断すべきである。

　本件非課税対象部分についてみると，①Xは，昭和28年8月に石川県知事から設立認可を受けた宗教法人であるが，平成21年1月および平成26年3月，Xの宗教法人規則を一部変更し，東京都において公益事業として納骨堂事業を行うことを定めたこと，②本件納骨堂事業において，本件納骨堂の使用権は，宗旨宗派を問わず，また，Xの檀家となることなく，取得することができるものとされ，使用権を取得した者は，地下1階および3階の納骨庫部分に保管された遺骨収蔵厨子を本件建物の2階参拝室部分および3階参拝室部分を使用して参拝することができるほか，一定の施設使用料を支払うことにより，3階副本堂部分等を使用して，X以外の宗旨宗派の僧侶等が法要等の宗教的儀式を執り行うことが認められていること，③本件建物の4階客殿部分は，法要前の待合，会食，僧侶控室，セミナー，参拝後の休憩・雑談の場などに使用されるものであり，また，1階のパントリーやダムウェイターの部分は飲食物の配膳や運搬のために使用されるものであること，④Xは，平成25年4月から平成26年3月までの間に，他宗派および無宗派の者からの収入として240万円を計上

しており，Xの宗教活動とは直接の関係のない施設使用料等の収入を得ていたこと，⑤本件建物において平成27年12月までの間に行われた法要の約15％は，X以外の宗旨宗派によるものであったこと，⑥Xは，甲との間で委託契約を締結し，使用権の販売業務を甲のみに委託し，甲に販売手数料を支払い，宗旨宗派を問わず広く使用者を募集する一方，販売数が一定数に満たない場合には販売保証金の預託を受けることとしているほか，甲が本件建物内の一部を販売活動のために無償で使用することや，甲が使用者に対して仏壇・仏具・葬儀等に関する営業活動をすることを認め，Xにおいては，甲が葬儀，法要の施行業者に選任されるよう努めることとされていることが認められる。

　以上の点を踏まえ，本件非課税対象外部分の使用状況を，一般の社会通念に基づいて外形的，客観的にみると，Xは，本件非課税対象外部分につき，曹洞宗の教義をひろめ，儀式行事を行い，信者を教化育成するという主たる目的のために使用していないとはいえないが，当該目的のために必要な，本来的に欠くことのできない建物の一部であると評価することにはやや困難がある。また，仮に，そのような評価が可能であるとしても，本件納骨堂の使用者については宗旨宗派を問わないとされているのみならず，本件建物においては，X以外の宗旨宗派の僧侶等が主宰する法要などの儀式行事が行われることが許容され，その場合，使用者はXに対して施設使用料を支払うこととされ，実際にも，それが例外的とはいえない割合で行われており，Xは，上記のような使用者を甲と通じて広く募集していることに照らすと，Xが，本件非課税対象外部分を専ら，宗教団体としての主たる目的を実現するために使用している状態にあるとは認められないと言わざるを得ない。

コメント　本件の東京地裁判決は，日本国憲法20条1項，3項および89条に規定する国家の宗教的中立性の趣旨等から，地方税法348条2項三号の要件該当性については，当該建物および土地の実際の使用状況について，賦課期日以前の状態を踏まえて認められる外形的，客観的事実関係に基づき，一般の社会通念に照らして，賦課期日において同号の要件が認められるか否かを判断すべきであるとしています。

　そして，具体的に6点の外形的，客観的事実を挙げた上で，本件建物

部分を課税対象としたことを肯定しました。宗教法人が今後納骨堂事業をするに当たって，当該施設が固定資産税の対象物件となるか否かについて大変参考になる事例と思われます。

【10】 非課税となる「公共の用に供する道路」とは何か？

（福岡高裁平成 26 年 12 月 1 日判決・判例地方自治 396 号 23 頁）

事案の概要　公社 X_1 が所有する本件土地 1 上にある本件通路 1 および本件通路 3，ならびに組合 X_2 が所有する本件土地 2 上にある本件通路 2，の 3 つの通路（以下，総称して「本件各通路」という）は，いずれも福岡市の西鉄福岡駅ビルの西側に位置する a 商店街の中の通路です。福岡市中央区長は，X_1 および X_2 に対し，平成 23 年 4 月と平成 24 年 4 月にそれぞれ，本件各通路を課税対象として，固定資産税および都市計画税の賦課決定をしました。このため，X_1，X_2 は，本件各通路はいずれも非課税とすべきであるとして，福岡市長 Y を相手に，本件各賦課決定の取消しならびに不当利得返還請求等に基づく過納金の支払いを求めて提訴したところ，原審の福岡地裁は，X_1 および X_2 の請求のうち，本件各賦課決定の一部を取り消し，その限度で不当利得返還請求も一部認めました。そこで，双方が控訴したところ，福岡高裁は，Y の控訴を認め，X_1，X_2 の請求をいずれも棄却しました。

判決の要旨　a 商店街周辺には，西鉄福岡駅，福岡市営地下鉄天神駅が存在し，多数の店舗が並んでおり，繁華街を形成しているところ，本件商店街通路を通行する上記の各駅あるいは各市道の利用者の中には，a 商店街内の店舗は利用せず，本件商店街通路を単に通路として利用するのみの者が相当多数存在する。本件各通路上には，営業時間中は商品の展示がされている箇所があり，車両の通行は禁じられているものの，歩行者は自由に通行してよいものとされており，特に通行が禁止される時間帯もなく，開放されている。本件通路 1 および本件通路 3 の上空には，各通路の相当部分を覆う形で本件建物 1 の 3 階部分が建築され，社員食堂として利用されている。本件通路 2 の上空には通路全体を覆う形で，本件建物 2 の 3 階以上の部分があり，事務

所および屋上駐車場として利用されており，また，地下部分にも，通路全体に本件建物2の地下街が存在している。

　地方税法348条2項五号が，私有地であっても，「公共の用に供する道路」について，固定資産を非課税と規定する趣旨は，当該土地が「公共の用に供する道路」として，何らの制約なく不特定多数のいわゆる一般公衆の利用に供され，公の行政目的が達成されている場合にまで，財産税である固定資産税を賦課徴収するのは適当ではないということにあると解される。そして，道路法において「道路」は，「一般交通の用に供する道」であるとされ，道路の公的機能の確保の観点から様々な制限がされていることに照らし，「公共の用に供する道路」とは，原則として道路法が適用される道路を意味し，所有者において何らの制約も設けず（開放性），広く不特定多数人の利用に供されている（公共性）ものをいうが，道路法による道路でなくても，それに準ずる土地であって，何らの制約なく一般公衆の利用に供されているものを別異に解する理由はないから，「道路法にいう道路に準ずるもの」と認められるもの（準道路性）を含むと解すべきである。

　ところで，道路法が適用される「道路」については，道路を構成する敷地等については，所有権の移転ならびに抵当権の設定および移転を除き，「私権を行使することができない」とされており（同法4条本文），建築基準法において，原則として建築物を道路内または道路に突き出して建築してはならないとされている（同法42条1項一号，44条1項）。この道路内建築制限は，道路が，交通，防火，避難の確保という機能に加えて，道路の上空を開放空間として確保することにより，日照，採光，通風等の環境を確保し，都市機能の維持向上を図る機能をも有しており，仮に，道路内に建築物を建築することが認められるとすれば，道路の上記機能が果たせなくなるということに基づく。このように，道路には，様々な制限が定められていることに照らすと，ある土地が「道路法にいう道路に準ずるもの」と認められるかどうかを判断するに当たっては，当該土地について，私権の行使（所有者としての使用収益）が制限されているか，また，上記のような道路の機能が確保されているか，という点をも斟酌するのが相当である。

　そこで，本件各通路が「公共の用に供する道路」に当たるかどうかについて

検討するに，本件各通路の状況等および本件各通路の利用状況によれば，本件各通路は一般的な利用について開放されている状態にあり，また，不特定多数人の利用に供されているともいえる。

しかしながら，本件各建物に係る建築確認の状況および本件各土地の地積に照らせば，X_1 が本件建物1を建築するに当たっては，建築基準法上，本件土地1（本件通路1および同3を含む）全体が，同建物の敷地とされたこと，また，本件建物2を建築するに当たっては，本件土地2（本件通路2を含む）全体が，同建物の敷地とされたこと，その後，本件建物1の用途変更がされた際，また，本件建物2の増築がされた際にも，同様であったことが認められる。

このように，本件土地1は，本件建物1を建築するに当たって，本件通路1および本件通路3を含めて，その敷地とされ，また，本件土地2は，本件建物2を建築するに当たって，本件通路2を含めて，その敷地とされたことから，本件各通路は，事実上不特定多数人の通行に供してはいるものの，いつでも自由にそれを取りやめて，本件各建物の敷地として法令の範囲内で本件各建物の増改築を行い，または物品置場として利用するなど自由に使用，収益をすることができるものといえる。

実際，本件通路1および本件通路3の上空には，各通路の相当部分を覆う形で，本件建物1の3階部分が建築され，本件通路3には，その上空に，本件建物1の2階および3階部分が突き出して建築されている部分もある。また，本件通路2は，その全体について，上空には本件建物2の3階以上の部分が建築されている。このように，本件各通路は，いずれも現に本件建物1または本件建物2の敷地として利用されている。これらの本件各通路上の建築物は，仮に，本件各通路が道路法にいう道路であるとすれば，建築基準法44条1項に違反する違法建築物として是正措置命令（同法9条）の対象となり得るものであって，これが許されているのは，本件各土地について，本件建物1または本件建物2の敷地として私権を行使することが許され，およそ道路法にいう道路としての制限を受けることがないからであると解さざるを得ない。

また，本件各通路が道路法にいう道路であるとすれば，工作物や施設等を設けるには，道路管理者の許可を受けなければならないところ（道路法32条1項），本件各通路では，商品の展示がされ，のみならず，階段およびサービスコーナ

ーが設置され，また，本件通路2の地下1階部分（地下街）が建築されており，このような利用状況も，本件各通路が道路法にいう道路としての制限を受けないことによるものといえる。

そして，a商店街では，各店舗が本件商店街通路に沿って設置され，同通路上に商品が展示されている箇所もあり，サービスコーナー等も設置されていることなどに照らすと，本件商店街通路は，多方面からの顧客を商店街の各店舗に誘引し，各店舗へのアクセスを容易にして，商店街全体の顧客誘引力を高めることを主要な目的として一般公衆の利用に供されているというべきである。

上記によれば，本件各通路は，道路の機能のうち，一般交通を確保するという機能を果たしているといえるものの，現に建物の敷地として利用されているほか，X_1らによって，いつでも制約され得る状況にあり，実際にも，本件各通路の上空は，X_1によって利用され，本件各通路が何らの制約なく開放されているとは言い難く，日照，採光，通風等の環境を確保し，都市機能の維持向上を図るという道路の機能を十分に果たしているということも困難である。そして，本件各通路は，本件各建物の敷地として利用されており，X_1らにおいて，本件各通路を所有資産として使用収益し，利益を享受しているものと認められる。

以上によれば，本件各通路は，「道路法にいう道路に準ずるもの」と認めることはできない。また，本件各通路については，何らの制約なく一般公衆の利用に供され，公の行政目的が達成されているとはいい難いのであって，地方税法348条2項五号が「公共の用に供する道路」について非課税とした趣旨も妥当しないというべきである。

> **コメント** 非課税の一例として，地方税法348条2項五号が定める「公共の用に供する道路」の意義について，本判決は，「道路法にいう道路に準ずるもの」と定義しました。そこまで制限的に解釈する必要があるか疑問がないでもありません。
>
> 何をもって，道路法にいう道路に「準ずるもの」といえるのかが判然としません。また，私がたまたま取り扱った事件では，純然たる私道でも，非課税扱いしていました。

本件についても，1審と2審の裁判所で結論が分かれるような微妙なケースでした。通路として不特定多数人の利用に供されている点を重視すれば，非課税と認めてよいとも思いますが，福岡高裁は，道路法および建築基準法の趣旨から，現に建物敷地として利用されており，かつ将来の建替え時に通路としての利用が制約される可能性を強調して，非課税性を否定しました。

現に敷地として利用されていても，通路としての利用に全く支障がないともいえますし，将来の制約については，そうなったときに非課税対象から課税対象に変更すれば済むだけのことではないかとも思います。

【11】 ため池として登記されているけれど，水面上にデッキプレートが構築されていて，一部を有料で貸している場合にも非課税でよいか？

(大阪地裁平成20年2月29日判決・判タ1281号193頁)

事案の概要 堺市の住民Xが堺市長Yを相手に，2つの甲池と乙池に関して，固定資産税および都市計画税の徴収を違法に怠ったことで堺市に損害を与えたとして提訴した地方自治法242条の2第1項三号に基づく住民訴訟です。問題点はいくつもあるのですが，ここでは，①ため池を借りている者が宅地の用に供している場合に，本件各土地が地方税法348条2項ただし書きもしくは同条3項により課税されるのではないか，②水面上にデッキプレートが構築されていても同法348条2項六号の「公共の用に供するため池，堤とう」に当たるか，という2点に絞ります。結論としては，乙池のうちのデッキプレートが設置されている部分の地目を宅地と評価しないで固定資産税および都市計画税を賦課徴収することを怠ったことが違法であることを確認し，その余の請求は退けられました。

判決の要旨 地方税法348条2項本文は，同項各号に掲げる固定資産に対しては固定資産税を課することができない旨規定し，同項ただし書は，固定資産を有料で借り受けた者がこれを同項各号に掲げる固定資産

として使用する場合においては，当該固定資産の所有者に固定資産税を課することができる旨規定し，同条3項は，同条2項各号に掲げる固定資産を当該各号に掲げる目的以外の目的に使用する場合においては，同条2項の規定にかかわらず，これらの固定資産に対し固定資産税を課する旨規定している。そして，そもそも，固定資産税は，当該固定資産の資産価値に着目し，その所有という事実に担税力を認めて課する一種の財産税であって，個々の固定資産の収益性の有無にかかわらず，その所有者に対して課するものであることに加えて，地方税法348条2項各号の規定内容および同項ただし書が固定資産税を「課することができる」旨規定することにより，同項ただし書所定の場合において当該固定資産の所有者に固定資産税を課するか否かを市町村の裁量（条例の定め）にゆだねている（同条3項が「固定資産税を課する」との文言で規定しているのと対比しても明らかである）趣旨をも併せ考えると，同条2項本文は，公用または公共の用等に供する固定資産について，その性格，用途にかんがみ，当該公用または公共の用等に供する固定資産の確保という政策目的のために，例外的に当該固定資産を非課税とする趣旨のものであり，同項ただし書の規定は，固定資産を借り受けた者がこれを公用または公共の用等に供する場合において当該固定資産の使用に対する代償として金員が支払われているときは，その金額の多寡にかかわらず，租税政策的見地から，さらにその例外として課税権者である市町村の裁量により当該固定資産の所有者に固定資産税を課することができることとしたものであり，同条3項の規定は，同条2項各号に掲げる固定資産が現実に当該各号に掲げる公用または公共の用等に供されている場合に限り当該固定資産を非課税とする趣旨を注意的に規定したものと解するのが相当である。

　以上のような地方税法348条2項および3項の規定の文理，内容およびその趣旨にかんがみると，固定資産の所有者が当該固定資産を同条2項各号に掲げる公用または公共の用等に供するとともに当該固定資産の全部または一部を有料で貸すなどしてこれを収益している場合であっても，当該固定資産が現実に当該各号に掲げる公用または公共の用等に供されている限り，市町村は，当該固定資産の所有者に対し固定資産税を課することができないものと解すべきであり，また，都市計画税についても同様に解すべきである。

地方税法348条2項六号にいう「公共の用に供する」とは，何らの制約を設けず，広く不特定多数人の利用に供することをいい，同号にいう「ため池」とは，耕地かんがい用の用水貯溜池をいうものと解される。本件各土地がため池として公共の用に供されていたといえるためには，本件各賦課期日において，本件各土地が客観的にみて耕地かんがい用の用水貯溜池としての機能を果たし得る状態にあっただけでは足りず，その貯溜水が現実に広く不特定多数人の耕地かんがいの用に供されていたことが必要であるというべきである。

　本件各土地は，いずれも，登記簿上その地目がため池および堤とされており，現実に水が貯溜する池およびその堤であるから，本件各賦課期日において客観的にみて耕地かんがい用の用水貯溜池としての機能を果たし得る状態にあったものと認められる。そこで，本件各土地が本件各賦課期日において現実に広く不特定多数人の耕地かんがいの用に供されていたか否かについて検討する。

　甲池については，近隣には現在においてもなお田畑が少なからず存在していること，監査請求に対する監査の結果の通知において，現に甲池の貯溜用水を利用して耕作を行っている者がある旨の認定がされていること，平成19年11月の堺市農業土木課長の堺市税政課長あての書面には，甲池についてA町水利組合名の回答がされていることが認められる。上記認定事実によれば，甲池は古くから堺市A町の住民により耕地かんがい用の用水貯溜池として総有的に利用されてきたものであり，遅くとも昭和44年ころまでにはA町会がこれを所有し，A町水利組合により管理され，現時点においてもその貯溜水がその近隣に少なからず存在する田畑のかんがいの用に供されているものと認められ，甲池の各土地は地方税法348条2項六号の「公共の用に供するため池と堤とう」にそれぞれ該当し，同項本文，同法702条の2第2項により，上記各土地に対しては固定資産税および都市計画税を課することはできないというべきである。

　乙池の土地は，付近には既に昭和50年ころから田畑は見当たらず，現時点においても田畑は見当たらないというのであり，これらに加えて当裁判所において上記土地が現時点において耕地かんがいの用にされていることを裏付ける証拠の提出を促したにもかかわらず前記農業土木課長の書面のみである経過をもしんしゃくすれば，上記土地の貯溜水をかんがいの用に利用し得るものと社

会通念上考えられる位置関係にある地域に田畑が存在することを認めるに足りないというほかない。そうであるとすれば，上記土地は，本件各賦課期日において，客観的にみて耕地かんがい用の用水貯溜池としての機能を果たし得る状態にあったか否かはともかく，その貯溜水が現実に広く不特定多数人の耕地かんがいの用に供されていたものとは証拠上認め難いというべきであるから，上記土地は，地方税法 348 条 2 項六号の「公共の用に供するため池」に該当しないものというべきであり，したがって，同項本文，同法 702 条の 2 第 2 項により上記土地を非課税とすることはできないというべきである。

> **コメント**　地方税法 348 条は分かりにくい規定です。特に，2 項本文と但し書，そして 3 項との関係が一読しただけではすっと頭に入りにくいと思います。まず，2 項本文では，主に公共の用に供する固定資産について，政策的見地から各号に掲げた非課税の固定資産を認めています。これに対して，2 項但し書は，固定資産を借り受けた者が公共の用等に供する場合でその使用の代償として金員が支払われているときは，所有者に対し，市町村の裁量によって固定資産税を課することができます。これに対して，3 項は，当該固定資産が目的外使用をされているときには課税する，言い換えると公共の用等に供されている限りは非課税であることを注意的に規定したものと解されています。
>
> 　以上を総合すると，本件判決がいうように，当該固定資産が現実に公共の用等に供されている限り，他に貸し出して収益を上げていても，非課税とするのは何ら問題ないと思います。
>
> 　そうすると，本件で問題となっているため池について，その上にデッキプレートが構築されて，建物敷地として利用されていても，現実に耕地かんがい用の用水貯溜池として利用されていれば，地方税法 348 条 2 項六号の「ため池，堤とう」として非課税となるわけです。甲池について非課税と認められ，乙池についてこれが否定されたのは，まさにこの事実認定による判断に違いがあったからと思われます。

【12】 学校法人が直接教育の用に供する非課税の固定資産とは何だろうか？

（東京地裁平成 23 年 10 月 21 日判決・ウェストロー・ジャパン）

事案の概要　Xは，仏教精神に基づいて大学等を運営する学校法人です。東京都Yは，平成 19 年 7 月に臨海副都心進出事業者公募要項を公表して，Xがこれに応募しました。その後，Xは，Yとの間で本件土地について売買契約を締結し，平成 20 年 9 月に所有権移転登記手続をしました。平成 21 年 1 月 1 日現在で本件土地が更地であったところ，東京都江東都税事務所長甲が，本件土地について，固定資産税と都市計画税の賦課決定をしました。Xは，Yに対し，本件処分について審査請求をしましたが，Yがこれを棄却する旨の裁決をしました。そこで，Xは，Yを相手に，本件土地が地方税法348 条 2 項九号にいう「直接教育の用に供する固定資産」に当たるとして，本件処分の取消しを求め提訴しましたが，東京地裁はこれを棄却しました。

判決の要旨　法 348 条 2 項九号にいう「直接教育の用に供する固定資産」の意義について，法 348 条 2 項九号は，学校法人等がその設置する学校において「直接教育の用に供する固定資産」については，固定資産税を課することができない旨を定めるところ，このような規定が設けられた趣旨は，学校法人等の有する公の性質および学校教育において果たす重要な役割に鑑み，学校法人等が教育の用に供する固定資産について，政策的な観点から，例外的に非課税とする点にあると解される。

　このような規定の趣旨を踏まえ，また，納税義務の公平な分担等も考慮すると，法 348 条 2 項九号にいう「学校法人等がその設置する学校において直接教育の用に供する固定資産」については，「直接……供する」とその文理にも即して，当該学校において教科の履修その他学校教育の目的とする教育活動が実施されることを常態としている固定資産をいうものと解するのが相当である。

　この点，Xは，①宗教法人の境内地等を非課税とする法 348 条 2 項三号の趣旨は，当該固定資産に担税力がないことにあると解されるところ，「直接教育の用に供する固定資産」について，応益（私益）の可能性がなく，担税力がないことは同様であるから，法 348 条 2 項九号の趣旨もこれと同様に解すべきで

あることや，②法の他の規定や他の法令の規定において,「供されている」や「供している」といった文言が用いられており,「供する」と使い分けられていること，③現実に，平成22年度および平成23年度の固定資産税等について，Yは本件各土地を非課税としていること等を挙げ，もって,「直接教育の用に供する固定資産」とは，現実に教育の用に供していなくとも，将来供することが客観的に明らかであるような固定資産も含むものと解すべきである旨を主張する。

しかし，①授業料を徴収することができる学校（学校教育法6条参照）の教育施設と，宗教法人が専らその本来の用に供する境内地等とを同列に論じ得るかについてはひとまずおくとしても，法348条2項九号が「直接教育の用に供する固定資産」を非課税とする趣旨が，学校法人等による学校教育の公共性ないし公益性に着目した政策的な理由によるものであることは，前記で述べたとおりであり，このような規定の趣旨等に照らせば，仮に，学校法人等の保有する現実に教育の用に供されていない固定資産について担税力を欠くものと考えるとしても，そのことをもって，当該固定資産が「直接教育の用に供する固定資産」に当たると解するのは困難というほかないから，Xの上記①の主張は採用することができない。

また，②「供する」との文言についても，既に述べた法348条2項九号の趣旨や，同号において「直接」性までもが要求されているその文理に照らせば,「学校法人等がその設置する学校において直接教育の用に供する固定資産」について，当該学校において教科の履修その他学校教育の目的とする教育活動が実施されることを常態としている固定資産というものと解すべきことは，前記で述べたとおりである。このことは，法の他の規定や他の法令の規定における「供する」との文言の意味内容のいかんや，それらにおいて「供している」等の文言も用いられている場合があることによって，直ちに左右されるものではなく，Xの上記②の主張も採用の限りではない。

さらに，③本件各土地に係る平成22年度および平成23年度の固定資産税等が非課税とされたことについては，弁論の全趣旨によれば，Yは，本件各土地が上記の各年度の賦課期日当時においてXの設置する学校のグラウンドとして使用されていたことを踏まえ，これらが「直接教育の用に供する固定資産」に

当たると判断したものであることが認められ，Xの上記③の主張は，その前提を欠くものというほかない。

本件各土地が「直接教育の用に供する固定資産」に当たるか否かについて，法348条2項九号にいう「学校法人等がその設置する学校において直接教育の用に供する固定資産」とは，当該学校において教科の履修その他学校教育の目的とする教育活動が実施されることを常態としている固定資産をいうものと解すべきところ，これを本件についてみると，本件各土地は，平成21年度の固定資産税等の賦課期日（同年1月1日）当時において，更地であったというのであり，本件においてXの主張するところによっても，本件各土地がその当時において教科の履修等が実施されることを常態とするものでなかったことは明らかというべきである。

そうすると，本件各土地が，上記に掲げた法348条2項九号に定める固定資産に当たるということはできないから，本件各土地を非課税としなかった点について，本件処分に違法はないものといわなければならない。

> **コメント**　地方税法348条2項九号にいう「直接教育の用に供する固定資産」の意義について，東京地裁は，「当該学校において教科の履修その他学校教育の目的とする教育活動が実施されることを常態としている固定資産をいうもの」と解しています。このため，賦課期日時点において実際に教育活動に実施されている常態でなければ，非課税にはならないことになります。「常態」とは，聞きなれない言葉ですが，「平常の状態」，あるいは「あたりまえの状態」という意味です。つまり，一時的に教育活動に使用されていたとしても，普段利用されていなければ，「常態」とはいえないことになります。Yは，平成22年度，23年度はXが学校のグラウンドとして使用していたことを踏まえて非課税としたのに対して，平成21年度は単なる更地として放置されていたことから課税されたのはやむを得ないと思われます。
>
> 　空き地であったことを理由に非課税と認めなかった東京地裁平成24年1月24日判決・判例秘書や，教育活動用に供する建物を建築中であるというだけでは，地方税法348条2項九号の「直接教育の用に供する固定

第3編　固定資産税に関する60の下級審裁判例　197

資産」に該当するとはいえないとした東京地裁平成25年2月6日判決・判例秘書も，同様な考え方と思われます。

【13】　老人保健施設の土地・建物が非課税となる社会福祉事業とはどういう場合だろうか？
（大阪地裁平成14年7月25日判決・判例秘書）

事案の概要　　Xは，昭和55年に社会福祉事業法に基づき認可を受けた社会福祉法人です。Xは，平成6年6月に大阪府知事から本件不動産からなる本件老人保健施設において，無料または低額老人保健施設利用事業を行うことに係る定款変更認可を受け，開設許可を受けました。茨木市長Yは，平成12年1月に平成7年度から平成11年度相当分の平成11年度の，平成12年5月に平成12年度の，各固定資産税の賦課決定処分を行いました。そこで，Xは，平成12年3月と6月に各異議の申立をしましたが，Yがいずれも棄却しました。そこで，Xが，本件不動産は旧地方税法348条2項十号（注：現地方税法348条2項十号の七）にいう「社会福祉事業の用に供する固定資産」に当たるとして，Yを相手に各賦課決定処分の取消しを求めて提訴したところ，大阪地裁は，Xの請求を認めました。

判決の要旨　　「社会福祉事業」の意義について，Yは，老人保健施設において，無料または低額老人保健施設利用の「事業」が行われていると解するためには，その無料または低額の利用が，それ自体「事業」であるといえる程度に，反復継続して行われていることが必要であり，その基準としては，厚生省通達が定める減免数割合が10％以上であるものとするのが社会福祉事業法および旧地方税法348条2項十号の解釈として妥当であると主張するので，この点につき判断する。

社会福祉事業の定義については，社会福祉事業法2条3項五号の二が「生計困難者に対して，無料又は低額な費用で老人保健法にいう老人保健施設を利用させる事業」が第2種社会福祉事業に当たる旨規定しているが，同規定には，社会福祉事業に該当するためには減免数割合が10％以上であることが必要で

あるとする旨の文言はない。もっとも，厚生省通達は，無料または低額老人保健施設利用事業の基準の1つとして，減免数割合が10％以上であることを掲げている。しかし，同通達は，無料または低額老人保健施設利用事業を行う者が遵守すべき事項および留意すべき事項を定め，指導監督権限を有する都道府県知事に対してその周知徹底を求めたものであり，同通達の示す「基準」は，無料または低額老人保健施設利用事業を行う者が遵守すべき事項を示したものと解される。したがって，同基準を満たさないからといって，当該事業が社会福祉事業の1つである無料または低額老人保健施設利用事業に該当しないというものではない。さらに，平成11年法律第15号による改正後の地方税法348条2項十号の七は，非課税要件として「社会福祉事業法第2条第1項に規定する社会福祉事業の用に供する固定資産で政令で定めるもの」と規定し，これを受けて，地方税法施行令および同法施行規則では，減免数割合が10％未満でも一部非課税となる場合を規定しており，減免数割合が10％未満の社会福祉事業の用に供する固定資産の存在を前提としていることが認められる。

　以上によれば，確かにＹの主張するとおり，「事業」というためには，一定の規模を備えて反復継続して無料または低額入所者の利用が行われることが必要であり，単に届出をしただけで社会福祉事業に該当するものではないが，減免数割合が10％以上でなければ社会福祉事業に該当しないと解すべき合理的根拠を認めることはできない。一定の規模で反復継続して無料または低額入所者の利用があり，社会通念上「事業」と認められるものであれば，社会福祉事業に該当するというべきである。本件老健施設においては，平成6年度から平成11年度まで，平成9年を除き減免数割合は10％に満たないものの，継続して相当数の無料または低額入所者の利用が行われてきており，社会福祉事業に該当すると認められる。

　「用に供する」の意義について，Ｙは，老人保健施設事業運営の実体に照らし，第二種社会福祉事業の用に供されているというためには，総利用者の10％程度の無料または低額の利用者がいなければならないと解することは相当であり，旧地方税法348条2項十号は，社会福祉事業の公益的性格にかんがみ，社会福祉事業の用に供する固定資産に対して固定資産税を課さないこととしたものと解され，専ら社会福祉事業のためにのみ用いられている不動産につき同号

を適用して非課税とすることについては異論のないところと考えられる。しかし，本件不動産は，本来は老人保健事業の用に供される老人保健施設であり，生計困難者に対して無料または低額の費用で利用させることにより社会福祉事業に当たるとされるのであり，社会福祉事業と他の事業のために併存的に利用されているということができる。このような不動産に対する固定資産税の課税の在り方については，①併存的であっても，社会福祉事業の用に供され，公益的性格が認められるから一律に非課税とする，②当該不動産が社会福祉事業の用に供される割合が一定以上のものについてのみ，非課税とするにふさわしい公益的性格を有するものとして，非課税とする，③社会福祉事業の用に供される割合に応じて，固定資産税の全部または一部を非課税とする，などの取扱いが考えられるところであり，課税に関する立法政策としてはいずれも相応の合理性を有するものということができる。

ところで，老人保健施設の制度は，昭和61年の老人保健法の改正により創設されたものであるが，厚生省通達が同制度の導入直後の昭和63年4月1日に，自治省通達が老人保健施設に対する最初の固定資産税の課税が行われる直前の同年12月5日に出されているという経緯からしても，両通達は，無料または低額老人保健施設利用事業の用に供される老人保健施設に対する固定資産税の課税につき，前記②の考え方に基づいて一定の基準を示すことを意図した通達であると認められる。そして，大阪府下のX以外の老人保健施設に対する調査嘱託の結果によれば，大阪府下における課税実務は，若干の例外を除いて，両通達の示した基準にほぼ依拠して行われていることが認められる。

しかし，以下の理由からすれば，旧地方税法348条2項十号にいう「社会福祉事業の用に供する固定資産」の要件として，減免数割合が10％以上であることが必要であると解することはできないというべきである。まず，旧地方税法348条2項十号は，単に「社会福祉事業の用に供する固定資産」と規定するのみであり，当該固定資産において営まれている老人保健施設において，社会福祉事業としての利用の頻度や割合につき何らの限定を付していないし，また，利用の頻度，割合等について基準を定めるための政令等に対する委任もされていない。

また，旧地方税法348条2項に列挙された他の非課税固定資産と比較しても，

たとえば同項九号は，学校法人等が設置する学校の施設につき，「直接保育又は教育の用に供する固定資産」を非課税とする旨規定しており，「直接」という規定の文言から，学校の施設であっても教育の用に使用される回数が極めて少なく，他の目的に利用される頻度の高いものは同号に該当しないという解釈をすることが可能である。これに対し，同項十号には「直接」，「主として」など，社会福祉事業としての使用の頻度，割合を規定する文言がないのであって，同号の解釈として，減免数割合が 10 ％以上必要であるとの厚生省通達の基準を読み込むことには無理があるといわざるを得ない。

　さらに，平成 11 年の改正後の地方税法 348 条 2 項十号の七は，非課税となる固定資産について，「社会福祉事業の用に供する固定資産で政令で定めるもの」と規定し，地方税法施行令，同法施行規則において，減免数割合に応じて全部または一部を非課税とする旨規定していることからすると，改正後の地方税法 348 条 2 項十号の七の「社会福祉事業の用に供する」固定資産とは，減免数割合に関わりなく，社会福祉事業のために使われている固定資産をいうものと解される。そして，同一の法令における文言の意義については，特段の定めのない限り，改正の前後を通じて同一に解すべきことはいうまでもないことからすると，改正前の地方税法 348 条 2 項十号の解釈に当たっても，社会福祉事業のために使われておれば，減免数割合が 10 ％以上であるか否かに関係なく，「用に供する」に当たると解すべきである。

　以上のとおり，減免数割合が 10 ％以上であることを要件とする自治省通達は，旧地方税法 348 条 2 項十号の正当な解釈として是認できるものではなく，この基準によって非課税対象を制限し固定資産税の課税をすることは，租税法律主義に違反するものといわざるを得ない。前記のとおり，本件老健施設では，各年度において，実際に社会福祉事業が行われ，本件不動産はその用に供されていたものであるから，本件不動産について固定資産税を課税した本件処分は違法であり，取り消すべきである。

コメント　本件判決は，旧地方税法 348 条 2 項十号について，通達により限定解釈することは，通達の分を超えるもので，租税法律主義に反するとしたものです。

第3編　固定資産税に関する60の下級審裁判例　**201**

確かに，法律の規定は抽象的すぎることが多く，それを具体化するために，行政は政令や省令にとどまらず，通達を利用することが常態化しています。とはいえ，行政機関が作成する通達が国会で制定される法律に違反することはできません。特に，国民の財産に対して直接的影響を与える税制については，憲法84条において租税法律主義が明記されているのですから，本件自治省通達を違法とした本件判決は妥当であると思われます。

【14】　直接その研究の用に供する非課税の固定資産とは何だろうか？

（大阪地裁平成18年3月23日判決・判タ1208号133頁）

事案の概要　大正時代に設立された財団法人Xは，大阪市から用地の提供を受けて，臨床医学研究用の本件病院を設立し，昭和56年と平成13年に各建物を築造しました。大阪市北区長Yは，平成14年4月に平成14年度固定資産税・都市計画税および償却資産税の年税額を賦課する処分を行い，翌15年2月に，平成14年度固定資産税・都市計画税を2億3,218万3,900円，償却資産税を6,020万8,100円にそれぞれ減額する本件各変更処分をしました。Xは，大阪市長に対し，平成15年3月に本件各変更処分に対する審査請求を行いましたが，棄却されました。そこで，Xは，Yに対し，本件各変更処分の取消しを求めて提訴したところ，大阪地裁は，本件各変更処分をいずれも取り消しました。

判決の要旨　法348条2項十二号の「学術研究のため直接その研究の用に供する固定資産」とは，常態として学術研究の目的に供する固定資産およびそれを物理的または機能的に維持管理するために通常必要とされる固定資産をいうものと解するのが相当である。そして，いかなる施設がこのような固定資産に該当するか否かは，当該研究機関が研究対象とする学術の内容や研究方法などを考慮した上で，個別具体的に判断すべきである。

そこで，まず，Xが研究の対象とする学術内容について検討するに，①Xは医学に関する総合研究を行うとともに，甲大学医学部における研究を助成する

などの目的を達成するために，本件病院を臨床医学研究用病院として付設したこと，②Xの評議員会や理事会の構成員の多くは甲大学医学部教授等甲大学の関係者であり，また，本件病院の多数の医師が，甲大学医学部等に教員として派遣されていること，③本件病院は，各研究科診療室，各研究科病棟，臨床検査部，病理解剖室および動物実験室など臨床医学研究のために必要な部屋と研究機器を備えており，臨床研修病院として指定されていること，④本件病院は，臨床医学研究に必要な診療情報等をデータベース化して，各研究科からいつでもアクセス可能な状態にしていること，⑤本件病院は，患者等に対し，薬の治験や研究目的での診療について協力や承諾を求める態勢を整えていること，⑥本件病院は，毎年，文部科学省から科学研究費補助金の交付を受けていること，⑦本件病院の医師らが各研究科の診療行為を通して，診断および治療方法の改善に関する研究を行い，研究の成果を論文発表や学会等によって報告していることなどの事実によれば，Xは，「医学に関する総合研究所」と「臨床医学研究用病院」とを兼ねた組織として本件病院を設立し，臨床医学研究を含む医学の総合的研究を行っているものと認められる。

　そして，臨床医学研究とは，医療における疾病の予防，診断および治療方法の改善，疾病原因および病態の理解ならびに患者の生活の質の向上を目的として実施される医学系研究であって，人を対象とするものをいうこと，臨床医学研究の中心は，「診療的研究」と呼ばれるもので，治療的関係にある被験者の診断・治療に関わる研究であること，診療的研究には，被験者の診療経過を通じて得たデータを後からまとめる「後ろ向き診療的研究」と事前に立案した研究計画に基づいて診療した結果として得たデータをまとめる「前向き診療的研究」とがあり，「前向き診療的研究」は，意図して一定の診療行為を行う実験的研究と観察的研究とに分けることができること，診療的研究においては，診療行為自体が自然科学研究における観察や実験に相当するものであることが認められる。

　このように，Xが臨床医学研究を含む医学の総合的研究を行っている学術研究機関であり，診療行為もその研究の一部であると解されることからすれば，本件不動産等のうち，臨床医学研究のための研究室や図書室などはもとより，診療室や病棟なども臨床医学研究のために使用されていると認められる限り，

常態として学術研究の目的に供する固定資産に含まれるというべきであり、これを物理的または機能的に維持管理するために必要な施設もこれに準じて扱うべきである。これに対し、職員の宿舎、他の者に貸し付けられている店舗および職員の福利厚生施設などは、「直接その研究の用に供する固定資産」には含まれないと解するのが相当である。

これに対し、Yは、本件病院も含め、病院事業の主たる目的は患者を治療することであり、病院に備え付けられている固定資産は、直接には患者を治療することに使用されているのであって、同資産が、臨床医学研究のために使用されていると認められる場合でも、それは間接的に臨床医学の用に供しているにすぎないと主張する。確かに、診療や治療のみを目的とした医療行為は臨床医学研究とはいえない。このような行為は、厚生労働省が平成15年7月30日に示した「臨床研究に関する倫理指針」の適用除外になっている。しかし、本件病院は、臨床医学研究を目的の1つとしており、人的・物的（臨床研究に関する独自の倫理規定や情報システムなど臨床医学研究のためのシステムを含む）両面において臨床医学研究施設としての実体を有し、本件病院における診療行為および診療結果を基に多数の研究発表がされているのであり、これによれば、本件病院における診療行為は、通常の病院におけるような診療や治療だけを目的とする行為ではなく、臨床医学研究行為であると認めることができる。

以下、この考え方に沿って、本件病院の主たる施設について、常態として臨床医学研究の目的に供する固定資産およびそれを物理的または機能的に維持管理するために通常必要とされる固定資産か否かを検討する。

本件不動産のうち、本館の各研究科診察室、各研究科病棟、各種検査室、手術室およびリハビリテーションセンター等は、臨床医学研究において不可欠な診療行為を行う施設であるから、これらは常態として臨床医学研究の目的に供されている施設であると認められる。また、研究実験室および動物飼育室等は、動物に対する手術や解剖を行い、新たな治療法を開発するなどのために使用されているから、臨床医学研究の目的に供されている施設である。

書庫・カルテ庫は、大量の症例・カルテ等を保管している場所であるが、臨床医学研究には、大量の症例等の分析が不可欠であるから、臨床医学研究の目的に供されている施設である。図書室は、臨床医学研究に関する文献等が備え

られている施設であり，同研究を行う上で必要な知識や情報を得るために設置された施設であるから，常態として臨床医学研究の目的に供されている施設である。

会議室・Aホール・医局等は，各研究者が研究結果を分析したり，他の研究者と意見交換したり，研究成果を発表する場であるから常態として臨床医学研究の目的に供されている施設である。

その他の施設も後述するのを除いた施設は，すべて常態として臨床医学研究の目的に供されているか，またはこれらの施設を物理的または機能的に維持管理するために通常必要な施設と解すべきである。

したがって，本件病院西館の一部である研究実験室および動物飼育室等のみを「直接その研究の用に供する固定資産」であると認定し，本件病院の各研究科診察室および病棟等上記各施設は「直接その研究の用に供する固定資産」に該当しないという判断に基づいて行ったYの本件各処分は，法348条2項十二号の適用を誤った違法な処分である。

なお，その他の施設についての判断および課税部分と非課税部分がある場合の課税方法は次のとおりである。

廊下，エレベーター，エスカレーター，パイプスペース，機械室，事務部，エントランスホール，患者待合室スペースおよび職員更衣室等は，それ自体は臨床医学研究の目的に供されている施設には当たらないが，臨床医学研究を行う各施設を物理的または機能的に維持管理するために通常必要とされる施設であると認められる。もっとも，エレベーター，エスカレーター，機械室，パイプスペースなどは，次の施設を物理的または機能的に維持管理するためにも通常必要であるから，その全部を非課税とすべきではなく，共用部分とした上で，各建物ごとに，課税部分と非課税部分との構成割合に応じて按分するのが相当である。

これに対し，職員食堂，職員休憩ラウンジ，病棟ラウンジ，レストラン，喫茶ラウンジ，花屋，コインロッカー，売店，理髪店，駐車場，格納庫，保育室とその関連施設は，他の者に貸し付けている店舗等，職員の福利厚生目的で設置されたもの，臨床医学研究に必ずしも必要とはいえないもの（駐車場），または利用状況が明らかでないもの（格納庫）などであり，常態として臨床医

研究の用に供している施設を維持管理するために通常必要とされる固定資産とは認められない。

このように，本件病院本館および同西館は，いずれも課税部分と非課税部分が混在する建物であるから，その構成割合に応じて按分して課税すべきである。また，上記各建物の敷地の用途は，各建物の用途と同様であるというべきであるから，上記各建物の敷地も，各建物と同様の比率で按分して課税するのが相当である。

以上のとおり，Yが税額変更した後の本件各処分はいずれも違法であり，Xの請求は理由があるから認容することとし，主文のとおり判決する。

コメント　地方税法 348 条 2 項には，各種の非課税固定資産が列挙されています。本件では，十二号の「直接その研究の用に供する固定資産」が問題となりました。一般の病院であれば，固定資産税が課されます。本件では，たまたま当該病院の施設が，十二号の「直接その研究の用に供する固定資産」になるかが争われました。大阪市は，研究室と動物飼育室などのごく一部しか「直接その研究の用に供する固定資産」と認めなかったのですが，大阪地裁は，Xの設立の経緯から具体的に判断して，診療行為に関係する施設も臨床医学研究の目的に供されている施設と広く認めたもので，妥当な結論と思われます。

なお，その後，Yが控訴しましたが，大阪高裁平成 19 年 6 月 26 日判決は，控訴を棄却しました（判例秘書）。

【15】 農業協同組合とは異なり，農事組合法人の事務所などには課税されるか？

（仙台高裁平成 14 年 10 月 31 日判決・裁判所ウェブサイト）

事案の概要　Xは，肉牛の飼育を営んでいる農事組合法人ですが，その所有する事務所，畜舎，堆肥舎等について，賦課決定がなされました。そこで，Xは，地方税法 348 条 4 項が，同じく農業協同組合法に規定

している農業協同組合および農業協同組合連合会が所有し，使用する事務所および倉庫に対しては非課税としているのであるから，農事組合法人の所有する事務所等についても非課税とすべきとして賦課決定の取消しを求めて提訴しましたが，原審の盛岡地裁がＸの請求を棄却したため，Ｘが控訴したところ，仙台高裁は控訴を棄却しました。

判決の要旨 農業協同組合法 72 条の 3（注：現 72 条の 4）が，農事組合法人の目的を同法 8 条（注：現 7 条）の農業協同組合および農業協同組合連合会に関する規定と対応する形で規定しているほか，農業協同組合法は，その設立手続および管理の点においても，農事組合法人と農業協同組合および農業協同組合連合会と異なる規定を設けているのであるから，両者間に公益性の程度に差異がないものとはいえない。そして，農業協同組合法が「組合」と総称しているのが農業協同組合および農業協同組合連合会のみ（5 条）であって，農事組合法人と法文上明確に区別して表示している以上，農事組合法人は地方税法 348 条 4 項における「農業協同組合法による組合」に該当しないものといわざるを得ない。

Ｘは，肉牛の飼育を営んでいるＸの畜舎が一定の堅固な構造と一定の規模を有するのは当然であって，その結果一定の資産価値を有するに至るのも当然であるとし，このことをもって一般家屋との権衡から課税客体とすることは論理の飛躍があり，公益性を有する農事組合法人の存在意義ないし社会的役割を没却する旨主張する。しかしながら，農事組合法人が公益性を有する団体としても，地方税法 348 条により課税の除外がされていない限り，その団体の有する固定資産が社会通念上家屋と認められれば，課税されることになる。そして，社会通念上家屋と認められるか否かは，不動産登記法上の建物とされ，固定資産上課税客体となる家屋との比較において検討される以上，構造，規模および資産価値等が勘案されるのは当然のことであって，Ｘの主張する事情がこれらの要素を勘案すべきでないとする理由にはならない。

コメント 地方税法 348 条 2 項以下において，非課税とされる固定資産が列挙されています。そこで，列挙している固定資産といくら類似している固定資産であっても，そこに明記されていない限り，

租税法律主義の建前から，非課税とするわけにはいかないことは当然といえましょう。

【16】 独立行政法人が所有する不動産の一部をレストランなどの営業目的で賃貸した場合には，その部分は課税対象となるか？

（東京地裁平成 19 年 10 月 11 日判決・判例秘書）

事案の概要　Xは，平成 13 年 4 月に，独立行政法人国立博物館法に基づいて設立された独立行政法人で，その後名称を独立行政法人国立博物館から独立行政法人国立文化財機構と改めています。東京都知事は，平成 17 年 1 月付で，Xが所有する不動産のうち，第三者に賃貸して，自動販売機の設置，物品販売またはレストラン営業を行わせている部分について，平成 14 年度分以降を課税対象と決定しました。その後，若干の減額処分がなされたものの，Xはこれに不服として審査請求をしましたが，棄却の裁決がなされたため，減額の賦課処分の取消しを求めて提訴したところ，東京地裁はこれを棄却しました。

判決の要旨　地方税法 348 条 6 項は，非課税独立行政法人の所有する固定資産については，原則として，固定資産税を課さないものとしている。これは，独立行政法人が公共性の高い業務を行うことを予定されており，特に，資本金の額等が全額国の出資によっており，その実施している業務のすべてが国から引き継がれたもの（非課税独立行政法人）にあっては，その業務の円滑・確実な実施という観点から，課税関係においても可能な限りこれを国と同視することの必要性・相当性が認められることによるものと考えられる。

　他方，非課税独立行政法人の所有する固定資産であっても，当該法人以外の使用するものにあっては，固定資産税の課税対象になるものとしている。これは，私人の通常の固定資産と同様の状態で使用されているものについてまで非課税とするのは，その使用の実態に照らして均衡を欠き相当でないことによる

ものと考えられる。そうすると，非課税独立行政法人の所有する固定資産であって，当該法人以外の者が契約等による独立した権限に基づいて使用しているものと認められるならば，法律的性質からみても，また，外形的にみても，その使用の実態において，私人の通常の固定資産の使用との間に差異はなく，固定資産税の課税対象になるものというべきである。

Xと各契約の借主は，当該契約内容に従って，自動販売機の設置，物品販売またはレストラン営業を行うことにより，本件各貸付部分を使用しているものと認めることができる。そうすると，本件各貸付部分は，X以外の者によって独立した権限に基づいて使用されているものといえ，地方税法348条6項にいう「当該固定資産を所有する非課税独立行政法人以外の者が使用しているもの」に該当し，固定資産税の課税対象になるものというべきである。

これに対して，Xは，本件貸付部分が課税対象にならないとし，その根拠について，次のように主張している。国所有の固定資産のうち，国以外の者が使用している固定資産については，交納付金法2条1項一号に基づき，国から当該固定資産の所在市町村に対して固定資産税相当額を市町村交付金として交付するものとされている。ここでいう「国以外の者が使用している固定資産」の意義については，「国が専ら公用又は公共の用に供している固定資産の一部をその設置目的に違背しない範囲において，かつ，当該固定資産の公用又は公共用としての効用を高めるような用途において他の者に使用させている場合を含まない」との確定した解釈が存在する。地方税法348条6項が非課税独立行政法人が所有する固定資産を原則として非課税としつつ，「非課税独立行政法人以外の者が使用している固定資産」を課税対象としたのは，非課税独立行政法人の高度の公共性にかんがみ，固定資産税に関して国と同等の取扱いをするのが妥当であって，国に対する非課税措置を受け継いだことによるのであるから，ここでいう課税対象である「非課税独立行政法人以外の者が使用している固定資産」は，市町村交付金の交付対象である「国以外の者が使用している固定資産」と同義に解すべきである。

しかしながら，地方税法348条6項は，固定資産税の課税対象（非課税措置の例外となるもの）について，単に，「非課税独立行政法人以外の者が使用しているもの」と規定するのみであって，それ以上の限定は付されていない。国有

財産等に関する市町村交納付金の運用が上記のようなものであったとしても，そうした運用を地方税法348条6項の解釈に反映させ，その文言からは離れた解釈の根拠とすべきものでもないというべきである。

これを本件各貸付部分との関係で実質的に考えても，本件各不動産は博物館として使用されており，そこにある展示物等を広く一般の観覧に供することをもって，本来の設置目的とみることができるところ，観覧者の便益につながるものであれば，展示物に関連する物品の販売や飲食物の提供に限らず，それ以外の様々な物品を販売しサービスを提供する施設を設置した場合にも，博物館としての効用を高めるものとみることが可能である。しかし，こうした施設全般について，他人が独立した権限に基づいて使用し営業している場合についても，広く非課税の扱いとすることを認めるならば，非課税独立行政法人所有の固定資産について，非課税財産と課税財産との区分の基準について定めた地方税法348条6項の存在意義を否定するにも等しいものになるというべきである。

市町村交納付金の交付対象の範囲に関する取扱いが運用によるものと解される一方，固定資産税の課税対象・非課税対象の区分の第一義的な基準となる地方税法348条6項の規定がそうした運用を直接反映しない形で整備された以上，それに従って課税対象の範囲を確定するほかないといわざるを得ない。見方を変えれば，他人使用の財産であるかどうかを課税対象・非課税対象の区分の基準にしている点においては，国に対する非課税措置の基本的内容を踏襲したものと評価することも可能であるから，運用面を含めた非課税対象の範囲が国所有の固定資産と厳密な一致をみないことをもって，直ちに独立行政法人制度創設時の基本的方針に反する結果とみるのは相当ではないというべきである。

以上判断したところによれば，本件各貸付部分は，地方税法348条6項にいう「当該固定資産を所有する非課税独立行政法人以外の者が使用しているもの」とみることができ，固定資産税の課税対象に該当するものというべきである。本件各課税処分はいずれも適法であるというべきである。

コメント　固定資産税の非課税措置を規定した地方税法348条は，1項で国や市町村等の公的な「法人」に対して，非課税としています。これに対して，2項では，公共的な使用に供されている固定資

産という「物」に着目して非課税としています。6項の「非課税独立行政法人」も「物」ではなく，法人に着目して非課税とされており，1項の規定の延長線上にあると思われます。

　そこで，Xは，非課税独立行政法人について，課税対象になるものは国と同様に考えるべきであると主張したのですが，東京地裁は，運用面についてまで厳密に一致する必要はないとして，この主張を退けたものです。

　確かに，非課税独立行政法人と国との間に，税務上の取扱い方が異なるのはやむを得ず，東京地裁の判断も不当とまでは言えないと思われます。

④　固定資産税の減免が認められる場合

【17】　家計が苦しいことを理由に固定資産税の減免申請が認められた例があるか？

（秋田地裁平成23年3月4日判決・判例秘書）

事案の概要　　Xは，妻とともにY市内に居住し，土地と家屋を所有しています。また，Xの基礎年金ならびに妻の基礎年金および厚生年金により生活しています。Yにおいては，地方税法367条を受けて，市税条例69条1項で，固定資産税の減免について，一号で「貧困により生活のため公私の扶助を受ける者の所有する固定資産」，四号で「前三号に掲げるもののほか，特別な事由がある固定資産」が定められ，また，Y市税減免に関する取扱要領では，固定資産税の減免対象者を市税条例69条1項一号または四号（一号に準ずると認められる者とする）に該当する者と定めるほか，4条，5条で，減免の判定基準および審査手順について，以下のとおり定めています。

　第4条　減免の判定には，生活保護法による保護の基準（昭和38年厚生省告示第158号。以下「本件保護基準」という）を参考として用いるものとし，具体的な判定基準は，次に掲げるとおりとする。

(1) 判定の対象　申請者（納税義務者）と生計を一にする世帯員全員の収入，資産等を対象とする。

(2) 収入金額　減免の申請月から1年間の収入を推計するものとし，原則として，税務資料による前年の所得をもとに，面談，申請書添付の書類及び調査によって得られた事実による当該年の状況変化を考慮し，推計する。

(3) 判定に用いる収入　次の収入とする。

　ア　給与収入，報酬及び賃金

　イ　事業収入（営業，農業，不動産等）

　ウ　公的年金等

(4) 最低生活費　本件保護基準により12箇月分の生活費を算出する。

(5) 手持金（預貯金等）　世帯員全員の手持金（預貯金等）の合計額から前号の規定による最低生活費の2分の1を控除した額とする。なお，第(3)号に掲げる収入が振り込まれている場合は，更に，それらを控除した額とする。

第5条　減免の承認又は不承認の決定に係る審査の手順は，次に掲げるとおりとする。

(1) 収入金額と最低生活費とを比較し，生活困窮の度合いを算出する。

(2) 手持金（預貯金等）の保有状況および個別の事情を考慮の上，担税力の有無について審査する。

(3) 前二号の結果を総合的に判断し，決定する。

　Y市長は，平成19年5月中旬，Xに対し，平成19年度固定資産税として，2万7,600円を課税しました。Xは，Y市長に対し減免申請を行いましたが，Y市長はこれを不承認としたため，Xは，Y市長に対し，不承認処分について異議申立をしました。これに対して，Y市長が棄却したため，Xが，Yを相手に，Y市長の減免申請不承認処分の取消しを求めて提訴したところ，秋田地裁は，同処分を取り消しました。

（判決の要旨）　本件取扱要領は，5条において，まず収入金額（1年間の推計）と最低生活費（12か月分）とを比較し，生活困窮の度合いを算出し（一号），次に，手持金（預貯金等）の保有状況および個別の事情を考慮

の上，担税力の有無について審査し（二号），最後に，前二号の結果を総合的に判断し，決定する（三号）との減免の審査の手順を定め，4条五号において，手持金（預貯金等）について，世帯全員の手持金（預貯金等）の合計額から上記最低生活費の2分の1を控除した額としており，減免の審査に当たって，手持金を考慮することを定めている。これは，生活保護において，保護開始時の程度の決定に当たって認定すべき手持金につき，当該世帯の最低生活費（1か月分）の5割を超える額とするとされている（厚生労働省社会・援護局保護課長通知）ことに準じたものと解される。

　上記の生活保護における取扱いの趣旨を考察するに，まず，生活保護法においては，保護の補足性が定められており（同法4条），「その利用し得る資産，能力その他あらゆるものをその最低限度の生活の維持のために活用することを要件として行われる」とされる。もっとも，一般世帯はもちろん被保護世帯においても繰越金を保有しているという実態があり，生活費は日々均等に消費されるものでもないから，手持金の保有を一切認めないとすれば，健全な家計運営ひいては自立助長を阻害するおそれがある。そこで，保護開始時の手持金のうち，いわゆる家計上の繰越金程度のものについては収入認定せず，その分については保護の程度の決定に当たって考慮しない（すなわち，取崩しは求めず，保有を認める）こととしたのが，上記の生活保護における取扱いの趣旨と考えられる。

　ところで，本件取扱要領4条および5条の手持金の規定は，前記の生活保護の取扱いに準じたものであって，同4条五号は文言からして手持金として考慮すべきものの範囲を定めたものとしか解されないところ，本件取扱要領5条二号と文言が同一（「手持金（預貯金等）」）であること等からすれば，同号の「手持金（預貯金等）の保有状況」とは，同4条五号により算出した額，つまり預貯金から最低生活費（年額）の2分の1を控除した額を指すものと解するのが相当である。したがって，本件取扱要領は，手持金が最低生活費（年額）の2分の1以下の場合には，手持金がないものとして審査し，手持金がこれを超える場合には，最低生活費（年額）の2分の1を控除した額のみを考慮する，すなわち，いずれの場合も最低生活費（年額）の2分の1の手持金については，取崩しは求めず，保有を認める趣旨と解される。

第3編　固定資産税に関する60の下級審裁判例　**213**

この点，市税減免の場面でも，公的救済を受けるものである以上，持てる資産を最低限度の生活の維持のために活用することが求められるのは当然であり（すなわち，生活保護の補足性は市税減免の場面でも基本的に妥当する），多額の預貯金を保有しつつ市税の減免を受けることは社会通念にもそぐわないから，預貯金を担税力審査に用いること自体には合理性がある。もっとも，繰越金を保有しているという実態および生活費は日々均等に消費されるものではないという前記の事情は市税減免の場面にも妥当するものであることからすれば，生活保護における取扱いと同様に，一定の手持金については，担税力の審査に当たって考慮しない（すなわち，取崩しは求めず，保有を認める）運用が求められるというべきである。そして，市税条例，国保税条例，本件取扱要領によれば，生活保護を受給する場合，固定資産税および国保税は減免される上，生活扶助，教育扶助，住宅扶助，医療扶助等国費から必要な給付を受けることになるので，保護開始に当たって厳格な審査が求められ，多額の手持金も必要ない。したがって，保護開始時の手持金については，基本的に家計上の繰越金程度のものに限って保有を認めるべきで，かつ，認めれば足りるのである。

これに対し，市税減免の場面では，生活保護と異なって市税が減免されるのみで国費から必要な給付を受けられるわけではないので，減免の審査は，生活保護を受給する場合よりも備えが必要であることに配意すべきであって，生活保護よりも相対的に緩やかとなるべきである。これによれば，たとえば，市税減免の場面において，前記の生活保護における取扱いをそのまま形式的・機械的に当てはめ，手持金の保有を家計上の繰越金程度（最低生活費（月額）の2分の1）に限って認めるような運用は，健康で文化的な最低限度の生活を保障するとともに，自立を助長することを目的とした生活保護法の趣旨に実質的に反し，許されないというべきである。そして，生活保護でさえも，保護開始後，保護費のやり繰りによって生じた預貯金の保有が一定の条件で認められるなど，自立更生のための資産保有が認められているのであるから，これとの均衡を失することのないよう，保有を認める手持金の範囲を定める必要がある。以上のような観点から考察するに，本件取扱要領4条および5条は，最低生活費（年額）の2分の1の手持金については，取崩しを求めず，保有を認める趣旨と解され，これは，生活保護の場合と比較して，12倍まで手持金の保有が認

められるもので，生活保護において保護開始後保護費のやり繰りによって生じ
た預貯金の保有が一定の条件で認められていることとの均衡にも適い，減免の
判定に当たり個別の事情も考慮されることになっている。これらによれば，最
低生活費（年額）の2分の1を超える預貯金のみを担税力審査に用いるという
本件取扱要領4条および5条に基づく運用は，生活保護法の趣旨にも反せず，
適法と解するのが相当である。

　本件での収入認定額について，Yは，Xの収入認定において，Xが作成した
計算表の記載に従って，介護保険料を4万4,640円と認定していること，Xが
作成した平成19年度の国保税減免に係る同年7月24日付け市税減免（免除）
申請書においては，介護保険料として4万4,600円との記載が5万1,330円と
訂正されていること，Yは，上記申請の収入認定においては介護保険料5万
1,330円を認定していることが認められる。ところで，処分の違法性の判断の
基準時は原処分時であると解されるところ，上記の事実によれば，介護保険料
が5万1,330円という事情は国保税減免申請がなされた同日時点で客観的に存
在した事情ということができ，これに，国保税減免申請は本件不承認処分から
わずか1月足らずの間になされており，この間にXの介護保険料に影響を与え
るような事情の変更はうかがわれないこと，介護保険料4万4,640円という認
定は，Xが作成した計算表の記載をそのまま採用したものであることがうかが
われるのに対し，国保税減免申請における介護保険料の認定は，申請書の記載
に訂正処理がされており，より精緻な検討がされた認定と考えられることを考
慮すると，介護保険料が5万1,330円という事情は，本件不承認処分時にも客
観的に存在した事情と認められる。したがって，Xの収入認定において，介護
保険料が5万1,330円と認定するのが相当である。そうすると，Xの収入認定
額は122万4,124円となる。

　本件での最低生活費の認定額について，Yが，Xの最低生活費の認定におい
て，Xが作成した計算表の記載に従って，医療扶助を10万7,112円と認定し
ていること，Xが作成した平成19年度の国保税減免に係る同年7月24日付け
市税減免（免除）申請書においては，水道工事費等として合計10万8,300円が
計上され，また，医療費として，「固定より増額＋領収書分」と記載され，平
成19年6月27日から同年7月19日までのXの妻の医療費に係る請求書兼領

収書が添付されていること，Ｙが，上記申請の最低生活費の認定においては住宅扶助（補修費）として10万8,300円，医療扶助（実費）として24万6,480円を認定していることが認められる。これらの事実によれば，住宅扶助（補修費）として10万8,300円，医療扶助（実費）として24万6,480円という事情は上記国保税減免申請がなされた同月24日時点で客観的に存在した事情ということができ，これに，上記で述べたとおり，上記国保税減免申請は本件不承認処分からわずか1月足らずの間になされていることや，申請書の記載および添付資料の内容を考慮すると，住宅扶助（補修費）として10万8,300円，医療扶助（実費）として24万6,480円という事情は本件不承認処分時にも客観的に存在した事情と認められる。したがって，Ｘの最低生活費の認定において，住宅扶助（補修費）は10万8,300円，医療扶助（実費）は24万6,480円と認定するのが相当である。そうすると，Ｘの最低生活費は165万3,770円となる。

　本件での預貯金の認定額について，前記のとおり，処分の違法性判断の基準時は原処分時であり，本件不承認処分は平成19年6月28日になされているところ，同年5月25日，Ｘの妻名義の貯金から60万円が引き出され，残高は9万7,398円となっていたことが認められ，また，Ｘ名義の貯金残高については，44万6,446円で争いがない。そうすると，Ｘ世帯の預貯金は合計54万3,844円と認めるのが相当である。

　前示のとおり，Ｘの収入金額は122万4,124円，最低生活費は165万3,770円であり，生活困窮の度合いは，収入が最低生活費を42万9,646円下回るものであった。そして，担税力の判断資料とすべき手持金は，本件取扱要領により，最低生活費の2分の1を控除した額となるところ，Ｘ世帯の預貯金等は，合計54万3,844円であり，最低生活費の2分の1の額を下回るから，手持金として計上することは認められない。そうすると，Ｘの家計状態は，最低生活費に達しないこととなる。Ｘの個別事情について，Ｘについて，担税力を増加させるような事情は認められない。

　以上によれば，本件減免申請は，市条例69条1項に該当し，減免の必要があると認められ，これを不承認としたＹの本件不承認処分には裁量権を逸脱した違法があるというべきである。

> **コメント** 本件は，地方税法 367 条の事案です。同法 348 条が固定資産税の非課税の範囲を規定しているのに対して，同法 367 条は，本来課税されるべき固定資産について，貧困や天災等の特別の事情がある者について，市町村の条例に定めるところにより，減免申請に基づき固定資産税の減額もしくは免除を認める制度です。
>
> 本件では，同法 367 条で明記されている「貧困に因り生活のため公私の扶助を受ける者」に該当するか否かが争われました。なかでも，担税力との関係で，保有している預貯金がどこまで認められるのかという点について，秋田地裁は，生活保護を認めるかどうかの場面では「月額」の最低生活費の 2 分の 1 が基準となるのに対して，固定資産税という市税減免の場面では「年額」の最低生活費の 2 分の 1 が基準となるとしたものです。つまり，12 倍まで緩やかに解釈しました。確かに，生活保護を受けられるかどうかは，公から積極的な金銭給付を受けられるかどうかの問題であるのに対して，市税の減免は消極的な問題ですから，より緩やかに解釈した本判決は妥当であると思われます。

【18】 朝鮮総連が使用する施設についての固定資産税の減免措置は認められるか？

（福岡高裁平成 18 年 2 月 2 日判決・判タ 1233 号 199 頁）

事案の概要 会社甲は，その所有する本件土地，建物のうちの固定資産税および都市計画税（以下「固定資産税等」という）免除対象部分（以下「本件減免対象部分」という）について，平成 15 年度分の固定資産税等の減免申請を行ったところ，熊本市は，これを認めて免除措置を行いました（以下「本件減免措置」という）。これに対して，熊本市の住民Xが，熊本市長Yを相手に，本件減免措置は違法であるとして，地方自治法 242 条の 2 第 1 項四号に基づく住民訴訟を提訴しました。原審は，Xの請求を棄却しましたが，福岡高裁は，本件減免措置の違法性を認めてXの請求の一部を認容しました。な

お，本判決について，Yより上告されましたが，最高裁は平成19年11月30日に棄却し，本判決は確定しました。

判決の要旨　地方税法における固定資産税等の納税義務者と減免事由について，地方税法343条1項は，固定資産税の納税義務者を固定資産の所有者と定め，同条2項は，この固定資産の所有者を，土地または家屋については，登記簿等に所有者として登記または登録されている者をいう旨定めている。また，同法702条1項は，都市計画税の納付義務者を土地または家屋の所有者と定め，同条2項は，この所有者とは，当該土地または家屋に係る固定資産税について同法343条において所有者とされ，または所有者とみなされる者をいう旨定めている。他方，同法367条が規定する固定資産税の減免のような地方税の減免は，地方公共団体が法令または条例の規定により課税権を行使した結果，ある人について発生した納税義務を，当該納税者の有する担税力の減少その他納税者個人の事情に着目して，課税権者である地方公共団体自らがその租税債権の全部または一部を放棄し，消滅させることによって解除するものであると一般に解されている。そうすると，固定資産税の減免事由の存否は，当該固定資産の納税義務者とされている登記簿等に所有者として登記または登録されている者について判断されなければならないことはいうまでもない。そこで，本件を見るに，本件減免措置の対象である本件土地および朝鮮会館について，登記簿に所有者として登記されているのは甲である。すなわち，本件減免措置の根拠としての減免事由の存否が判断されなければならないのは，この甲についてということになる。しかし，甲は，元々朝鮮会館を所有することを企図して設立されたにすぎず，会社としての活動は何ら行われていないものである。すなわち，甲は，地方税法367条が定める「その他特別の事情がある者」に該当しないことはもちろん，本件減免対象部分を本件条例50条1項二号に定める「公益のために直接専用する」者に該当しないことも明白であるから，甲が所有者として登記されている本件土地および朝鮮会館については，その固定資産税の納付義務者である甲に，地方税法367条および本件条例50条1項二号に定める減免事由は何ら認められないことになる。しかるに，この点について，Yからは何らの主張，立証もない。そうすると，本件減免対象部分が，Yが本件減免措置の根拠の1つとして主張する，地方税法367条の

下位規範である本件条例50条1項二号の下位規範である本件規則6条1項二号ウに定める「公民館類似施設」や「その他これらに類する固定資産」にそれぞれ該当するか否かを検討するまでもなく，本件減免措置は，既に違法といわなければならない。

　仮に，上記「公益のために直接専用する固定資産」という減免事由の存否を納税義務者自身についてではなく，現実の利用者について判断すべきであるとしても，次のとおり，本件では，この減免事由は存在しないというべきである。すなわち，上記「公益のために直接専用する固定資産」とは，上記説示のとおり，地方税法367条の「その他特別の事情がある者」を受けて規定されているが，その内容については必ずしも明らかではない。しかし，地方税法および本件条例がいずれも我が国法体系の中の法令である以上，この「公益のために」とは，「我が国社会一般の利益のために」と解すべきことは，文理上からも，また，その対象が我が国内の固定資産である土地または家屋等である以上，当然である。そこで，本件を見るに，上記認定の，朝鮮総連の組織および活動等，管理会と朝鮮総連との関係等，朝鮮会館内の部屋に関する各事実，特に，朝鮮会館の大部分の部屋を，朝鮮総連の地方組織である朝鮮総連熊本県本部および朝鮮総連熊本支部，朝鮮総連の傘下団体である商工会等や朝鮮総連の事業体である朝鮮新報社が，甲ないしは管理会から無償で借り受けて，その事務室，応接室，会議室として使用し，その室内には金親子の写真が掲げられている事実，甲や管理会の役員には朝鮮総連熊本県本部等の役員が就任している事実からすると，朝鮮会館全体が，朝鮮総連の活動拠点として，そのために専ら使用されていることは明らかであるといわなければならない。すなわち，このような朝鮮会館の使用が「我が国社会一般の利益のために」ということができるかが問われることになる。この観点から見たとき，上記認定の朝鮮総連の組織および活動等に関する事実からは，朝鮮総連が，北朝鮮の指導のもとに北朝鮮と一体の関係にあって，専ら北朝鮮の国益やその所属構成員である在日朝鮮人の私的利益を擁護するために，我が国において活動をおこなっていることは明らかである。このような朝鮮総連の傘下団体である商工会等事務室やその事業体である朝鮮新報社事務室部分については本件減免措置の対象外としているが，このことは，その包括団体である朝鮮総連の活動の評価としても同様というべきである。

第3編　固定資産税に関する60の下級審裁判例　**219**

　上記説示のとおり，本件減免対象部分の利用者である朝鮮総連の使用が上記「公益のために」という要件に該当しない以上，本件減免措置は，上記減免事由が存在しない違法な処分といわなければならない。

　本件規則6条二号ウの「公民館類似施設」と本件減免対象部分について，上記「公民館類似施設」が社会教育法42条に規定する「公民館に類似する施設」を指すことは明らかであり，同法20条によれば，公民館は，実際生活に即する教育，学術および文化に関する各種の事業を行う施設とされている。この公民館類似施設が，上記「公益のために直接専用する固定資産」を例示列挙したものであることはいうまでもない。これらのことからすれば，この公民館類似施設等とは，専ら上記の意味における公益的な活動を目的，内容とする施設を指すものと解するのが相当であり，公民館と同様に，一定の属性を有する者を対象とした施設ではなく，一定区域の住民を広く対象とした施設を予定しているものと解するのが相当である。そして，公平性が強く要請される課税事務において，このような減免事由が例外的に不公平な取扱いを正当化する要件であることに照らすと，この公益性の有無に関しては，当該固定資産で営まれる事業の目的および内容，その設備内容，さらにはその利用実態等の具体的事実の存否を客観的資料でもって認定した上で，その事実をもとに厳格に判断されなければならない。そこで，本件減免対象部分についてみるに，まず，上記認定のとおり，定款によれば，管理会は，各種団体に対する事務所・会議室等の無償貸与，各種会合のための会場の無償貸与などの事業を行うとされているが，その使用目的においては，必ずしも教育，学術，文化等の公益活動であることを要する等の限定はされていない。また，朝鮮会館のうち，商工会等の事務室や朝鮮新報社の事務室部分については，Y自身，上記のとおり現に公益のために使用されているとはいえないと判断しているが，これら課税対象部分と本件減免対象部分について，特に区分されて使用目的が定められているわけではない。このように，朝鮮会館の運営規則上，本件減免部分が専ら上記「公益のために」使用されるべきものとは定められていないのである。次に，朝鮮会館の利用状況についても，上記認定のとおり，本件減免を申請した甲代表者，すなわち，管理会代表者で朝鮮総連熊本県本部委員長でもある丙から熊本市の担当者に対してるる説明がされているものの，これを客観的に認めるに足りる資料

の提出は全くない。逆に，上記認定の平成17年8月1日から同年9月2日までの利用状況を見る限り，特に，この期間が一般的には夏期休暇中の活動期間であると思われるにもかかわらず，朝鮮会館が上記「公益のために」利用された形跡は全く認められない。これらのことからすると，本件減免措置の当時も，朝鮮会館が必ずしも上記「公益のために」という目的，内容の施設としてふさわしい利用状況であったかについては，大いに疑問があることになる。結局，本件減免部分については，上記減免事由の存在を未だ認めることができないといわなければならない。

　以上のとおり，本件減免対象部分については，地方税法367条，本件条例50条1項二号，本件規則6条二号ウに規定する固定資産税の減免事由が存在するとは到底認められない。

　Yは，固定資産税の減免事由に関する市長の裁量権について，るる主張する。しかし，厳格な租税法律主義のもと，租税法領域での課税庁の処分に自由裁量は認められず，裁量が認められるとしても，それは，法規裁量の範囲内であることに異論はない。このことは，固定資産税の減免事由についても同様である。そうすると，上記説示のとおり，本件減免対象部分の納税義務者である甲に公益性が認められないばかりでなく，朝鮮総連等の使用についても公益性が認められないことからすれば，本件減免対象部分が，本件条例50条1項四号に規定する「市長が特に必要と認める固定資産」，さらには，本件規則6条五号に規定する「その他，前各号に準ずるもので，市長が認めるもの」に該当するものとは認め難いことになる。実際にも，本件減免措置において，Yは，上記各号の要件該当性の有無を判断したものとは認められない上，審理においても，法規裁量としての要件該当性について何ら主張，立証をしない。したがって，Yの上記主張は，到底採用の限りではない。

　上記説示のとおり，本件減免措置は，違法なものといわざるを得ない。しかし，本件減免措置は，地方税法367条，702条の8第7項，本件条例50条1項二号，150条本文，本件規則6条二号ウに該当するものとして，所定の手続により行われたものであるから，その瑕疵が重大かつ明白で，当然に無効とまで言い難い。したがって，Xの本件減免措置の無効確認請求については，未だ理由がないといわざるを得ないが，これと選択的関係に立つ本件減免措置の取

消請求は，理由があるといわなければならない。

　上記説示のとおり，Ｙは，本件減免措置をすることによって，甲が納税義務者として負っている本件対象部分の平成15年度分固定資産税等を免除したものであり，その賦課徴収を怠ったものではない。すなわち，本件減免措置は，地方自治法242条の2第1項三号所定の「怠る事実」に当たるものではないことになる。また，本件減免措置に関しては，監査委員が同法242条4項に基づいて，本件減免措置を取り消して免除額を徴収するよう勧告しているが，勧告がＹに対してその内容どおりの法的拘束力を持つとまでは認められないから，勧告に従わなかったこと自体が独自に違法性を帯びるとも言い難い。したがって，本件減免対象部分に対する徴収権不行使の違法確認請求は理由がない。

　本件減免措置をするに当たり，Ｙがその減免事由の存否の判断を誤って違法に本件減免措置をしたこと，その結果，熊本市が本件減免措置に相当する本件対象部分に係る平成15年度分固定資産税等の租税債権30万5,300円を喪失するという損害を被ったことは，いずれも上記説示から明らかである。そこで，本件減免措置に際しての乙の注意義務違反の有無が問題となる。この点，Ｘは，乙の故意を主張するが，その主張の中には当然乙の過失，すなわち注意義務違反の主張も含まれていると解するのが相当である。そして，前記認定の本件減免措置の経緯に関する事実，上記説示の本件減免措置の違法内容からすると，その担当者に対する指揮監督上の義務を含めて乙の注意義務違反が事実上推認されるので，Ｙにおいて，乙にこの注意義務違反がなかったことについて，主張，立証をしなければならない。しかし，Ｙからはこの点についての主張，立証は何らない。そうである以上，乙は，熊本市に対し，上記金額について不法行為による損害賠償義務を負っているといわなければならない。そして，Ｘは，上記損害に併せて，地方税法369条1項に規定する延滞金相当の損害を主張する。しかし，本件減免対象部分の納税義務者である甲において，未だその納期限後にその税金を納付する場合に該当するとはいえないから，この延滞金は未だ請求できず，この延滞金相当の損害は未だ発生していないといわざるを得ないことになる。結局，Ｘが本訴において求める乙に対する損害賠償請求は，上記30万5,300円について理由がある。

　なお，Ｘは，本訴の乙に対する損害賠償請求について，賠償命令という表現

を用いているが，乙は熊本市長の職にあった者である以上，地方自治法242条の2第1項四号ただし書きが規定する賠償の命令の対象となる者ではなく，同号本文の損害賠償等の請求の対象となる者にすぎない。したがって，このXの上記四号請求を上記説示のとおり乙に対する同号本文の請求として判断する。

　以上のとおり，Xの請求のうち，本件減免措置の取消請求および上記の限度における乙に対する損害賠償請求はそれぞれ理由があるが，その余の請求はいずれも理由がないことになる。

コメント　　本件も地方税法367条の固定資産税の減免制度の適用の有無の問題ですが，秋田地裁判決の「貧困」の事例と異なり，同条の「その他特別の事情がある者」ないしは条例で規定する「公益のために直接専用する固定資産」に当たるかが問題となりました。より具体的にいえば，朝鮮総連が使用する「朝鮮会館」が，公民館類似施設として，固定資産税等の減免対象となるかという問題で，本件の熊本市に限らず，全国各地で同様の訴訟が提起されました。

　福岡高裁は，原審の判断を変更し，固定資産税の減免事由が認められないとして，市長の免除措置を取り消しましたが，その理由として，「公益のために」について，「我が国社会一般の利益のために」と解すべきであるから，北朝鮮の国益のために活動している朝鮮総連が使用する会館はこれに該当しないと判断しています。

　朝鮮会館では，在日朝鮮人のためのパスポート発行事務手続等をしており，在日朝鮮人も我が国で居住し，税金も支払っている以上，我が国社会の一員といえるので，在日朝鮮人のための会館について公益性が全くないとはいえないと思います。とはいえ，昨今の北朝鮮の対日本に限らず，対世界に対する特異な立ち位置にかんがみると，公益性を認定することについて，裁判所としても二の足を踏むことはやむを得ないと思われます。

　現に，長野地裁平成20年2月22日判決・判タ1284号189頁，神戸地裁平成22年11月2日判決・判例秘書，大阪高裁平成25年12月13日判決・判例秘書等は，各市長の固定資産税の免除措置について，いずれも会館等の公益性を否定して，取り消しています。

第3編　固定資産税に関する60の下級審裁判例　223

5　固定資産評価基準の拘束力

【19】　山林の価格がいい加減で，固定資産評価基準に違反した事例があるか？

（東京地裁平成14年10月18日判決・裁判所ウェブサイト）

事案の概要　Xらは，東京都青梅市内の本件各山林を共有する納税義務者です。青梅市長は，平成9年3月に，本件各山林の平成9年度の各価格を決定し，土地課税台帳に登録し，同年4月1日から縦覧に供しました。これに対して，Xらは，同年4月28日に審査申出をしましたが，青梅市固定資産評価審査委員会Yがこれを棄却する旨の決定（以下「本件各決定」という）をしたため，Yを相手に本件各決定の取消しを求めて提訴したところ，東京地裁はXらの請求を認めました。

判決の要旨　統一的な評価基準による評価によって各市町村の評価の均衡を図り，評価に関与する者の個人差に基づく評価の不均衡を解消しようとする地方税法および評価基準の趣旨に照らすと，登録価格の評定が評価基準に適合しない場合には，仮に登録価格が賦課期日における対象土地の客観的時価以下であったとしても，上記登録価格の決定は地方税法に反するものというべきである。

　ところで，評価基準は，山林の評価方法を，①状況類似地区を区分する，②状況類似地区ごとに標準山林を選定する，③標準山林について，売買実例価額から評定する適正な時価に基づいて評点数を付設する，④標準山林の単位地積当たり評点数に，「山林の比準表」（評価基準別表第7）により求めた各筆の山林の比準割合を乗じるなどによって，状況類似地区内の各筆の山林の評点数を付設する，⑤評点数を評点1点当たりの価額に乗じて各筆の山林の価額を求めるという標準山林比準方式によって行うことを定めている。

　そして，評価基準は，状況類似地区を区分する際には，地勢，土層，林産物

の搬出の便等を総合的に考慮することを求めるが，これらは，①標高，傾斜角度，傾斜方法など林産物の生育・産出量，経営立地に影響する地形条件としての地勢，②林産物の生育に影響する土層の厚さ，不良土層の有無，③搬出地点から幹線道路までを運搬する支線道路の粗悪度，幹線道路の粗悪度など，前記「山林の比準表」では補正できない林産物の搬出の便，④経営立地条件，災害条件，樹種，利用上の制限等，山林の価格事情に影響を及ぼすその他の要素をいうものと解すべきである。

そこで，状況類似地区10の地勢の類似性についてみると，同地区には2つの川と3つの尾根があり，山麓に位置する山林や頂上に位置する山林が混在しているため，同地区内の最高標高地点と最低標高地点との標高差は561mに及び，傾斜方向も様々なものがあるほか，傾斜角度も15度未満の部分から40度以上のものまで含んでいることが認められる。そして，同地区内の小字ごとの相違をみると，各小字ごとに一定の特徴を示していることが認められる。なお，小字の地勢をみると，その地勢に一定の特徴を有していることも窺われる。これらによれば，状況類似地区10は，地勢の点からみて，同地区内の13の各小字相互に状況が類似していると認めることは困難である。また，「1つの状況類似地区の標高差の範囲は概ね500m未満とする」とのY主張の基準をも満たしていないことも認められる。次に，土層について検討すると，状況類似地区10は，土質の異なる部分を含むことが認められるが，表土，全土層等の土層の厚さが類似しているか否かは不明である。また，土層と密接な関係があるといわれる地勢について状況類似性が認められないことは前記のとおりである。さらに，林産物の搬出の便についてみると，状況類似地区10には，標準山林10，本件山林6ないし9の各山林のように，支線道路を使用しなければ幹線道路に搬出できない山林がある一方，本件山林3，4，10ないし14の各山林のように直接幹線道路に林産物を搬出できる山林が存することが認められる。支線道路を利用しなければならない山林と直接幹線道路を搬出地点とする山林とでは林産物の搬出の便を大きく異にするというべきである。そうであるとすれば，状況類似地区10は，林産物の搬出の便からみて，同地区内の13の各小字相互に，その状況が類似していると認めるに足りる証拠はないというほかない。以上によれば，状況類似地区10は，地勢，土層，林産物の搬出の便等を総合的

に考慮すると，同地区内の13の各小字相互に状況が類似しているとは認める
ことができない（以下，状況類似地区11，23も同様の判断なので略）。以上のとお
り，本件各決定に係る状況類似地区の区分は，地勢，土層，林産物の搬出の便
等の観点からみて，相互に当該状況が類似しているとは認められない複数の小
字をまとめて1つの状況類似地区として区分した点において，評価基準に適合
しない違法があるというべきである。

　本件各決定に係る状況類似地区の区分が評価基準に適合しているものとはい
えないから，各状況類似地区ごとに選定されるべき標準山林の選定も，評価基
準に適合したものということはできないことになる。そうであるとすれば，本
件各決定は，これらの点において既に違法であり，いずれも取り消されるべき
ものというべきであるが，Xらは，標準山林に対する評点数の付設方法も評価
基準に従っていない違法があると主張し，Xらが違法であると主張する点は，
個別の標準山林に対する評点数付設固有の違法ではなく，標準山林に対する評
点数付設方法一般に関するものであるので，この点についてもさらに判断をす
る。

　評価基準によれば，標準山林に対する評点数付設は，①売買山林の売買実例
価額について，その内容を検討し，正常と認められない条件がある場合におい
ては，これを修正して，売買山林の正常売買価格を求め，②当該売買山林と標
準山林の位置，地形，土層，林産物の搬出の便等の相違を考慮し，売買山林の
正常価格から標準山林の適正な時価を評定し，その際，基準山林との評価の均
衡および標準山林相互間の評価の均衡を総合的に考慮するという方法によって
行うことを定めている。ところが，標準山林10，11，23の各山林に対する評
点数の付設は，昭和39年度に選定した標準山林をそのまま維持し，その評価
額に一定の倍率を乗じたものをもって各評価年における評価額とし，平成6年
度の評価においては，平成3年度の評価額のままで据え置き，平成9年度にお
いてもその価格を据え置くという方法によって行われ，その結果，標準山林
10の1㎡当たりの評価額が36.75円，標準山林11の1㎡当たりの評価額が
38.70円，標準山林23の1㎡当たりの評価額が32.40円とされている。この点
について，Yは，形式的には評価基準の定めと異なる方法によって標準山林の
評点数を付設していることにはなるが，平成9年度の評価について参照される

べき山林の売買実例は 7 件にすぎず，全ての状況類似地区に山林の売買実例が
あるわけでもないから，売買実例価額を基準として適正な時価を求めることは
現実には不可能であるところ，昭和 39 年度以降，青梅市においては林道の整
備が進められてきたものの，地形や土層等には特段の変動がないこと，基準山
林である標準山林 11 の評価額は，東京都知事が青梅市における基準山林の「適
正な時価」として調整した価額（1,000 ㎡当たり 3 万 8,700 円）と一致することに
照らせば，評価基準と異なる方法であっても，評価の均衡は保たれており，標
準山林の評点数の付設は適正に行われていると主張する。

　しかし，評価基準は，「標準山林の位置，地形，土層，林産物の搬出の便等
の相違を考慮した上で，売買山林の正常売買価格から標準山林の適正な時価を
評定する」としていることからすれば，各状況類似地区ごとに売買事例が存せ
ずとも，青梅市内の売買実例から各標準山林の適正な時価を評定することは不
可能ではないというべきである。そして，青梅市内には，平成 9 年度の評価に
おいて参照可能な 7 件の山林の売買実例があったことが認められるから，これ
らの売買実例について，正常と認められない条件があるか否かについて検討せ
ずに，評価基準によらない方法を取ることは許されないというべきである。ま
た，上記の点を措くとしても，昭和 39 年度に行われた評価が適正であったの
か否か自体必ずしも明らかではない以上，Y も認めるとおり，昭和 39 年以降，
青梅市においては林道整備が進められてきたのであるから，それによって，林
産物の搬出の便の良否の点で，山林の評価に大きな影響があることは明らかで
あるにもかかわらず，各標準山林の評点数付設に際して，林道整備の有無を確
認，考慮した形跡が全くないことからすれば，昭和 39 年度の評価額に一定の
倍率を乗じるという手法による評点数付設に合理性があるとは認められない。
以上によれば，標準山林 10，11，23 の各山林に対する評点数の付設は，評価
基準の定めに従って行われたとは認められず，その手法に合理性があると認め
ることもできないから，評価基準に適合しない違法があるというべきである。

　X らは，本件山林 1 および本件山林 2 の搬出地点とされている市道沢 751 号
線は，幅員 1.5 メートル未満の木馬等が通行可能な程度の人道にすぎず，支線
道路または幹線道路のいずれにも当たらないから，本件山林 1 および 2 の各山
林に係る決定は，「搬出地点の標高」に誤りがあると主張する。そこで，検討

第3編　固定資産税に関する60の下級審裁判例　　227

するに,「山林の比準表」によれば,「搬出地点の標高」とは,「林産物が通常搬出される支線道路（支線道路がなく直接幹線道路に搬出されるときは幹線道路）の地点」によるものとされ,「支線道路」とは,「幹線道路以外の道路で牛馬車又はそりの通行できる道路並びに管流路」をいうとされているところ, 751号線が牛馬車またはそりの通行できる道路であると認めるに足りる証拠はない。したがって, 本件山林1, 2の各山林に係る各決定は, 搬出地点の標高に誤りがあり, 評価基準に適合せず違法というべきである。

コメント　山林については, 宅地と異なり, 元々の価額も低いことから, 3年ごとの固定資産税評価も相当いい加減にならざるを得ないかもしれません。それにしても, 平成9年度の評価に際して, それより30年以上前の昭和39年度の評価額に一定の倍率を乗じるというのは手抜き評価といわれても仕方のないところです。

また, 他の裁判等において, 市町村側は固定資産評価基準を遵守しているといっていますが, 本判決をみると, 現実はそうでもない場合があることがわかります。納税義務者としては, 市町村が評価に手抜きをする場合があることも念頭に置いて, チェックする必要がありそうです。

【20】　土地の固定資産税の評価額は収益還元価格を超えることができるか？

（東京高裁平成14年10月29日判決・判タ1109号272頁）

事案の概要　本件は,【19】最高裁平成18年7月7日判決によって差し戻された原審判決です。つまり, 最高裁で否定された考え方ですから, ここで取り上げるのはどうかという意見もあろうかと思いますが, 法律ではない不動産鑑定評価基準に対する裁判所の有力な考えを示していること, 不動産の評価について今日の主流ともいえる収益還元法をいち早く取り入れていることから, 思考の整理として意味があると思い, ここで紹介します。

判決の要旨　固定資産評価基準による価格の評価は，多数にのぼる対象土地について，逐一鑑定するなど，手数と費用をかけて評価することに代えて，地域ごとにいわば全体を代表する土地（標準宅地）を決めて，これを正確に評価し，残りの土地については，これをもとに類推して，価格を決める仕組みである。課税に係るコストを低減しながら，ある程度の幅での価格の妥当性を確保する手法として，法によって認められたものであるから，この基準によって評価されていれば，その価格に一応の妥当性があるものと推認することができる。しかしながら，たとえば標準宅地の選定や価格の判定においては，一義的に決定し難い様々な要素や価値判断が混入してくるのであり，この基準によって評価されたというだけでは，常に評価の妥当性が保証されるものでもないものである。したがって，訴訟における審理や評価審査委員会における審査の結果，この基準による評価と異なる価格をもって相当と認められる場合には，審理や審査の結果相当と認められる価格に修正しなければならない。また，訴訟の審理や委員会の審査では，前記のような評価基準の定める手法に限定されず，適正な価格の認定にとって有用なものであれば，たとえば鑑定などで直接その不動産の適正な時価を判定することも可能である。固定資産評価基準は，市町村長を拘束するが，法規のように裁判所や委員会および国民を拘束するものではない。

　「適正な時価」の意義について，法に規定があるわけではない。法は固定資産税の制度の趣旨からして，適正な評価をすることを求めているにすぎない。そして，財産税であるから常に売買実例価格でなければならないとすれば，固定資産である建物や農地も売買実例価格によって評価しなければならないこととなろう。しかし，建物の評価については，売買実例価格や市場価格は採用されず，再建築費で評価されている。また，農地の評価についても売買実例価格ではなく，収益還元価格が採用されている。このこと１つをとっても，財産税だからアプリオリに売買実例価格あるいは市場価格になるということに，根拠のないことは明らかである。売買実例価格（市場価格）説は，一種のドグマにとらわれた解釈であり，法の適正な解釈は，固定資産税の制度趣旨の探求によってのみ，実現されるべきなのである。土地の市場価格は，①将来の一定時期における売却により取得する現金収益をそれまでの中間利息を控除して現在価

格に直した価格のほか，②将来の各年度ごとの賃料収入による現金収益につい
て，それまでの中間利息を控除して現在価格に直した価格，および③評価年度
自体の賃料収入による現金収益，以上①ないし③を合計して算出する（いわゆ
る割引現在価値法，DCF法）。①によって，市場価格の中には，将来土地が値上
がりすると予想されるときは，その値上がり益が含まれる。また，②によって，
市場価格の中には，将来の収益の現在価値部分が含まれる。

　ところで，固定資産税は，財産税であるが，我が国の敗戦直後に課せられた
財産税や富裕税のように，個人を基準にその所有する財産の多寡によって税額
を決定する人税ではなく，個人を離れ財産や収益に着目して課される物税であ
る。最高裁昭和47年1月25日判決が判示するとおり，固定資産税は，人税で
はなく，物税なのである。そして，固定資産税は，毎年課される税金である。
人税としての財産税では，財産の市場価格によって個人が所有する財産の多寡
を評価しても，特に問題を生じない。しかし物税である財産税であって，かつ，
毎年課される固定資産税については，値上がり益や，将来の収益の現在価値部
分に課税することは，その制度本来の趣旨に反することである。けだし，物税
とは，いわば物それ自体が税を負担する税であるが，値上がり益は，本来売り
主に帰属するものであって，物それ自体や買い主には帰属しないからである。
帰属しない利益をあたかも帰属するかのようにして課税するのは，税の制度そ
のものを否定するに等しく，容認されえないものといわねばならない。Yは，
この点に関して，その物の標準的な収益で固定資産税が支払えなければ，所有
者がその他の所得や貯蓄を取り崩して支払えばよいと主張する。しかし，これ
は，物それ自体が税を負担するという物税の意味を理解せず，固定資産税をあ
たかも人税（その人個人の所得や資力などの担税力で支払う税）であるかのよう
に主張するものであり，採用することができない。また，毎年課される物税に
おいて，その年以外の将来の収益の現在価値に課税することは，その収益が生
まれる年度の課税の財源を先食いするものである。その将来の年度が到来した
時には，課税のもとになる税源は失われていることになるから，制度自体が自
らその存在根拠を否定するに等しい。商法の分野でのいわゆるたこ足配当など
と同じく，不健全な考え方であるといわねばならない。以上のようなことから，
固定資産税の課税標準である「適正な時価」は，値上がり益や将来の収益の現

在価値を含まない，当該年度の収益を基準に資本還元した価格によって算定されねばならないのである。

固定資産税は，固定資産が毎年生み出す現実の収益に課される税金ではない。その固定資産によって標準的にあげうる収益に課される税金である。現実の収益であれば，その固定資産の利用の巧拙その他の所有者個人の事情に影響される。これに対して標準的にあげうる収益は，利用の巧拙その他の個人的な事情に影響されない。そこで，標準的な収益を資本還元した価格（収益還元価格）によって，その物の資本としての価値を把握することにより，個人的な事情によって左右されず，物それ自体が税を負担する物税としての固定資産税が成立するのである。法にいう「適正な時価」とは，このような意義を有する資本価値を意味するものと解される。

Yは，売買実例価格あるいは市場価格によって算定するのが法の命じるところで，収益還元価格によるのは，実定法に反するかのように主張する。しかし，先に指摘したように，法には，適正な時価が何を意味するかについての明確な規定はない。そして，平成6年度の評価替えにおいて，公示価格の7割を基準に算定するよう通達が発出されるまで，売買実例価格や市場価格によって評価されたことはなかった。収益還元価格を踏まえた控えめな価格で評価されてきたのである（なお，別件における当事者の主張によれば，固定資産税の創設を指導したシャウプ使節団の勧告では，土地の資本価格の算出につき収益還元法の利用を勧告したとのことである）。すなわち，表現はどうであれ，法の解釈の実態は，収益還元価格説であったのを，上記の通達は，市場価格（値）説に転換したものといえる。このような制度の基本に関わる転換が，租税法律主義を標榜する現行憲法のもとで，法律の改正なくして行いうるものかどうか疑問である。法改正のない現状において実定法を解釈するのである以上，租税法律主義を踏まえたその穏当な解釈は，従前どおりの収益還元価格説によるべきものと考える。そして，法は，固定資産税に関する納税者の不服を，最終的には，訴訟で解決できるよう規定しているのである。また，そのような不服が訴訟で解決できることは，憲法の裁判を受ける権利の保障の1つである。しかし，固定資産税の課税標準を固定資産の収益の水準とは無関係の市場価格によらせる説（市場価格（値）説）は，固定資産であげうる標準的な収益のどの割合まで課税される

のかについて，納税者が争いうる途を閉ざすものである。これに対して収益還元価格説による場合には，課税標準が収益に比例して設定されるから，課税標準の額の当否が法廷で検討されることによって，納税者は，固定資産であげうる標準的な収益のどの割合まで課税されるのかについて，実質的に内容のある裁判を受けることができる。このように課税標準である資本価値と収益との関係を否定するかどうかは，裁判を受ける権利が実質的に保障されるのかどうかに，直接関係するのである。Yは，課税標準である固定資産の価格さえ争えれば，裁判を受ける権利は保障されるとする。しかし，内容のある争いができるかどうか不明瞭なまま，形式さえ整えればよいとするもので，当裁判所として到底賛成することができない。納税者は，その企業努力によって取得する収益のうちどれだけの割合が税として徴収されるかについて，関心を持っているのであって，固定資産の価格それ自体に関心を持っているのではない。上記の点について，法的な手当をすることなく，通達のみによって，市場価格（値）説に転換することは，裁判を受ける権利を保障する憲法の観点から見て許されることかどうかははなはだ疑問である。このように租税法律主義および裁判を受ける権利の保障という憲法上の問題を考慮に入れると，従前の法解釈を変更して，新たに市場価格（値）説を採用することは，現行の実定法秩序に照らして無理があるというべきである。以上のとおりであって，実定法が市場価格による評価を命じているとするYの主張は，失当であって，採用することができない。

　Yは，収益還元法について，将来の予想収益を算定することが困難であるからとして，これを採り得ないとする。しかし，固定資産の評価において採用すべき収益還元法とは，当該不動産が当該年度において標準的にあげうる収益を基準に算定されるのである。その価格には，将来の収益の現在価値を含まないものであるから，予想収益の把握が困難であるとする点は問題とならない。また，Yは，土地と建物が別個の不動産とされている日本の法制度のもとで，土地の収益である地代の標準的な金額を算定することの困難を主張する。しかし，土地建物一体の法制度であるか，別個の法制度であるかは，それほど大きな影響を生じない。土地建物一体の法制度でも，別個の法制度でも，結局は，建物の賃料を元に収益を算定するのである。別個の法制度では，この建物の賃料のうち，建物のみに帰属する部分と，それを除いた残余，すなわち土地に帰属す

べき地代とを区別するにすぎず，このような計算方式（土地残余法といわれる
もの）は，これまででも土地価格の算定で行われてきたものである。それ自体は，
経験済みのことで困難であるわけではない。そして，その標準的な収益（地代）
は，その土地の利用の仕方が通常のもので（最有効使用ではなく，その地域の平
均的な利用の水準であればよい），地上建物の賃料水準が一般的なものであるな
らば，その建物の賃料から上記の土地残余法で割り出されるものであり，それ
が特段の事情のない限り，土地の標準的な収益である。それ以上に困難な算定
方法によらなければ，標準的な地代を割り出せないというものでもない。そし
て，未利用地その他平均的な利用水準に達しない土地の標準的な収益は，通常
の利用を想定し，その地上建物の一般的な賃料水準により，土地の地代を計算
することにより算定することができる。

　Yは，資本還元の利率を標準的な市中金利によることとし，経済情勢の変動
に合わせると，不景気で利率が低下すると，収益還元価格は高騰することにな
り，好景気で利率が上昇すると収益還元価格は低落することとなって不合理で
あること，このような不合理を避けるために，資本還元の利率を経済情勢の変
動に左右されない一定の利率であるとすることは，対象不動産の個別的な収益
状況や経済情勢の変動を無視することになる上，それは収益の一定割合を固定
資産税の税額とするに等しく，法に定めがないなどと主張し，この面からも収
益還元法は採用できないとする。しかし，固定資産税の課税標準は，固定資産
の資本価値であるが，それは直ちに市場価格を意味するものではないのである。
標準的な収益を適正な利率で資本還元した価格なのであり，その適正な利率と
は，固定資産税の制度において想定されている範囲内の標準的な利子率であれ
ば足り，これを現実の市場の利子率を１つの基準として定めることも考えられ
る。しかし，そうすれば，その基準とする率によって税額の割合が大きく左右
され，困難な問題が生じる。ところで，民事法定利率（年５分）は，このよう
に一般的な市中金利が種々の幅で増減する可能性を念頭に置きつつ金融資本か
ら得るべき標準的な収益すなわち利潤を一定の割合に定めており，有力な参考
になると考えられる。また固定資産税および都市計画税の税率は合計 1.7 ％で
長期間にわたり変更されてこなかったことも，標準的な利子率を固定的なもの
とみることと整合するものである。これらのことを総合考慮すると，収益還元

第3編　固定資産税に関する⑥の下級審裁判例　　233

価格を算定するに当たって適用すべき還元利回りは，民事法定利率と同じ5％とするのが相当である。

　固定資産税の課税対象である土地の評価は，その制度本来の趣旨からして，土地の収益力を資本還元した価格（収益還元価格）を上限とすべきものである。そうすると，収益還元価格を超えて定められた本件土地の登録価格は，上記の金額を超える部分において違法があり，これを修正すべきものであり，上記の登録価格についてされた審査の申出を棄却した本件決定にも同じ違法性があるものといわねばならない。

コメント　私は，この判決分を読んで裁判長が誰かを推測しましたが，やはり淺生重機裁判官でした。同裁判官は，借家の立退料の算定においても借家権価格は存在しないと述べるなど，特に不動産の関係で独創的判決を出すことで知られていますが，本判決を読むと，随所に淺生節が出ています。

　特に，まだ不動産鑑定業界でも取り入れられたばかりの収益還元法に関する記述部分では，不動産鑑定士も驚くほど詳細な論理展開をしていますが，最高裁ではあっさりと退けられました。時代を先取りしすぎたのかもしれません。

　私としては，地方税法で定める「適正な時価」の解釈が平成6年度の評価替えにおいて，通達が発出されたことで変更されたことに対し租税法律主義の観点から鋭く批判している点に共感を覚えます。ともあれ，本判決は，固定資産評価基準を考える上での思考の整理として大変意義のあるものと思われます。

【21】 大型商業施設の評価に収益還元法を適用すべき特段の事情は認められないか？

（名古屋地裁平成 17 年 1 月 27 日判決・判タ 1234 号 99 頁）

事案の概要　　Xが所有する大型商業施設に対し，愛知県半田市長が平成15 年度の固定資産税の課税標準価格を 42 億 4,795 万円余と決定し，固定資産課税台帳に登録しました。これに対して，Xが過大であるとして，半田市固定資産評価審査委員会Yに対し，審査の申出をしたところ，Yがこれを棄却しました。そこで，Xは，Yを相手に，Xが認める 7 億 890 万円を超える部分の取消しを求めて提訴したところ，名古屋地裁はこれを棄却しました。本判決の論点は多岐にわたりますが，本件建物の適正な時価を算出するに当たり，収益還元法を適用すべき特段の事情があるかの点についてのみ以下に述べます。

判決の要旨　　固定資産税は，固定資産を課税客体とする税であり，固定資産の所有者に対してその価格を課税標準として課するものであるから，その性質は，資産の価値に着目し，その所有という事実に担税力を認めて課する財産税であって，個々の固定資産の収益性の有無にかかわらず，課せられるものである（最高裁昭和 59 年 12 月 7 日判決，同平成 15 年 6 月 26 日判決）。

　ところで，地方税法 349 条 1 項は，基準年度の固定資産税の課税標準について，当該固定資産の基準年度に係る賦課期日における価格で土地または家屋についての課税台帳に登録されたものとすると定め，さらに，同法 341 条 5 号は，そこでいう価格は適正な時価をいうと規定する。そうすると，家屋における「適正な時価」とは，正常な条件の下に成立する当該家屋の客観的な再取得原価をいうものと解される。

　この点につき，同法 403 条は，市町村長は，原則として同法 388 条 1 項の固定資産評価基準によって固定資産の価格を決定しなければならないと定めているところ，同項は，総務大臣は固定資産の評価の基準ならびに評価の実施の方法および手続を定め，これを告示しなければならないことを規定し，さらに，同条は，総務大臣が固定資産評価基準を定めるに当たっては，地方財政審議会の意見を聴かねばならないこと（2 項），総務大臣は，市町村長に対し，市町村

の固定資産評価員が固定資産の評価をするために必要な評価の手引その他の資料を作成したり，市町村長から助言を求められたときは，これを与えるなどの技術的援助を与えなければならないこと（4項）などを規定している。その趣旨は，全国一律の統一的な評価基準による評価によって，各市町村全体の評価の均衡を図り，評価に関与する者の個人差に基づく評価の不均衡を解消することにあると解される。

　そして，同法388条1項に基づいて定められた本件評価基準は，家屋の評価につき，木造家屋および木造家屋以外の区分に従い，各個の家屋について評点数を付設し，当該評点数を評点1点当たりの価格に乗じて各個の家屋の価額を求める方法によるものとし，各個の家屋の評点数は，適用すべき家屋評点基準表に基づいて算出された当該家屋の再建築費評点数を基礎とし，これに当該家屋の損耗の状況による減点等を行って付設するなど，再建築価格法による評価方法を定めている。そして，家屋評点基準表や各種減点補正率等は，専門家の団体である社団法人日本建築学会による実態調査・報告等を踏まえて設定されているから，これらの基礎資料についても，信頼性を認めることができる。

　再建築価格法は，評価の対象となった家屋と全く同一のものを，評価時点にその場所に建築するものとした場合に必要とされる（再）建築費を求めた上，当該家屋の時の経過によって生ずる損耗の状況による減価等をして評価時点の現状に適合するよう調整するものであるところ，家屋の評価方法には，このような方法以外に，取得原価を基準として評価する方法，賃料等の収益を基準として評価する方法，売買実例価格を基準として評価する方法などが考えられる。

　しかしながら，これらの評価方法の出発点となる現実の取得原価，実際の賃料，売買実例価格などは，当事者の思惑やその時点における経済力などの主観的事情，個別的事情による影響を受けやすく，偏差の発生を免れ難いという難点が存在するのに対し，再建築価格法は，その具体的算定方式が比較的簡明である上，家屋の資産としての客観的価格を算出するものとして基本的・普遍的なものと考えられるから，上記のような偏差を生ずることはなく，より客観性を有する評価を可能ならしめると解される。そうすると，家屋の価格の評価方法としての再建築価格法は，財産税としての性格を有する固定資産税の課税標準の算出方法に最もふさわしいものであり，かつ，このような手法を採用する

ことによって，正常な条件の下における取引価格を基礎とした土地の評価と共通の基礎を見出すことができるというべきである。

　したがって，家屋の価格の評価につき，再建築価格法を内容とする本件評価基準は，一般的な合理性を有しているというべきであるから，評価基準が定める評価の方法によっては再建築費を適切に算定できない特別の事情または評価基準が定める減点補正を超える原価を要する特別の事情がない限り，評価基準に従って計算した登録価格は適正な時価であると推認すべきである（最高裁平成 15 年 7 月 18 日判決参照）。

　この点について，Ｘは，①本件評価基準の定める再建築評点数や，各種の補正率の根拠が不明であること，②商業施設の評価はその収益力，資本効率，運用益から形成されることから，収益還元法を適用すべきであり，特に本件建物については，ア，その保有の経緯および形状（デザインを重視したドーム方式）において特異であって，一般的な交換価値の把握は著しく困難であり，しかも，イ，本件登録価格を前提とする固定資産税を納税すれば，Ｘにおいて保有が不可能となるという特別の事情が存在するなどと主張する。

　しかしながら，①については，上記のとおり，専門的知見を有する社団法人日本建築学会による実態調査・報告等を踏まえて家屋評点基準表や各種減点補正率等が設定されていることに照らすと，これらの基礎資料の信頼性を疑う根拠はないこと，②についても，家屋に対する固定資産税は，家屋の資産価値に着目し，その所有という事実に担税力を認めて課する財産税の性格を有するところ，法は，居住用建物と収益を目的とする商業用建物を区別していないのであるから，その評価方法は両者について妥当なものであるべきであるが，居住用建物において標準的な収益額を算出することは困難であること，収益還元法は，その具体的利用状況によって甚だしい格差が生じ得る評価方法である上，将来の収益力を正確に予測することは困難であること，標準的収益額によってこれを算出するとしても，どのような使用形態が標準的かについても偏差が入り込む可能性が大きいこと，そのため，評価担当者の主観が入り込みやすく，不公平な課税がなされる危険性があること（現に，Ｘ提出に係る鑑定と裁判所の鑑定の両鑑定において，収益還元法を適用した結果が大きく異なっている），これらを考慮すれば，商業用建物についても本件評価基準に従って，評価すべきである。

また，Xの主張するア，イの事情についても，つまるところ，その後の経済情勢の変化によって当初目論んでいた収益（賃料）の獲得が困難になったというものにすぎず，固定資産税の上記性質に照らせば，これらをもって再建築費を適切に算定することができないなどの特別の事情に当たるとは考え難いから，上記判断を覆すものとはいえない（なお，保有が困難であるかは固定資産の評価だけで決せられるものではなく，税率によっても左右されることはいうまでもない）。

よって，本件建物に対して収益還元法を適用すべき旨のXの上記主張は採用できない。

> **コメント**　　Xは，本件建物のような大型商業施設については，固定資産評価基準が定める再建築価格法ではなく収益還元法を採用すべきであると主張しました。しかし，本件判決は，固定資産評価基準は地方税法に基づくもので，収益還元法等と比較して客観性を有することを強調して，Xの主張を退けました。
>
> 　再建築価格法がそれほど客観性を有するものかについては，所要の補正のさじ加減で大きく価格が変動するなど疑義がないわけでもありませんが，下級審としては，収益性の有無にかかわらず課せられる財産税の性格を強調する最高裁判例に反することができないので，やむを得ないものと思われます。

⑥　固定資産評価基準の1画地とは

【22】　1筆の宅地が別画地となることがあるか？
（大阪地裁平成18年12月20日判決・判時1987号39頁）

事案の概要　　Xらが大阪市内に共有する本件土地約638㎡は1筆の土地で，北側部分は本件マンションの敷地として，南側部分は商業用

駐車場の敷地として，それぞれ利用されており，その間にはブロック塀が設置されていました。大阪市Ｙは，平成７年度から14年度分までの固定資産税について，地方税法349条の３の２第２項の小規模住宅用地の課税標準の特例措置の関係では，北側部分についてその適用を認めたものの，固定資産課税台帳に登録される登録価格の関係では，Ｙ財政局固定資産税課が定めた固定資産評価実施要領（以下「実施要領」という）に従い，北側部分と南側部分を１画地として評価しました。そこで，Ｘらは，Ｙの評価が固定資産評価基準に違反するなどを理由に，固定資産税等相当額の損害を受けたとして国家賠償法による賠償請求を求めるとともに，賦課処分が無効であるとして納付税額の返還を求めて提訴しましたが，大阪地裁はこれを棄却しました。

（判決の要旨）　本件土地は，その形状および利用状況等からみて，本件マンションの敷地として必要かつ相当な範囲の部分とその余の部分とに区分することができる上，前者の部分については賃貸マンション（本件マンション）の敷地としてその利用が制約される反面，後者の部分については恒久的な建物等も存在せず独自にその最有効利用を考えることができる角地ということができるから，社会通念上そのような形状または利用状況を前提に本件土地の取引価格が成立すると考えられるのであり，本件土地を１筆の宅地として画地計算法を適用したのではかえって本件土地の適正な時価，すなわち，客観的な交換価値への接近方法としての一般的な合理性を欠くというべきである。そうであるとすれば，本件土地は，本件マンションの敷地として必要かつ相当な範囲の部分とその余の部分とに区分し，それぞれを１画地として画地計算法を適用すべきであったといえるのであり，その全体を１画地として画地計算法を適用した本件各処分に係る本件土地の価格の決定は，その限りにおいて，評価基準に適合しないものであったといわざるを得ない。

当時の実施要領は，評価基準にいうその形状，利用状況等からみて１筆の宅地を一体を成していると認められる部分に区分する必要がある場合に関し，１筆の土地の現況地目が２以上に分かれている場合はそれぞれの地目ごとに画地とすることができるとのみ記述しており，実施要領における当該定めが，１筆の土地の現況地目が２以上に分かれている場合に限って当該土地を２以上の画地に区分して画地計算法を適用すべきものとする運用基準を定める趣旨のもの

第３編　固定資産税に関する60の下級審裁判例　239

であるとすれば，当該定めは，その限りにおいて，評価基準別表第３の２の画地の認定に関する規定の趣旨を逸脱したものであったということができる。他方で，遅くとも平成９年以降，建物の敷地部分とこれと一体的に利用されていない（当該建物の入居者用でない）商業用駐車場部分とが並存している１筆の土地について，このような利用形態をＹにおいても認識することができた場合には，これを２画地と認定して画地計算法を適用し価格を決定する取扱いが存在したことは前記のとおりである。

　しかしながら，本件各賦課期日当時，本件マンション敷地部分と商業用駐車場敷地部分との境界付近にはブロック塀が設置され，また，本件マンション敷地部分の一部を成すものとして本件マンションの自転車置場の敷地が商業用駐車場の敷地とは別に確保されており，他方，本件土地のうち商業用駐車場敷地部分は，その東側に隣接する土地の南側部分とともに一体として商業用駐車場の敷地として利用され，その形態は屋根や柱等の構造物を伴わないいわゆる青空駐車場であったというのであり，確かに，本件土地は，これを客観的にみれば，賃貸マンションである本件マンションの住民のために確保すべき駐車場部分を含めて考えても，本件マンションの敷地部分としては広大にすぎるということができるものの，法408条に規定する固定資産の実地調査の程度，態様に加えて本件土地における本件マンション建物，ブロック塀および自転車置場の配置状況，相互の位置関係等にもかんがみると，少なくとも外観上は，本件土地のうちの商業用駐車場敷地部分の全部または少なくともその大部分が本件マンションの住民のための駐車場の敷地として利用されているとみることが著しく不合理であるとまでいうことはできない。このことに加えて，評価基準は，画地計算法を適用するに当たり１筆の土地をもって１画地とすることをあくまでも原則として規定していること，本件土地のように広大な土地の一角に恒久的建物等が存在し，当該土地のうち当該建物等の敷地部分を除いたその余の部分が商業用駐車場の敷地等として利用されている場合についても，そのことから直ちに当該土地が評価基準にいうその形状，利用状況等からみて１筆の宅地を一体を成していると認められる部分に区分する必要がある場合に該当するものではなく，当該土地の形状，接道状況，当該土地における当該建物等の所在部分，道路との位置関係，その敷地の当該土地に占める割合，当該建物等の規

模，構造，種類，用途等を総合勘案し，このような当該土地の形状および利用状況等からみて，当該建物等の敷地として必要かつ相当な範囲の部分とその余の部分とに区分されることを前提として当該土地の取引価格が成立すると社会通念上考えられるようなときに初めて，当該土地を当該建物等の敷地として必要かつ相当な範囲の部分とその余の部分とに区分してそのそれぞれを画地として認定し画地計算法を適用すべきものということができるのであり，しかも，本件各処分当時上記のような解釈運用が確立していたということもできないことなどを併せ考えると，大阪市長が，本件各処分に係る本件土地の価格の決定において，実施要領に依拠して本件土地の全体を1画地と認定した上記画地計算法を適用したとしても，職務上通常尽くすべき注意義務を尽くさなかったとまではいうことはできない。

　また，前記において説示したところからすれば，本件各処分には重大かつ明白な瑕疵ないし法の定める固定資産税の課税要件の根幹に係る瑕疵があると認めることはできない。したがって，本件各処分が無効であることを前提とするXらのYに対する不当利得返還請求は，その余の点について判断するまでもなく，理由がない。

> **コメント**　本件の主な争点は2つあります。第1は，固定資産評価基準の画地計算法に適合しているか否か，第2は，適合しないとしてそれが国家賠償法上も違法かないしは重大かつ明白な瑕疵があるとして無効といえるかという点です。
>
> 　第1の点については，本件土地が，マンションの敷地部分と商業用駐車場敷地部分とに区分して利用されているのに，1筆の土地というだけで1画地として評価したことが固定資産評価基準に適合しないとして，（明確ではないものの）違法性を認めています。
>
> 　ところが，第2の点については，1筆の土地であるために，外観上は商業用駐車場敷地部分が本件マンションの住民のための駐車上敷地として利用されているとみることが著しく不合理とまではいえないとして，Yの注意義務を認めず，国家賠償法上の違法性を否定し，また，重大かつ明白な瑕疵も認めず，無効ではないとしました。

第3編　固定資産税に関する60の下級審裁判例　　241

　何となく，歯切れの悪い判決であることは否めませんが，本件における
Ｘら側の教訓としては，利用形態を異にする土地については，1筆のまま
にしておくのではなく，分筆して別の筆にする必要があるということでし
ょう。そうでないと，利用実態を調査する課税庁側の人員不足の実情から，
1筆の土地であれば，現地調査をおろそかにして，1画地と認定される危
険性が高いからです。それを避けるために，筆を分けることについて，そ
れほどの手間暇がかからないはずですから，納税義務者としても防衛措置
を取るべきということでしょう。

【23】　所有者が異なるが一体利用されている2筆を1画地として評価することは国家賠償法上違法となるか？
（高松高裁平成23年12月20日判決・判例秘書）

事案の概要　　甲が，甲1地と甲2地を所有しています。甲2地は路線価1
㎡当たり6万9,000円の東側国道に接し，その西側に隣接す
る甲1地は，路線価1㎡当たり2万1,000円の西側道路にのみ接しています。
そして，Ｘらが所有する本件土地は，甲1地の北側に隣接し，接道としては甲
1地と同様に西側道路にのみ接しており，甲1地，甲2地（以下，総称して，「甲
地」という）を経ることなく，西側道路に出入りすることができます。Ｘらは，
本件土地を甲に賃貸し，甲が本件土地を商業施設の青空駐車場として利用して
いたところ，高松市長が，本件土地と甲地は一体利用されているとして1画地
評価し，これを前提に平成21年度の固定資産課税台帳に登録しました。Ｘら
が高松市固定資産評価審査委員会に審査申出をしましたが，棄却されたため，
高松市Ｙを相手に本件棄却決定の取消しを求めるとともに，平成12年度から
平成20年度までの固定資産税の一部は過払いであるとして，不当利得返還請
求権に基づき過払い相当額105万円余の支払いを求めました。原審は，本件棄
却決定については取り消しましたが，不当利得返還請求については，平成12
年度ないし平成20年度の本件各課税処分につき重大かつ明白で当該処分を当
然無効ならしめる違法があるとまでは認められないとして棄却しました。Ｙが，

Y敗訴部分を不服として控訴し，Xらも附帯控訴をするとともに，国家賠償法に基づき弁護士費用30万円を追加してその支払いを求める請求をしましたが，高松高裁は，Yの控訴およびXらの附帯控訴と追加請求をいずれも棄却しました。以下，追加請求の点について，判決の要旨を述べます。

判決の要旨 本件土地は，平成21年1月1日当時の利用状況や土地の形状等においては，本件ただし書を適用して甲地と合わせて1画地として評価するべきではなく，その限りにおいて評価基準に適合しないものであったと解されるところ，平成12年度から平成20年度においても平成21年度と同様の課税処分がされたこと自体は当事者間に争いがない。

ところで，固定資産税の賦課徴収に当たる市町村長においては，大量の固定資産を定められた期間に評価しなければならないこと，決定された固定資産の価格については，関係者の固定資産課税台帳等の閲覧，縦覧および固定資産評価審査委員会による不服審査手続が法により定められていることなども併せ考えると，土地の利用状況や形状等を子細に検討して画地認定等の評価を行うべきことまでが職務上の注意義務として要求されているとはいえない。外観上容易に確認される土地の利用状況や現況等に従って合理性を認めうる画地認定等の評価を行っていれば，これが後に評価基準に適合しないものであったと判明しても，そのことから直ちに国家賠償法1条1項にいう違法があったとの評価を受けるものではなく，上記のような評価に際しての職務上通常尽くすべき注意義務を尽くさずに漫然と評価を行ったと認め得るような事情がある場合に限り，固定資産の価格の評価およびこれに基づく課税処分につき，国家賠償法上違法という評価を受けるものと解することが相当である。

しかるに，現在の本件土地および甲地は，外観上は一体的利用がされているものとして，本件土地を甲地と合わせて1画地をなす宅地とみることも，評価基準に照らして一応合理性があるともいえるのであり，この点において，高松市長に上記のような意味での過失があるとまではにわかに認め難い。また，高松市長が，本件土地を雑種地とした上で，宅地に関する本件ただし書を適用していることは不整合の嫌いがないではないが，同市長における判断過程をみれば，実質的には隣接宅地との関係も考慮して本件土地を宅地とみた上で，駐車場としての単独利用をする土地との評価の均衡等を考慮して，納税者側の利益

第3編　固定資産税に関する⑥の下級審裁判例　　243

に配慮し，いわば控えめな認定として雑種地としたものと解されるところであり，およそ雑種地としか評価しえない土地につき本件ただし書を適用したものではなく，この点を捉えて，一見して課税要件を欠き明らかな法令適用の誤りであるとか，高松市長に明白かつ重大な過失があるということもできない。なお，Ｘらは，いまさら高松市長が本件土地を宅地と認識していた旨のＹの主張は信義則に反するとも主張するが，以上に述べたところに照らし，採用することはできない。

　そして，以上に述べたところに加え，Ｘらの主張や本件各証拠に照らしても，平成 20 年度以前の評価当時の本件土地の具体的な利用状況や現況等は必ずしも明らかではなく，他に高松市長の過失を認めるに足りる事情を窺うこともできないこと，当時の一般的な実務の運用や裁判例としても，本件土地のような利用状況や現況等の土地を隣接宅地と合わせて１画地とみることが明らかに評価基準に反するものというべき確たる基準があったことも窺われないことなどからも，本件土地に関して，高松市長につき，職務上尽くすべき注意義務を尽くすことなく漫然と評価を行ったとまで認めることはできないというべきであり，これらの評価および各課税処分に国家賠償法１条１項にいう違法があったと認めるには至らない。以上によれば，その余の点につき判断するまでもなく，ＸらのＹに対する国家賠償請求は理由がない。

> **コメント**　固定資産評価基準の「別表第４」には，１筆の宅地を１画地とする原則が定められるとともに，その「ただし書」として，２筆以上の宅地についても，その形状，利用状況等からみて，一体をなしていると認められる部分を合わせる必要がある場合には１画地とする，例外を認めています。本件では，この例外に該当するか否かが争われるとともに，例外に当たらないにもかかわらず，１画地として評価をして固定資産税を賦課したことについて，国家賠償法上の過失責任が認められるかが，争点となりました。
>
> 　第１の点については，そもそも所有者が異なる上に，本件土地はそれ自体として西側道路に接道しており，また駐車場はいつでも他に転用できるのですから，現状が一体利用されているというだけで，２筆の土地を１

画地とすることには無理があり，固定資産評価基準に適合していないとの判断は正当と思われます。

問題は，第2の点です。【22】の大阪地裁平成18年12月20日判決の事例と比較しても，所有者が異なり，当然筆も違うのですから，1画地と認定したことについての違法性は相当高いと思います。

ところが，高松高裁は，平成20年以前の利用状況が明らかでないとか，当時の実務等から明らかに評価基準に反するということも窺われないなどとして，違法性を否定しています。

一般的に，裁判所は行政の違法性を認定することに慎重ですが，本件については，固定資産評価基準の1筆1画地の原則がある以上，その例外措置をした行政に確たる反論や反証がない以上，過失を認定してもよかったのではないかと思われます。

【24】　所有者を異にする数筆の土地を1画地と認定することに合理的な場合があるか？

（大阪地裁平成14年7月19日判決・判例地方自治242号58頁）

事案の概要　Xは，大阪府守口市所在の4筆の土地を所有していますが，これに隣接する甲学園所有の2筆の土地と一体として甲学園の敷地として使用され，塀や門などに囲まれて，外部から区分されていました。守口市は，Xに対し，平成12年度の固定資産税に係る価格を決定して固定資産課税台帳に登録したところ，Xはこれを不服として守口市固定資産評価審査委員会Yに審査申出をしましたが，棄却されました。そこで，Xは，Yを相手にその取消しを求めて提訴しましたが，大阪地裁はXの請求を棄却しました。

判決の要旨　固定資産税は，資産の所有という事実に着目して課税される財産税であり，資産から生ずる現実の収益に着目して課税される収益税とは異なるものであるから，資産が土地の場合には，土地の所有という事実に着目して課税されるのであって，個々の所有者が現実に土地から収益を得ているか否か，土地が用益権または担保権の目的となっているか否か，

収益の帰属が何人にあるかを問わず，賦課期日における所有者を納税義務者として，その更地価格に着目して課税されるのである。このような固定資産税の性質からすると，地方税法341条五号にいうところの「適正な価格」とは，正常な条件の下に成立する当該土地の取引価格，すなわち，客観的な交換価値をいうものと解するのが相当である。

　ところで，法403条1項は，市町村は，法388条1項により自治大臣が定めた評価基準によって固定資産の価格を決定しなければならないと定めている。これは，固定資産の評価について全国的な統一を図る必要性があること，および固定資産評価基準の内容が多分に専門的技術的な性質を持っていることから，固定資産を評価するにあたっての基準の作成を自治大臣の裁量に委ねたものと解される。したがって，評価基準およびその実施の方法を定めた本件要領が適正な価格を算定するための合理性を有しており，かつ，当該固定資産の評価が評価基準および本件要領に従ってなされている場合には，当該固定資産の評価は地方税法341条五号に反せず，適法であるというべきである。

　そこで，評価基準および本件要領の画地の認定方法が合理的かどうかについて検討する。画地の認定につき，評価通達は，原則として，土地課税台帳または土地補充課税台帳に登録された1筆の宅地を1画地とするが，1筆の宅地または隣接する2筆以上の宅地について，その形状，利用状況等からみて，これを一体をなしていると認められる部分に区分し，またはこれらを合わせる必要がある場合においては，その一体をなしている部分の宅地ごとに1画地とすると定め，本件要領は，土地の評価を行うにあたっての画地の認定基準として，原則として，土地課税台帳および土地補充課税台帳に登録された1筆の土地を1画地とするものであるが，1筆の土地または隣接する2筆以上の土地について，その形状，利用状況等からみて，これを一体をなしている部分に区分し，またはこれを合わせる必要がある場合においてはその一体をなしている部分の土地ごとに1画地とし，隣接する2筆以上の土地について建物の有無またはその所在の位置に関係なく塀その他の囲いにより一体として利用され，宅地としての維持もしくは効果を果たしている土地については，筆界の如何にかかわらず，その一体をなすと認められる範囲をもって1画地として認定するとしている。

　評価通達および本件要領が上記の画地認定方法を採用しているのは，土地の

価格は現実の利用状況を反映したものであるから，本来土地登記簿上の筆にこだわらず実際の利用状況に従って画地を認定して評価すべきであるが，現実の利用状況による画地の認定は，行政事務的，技術的に困難であることから，原則として，固定資産課税台帳に登録された1筆の宅地をもって1画地とすることとし，その地形および実際の利用状況等からみて一体をなしていると認められる宅地については，各筆ごとに評価することは実態にそぐわず，一体をなしている各土地の評価の間に均衡を失する結果を招来することになるので，一体をなしている部分の宅地が同一の所有者の土地か否かを問わず，かかる宅地ごとに1画地と認定する趣旨であると解される。すなわち，評価通達および本件要領において，一体として利用されている土地については数筆の土地であっても1画地として認定することとされているのは，土地の価格は土地の利用状況を反映したものであるから，一体をなしている場合にはこれらの土地につき1画地として評価する方がより実態に基づいた評価であるとの理由によるものであり，それ自体土地の価格の評価のあり方として極めて合理的であると認められるところ，このことは当該一体をなす土地が異なる所有者であるか同一の所有者であるかによって異ならないのであるから，数筆の土地が異なる所有者に属する場合であっても，一体をなしている場合に1画地として認定することは，何ら不合理であるとはいえないというべきである。

　これに対し，Xは，相続税評価額の算定に当たっては，所有者が異なる場合は一体として利用されていても1画地と認定されないことと比較しても，本件要領の定めおよびその運用は違法であると主張する。確かに，実際に所有者が自己の所有する土地についてのみ所有権を移転するのであれば，その交換価値は，一体として利用されている土地全体を1画地として認定して評価するのではなく，所有者が異なるごとに1画地として認定した上で，評価を行うことには合理性が認められ，相続税については，被相続人が所有する土地についてのみ所有権が移転するのであるから，かかる画地認定を行うことは合理的であるということができる。しかしながら，通常の取引においては，相続の場合と異なり，必ずしも所有者ごとに取引が行われるとは限らず，一体として利用されている土地全体につき取引がなされることもあり得ること，土地の利用状況が土地の価格に反映されることに照らすと，一体として利用されている土地全体

第3編　固定資産税に関する60の下級審裁判例　　247

を1画地として画地認定を行った上で評価を行うことも不合理であるとはいえないというべきである。

　さらに，Xは，固定資産税は，固定資産の所有の事実に着目して課される財産税であり，「適正な時価」とは固定資産の交換価値を意味するものであるから，固定資産の評価にあたって所有関係にかかわらず利用状況等によって評価することは許されないと主張する。確かに，固定資産税は，固定資産の価格を課税標準としてなされることになっているから，それは固定資産の所有の事実に着目して課される財産税の性質を有するものであり，資産から生ずる現実の収益に着目してなされる収益税とは異なるものであるから，法341条五号にいうところの「適正な時価」とはその交換価値をいうものと解するのが相当である。しかしながら，土地の評価を行うにあたって，隣接地と合わせて1画地と認定することが，土地の収益に対して課税することを意味するものではないから，かかる評価方法が，固定資産税が財産税であることと矛盾するものではないし，土地の交換価値は，当該土地の利用状況によって左右されるから，2筆の土地が一体として利用されていると評価できる場合にこれらの土地を1画地として認定したうえで評価を行うことが，法341条五号にいうところの「適正な時価」が土地の交換価値を意味することと矛盾するものでもない。したがって，評価基準および本件要領の画地認定方法は合理的と認められるから，所有者の異なる2筆以上の土地を1画地として認定したうえで固定資産の評価を行うことは，何ら地方税法に違反しないし，憲法13条および14条に反しないことも明らかである。

　以上のとおり，異なる者が所有する土地を1画地として認定することが，違憲または違法であるとのXの主張は採用することができない。

　Xは，本件土地と本件隣接地とは独立して利用されているから，本件要領の規定を適用して本件土地と本件隣接地とを合わせて1画地として認定したことが違法であると主張する。

　本件土地は本件隣接地等とともに塀などによって外部から区分されており，本件土地と本件隣接地との間に仕切等は一切ないのであるから，本件土地は，本件隣接地と物理的に区別されていない。そして，本件土地は，本件隣接地および別件土地1の一部とともに本件学園の用地として使用されており，本件土

地ならびに29番1および30番1の土地上には1階部分が幼稚園舎，2，3階部分を高等学校と幼稚園の共用の体育館として利用するために建てられた建物が存在しているのに対し，本件隣接地は高等学校の校舎の敷地および運動場として利用されている。高等学校はいずれの土地をも利用しているのであるから，両土地を明確に区分して利用しているとは認められず，しかも，幼稚園は既に休園しているのであるから，本件土地と本件隣接地とで使用している者についても違いがなく，利用の態様という観点から見て，本件土地が本件隣接地と区別して利用されていると評価することもできない。したがって，本件土地と本件隣接地は，物理的にも利用の態様からしても一体として利用されているものと認めるのが相当である。

　これに対し，Xは，本件土地には幼稚園の正門および通用口があり，一方で，本件隣接地には高等学校の正門および通用門が存在するから，独立して利用することが可能であると主張する。確かに，本件土地と本件隣接地を別個独立の土地として区分して利用することは可能であるということができるが，このことと実際に独立して利用されているかどうかとは別問題であり，既に認定したとおり，実際には本件土地が本件隣接地から独立して利用されているとは認め難いのであるから，本件土地と本件隣接地とに別の門があるからといって，一体として利用されていないということはできない。

　また，Xは，昭和54年当時は，本件土地上には幼稚園舎が存在し，本件隣接地は高等学校の校舎および運動場として利用され，両土地の間は樹木によって仕切られていたのであるから，本件土地はもともと本件隣接地とは独立に利用されてきたものであると主張する。しかしながら，かつては独立の土地として利用されてきたことが土地の交換価値に影響を及ぼすとは考えられないから，一体として利用されているかどうかを判断するにあたっては，評価の対象となる土地の現在の利用状況を前提として判断すべきであることは当然であり，Xの上記主張は到底採用することができない。

　さらに，Xは，別件土地1および2が隣接する土地とは別の画地として認定されたこととの均衡からも本件土地のみで1画地として認定すべきであると主張する。しかしながら，本件土地が本件隣接地から独立して1画地として認定されるかどうかは，本件土地が本件隣接地と一体として利用されていたかどう

第3編　固定資産税に関する60の下級審裁判例　　**249**

かによって判断されれば足り，本件土地が一体として利用されているにもかかわらず，それのみで1画地として認定された別件土地1および2が本件土地と同じような利用状況であるとすれば，それは別件各土地の画地認定が妥当であったかどうかが問題となるにすぎず，別件土地1および2の画地認定に合わせて本件土地を1画地として認定しなければならないわけではないことは当然である。

　さらに，別件土地1については，一部が学園用敷地として使用されているものの，学園用敷地として使用されているのは，143坪中61.89坪にすぎないし，別件土地2については，別件土地2の上にある建物と隣接する土地上にある建物の契約者が異なるなど，独立して利用されていることをうかがわせる事情が存するのであるから，本件土地と同様の利用状況にあるということもできない。

　以上より，別件土地1および別件土地2との均衡上，本件土地1を1画地として認定すべきであるとのXの主張は採用することができない。

コメント　　私自身は，所有者が異なる土地を1画地として認定することには異論がありますが，本判決は，それについて適法である理由を簡潔にかつ論理的に述べており，参考になります。

　また，【23】の高松高裁平成23年12月20日判決の場合と比較すると，本判決の事案について1画地と認定することには，やむを得ないかなと思うところがあります。現在の客観的な利用状況および物理的な仕切りからみて一体的に利用されていることが認定できる上に，両土地にまたがって堅固な建物が建っていることから，将来においても一体的な利用状況がそう簡単に変わらないと予想されるからです。

　本件土地と異なり，別件土地を本件隣接地と1画地として認定していない理由についても，詳細に述べており，納得できるものです。

【25】 ゴルフ場のコース部分と山林部分の一体評価は許されるか？

（名古屋高裁平成 24 年 7 月 19 日判決・判時 2166 号 67 頁）

事案の概要 Xは，三重県津市内のゴルフ場を経営し，ゴルフ場の敷地等として利用されている本件不動産を所有していますが，固定資産の評価について，山林部分とコース部分を分離評価せずに一体として課税したことは違法であるとして，津市Yに対し，国家賠償法に基づく損害賠償請求をしました。原審がXの請求を棄却したため，Xが控訴したところ，名古屋高裁はこれを棄却しました。

判決の要旨 ゴルフ場用地に関する固定資産評価基準には，ゴルフ場等の用に供する土地の評価は，当該ゴルフ場等を開設するに当たり要した当該土地の取得価額に当該ゴルフ場等の造成費を加算した価額を基準とし，当該ゴルフ場等の位置，利用状況等を考慮してその価額を求める方法によるものとされていたが，ゴルフ場の山林部分とコース部分を分離評価しなければならない旨の記載はなかったこと，平成 11 年から平成 14 年当時の固定資産評価基準解説においても，ゴルフ場用地の評価について，全てを一体として評価するのが適切である旨の解説がされている状況にあり，実際に，Y以外にも，山林部分もゴルフ場開発の結果であり，ゴルフ場のコース部分の効用を高めるものであって，コース部分の一部をなすものであるとの考え方に基づき，山林部分とコース部分とを一体評価している自治体があったことが認められる。

　したがって，平成 11 年から平成 14 年当時，固定資産の評価に関する事務を行うYの担当職員および市長が，本件土地について，山林部分とコース部分を一体として評価したことについて，職務上通常尽くすべき注意義務を尽くすことなく漫然と課税処分をしたとは認め難いというべきである。

コメント 固定資産評価基準の土地の中の「第 10 節　雑種地」では，「二　ゴルフ場等用地の評価」として，以下のとおり記述されています。

「ゴルフ場, 遊園地, 運動場, 野球場, 競馬場及びその他これらに類似する施設（以下「ゴルフ場等」という。）の用に供する一団の土地（当該一団の土地のうち当該ゴルフ場等がその効用を果たす上で必要がないと認められる部分を除く。以下「ゴルフ場等用地」という。）の評価は, 当該ゴルフ場等を開設するに当たり要した当該ゴルフ場等用地の取得価額に当該ゴルフ場等用地の造成費（当該ゴルフ場等用地の造成に通常必要と認められる造成費によるものとし, 芝購入費, 芝植付費及び償却資産として固定資産税の課税客体となるものに係る経費を除く。）を加算した価額を基準とし, 当該ゴルフ場等の位置, 利用状況等を考慮してその価額を求める方法によるものとする。この場合において, 取得価額及び造成費は, 当該ゴルフ場等用地の取得後若しくは造成後において価格事情に変動があるとき, 又はその取得価額若しくは造成費が不明のときは, 附近の土地の価額又は最近における造成費から評定した価額によるものとする。」

以上の固定資産評価基準の記述を素直に読む限り, ゴルフ場のコース部分と山林部分の一体評価については, 消極的であると思われます。なぜなら, 一団の土地のうち, 括弧書きで, わざわざ「当該一団の土地のうち当該ゴルフ場等がその効用を果たす上で必要がないと認められる部分を除く。」と明記しているからです。

原審判決も本件判決も, 一体評価についての是非に関しては判断を留保しています。当時の固定資産評価基準解説において一体評価が適切であるとの説明がなされているからです。もっとも, Ｙの注意義務の有無を判断しているということは, 一体評価に否定的であると言えなくもありません。少なくとも, 一体評価が適法であると認定すれば, Ｙ担当者の注意義務を判断する必要がないからです。

最終的にＹの責任は否定されました。前記の解説に加え, 他の自治体も同様な一体評価をしていた事実を重視したからです。

しかし,「山林部分もゴルフ場開発の結果であり, ゴルフ場のコース部分の効用を高めるもの」という論旨は, あまり説得的ではありません。山林部分は開発以前のままであることが多く, ゴルフ場開発の結果であるというのは事実に反すると思われるからです。

とはいえ，前記の固定資産評価基準解説の存在を前提とすると，当時としては自治体の違法性を認定することが困難であったのかもしれません。

【26】 ゴルフ場と遊園地の評価で使われる潰れ地とは？

（大阪地裁平成 22 年 6 月 24 日判決・判タ 1345 号 149 頁）

事案の概要　Xは，大阪府岬町に所在する本件ゴルフ場と本件遊園地を所有していますが，岬町が，平成 20 年度の価格について，本件ゴルフ場を 69 億 4,791 万 772 円，本件遊園地を 55 億 3,778 万 9,067 円と評価して固定資産課税台帳に登録しました。そこで，Xは，岬町固定資産評価審査委員会Yに対し審査申出をしましたが，Yがこれを棄却したため，Yを相手に，ゴルフ場については 49 億 9,918 万 4,622 円，遊園地については 23 億 639 万 6,972 円を，それぞれ超える部分を取り消す旨の訴訟を提起したところ，大阪地裁は，ゴルフ場についてはXの請求をそのまま認め，遊園地については 28 億 7,081 万 5,495 円を超える部分を取り消しました。

判決の要旨　評価基準は，ゴルフ場，遊園地，運動場，野球場，競馬場およびその他これらに類似する施設（以下「ゴルフ場等」という）の用に供する土地の評価につき，以下のように定めている。

　ア　当該ゴルフ場等を開設するに当たり要した当該ゴルフ場等用地の取得価額に当該ゴルフ場等の造成費（当該ゴルフ場等用地の造成に通常必要と認められる造成費によるものとし，芝購入費，芝植付費および償却資産として固定資産税の課税客体となるものに係る経費を除く）を加算した価額を基準とし，当該ゴルフ場等の位置，利用状況等を考慮してその価額を求める方法によるものとする。

　イ　上記アの取得価額および造成費は，当該ゴルフ場等用地の取得後もしくは造成後において価格事情に変動があるとき，またはその取得価額もしくは造成費が不明のときは，附近の土地の価額または最近における造成費から評定した価額による。

　平成 11 年 9 月 1 日自治評第 37 号資産評価室長通知（以下「ゴルフ場通知」という）は，ゴルフ場用地の評価につき，上記の評価基準の定めを以下のよう

に具体化している。

ア　ゴルフ場用地の取得価額の算定方法

ゴルフ場を開設するに当たり要した土地の取得価額は，以下の方法により算定した額によるものとする。

(ア)　次の(イ)に該当するゴルフ場以外のゴルフ場

当該ゴルフ場用地の取得に要した費用の額（立木の価額，補償費（移転補償費，離作補償費等），登記に要する費用及び公租公課等を除く。）に「宅地の評価割合」を乗じて得た額

ここで「宅地の評価割合」とは，当該ゴルフ場所在市町村における宅地の評価額の売買実例価額等に対する割合をいうものであり，当分の間7割とされる。

(イ)　ゴルフ場用地の取得後において価格事情に変動があったことにより，当該土地の取得に要した費用の額を用いることが適当でないゴルフ場又は，その取得に要した費用の額が不明なゴルフ場にあっては，以下のa又はbのいずれかの額

a　次のbに該当するゴルフ場以外のゴルフ場にあっては，開発を目的とした近傍の山林に係る売買実例価額等を基準として求めた額に「宅地の評価割合」を乗じて得た額。

b　その周辺地域の大半が宅地化されているゴルフ場（以下「市街地近郊ゴルフ場」という）にあっては，(近傍宅地評価額)×(ゴルフ場用地の地積)×(潰れ地以外の土地の割合)−(山林に係る宅造費)×(宅地の評価割合)の算式により算定した額。

上記計算式上の語は，以下の意味で用いられているものである。

近傍宅地評価額　ゴルフ場の近傍の宅地の単位地積当たりの評価額

潰れ地以外の土地の割合　ゴルフ場用地を宅地に造成することとした場合において公共用地その他宅地以外の用途に供されることとなることが見込まれる土地以外の土地の地積の当該ゴルフ場用地の総地積に対する割合

山林に係る宅造費　ゴルフ場と同一規模の山林を宅地に造成することとした場合において通常必要とされる造成費

上記「潰れ地以外の土地の割合」は，原則として，市町村において地域性，

周囲の環境，当該市町村の宅地開発に係る指導要綱等から求めた割合を用いるものであるが，当該市町村における「潰れ地以外の土地の割合」が不明のときは，全国の平均的な「潰れ地以外の土地の割合」である5割程度を参考として市町村において求めた割合（実情に応じ，これと異なる割合となることもある）を用いるものである。

　また，上記「山林に係る宅造費」は，地域性，周囲の環境等により異なるものであるので，それらを考慮して，原則として，市町村において求めた額によるものであるが，当該ゴルフ場の造成後において価格事情に変動があるとき，または山林に係る宅造費が不明のときは，山林に係る平均的宅造費（7,630円/㎡程度）を参考として市町村において求めた額（実情に応じ，これと異なる額となることもある）によるものである。

　イ　ゴルフ場の造成費の算定方法

　　(ア)　ゴルフ場の造成費は，原則として，市町村において当該ゴルフ場のコースに係る造成費（設計費並びに直接工事費のうち伐採工事，伐根処理工事，表土採集敷均し工事，切盛土工事，造成工事（ティーグラウンド，フェアウェイ，ラフ，バンカー及びパッティング・グリーンに係る造成工事をいう），測量工事及びヘビー・ラフ整地工事に係る経費の合計額をいい，芝植付費及び償却資産として固定資産税の課税客体になるものに係る経費を除く）に「宅地の評価割合」を乗じて求める。

　　(イ)　上記(ア)の場合において，当該ゴルフ場の造成後において価格事情に変動があるとき，又は造成費が不明のときは，ゴルフ場のコースに係る全国の平均的造成費（丘陵コースにあっては830円/㎡程度，林間コースにあっては700円/㎡程度）を参考として市町村において求めた額に「宅地の評価割合」を乗じて求める。

　ウ　位置・利用状況等による補正

ゴルフ場用地の評価において考慮すべきこととされているゴルフ場の位置，利用状況等による補正は，当該ゴルフ場の年間の利用状況に応じ，他のゴルフ場の価額との均衡を失しないよう，必要に応じ，増価又は減価を行うためのものである。

　(4)　岬町固定資産（土地）評価取扱要領（以下「取扱要領」という）の定め

第3編　固定資産税に関する60の下級審裁判例　255

　Y総務部税務課は，評価基準等に明記されていない土地の評価に係る細部の取扱いを定め，その方法及び手続を統一するとともに，適正かつ公平な評価を確保するという目的を掲げて，取扱要領を定めており，ゴルフ場や遊園地の用に供されている土地の評価に関連して，以下のような定めを置いている。

　ア　ゴルフ場等の用に供する土地の価額

　ゴルフ場通知を適用して市街化近郊ゴルフ場の取得価額を算定するに当たっては，「潰れ地以外の土地の割合」は6割とする。

　イ　遊園地の用に供する土地の価額

　遊園地の用に供する土地の価額は，当該土地が大規模な造成工事によらず地形等の自然環境を利用することにより遊園地としての効用を発揮しているときは，原則として雑種地の評価の定めを準用して，宅地に転用する場合に必要な造成費に相当する額を控除して評価する。

　ウ　雑種地の評価方法

　「ゴルフ場等の用に供する土地」及び「鉄軌道用地」以外の雑種地については，周辺宅地との均衡上，状況が類似した宅地の価額を基準として，市街地宅地評価法により求めた基本価額から，当該雑種地を宅地に転用する場合において通常必要と認められる造成費に相当する額を控除して求めた単位（1㎡）当たり価額に地積を乗じて求める。

　なお，市街地宅地評価法とは，画地の奥行，間口，形状等の相違が宅地の価額に及ぼす影響を的確に反映させるため，路線価を基礎とし，画地計算法を適用して評価するものであり，取扱要領において，宅地の評価一般に用いられることが予定されている評価の方法である。また，雑種地を宅地に転用する場合において通常必要と認められる造成費は，市街化区域に存する雑種地にあっては，基本価額に0.15を乗じた値とする。

　Xは鉄道事業，不動産事業等を営む会社で，本件ゴルフ場および本件遊園地を所有している。本件ゴルフ場および本件遊園地は，いずれも市街化区域内に存し，本件ゴルフ場は，東は本件遊園地に，西は住宅地に，南は国道26号線に，北は大阪湾にそれぞれ接しており，その地積は49万㎡余である。本件遊園地は，東は住宅地に，西は本件ゴルフ場に，南は国道26号線に，北は大阪湾にそれぞれ接しており，その地積は27万㎡余である。

岬町長は，本件ゴルフ場及び本件遊園地の平成20年度の価格として，本件遊園地を構成する土地202筆につき55億3,778万円余，本件ゴルフ場を構成する土地475筆につき69億4,791万円余と決定し，それぞれ固定資産課税台帳に登録した。

Xは，平成20年6月に処分行政庁に対し，本件ゴルフ場及び本件遊園地の平成20年度の登録価格について審査申出をした。処分行政庁は，同年8月付でXの審査申出を棄却する決定をした。Xは，平成21年1月，本件訴えを提起した。

1　争点1（本件ゴルフ場に係る平成20年度の登録価格は「適正な時価」を超えるものか）について

Yは，本件ゴルフ場がゴルフ場通知にいう「市街地近郊ゴルフ場」に該当し，同通知の定める評価方法を適用して評価すべきであるとしており，そのことについてはXも争っていない。争いがあるのは，①「潰れ地以外の土地の割合」を6割とすることがゴルフ場通知の定めに反しないか，②近傍宅地評価額を3万1,571円/㎡としたことが適切か否か，という点である。そこで，以下，上記2点について検討を加えることとする。

「潰れ地以外の土地の割合」について

ア　ゴルフ場通知は，市街地近郊ゴルフ場の取得価額を定めるに当たり，前記算式を用いることとしている。この方法は，当該ゴルフ場を宅地開発するとした場合の価額から宅地に造成するための費用を控除することにより，当該ゴルフ場用地の取得価額を算定するものである。そして，「潰れ地以外の土地の割合」を乗じることとしているのは，ゴルフ場のような広大地を宅地開発する場合，そのすべてを宅地として利用することは不可能であり，道路等の公共施設の用地に供することが不可避となる土地（潰れ地）が発生することから，宅地として利用可能な部分に限定して宅地としての評価を行うためである。しかし，実際に当該ゴルフ場を宅地開発するとした場合にどの程度の潰れ地が発生するかを事前に予測することは必ずしも容易ではなく，そのため，ゴルフ場通知は，「潰れ地以外の土地の割合」が不明のときは，全国の平均的な割合である5割程度を参考として市町村において求めた割合を用いることができるとしたものと解される。

イ　このようなゴルフ場通知の定めからすれば，各市町村の実情に応じ，「潰れ地以外の土地の割合」として 5 割を超える割合を定めたとしても直ちにゴルフ場通知に反することにならない。しかし，「潰れ地以外の土地の割合」をいかなる割合に定めるかは，当該ゴルフ場の評価に直結し，これを大きく変動させるのであるから，市町村がこれを恣意的に決定できるものでないことは当然であって，ゴルフ場通知が全国の平均的な割合であるとする 5 割を超える割合を適用するには，それを正当化するに足りる客観的かつ具体的な根拠が必要であるというべきである。

ウ　この点について，Y は，本件ゴルフ場は市街地近郊にあり，山林コースのゴルフ場と比較すれば「潰れ地」が発生する割合は小さいのが一般であること，総務省の調査によれば，「潰れ地以外の土地の割合」は最大 95 ％，最小 50 ％，全国平均 56.1 ％となっていること，財産評価基本通達はゴルフ場用地の評価に当たり「潰れ地以外の土地の割合」を 6 割としていることから，本件ゴルフ場については「潰れ地以外の土地の割合」を 6 割とするのが相当であると主張している。

しかし，ゴルフ場通知は，適用対象が市街地近郊ゴルフ場に限られていることを前提とした上で全国平均を 5 割程度としており，山林コースと丘陵コースとを特に区別していないのであるから，本件ゴルフ場が市街地近郊にあり，山林コースに該当しないことを理由に「潰れ地以外の土地の割合」を 6 割とすることは相当ではない。また，確かに総務省の調査によれば，「潰れ地以外の土地の割合」の全国平均は 56.1 ％であったことが認められるが，同調査によれば，大阪府の平均は 55 ％とされており，全国平均をもってしても 6 割に満たないというのであるから，これを根拠に「潰れ地以外の土地の割合」を 6 割とすることも相当ではないというべきである。さらに，財産評価基本通達は，固定資産価格を算定するためのものではないから，「潰れ地以外の土地の割合」をそのまま 6 割とすることを正当化することもできない。

さらに，Y は，岬町と阪南市との境界付近の山間部にあり，「岬町宅地開発等指導要綱」が適用された大規模な宅地開発事業である「望海坂住宅開発」の土地の利用状況をみると，潰れ地に相当する道路用地，公園用地，集会所，ゴミ集積場等に当てられる公共用地の開発面積に占める割合が約 33 ％となり，

「潰れ地以外の土地の割合」を60％としてもあながち不合理とはいえないとも主張する。

　しかし，上記約33％という割合は，開発対象とされた区域のうち，自動車専用道路（第二阪和国道）部分および緑地部分を除外して計算したものであるところ，自動車専用道路部分（開発対象とされた区域に占める割合は0.35％とわずかである）はともかく，緑地部分（自然緑地と造成緑地からなる）を除外して計算することは，「潰れ地以外の土地の割合」を評価上の考慮要素とした趣旨にかんがみて不適当というべきであるから，Yの上記主張も採用の限りでない。

　そうすると，本件ゴルフ場につき「潰れ地以外の土地の割合」を6割とすることを正当化するに足りる十分な根拠は見当たらず，ゴルフ場通知が全国の平均的な割合である5割をもって本件ゴルフ場の「潰れ地以外の土地の割合」とするのが相当である。

「近傍宅地評価額について」

　ア　市街地近郊ゴルフ場の取得価額に係るゴルフ場通知の定めは，当該ゴルフ場をいったん宅地として評価した上で宅地造成費を控除するものであり，近傍宅地評価額は，当該ゴルフ場を開発して宅地にしたと仮定した場合における価額を算定するものである。そうだとすれば，近傍宅地評価額を算定するに当たっては，入手可能な資料に基づき，当該ゴルフ場を宅地開発した場合における宅地としての価格形成要因を想定した上，これと共通性・類似性が高いと考えられる宅地の価額をもって近傍宅地評価額とするのが相当である。ところで，宅地としての価格形成要因は様々であるが，その主要なものとして，公共施設からの距離，駅や幹線道路へのアクセスといった交通条件，自然環境の良否等を指摘することができる。これを本件ゴルフ場についてみると，たとえば，幹線道路である国道26号線へのアクセスについては，本件ゴルフ場の南端の土地はこれに接面しているものの，北端の土地は800ｍ余りも離れており，南端と北端の土地とで価格形成要因に共通性・類似性があるとはいい難い。公共施設からの距離やその他の交通条件についても同様のことが指摘できるし，自然環境についても，本件ゴルフ場の北側は海に面するなどしており，土地全体が同一の自然環境であるとはいえない。

　要するに，本件ゴルフ場のような広大な土地を宅地開発すると想定した場合，

第3編　固定資産税に関する60の下級審裁判例　259

宅地としての価格形成要因を異にする宅地が多数形成されることが予想される
のであるから，特定・単一の宅地の価額のみを参考にして近傍宅地評価額を決
定するのは無理があるといわざるを得ない。こうした場合，本件ゴルフ場の周
辺において，宅地開発後の本件ゴルフ場と価格形成要因をある程度共通にする
ことが想定される複数の宅地を抽出した上，その価額の平均値に宅地の評価割
合である7割を乗じた額をもって本件ゴルフ場の近傍宅地評価額とするのが相
当である。

　イ　これを本件ゴルフ場についてみると，本件ゴルフ場の周辺には9つの状
況類似地域があり，それぞれの地域における標準宅地の平成20年1月1日時
点の価額（円/㎡）は以下のとおりとなっている。

　　　　207　4万4,300，226　4万5,500，357　2万8,700
　　　　358　3万2,100，359　2万6,700，360　2万2,700
　　　　366　2万5,600，367　3万1,700，368　2万3,600

これらの状況類似地域は，国道26号線およびみさき公園駅からの距離とい
った位置関係からみて，本件ゴルフ場を開発したと仮定した場合に生ずる宅地
と価格形成要因をある程度共通にすると推認できる。しかし，これらの状況類
似地域359，360および366から368までについては，その標準宅地が接する
道の幅員が4m（建築基準法42条1項，43条1項参照）未満であるところ，本
件ゴルフ場を宅地開発した場合，4mに満たない道に接する宅地が発生する可
能性は低いといえる（そのような宅地を想定することは，「潰れ地以外の土地の割合」
を5割とすることにもそぐわない）から，これらの標準宅地は，宅地開発後の本
件ゴルフ場と価格形成要因を相当程度異にするといわざるを得ず，本件ゴルフ
場に係る近傍宅地評価額を算定するに当たって考慮するのは不適切である。

　これに対し，状況類似地域207，226，357および358については，その標準
宅地が接する道の幅員は4m以上であり，本件ゴルフ場を開発したと仮定した
場合に生ずる宅地と価格形成要因をある程度共通にするという前記推認を覆す
事情は見当たらない。なるほど，状況類似地域357および358については，国
道26号線等との接道状況，みさき公園駅からの距離という点や，下水道・都
市ガスの整備状況，墓地からの距離という点で，状況類似地域207および226
と価格形成要因を異にする部分があるものの，本件ゴルフ場を開発したと仮定

した場合に生ずる宅地も，接道状況やみさき公園駅との位置関係，その他の価格形成要因において，おのおのが相当程度に異なり得るところであって，本件ゴルフ場と近接した場所に位置する状況類似地域357および358を，本件ゴルフ場の近傍宅地評価額を算定するに当たって排除しなければならない積極的な理由を見いだし難いというべきである（他方，国道26号線に接した細長い帯状の地域である状況類似地域207および226のみを基礎として広大な本件ゴルフ場の近傍宅地評価額を算定することは明らかに不合理である。また，Xが本件ゴルフ場の近傍宅地評価額の基準とすべきと主張する地価公示地点「岬-10」は，状況類似地域352内にあり，その位置関係からみて，本件遊園地についてはともかく，本件ゴルフ場についての近傍宅地評価額の算出の基礎とするのは相当ではない）。

そうだとすれば，状況類似地域207，226，357および358における標準宅地の価額の平均を算出し，それに宅地の評価割合である7割を乗じた額2万6,355円（≒3万7,650円×0.7）をもって本件ゴルフ場の近傍宅地評価額とみるべきところ，Xの主張額（2万9,890円）はこれを上回るものであるから，本件ゴルフ場の近傍宅地評価額は，少なくとも2万9,890円を上回ることはないものと認めるのが相当である。

以上を前提に本件ゴルフ場の価額を計算すると，

（2万9,890円×地積×0.5）−（7,630円×地積×0.7）+（830円×地積×0.7）

≒49億9,918万4,622円

となり，これをもって本件ゴルフ場の「適正な時価」というべきである。

2　争点2（本件遊園地に係る平成20年度の登録価格が「適正な時価」を超えるものか）について

Yは，取扱要領に従い雑種地の評価の定めを準用して本件遊園地を評価したことは，評価基準の定めにも従っており，その評価額は適正な時価を超えるものではないと主張する。

そこで，取扱要領の定める雑種地の評価方法をみると，対象となる土地の全体を宅地として評価した上で宅地の造成に必要な費用を控除するというものであり，これを本件遊園地に適用する場合も，その全体が宅地として利用可能であることを前提とすることになる。しかし，本件遊園地のように広大な土地にあっては，その全体を宅地として利用することは不可能であり，一定割合の土

地については公共施設等の用地に供さざるを得ないのであるから，このような土地についてその全体が宅地として利用可能であることを前提とした評価方法の合理性には疑問を差し挟まざるを得ない。

確かに，評価基準は，ゴルフ場等の用に供する土地の取得価額を評定するに当たり，「附近の土地の価額」から評定した価額によることができると規定しているが，「附近の土地」が宅地である場合において，当該ゴルフ場等の用に供する土地の全体が実際に宅地として利用可能かどうかにかかわりなく，その全体を宅地として評価することまで許容したものとは解されず，このことは，ゴルフ場通知が市街地近郊ゴルフ場とそれ以外のゴルフ場とを区別し，前者については近傍宅地評価額に「潰れ地以外の土地の割合」を乗じた上で取得価額を算定することとしていることからも読み取れるところである。

そうだとすれば，本件遊園地を評価するに当たって，ゴルフ場通知にいう「潰れ地以外の土地の割合」と同様の考慮要素を反映させることなく，その全体が宅地として利用可能であることを前提としてされた評価は，評価基準に従ったものとはいえないというべきである。

そこで，本件遊園地についてどのような評価方法によることが適切かについて検討するのに，宅地としての評価を行うことを前提とするのであれば，本件遊園地についても，「潰れ地以外の土地の割合」を反映したゴルフ場通知の方法に従って評価を行うことがまず考えられる。

この点について，Ｙは，ゴルフ場通知はあくまでゴルフ場を評価するためのものであるから，本件遊園地の評価にゴルフ場通知の定めを準用または類推適用することはできないと主張する。

しかし，ゴルフ場通知がゴルフ場について特別の評価方法を定めているのは，ゴルフ場用地が極めて広大で売買実例が少なく，売買実例価額による評価を行うことが困難であるためと考えられるところ，このような趣旨はゴルフ場と同じように広大な遊園地についても当てはまるものである。また，ゴルフ場通知の定める市街地近郊ゴルフ場の評価方法は，当該ゴルフ場のうち宅地可能な割合につき宅地として評価した価額から宅地造成費を控除することによって素地価額を算定し，そこに造成費を加えてゴルフ場としての価額を算出するものであり，こうした算定方法自体は，周辺の大半が宅地化された広大地で一定の造

成が施されているものを評価するに当たって一般的な合理性を有するといえる。

したがって，周囲の大半が宅地化された広大地といえる本件遊園地（面積は27万㎡を超え，本件ゴルフ場の面積の約0.55に相当する）を評価するに当たっても，このような評価方法を採用することが適切であり，上記評価方法が一般的な合理性を有するものであることに照らせば，これによって算定された評価額は「適正な時価」と推認されるというべきである。

以上を前提に本件遊園地の評価額を算定すると，以下のようになる。

ア　近傍宅地評価額

本件ゴルフ場と同様，本件遊園地も広大な土地であり，これを宅地開発すると想定した場合，宅地としての価格形成要因を異にする宅地が多数形成されることが予想されるから，本件遊園地周辺の宅地のうち，宅地開発後の本件遊園地と価格形成要因をある程度共通にすることが想定される複数の宅地を抽出した上，その価額の平均値に宅地の評価割合である7割を乗じた額をもって本件遊園地の近傍宅地評価額とするのが相当である。

そして，本件遊園地の周辺には，6つの状況類似地域があり，それぞれの地域における標準宅地の価額は以下のとおりとなっている（円/㎡）。

206　4万9,500，226　4万5,500，341　4万5,800

347　3万9,500，351　4万2,200，352　4万0,900

これらの状況類似地域は，国道26号線およびみさき公園駅からの距離といった位置関係からみて，本件遊園地を開発したと仮定した場合に生ずる宅地と価格形成要因をある程度共通にすると推認でき，本件遊園地の近傍宅地評価額を算定するに当たって排除しなければならない積極的な理由は見いだし難い（なお，Xが本件遊園地の近傍宅地評価額の基準とすべきものと主張する地価公示地点「岬-10」は，前記のとおり状況類似地域352内にあるから，状況類似地域352とは別に上記「岬-10」を別途評価に反映させる必要はないというべきである）。

そうだとすれば，これらの状況類似地域における標準宅地の価額の平均を算出し，それに宅地の評価割合である7割を乗じた額をもって本件ゴルフ場の近傍宅地評価額とするのが相当である。

よって，本件遊園地の近傍宅地評価額は3万730円（＝4万3,900円×0.7）

となる。

　イ　「潰れ地以外の土地の割合」

　本件遊園地に係る「潰れ地以外の土地の割合」を本件ゴルフ場のそれと区別すべき理由は見いだし難いから，これを5割とするのが相当である。

　ウ　宅地造成費

　遊園地の用に供されている土地を宅地化する場合の造成費の額を直接認定できる証拠はないが，ゴルフ場通知は，「ゴルフ場と同一規模の山林を宅地に造成するとした場合において通常必要とされる造成費」を「山林に係る宅造費」と定義し，「山林に係る宅造費が不明のときは，山林に係る平均的宅造費（7,630円/㎡）を参考として市町村において求めた額」によるものとしている。本件遊園地の開設に当たり，従前の地形・自然環境を相当程度利用して営業を行っていることからすると，本件遊園地を宅地開発する場合に，ゴルフ場一般を宅地開発する場合と比較して，必要となる造成費に顕著な差異が生ずると認めるべき根拠もないから，「ゴルフ場と同一規模の山林を宅地に造成するとした場合において通常必要とされる造成費」は，本件遊園地を宅地開発する場合にも適用可能なものとみることができる。したがって，本件遊園地を宅地開発する場合の造成費は7,630円/㎡とするのが相当である。

　エ　遊園地造成費

　遊園地を造成するに当たって必要となる費用の額を直接認定できる証拠はないが，Yは，本件遊園地は自然の地形を利用して遊園地としての効用を発揮しているとして造成費加算はしないと主張する一方，Xは，ゴルフ場造成費と同様の581円/㎡を造成費として加算すべきであると主張していることからすると，Xの自認額である581円/㎡を加算するのが相当である。

　オ　以上を前提に本件遊園地の価額を計算すると，

（3万730円×地積×0.5）－（7,630円×地積×0.7）＋（830円×地積×0.7）
≒28億7,081万5,495円

となり，これをもって本件遊園地の「適正な時価」というべきである。

　以上の次第であり，本件ゴルフ場および本件遊園地に係る平成20年度の登録価格はいずれも「適正な時価」を超えるものであるから，本件決定のうち，適正な時価を超える部分を取り消すこととし，主文のとおり判決する。

コメント 本件判決の対象となったゴルフ場と遊園地は，大阪ではよく知られており，特に本件ゴルフ場は，戦前に開場した歴史のあるコースです。

本件判決をみると，「地方税法→固定資産評価基準→ゴルフ場通知→取扱要領」の順でゴルフ場や遊園地についての固定資産評価が具体化する流れがよく分かります。

特に本件判決が問題視しているのは，「潰れ地以外の土地の割合」についてのゴルフ場通知と取扱要領の関係です。「潰れ地」という言葉自体が聞きなれないものですが，ゴルフ場や遊園地のような広大な土地を宅地化しようとしても，その全てが宅地となるわけではなく，道路や公園等の公共の用に供される部分が一定割合必要となります。これを潰れ地というわけです。ゴルフ場通知によれば，全国の平均的な「潰れ地以外の土地の割合」は5割とされているのに対して，取扱要領では6割としたことについて，本件判決はこれを正当化するに足りる十分な根拠がないとして退けました。岬町という大阪府下でも小さな町が，町内唯一のゴルフ場と思われる本件ゴルフ場を対象にして，ゴルフ場通知の割合を上回る6割と定めたことが，不思議に思えます。町にとっては，貴重な財源である固定資産税を少しでも多く取得したいと考えて，ゴルフ場通知の基準を上回る割合を決めたのでしょうが，やりすぎだったのかもしれません。

もっとも，ゴルフ場通知というのも，通達にすぎません。町の定めた方法が，取扱要領ではなく，条例であったとすれば，憲法92条ないし94条の地方自治の本旨にかんがみると，判決の結論が変わった可能性もあります。

なお，町が控訴したところ，平成24年1月に大阪高裁は町の「潰れ地」の割合に関する主張をほぼ認め，本判決を変更しました。その後，双方が上告しましたが，最高裁は同年10月にいずれも棄却し，大阪高裁判決が確定しました。

第3編　固定資産税に関する60の下級審裁判例　265

7　固定資産評価基準の宅地についての「所要の補正」とは

【27】　公図上は公道に接続していないけれど，実際は接続している場合に固定資産評価基準の「無道路地」とならないのか？

（大阪地裁平成27年12月25日判決・判例秘書）

事案の概要　X_1は甲地を，X_2は乙地を所有していますが，甲地と乙地（以下総称して「甲地ら」という）は，大阪府豊中市の都市計画区域に位置する併用住宅地区にあり，東西で接しています。甲地らは，北側において公図上はZが所有する丙地と沿接しており，公道にほぼ接してないように見受けられますが，実際上は丙地は豊中市道の道路敷の一部となっており，建築基準法42条2項道路とみなされています。

　豊中市長は，平成24年9月付けで，X_1，X_2に対し，甲地らについて，いずれも無道路地ではないとして，平成20年度から24年度までの各登録価格を修正して登録し，その旨を通知しました。そこで，X_1，X_2は，豊中市固定資産評価審査委員会Yに対し審査申出をしましたが，いずれも棄却されました。X_1，X_2は，Yを相手にYの各棄却決定の取消しを求めて提訴したところ，X_1については，甲地の一部について，間口狭小補正率の適用の関係で取り消しましたが，無道路地の関係では，X_1，X_2いずれについてもその主張を排斥しました。ここでは，無道路地の関係についてのみ取り上げます。

判決の要旨　評価基準が無道路地について無道路地補正率等により評点数を補正することとした趣旨は，無道路地が公路に接続しない不便な状態の土地であることに鑑み，無道路地において建物の建築等による使用収益が困難であること等による減価を反映した補正率を適用することにより，当該土地の適正な価格，すなわち，客観的な交換価値に近接することがで

きると考えられた点にあるものと解される。このような無道路地補正の趣旨に鑑みれば、公図上公道に接続しない土地であっても、当該土地およびその周辺の個別具体的な状況に照らし、実際の利用上何らかの通路が開設されている場合には、無道路地補正率等を適用することはかえって不相当な減価をもたらすこととなるから、無道路地に該当しないと解するのが相当である。甲地らは、北側で本件市道に1.24 m、これと連続して本件市道の道路敷の一部となっている丙地に4.05 m接しており、道路が開設されている土地ということができるから、無道路地には当たらない。

なお、本件市道の建築基準法上の境界線の位置は判然としないため、甲地が本件市道の建築基準法上の境界線と2 m以上接しているかどうか（接道義務を満たしているかどうか）は明らかでない。無道路地補正率の趣旨が、建物等使用収益が困難であること等による減価を反映する点に求められることに鑑みれば、甲地が接道義務を満たしていない場合には、これを建築物等の敷地とすることができないため、無道路地補正率を適用することも考えられるが、この点については、本件各評価要領が定める建築不可等補正率の適用によって考慮されているから、無道路地補正率を適用しないことは合理性を有するものということができる。以上によれば、甲地について、無道路地補正率により評点数を補正する必要はないというべきである。なお、X_1は、財産評価基本通達が無道路地の評価について、「無道路地とは、路線に接しない宅地をいう。」と規定していることからすれば、接道義務を満たしていない甲地についても無道路地として評価し、無道路地補正率により評点数を補正すべきであると主張する。

しかしながら、財産評価基本通達は、相続、遺贈または贈与により取得した財産の評価に適用されるものであって、評価基準の解釈の直接の根拠となるものではなく、甲地について無道路地補正率により評点数を補正する必要がないことは、前記のとおりであり、X_1の主張は採用することができない。

コメント 豊中市は、X_1、X_2に対して、従前は公図上公道に接していないために無道路地扱いしていたのを、現地を調査した結果、市道および建築基準法42条2項道路に接していることが判明したとして、過去に遡って評価を修正し、Ｙもその判断を維持したために、

X₁らが提訴したものです。確かに，公図と現況が合わないことはよくあることです。

　その場合に，現況主義で判断するというのも１つの考え方かもしれませんが，評価基準が無道路地補正率を採用している根拠を考えると若干の疑問が残ります。公図上で公道に接していない不動産については，売買する際に相当の支障が生ずることは否めないからです。住宅地の売買では隣地境界が確定していないと取引ができないのが一般的です。まして，接道義務を果たしているかどうかは建築する場合に致命傷になりかねないので，公図上においても公道に接していなければ，その公図を訂正しなければならず，相当の手間暇をかける必要があります。

　もっとも，本件の豊中市の場合には市独自の評価要領で，別途「建築不可等補正率」が定められているので，この適用によりある程度の減価が可能ですから，まだましといえます。しかし，そのような補正が規定されていない場合には，無道路地補正率を適用してもよいのかもしれません。

【28】　土地の不整形地補正が認められるのは，どういう場合か？

（大阪地裁平成 27 年 8 月 5 日判決・判例秘書）

事案の概要　Xは，大阪府吹田市所在のマンションの区分所有者としてマンション敷地の土地について共有持分を有していますが，吹田市長が平成 24 年度の登録価格を 786 万 6,297 円としたことについて，不整形地補正をしていないことなどを理由として，吹田市固定資産評価審査委員会Yに審査申出をしましたが，Yが棄却決定をしました。そこで，Xは，Yを相手に取消訴訟を提起しましたが，大阪地裁はこれを棄却しました。

判決の要旨　評価基準上の不整形地とは，原則として普通地（一辺が路線に接する矩形の画地またはこれに準ずる画地），準普通地（一辺の一部が路線に接する矩形の画地またはこれに準ずる画地），正台形地（平行線の長辺が路線に接する台形の画地またはこれに準ずる画地），正L字形地（外側二長辺

のいずれか一辺が路線に接するＬ字形の画地またはこれに準ずるもの）および路線となす角が大きい平行四辺形地等を除いたもので路線に一辺または数辺が接する多辺整形の画地をいうところ，本件土地は，台形状の土地（本件主要部部分）を主要な部分とし，その南側境界の中央付近から剣状の細長い部分（本件剣先部分）が突き出ており，そのような形状に照らし，不整形地に該当することは明らかである。

ところで，不整形地補正は，画地の形状が悪いことによって画地の全部が宅地として十分に利用できないという利用上の制約を受けることによる減価補正であるから，不整形地であっても，宅地としての利用上の制約が認められない画地については，減価補正を要しないものと解される。評価基準は，このような観点から，蔭地割合が10％未満の不整形地については補正率を1.00とし，減価補正をしないこととしているものと解される。以上に加え，評価基準が，不整形地補正率表の運用について，画地の地積が大きい場合等にあっては，近傍の宅地の価額との均衡を考慮し，不整形地補正率を修正して適用する旨定めていることからすると，評価基準は，蔭地割合が10％以上の不整形地であっても，画地の地積が大きいこと等により家屋の建築等が通常の状態において行い得る画地については，不整形地補正率を1.00とし，減価補正をしないことを予定しているというべきである。

これを本件土地についてみると，本件土地は2,884.72㎡もの地積を有する広大な土地であり，本件土地の南側には本件剣先部分が突き出ているものの，同部分の地積は約50㎡であり，同部分が本件土地全体に占める割合は約1.7％にとどまること，本件剣先部分を除いた本件主要部分はほぼ整形であること，および本件土地上には本件マンションが建築されており，本件剣先部分も，その南端において舗装道路に通じ，マンション住民の火災等の緊急時の避難通路として利用されているほか，本件マンションの生活排水管等が埋設され，本件土地はマンション敷地として本件剣先部分を含め一体的に利用されていること等に照らせば，本件土地の形状によってマンション等の建物の建築といった土地利用に支障が生じるものとは認め難く，本件主要部分の蔭地割合が22.3％であることを考慮しても，本件土地に宅地としての利用上の制約があるということはできず，本件土地の評価において不整形地補正をしないことが評価基準

第3編　固定資産税に関する60の下級審裁判例　**269**

に反するものとは考えられない。

　これに対し，Xは，別件土地につきYが不整形地補正をすべきとしたことをもって，本件土地についても不整形地補正をすべきである旨主張する。しかしながら，別件土地は，ほぼ整形である台形状の部分と，そこから突き出た剣先部分により構成されるところ，その蔭地割合（約60％）や，剣先部分が土地全体に占める割合（約13％）は，いずれも本件土地の上記各割合（蔭地割合は約44％，剣先部分が占める割合は約1.7％）を相当程度上回ることから，本件土地よりもより不整形な土地であると認められる上，別件土地（1,714.58㎡）は本件土地よりも1,000㎡以上小さく，宅地としての利用上の制約の有無，程度，ひいては不整形地補正の要否という観点からは，別件土地の評価と本件土地の評価とでは事案を異にするものというべきであって，審査委員会が別件土地につき不整形地補正をすべきとしたことをもって，本件土地についても不整形地補正をすべきであるということはできない。

　また，Xは，適正な時価を評定するという点で評価基準と同趣旨の定めである財産評価基本通達において，1,000㎡以上の不整形地であっても，不整形地補正をすべきものとしていることからしても，本件土地について不整形地補正をすべきである旨主張する。しかしながら，財産評価基本通達は，評価基準について前示したものと同様の趣旨から不整形地補正を定めていると解され，そのような趣旨からすれば，財産評価基本通達も，画地の大きさ等からして家屋の建築が通常の状態において行い得るなど，宅地としての利用に特に支障がないものについて，不整形地補正をしないことを否定するものとは解されず，Xの上記主張は採用することができない。

コメント　　不整形地とは，第1編の⑮で紹介していますが，固定資産評価基準の中の画地計算法の1つです。正方形や長方形のような整形地と比べて形が不揃いの不整形地はいわゆる蔭地（かげち）が生じて画地の全部を有効利用できないことから，原則として不整形地補正率表により計算します。もっとも，相続税を計算する際に依拠する国税庁の財産評価基本通達（本件判決でも出てきますが）の表とは若干異なるので注意してください。

固定資産評価基準でも注書されていますが，面積が大きいときは不整形地補正率表を修正することができるので，本件のＹも宅地としての利用に支障がないとして不整形地補正をしないことにしたもので，妥当な判断と思われます。

【29】 地中のアスベストスラッジは「所要の補正」に当たらないか？

（佐賀地裁平成 19 年 7 月 27 日判決・判例秘書）

事案の概要 Ｘは，平成 4 年に佐賀県鳥栖市内の本件土地について，簡易水道用の水道管を製造していた甲から買い受けました。Ｘは，その後，本件土地においてコンクリート製品の製造を行っていましたが，平成 15 年に操業を中止し，平成 16 年に乙との間で本件土地を 2 億 1,200 万円で売買する契約を締結しました。ところが，決済前に，乙が本件土地を調査したところ，昭和 60 年ころまでに甲が廃棄したアスベストスラッジ（アスベストとコンクリートが混合した汚泥，以下「本件アスベスト」という）が大量に埋設されており，これを除去するのに約 2 億円の費用を要することが判明して，売買契約は凍結されました。その後，Ｘは，甲を相手に訴訟を起こし，平成 18 年 2 月に甲がＸに対し本件アスベストの撤去費用 2 億円を支払う旨の裁判上の和解が成立し，平成 19 年 3 月頃に本件アスベストは撤去されました。

Ｙ市長は，本件土地について，平成 17 年度評価額を 3 億 5,287 万円余として固定資産課税台帳に登録するとともに，課税標準額を 2 億 546 万円余とする旨の納税通知書をＸに交付しました。また，平成 18 年度評価額を 2 億 1,875 万円余として固定資産課税台帳に登録するとともに，課税標準額を 1 億 5,312 万円余とする旨の納税通知書をＸに交付しました。

そこで，Ｘは，両年度の登録価格について，鳥栖市固定資産評価審査委員会に審査申出をしましたが，いずれも棄却する旨の決定がなされたため，その取消しを求めて提訴しましたが，佐賀地裁はいずれも棄却しました。

本件では，本件アスベストの存在との関係で，地方税法 349 条 2 項，3 項但

書にいう「特別の事情」を看過した違法があるか，固定資産評価基準の画地計算法による「所要の補正」を怠った違法があるか，の２つが争点となりましたが，議論がダブるので，「所要の補正」についてのみ記述します。

判決の要旨　固定資産評価基準における所要の補正は，評価に当たり，課税対象不動産の個別の状況を一定程度考慮しようとするものであるが，その究極の目的は，不動産鑑定評価基準と異なり，固定資産税の公平な賦課徴収にあることは明らかであるから，不動産鑑定評価基準においては減価すべきものとされている場合であっても，少なくとも，不動産減価の要因が外的人為的なもので，その原因行為者の責任追及を行うことにより原状回復が論理的に可能な場合は，これを理由に「所要の補正」をしない取扱いをすることも許されるものと解するのが相当である。なぜならば，このように解しないと，たとえばゴミや産業廃棄物等が大量に廃棄されており，その除去のために巨額の費用を要するような場合は，その土地の評価についてすべからく減価しなければならなくなるが，そのような対処が固定資産税の公平な賦課徴収の観点からみて不当であることが明らかであるからである。また，本件においても，本件アスベストの存在を理由に所要の補正をしなければならないとすると，仮にＸが甲からその撤去費用を回収した後にこれを撤去しない場合にも，評価上減価しなければならなくなるが，このような減価がきわめて不当であることは論を待たないし，撤去費用を現実に回収したか否かにより減価すべきか否かの区別を行うことも固定資産税の課税の観点から容れられないことは明らかである。

　なお，この点，国税庁は，土壌汚染地についての相続税法上の評価方法として，その除去等に要した費用を汚染原因者に求償できる場合には，その土地は浄化・改善を完了した土地として評価する等とされていることも参考になる。

　Ｙの取扱要領15条所定の補正項目には，本件アスベスト埋設のような場合が規定されていないが，その趣旨は，上記と同様の考え方に基づくものと推測でき，このような補正項目の規定には合理性が存するものというべきであり，この定めが固定資産評価基準に反し，違法であるということはできない。

　そして，本件アスベストは人為的に廃棄されたものであり，しかもアスベストは不溶性の物質であって土地の構成要素である土壌を汚染するものではな

く，そのためこれを除去することにより当該土地を原状に復することができる
ものであるから，本件アスベストの存在を理由に所要の補正をしない取扱いを
することも許されるものというべく，本件土地について，固定資産評価基準に
所定の「所要の補正」を行わなかったことについて，違法があるということは
できない。

コメント　地中にアスベストなどの汚染物質が埋設されていれば，不
動産売買取引において代金が相当程度減少することは間違
いありません。不動産鑑定評価基準でも，減価要因としています。

　ところが，本件判決は，アスベストスレッジの埋設について，固定資産
評価基準における「所要の補正」には該当しないと判断しました。その理
由として，「ゴミや産業廃棄物等の除去のために巨額の費用を要するよう
な場合は，その土地の評価について減価する対処が固定資産税の公平な賦
課徴収の観点からみて不当であることが明らかである」と述べていますが，
原則としては，むしろ減価する方が正当ではないでしょうか。国税庁の取
扱いが，「除去等に要した費用を汚染原因者に求償できる場合には，その
土地は浄化・改善を完了した土地として評価する」というのは，言いかえ
れば，求償できない場合（それが一般的でしょう）には汚染土地として評
価することを認めていると思われます。

　本件は，汚染原因者に求償できた例外的場合ですので，この結論でよい
のですが，求償できない場合には，「所要の補正」をすべきであると思わ
れます。

【30】　近隣の暴力団事務所は土地の減額補正にならないか？

（大阪地裁平成 23 年 1 月 19 日判決・判例地方自治 356 号 67 頁）

事案の概要　大阪市内に所在する本件土地の共有持分を有するXが，本件
土地の近隣に暴力団事務所が存在することを考慮しないで固
定資産課税台帳に登録された価格について，適正な時価を上回り，少なくとも

第3編　固定資産税に関する60の下級審裁判例　　273

10％減額すべきであるとして，大阪市固定資産評価審査委員会に審査申出を
したものの，棄却決定を受けたため，大阪市に対しその取消しを求めて提訴し
ましたが，大阪地裁はこれを棄却しました。

判決の要旨　一般的に，暴力団組事務所や暴力団関係者が利用する施設な
ど暴力団に関係する建物等が存在する場合，一般人としては
不安感や嫌悪感を抱くのが通常であり，これにより隣接ないし近接する土地の
評価に影響を及ぼす場合があることは否定できないが，当該影響の有無，程度
については，当該建物の利用形態，その外観，周囲の状況等個々の事情に応じ
て異なるものであるから，当該建物が存在するからといって，直ちに土地の価
格が減少するということはできず，当該建物の存在による周辺土地の価格への
影響を個別具体的に検討する必要があるというべきである。

　そうであるところ，本件土地に隣接する本件ビルは，過去に暴力団関係者の
所有名義となっていたことがうかがわれること，本件ビルの名称に暴力団関係
者と思われる人物の姓が付されていること，本件ビルの周囲に監視カメラらし
きものが設置されていること，インターネット上で本件ビルが大阪の暴力団事
務所である旨の書き込みがされていることなどからすれば，本件ビルが何らか
の形で暴力団と関係している可能性は高いと認められる。

　しかしながら，本件ビルには暴力団事務所の看板等は掲げられておらず，上
記事情のみでは本件ビルが暴力団事務所や暴力団関係者の活動拠点として利用
されていると認めることは困難であるし，本件ビルは，監視カメラらしきもの
が設置されているほかは，通常のビルと外見上特に異なる点はなく，暴力団に
関係する建物であることが一見して明らかではないことからすれば，本件ビル
の存在による近隣の土地の評価への影響は，それほど大きいものとは考えられ
ず，他に本件ビルの影響により近隣の土地の価格が低下していることを認める
に足りる証拠はない。したがって，本件ビルの存在が，本件土地の評価に当た
って減額補正をする必要があるほど影響を与えるものとは認められず，本件ビ
ルの存在を理由に減額補正を行わなかったことが不当であるとはいえない。

　以上に加え，本件登録価格は，評価基準および本件実施要領の定めに準拠し
て行われたものということができ，さらに，7割評価により標準宅地の価格が
鑑定評価から求められた価格の7割を目途として評定されていることも考慮す

れば，本件登録価格は本件土地の本件賦課期日における適正な時価を上回っているものであるとは認められないから，本件決定は適法である。

> **コメント**　暴力団事務所の存在が，いわゆる「心理的瑕疵」に当たるとした判決例があります（東京地裁平成９年７月７日判決・判時1605号71頁）。
>
> 　本件判決も，一般論として，暴力団組事務所の存在が近隣の土地の価格に影響を及ぼすことは否定していません。しかし，そもそも，暴力団組事務所の看板が掲げられていない以上，暴力団組事務所と認定することは困難であることから，判決が認定した事実だけでは，減額補正をしなかったことについて不当とまではいえないとしています。また，評価基準の７割評価の関係もあり，「適正な時価」を上回っているとは認められないとしており，ここでは７割評価がいわば，クッション役になっているともいえます。
>
> 　しかし，現実の不動産取引において，不動産業者としては，暴力団組事務所の疑いがあるのに，それを知らせないままで取引すれば，後日，重要事項説明義務違反を問われるおそれが高いといえます。そのために，説明せざるを得ないと思いますが，それによる減価割合がどの程度なのか，その手の事務所がありふれている場所もあり，地域事情に大きく左右されるところがあって，何とも言えないところがあります。

【31】　市街地宅地評価法では適正な時価を算定できないことがあるか？

（東京地裁平成26年３月27日判決・ウェストロー・ジャパン）

事案の概要　Xは，東京都あきる野市所在の本件土地1，2（以下，総称して「本件各土地」という）について，平成24年8月に遺産分割協議により相続で取得して所有していますが，あきる野市長が平成24年度の価格を，本件土地1について3,526万7,044円，本件土地2について611万

3,761 円と，それぞれ決定し，同年 3 月付けで土地課税台帳に登録しました。そこで，当時の相続人代表として甲が，あきる野市固定資産評価審査委員会 Y に対して審査申出をしましたが，Y はこれを棄却しました。そこで，X が，市街化調整区域内の本件土地について市街地宅地評価方法によっては適正な時価を算定できない特別の事情があるなどとして，Y を相手に棄却決定の取消しを求め提訴しましたが，東京地裁はこれを棄却しました。

判決の要旨　X は，特別の事情として，本件標準宅地は，道路付けのよい 150 ㎡の土地であり，建築基準法の定める小規模住宅建築を可能とする道路要件を備えているのに対して，本件各土地は，分譲住宅，農家住宅，畑，山林等利用状況を異にする土地が混在する地区内の土地であり，位置関係，面積，購入者類型，その他宅地の利用状況が本件標準宅地と著しく異なるのであって，本件各土地について本件標準宅地の価格を基準に市街地宅地評価法を適用し画地計算法による補正をしても適正な時価を算定することができない旨を主張する。

確かに，本件標準宅地と本件各土地は，同一の状況類似地区に属している上，その地区をその状況が相当に相違する地域に区分した地域についても同一の地域に属しているものの，本件標準宅地と本件各土地との間には，①道路条件において，本件標準宅地が地域の主要な街路に沿接するものであるのに対して，本件各土地はその他の街路に沿接するものである，②画地条件において，本件標準宅地が奥行，間口，形状等の状況が当該地域において標準的なものと認められる地積 150.00 ㎡の整形地であるのに対して，本件各土地は正面路線からの奥行が 38.23 m，蔭地割合が 40 ％未満，間口距離が 6 m 以上 8 m 未満，奥行距離が間口距離の 6 倍以上 7 倍未満，画地地積が 1,097.91 ㎡と規模の大きい不整形地であるという差異がある。

しかし，本件標準宅地と本件各土地は，いずれも，市街化調整区域内の既存宅地であり，低層一般住宅の敷地として使用されているものであると認めることができるところ，一般に，市街化調整区域内の既存宅地は，市街化調整区域内の他の土地と異なり，比較的容易に建物の建築をすることができるため，市街化区域内の土地に類似する価格事情の下にあり，市街化調整区域内の既存宅地の価格が低いことが往々にしてみられるのは，それが市街化が抑制される市

街化調整区域内にあるからではなく，それが街路の状況，公共施設等の接近の状況，家屋の疎密度その他の宅地の利用上の便からみて劣るものであることが多いためである（そのような区域が市街化調整区域に指定される傾向がある）と認めることができるのであって，市街化調整区域内の既存宅地は市街化区域内の土地のうち宅地の利用上の便からみて劣るものと価格事情がおおむね同等と認められるということができる。

そして，本件標準宅地と本件各土地との間には，ア，本件標準宅地が幅員4.5 mの市道に沿接するものであるのに対して，本件各土地は幅員2.12 mの市道を通じて幅員4.5 mの市道に連絡するものである，イ，本件標準宅地と本件各土地は，いずれも，建ぺい率が40 %，容積率が80 %とされているものである，ウ，最寄り駅であるJR東日本五日市線b駅から，本件標準宅地が1,510 mの位置にあるものであるのに対して，本件各土地は1,400 mの位置にあるものであり，また，最寄りのバス停から，本件標準宅地が440 mの位置にあるものであるのに対して，本件各土地は400 mの位置にあるものである，エ，本件標準宅地が近隣の商業施設「c」から600 m，「d」から700 mの位置にあるものであるのに対して，本件各土地も同程度の距離の位置にあるものである，オ，本件標準宅地と本件各土地は，いずれも，上下水道が整備されているが，都市ガスは整備されていないものであるという類似性があると認めることができ，さらに，本件標準宅地が2階建ての戸建住宅を中心に，畑も散在し，貸家も見られる平坦な普通住宅地内の土地であるのに対して，本件各土地は，農家集落における一般住宅と農地が混在する住宅地域であり，住宅熟成度は幾分低く，旧来からの農家集落建物のほか新規の戸建分譲建物も存する地域内の土地であると認めることができるのであって，本件標準宅地及び本件各土地は，いずれも，街路の状況，公共施設等の接近の状況，家屋の疎密度その他の宅地の利用上の便からみて価格事情がおおむね同等と認められる地域に属しているものであり，おおむね同等の価格事情を有していると認めることができる。

本件標準宅地と本件各土地との間に存在する上記①および②の差異は，固定資産評価基準に定める市街地宅地評価法によって，路線価の付設をすることにより（上記①の差異），または画地計算法の適用をすることにより（上記②の差異），十分に補正することができるものであり（後記のとおり，本件各土地について，

都市計画法 34 条の開発行為の許可を受けて，開発行為をすることは可能であると認めることができる），Ｘが主張するように，本件各土地は宅地の利用状況が本件標準宅地と著しく異なるということができないのであって，本件各土地について本件標準宅地の価格を基準に市街地宅地評価法を適用し画地計算法による補正をしても適正な時価を算定することができないということはできない。

Ｘは，あきる野市における市街化区域内の土地と市街化調整区域内の既存宅地の地価公示価格の平均格差は 50 ％を超えているのであって，市街化調整区域内の既存宅地である本件各土地を市街化区域内の土地と同じ価格水準とすること自体不合理であり，本件各土地は，公共施設や店舗へのアクセスには基本的に自動車を利用しなければならない利便性に劣る地域に属している旨を主張し，また，本件標準宅地のような小規模住宅専用の土地は，その購入者として給与所得者が想定されるのに対して，本件各土地のような市街化調整区域内の農家集落にある面大地は，その購入者として戸建分譲地の造成を目的とする開発業者しか想定することができないのであって，本件各土地は，本件標準宅地とは，その面積はもちろん，その地域性，購入予定者の類型を著しく異にしており，対象不動産の最有効使用が標準的使用と異なる場合に当たり，本件標準宅地の価格を基準に本件各土地の適正な時価を算定するのは不合理である旨を主張する。

しかし，一般に，市街化調整区域内の既存宅地は市街化区域内の土地のうち宅地の利用上の便からみて劣るものと価格事情がおおむね同等と認められるということができるところ，本件標準宅地および本件各土地は，いずれも，街路の状況，公共施設等の接近の状況，家屋の疎密度その他の宅地の利用上の便からみて価格事情がおおむね同等と認められる地域に属しているものであり，おおむね同等の価格事情を有していると認めることができることは，上記アのとおりであって，Ｘが主張するように，市街化調整区域内の既存宅地である本件各土地を市街化区域内の土地と同じ価格水準とすること自体不合理であるということはできないし，また，本件各土地が本件標準宅地と価格事情がおおむね同等と認められないほどに利便性に劣る地域に属しているということもできない。

そして，このことに，後記のとおり本件各土地について，都市計画法 34 条

の開発行為の許可を受けて，開発行為をすることは可能であると認めることができることも併せ考えると，Xが主張するように，本件各土地は，本件標準宅地とは，その地域性，購入予定者の類型を著しく異にしており，対象不動産の最有効使用が標準的使用と異なる場合に当たり，本件標準宅地の価格を基準に本件各土地の適正な時価を算定するのは不合理であるということはできない。

Xは，本件各土地は，市街化調整区域内の既存宅地として，開発行為の許可の対象となるが，東京都都市整備局作成の開発行為の許可等に関する審査基準によれば，本件各土地について開発行為の許可を受けるためには，本件各土地に接続する既存道路（認定道路）の幅員を3m以上に拡張する必要があり，そのためには，現に建物が建っている他人所有の土地の一部を取得しなければならないところ，現時点で取得することができる可能性はなく，また，XまたはZ所有の農地の一部について転用許可を受けることもできないのであって，上記既存道路の幅員を拡張することはできず，本件各土地について開発行為の許可を受けることはできないから，本件各土地は開発行為をすることができない旨を主張し，このことを前提として，このような事情がある本件各土地の最有効使用は戸建分譲地の造成であり，本件各土地の適正な時価はそのことを想定して算定せざるを得ないのであって，本件各土地は開発行為をすることができないという事情は，本件各土地について本件標準宅地の価格を基準に適正な時価を算定することができない重要な特別の事情である旨を主張する。

しかし，東京都都市整備局作成の開発の許可等に関する審査基準に適合するか否かを判断するに当たり，開発区域に接続する既存道路（認定道路）の幅員が3m以上あるか否かは，現況をもって判断し，他人所有の土地であっても，分筆の有無にかかわらず，道路の幅員に含ませることができるものとされていると認めることができる。そして，本件各土地に接続する既存道路（認定道路である市道1098号線）の認定幅員は2.12mであるが，その既存道路のうち両側に他人所有の土地が接している部分は，現況で最小箇所であっても3m以上の幅員が確保されており，他人所有の土地に現に建っている建物を取り壊す必要や，他人所有の土地を分筆した上で取得する必要はないと認めることができる。

また，本件各土地に接続する既存道路のうち，両側にXまたはZ所有の農地が接している部分は，現況で3m以上の幅員が確保されているということはで

きないが，既存道路の南側に接するＺ所有の農地は，植木等がその一部に生えているだけであり，それを撤去することによって容易に３ｍ以上の幅員を確保することができると認めることができるところ，Ｚにおいて，農地転用の理由およびその実現性を明確にすることにより，Ｘに本件各土地について開発行為の許可を受けさせるため，その所有する農地について農地転用の許可を受けることは可能であると認めることができ，かつ，Ｚは，農地転用の理由およびその実現性を明確にすることができると認めることができるのであって（ＺはＸとは異なる法主体であるが，Ｘの夫である上，本件裁決当時は本件各土地の共有者の一人であったものであるから，社会通念に照らし，Ｘにおいて本件各土地について開発行為の許可を受ける上でＺの協力を得ることは可能であると認めることができる），Ｘにおいて，本件各土地に接続する既存道路のうち，両側にＸまたはＺ所有の農地が接している部分について，最小箇所であっても３ｍ以上の幅員を確保することは可能であると認めることができる。

このように，Ｘにおいて，本件各土地に接続する既存道路について，最小箇所であっても３ｍ以上の幅員を確保することは可能であると認めることができるのであって，本件各土地について，都市計画法34条の開発行為の許可を受けて，開発行為をすることは可能であると認めることができる。

Ｘは，本件各土地は開発行為をすることができない土地であることを前提としてこのような事情がある本件各土地の最有効使用は戸建分譲地の造成であり，本件各土地の適正な時価はそのことを想定して算定せざるを得ないのであって，本件各土地は開発行為をすることができないという事情は，本件各土地について本件標準宅地の価格を基準に適正な時価を算定することができない重要な特別の事情である旨を主張するが，この主張は，その前提を欠き失当である。

Ｘは，本件各土地は，開発行為をすることができない市街化調整区域内の面大地であり，購入予定者の類型，最有効使用が本件標準宅地とは異なるのであって，本件各土地を一団の土地として本件標準宅地の価格を基準に固定資産評価基準に定める市街地宅地評価法を適用し画地計算法による補正をしても適正な時価を算定することはできず，市街地宅地評価法によっては本件各土地の適正な時価を算定することができない特別の事情がある旨を主張するが，上記説

示したところによれば採用することができず，市街地宅地評価法によっては本件各土地の適正な時価を算定することができない特別の事情が存するということはできない。

上記のとおり，市街地宅地評価法によっては本件各土地の適正な時価を算定することができない特別の事情は存しないことによれば，あきる野市長が本件各土地について市街地宅地評価法に従って算出した価格は，本件各土地の賦課期日における適正な時価を上回るものではないと推認することができるのであって，あきる野市長が土地課税台帳に登録した本件各土地の平成24年度の価格は，本件各土地の賦課期日（平成24年1月1日）における適正な時価を上回るものではなく本件裁決は違法ではない。

コメント　Xは，市街化調整区域内の本件各土地について，市街化区域の土地と比べて，特に開発との関係で規制を受けることなどから，市街地宅地評価法を適用すべきではないと主張しましたが，東京地裁判決はこれを受け入れませんでした。しかしながら，【22】最高裁平成21年6月5日判決は，「宅地造成等の開発行為については，市街化調整区域における開発行為が市街化の抑制の見地から規制を受ける」と，市街化調整区域の開発の困難性を述べています。

また，標準宅地との関係で現況の道路との幅員の差異について，本件各土地の両側の農地がX自身もしくはXの夫の所有地であることから開発行為の容易さを強調していますが，農地転用の可能性と確実性は異なりますから，可能性の段階では「特別の事情」を認めてもよかったのではないかと思います。

以上の各点から，本件の判決には若干の疑問を抱きます。

8 家屋の固定資産評価基準——再建築方式

【32】 再建築方式が家屋の適正な時価といえるか？
（名古屋地裁平成 14 年 6 月 28 日判決・裁判所ウェブサイト）

事案の概要 Xは，平成 11 年 5 月ころ甲との間で本件建物を代金 850 万円で買い受けて所有しています。名古屋市長は，平成 12 年 6 月に固定資産評価基準およびこれを根拠に定められた名古屋市家屋評価事務取扱要領（以下「取扱要領」という）に定められた手続に従って固定資産税の評価額を 1,272 万 4,606 円と決定し，これを平成 12 年度固定資産課税台帳に登録しました。

Xは，同年 7 月に名古屋市固定資産評価審査委員会Yに対し，本件登録価格は適正な時価を超えるものであるとして，審査申出をしましたが，Yはこれを棄却する旨の本件決定をしました。そこで，Xは，Yを相手に本件決定の取消しを求めて名古屋地裁に提訴しましたが，名古屋地裁はこれを棄却しました。

判決の要旨 争点 1 （法 388 条 1 項は租税法律主義に反するか）について，租税は，国家がその課税権に基づき，その経費に充てるための資金を調達する目的で，一定の要件に該当するすべての者に課するものであって，民主主義国家にあっては，国家の維持および活動に必要な経費は，主権者たる国民が共同の費用として代表者を通じて定めるところにより自ら負担すべきものであるが，かかる租税の賦課徴収は，国民の財産権に直接影響を与えるものであるから，課税権者の恣意的な課税を排し，国民の財産権が不当に侵害されることを防止し，国民の経済生活に予測可能性と法的安定性を与える見地から，その手続に関する事項は法律で規定されなければならない。憲法もかかる見地の下，国民の総意を反映した租税立法に基づいて納税の義務を負うことを定め（30 条），新たに租税を課し，または現行の租税を変更するには，法律または法律の定める条件によることを必要としている（租税法律主義，84 条）。

それゆえ，課税要件（納税義務者，課税物件，課税物件の帰属，課税標準および税率）および租税の賦課徴収の手続は法律によって規定されなければならない。

　しかしながら，租税法が対象とする経済事象は，極めて多種多様であり，しかも時の経過により激しく変遷することがあるため，法律の形式をもってこれに完全に対応することは困難であり，課税の公平を実現するためには，その具体的，細目的な定めを下位規範に委任し，事象の変遷に伴って機動的に対応していく必要があることは否定できない。これに加え，憲法84条が「法律又は法律の定める条件による」と規定していることに照らすと，前記のとおり，課税要件の基本的事項については法律の形式によるべきであるが，その具体的，細目的事項については，下位規範の定めるところに委ねることを憲法自身が予定しているというべきである。そして，前述の租税法律主義の原則に照らせば，下位規範への委任をすることも，それが概括的，白紙的なものでなく，法律自体から委任の目的，内容，程度等が明確にされていれば許されるものと解すべきである。しかるところ，法は，課税客体，納税義務者，課税標準，税率等の基本的事項を定めており，ただ，課税標準とされた台帳登録価格の具体的算定方法および手続については，評価基準に委ねられているところ，これらは，上記のように経済事象への機動的な対応が求められ，下位規範への委任の必要性が大きい事柄と考えられる。そして，法388条1項は，自治大臣に委任する内容を「固定資産の評価の基準ならびに評価の実施の方法および手続」と個別具体的に規定しているし，これを受けて，評価基準の内容も，固定資産の評価の基準ならびに評価の実施の方法および手続を，土地，家屋および償却資産に分け，細目的，技術的見地から詳細に規定している。したがって，自治大臣が評価基準を定めることは，法388条1項の委任の範囲内にあって，租税法律主義の趣旨を損なうものではないというべきである。よって，自治大臣の定めた評価基準によって固定資産の評価額が定まることが租税法律主義に反し，違憲であるとのXの主張は採用できない。

　争点2（評価基準は租税法律主義に反するか）について，租税法律主義の趣旨が，前記のとおり，課税権者の恣意的な課税を排し，国民の財産権が不当に侵害されることを防止し，国民の経済生活に予測可能性と法的安定性を与えるものであることにかんがみれば，課税要件および租税の賦課徴収の手続は，具体的な

第3編　固定資産税に関する60の下級審裁判例　　283

税額を算定する過程に課税権者の恣意的な裁量を入れる余地がなく，かつ，納税義務者が自己に賦課される税額を一定程度予測することができ，不当または違法な課税処分に対して，行政上の不服申立てや訴えの提起をなすべきか否かについて合理的な判断を可能ならしめる程度に一義的かつ明確に規定されていることが要請されている。しかるところ，証拠によれば，評価基準の内容である標準評点数，補正項目，補正係数および評点1点当たりの価格等が，自治省告示によって明示されていることは明らかである。また，標準評点数が，当該固定資産の標準的な形態，材質，使用量等を備えていると認められるものに対する単位面積当たりの基準点数（1点は，基準年度の賦課期日の属する年の2年前の1月現在の東京都（特別区の区域）における物価水準により算定した工事原価に相当する費用に基づいて，その費用の1円を示すものであることが認められる）を意味し，補正項目および補正係数が，評価額に影響を及ぼすと認められる上記形態，材質，使用量等の諸要素と影響の度合いを意味し，評点1点当たりの価格が，評点数を具体的な金額に転換する際に用いられる係数を意味することは明らかであるところ，これらが，日本建築学会による実情の調査研究の結果を反映したものであることは，プレハブ準則等の作成の経緯等に照らして優に認めることができる。そうすると，評価基準の内容が明らかでないとか，それらの根拠が示されていないことを理由に評価基準が租税法律主義に反するとするXの主張は採用できない。

　また，Xは，各地の物価水準の実情に合わせるための補正について，その基準が示されていないと主張するが，評価基準第2章第4節二「経過措置」の物価水準による補正率は，非木造家屋については，全市町村を通じ，東京都（特別区の区域）と同率の1.00とされていることが認められる（これは，非木造家屋については，各地方ごとに工事原価の有意の違いが認められないことを反映したものである。なお，木造家屋については，都道府県庁所在地ごとに補正率が異なり，かつ，それ以外の市町村については，市町村長に一定の範囲で上記と異なる補正率を用いる権限を与えているが，これは恣意的な補正率使用を許すものではなく，当該地方の物価水準を反映した合理的な補正率を用いるべきことを義務づけるものと認められる）ので，上記主張は採用できない。

　争点3（本件建物の価格決定に当たり，施工上の特殊性を考慮しなかったことの

適法性）について，まず，Xは，評価基準はYを拘束するものではないし，実際の取引価格が一定の合理性を持って形成された以上，それこそが適正な時価というべきであるから，本件建物の評価に当たり，Yは，評価基準にとらわれることなく実際の取引価格をもって評価額とすべきであった旨主張する。

そこで判断するに，固定資産税は，いわゆる物税であって，資産の所有という事実に着目し，課税客体である固定資産そのものの価値に根拠を置いて課せられる財産税であるから，資産から生ずる現実の収益に着目して課税される収益税とは異なり，担税力は固定資産そのものの有する客観的価値に応じて決定されるべきものである。そして，家屋の固定資産税課税標準額は，適正な時価（法341条五号）として課税台帳に登録されたものによって決定される（法349条）ところ，固定資産税の上記性格に照らせば，その課税標準となる適正な時価とは，正常な条件の下に成立する当該家屋の取引価格，すなわち，家屋自体の有する客観的な交換価値をいうものと解される。

ところで，法は，固定資産の評価については，評価基準によることを求めているところ，評価基準は，家屋についての適正な時価の算定につき，評価客体と同一のものを再建築し，これに要した費用に各種増減価を施してその評価額を決定する方法，すなわち再建築価格方式を採用している。固定資産の評価額を決定する方法としては，この外に，家屋の建築費用や売買の際の価格を基準としたり，賃料等家屋の収益力を基準とする方法が考えられるが，これらは，価格決定の際の個別的な事情による偏差を受けやすく，評価上の困難が伴う（売買価格を基準とする方法についていえば，たとえば，家屋の取引が一般的に宅地とともに行われている現状の下で，家屋部分のみを分離して評価することは困難であることが挙げられる）など，評価の基準として看過できない難点が存するのに対し，再建築価格方式は，こうした個別的な特殊事情に左右されることなく家屋の客観的時価を把握することが可能で，かつ，基準を整備することによって評価も比較的容易であるから，大量の固定資産につき適正かつ公平な税負担を迅速に実現することが要求される課税実務において，適正な時価の算出に最も適当な評価方法であるというべきである。無論，現実に存在する建物は，使用されている資材，規模，施工の程度等が様々に異なっていて，厳密には全く同一の建物が存在しないということもできるが，そうであっても，建築上の社会

通念として，標準的なものを想定することは可能であるから，評価基準が，標準的なものの一般的価格を標準評点数とし，さらに価格形成に影響を及ぼす諸要因とその影響の程度を補正項目および補正係数として定めることにより，通常予想され得る範囲内の建物については対応することとし，その範囲を超える例外的な場合についても，一定の要件の下，評点基準表に所要の補正を加えたり，新たに評点基準表を作成適用すべき場合について規定し，対応可能な仕組みを採用している。評価基準が定めるこのような評価の仕組みは，適正な時価の算出の方法等として合理性を有するというべきである。

　他方，審査委員会は，固定資産課税台帳に登録された事項に関する不服を審査決定するために設置されたものであり，行政組織上，固定資産の価格を決定する市町村長から独立しているが，これは，固定資産の評価を巡る不服に関する審査決定機関としての第三者性，中立性を確保せんとするものにすぎないから，審査委員会が適正な時価の算出手段として合理性を有する評価基準を離れて，独自の方法をもって評価する権限を行使することは，およそ法の予定していないところというべきである。よって，評価基準に従って本件建物を判断しようとした名古屋市長の評価方法は適法であり，同様にＹの審査方法も適法であって，この点についてのＸの主張を採用することはできない。

　次に，Ｘは，本件建物の工法は在来工法と異なる施工上の特殊性を有するから，仮に，本件建物に適用するプレハブ準則が存しないとしても，それに準じて，評点基準表に相当の補正をすべきであったにもかかわらず，それをしなかった名古屋市長の評価には違法があり，これを是認したＹの本件審査決定も違法である旨主張する。

　前記のとおり，家屋についての適正な時価とは，家屋自体の有する客観的な交換価値をいうところ，家屋についての適正な時価の算定は，個別的，具体的に鑑定評価することも考えられなくはないが，全国に大量に存する建物について，一定の時間的制約の中で公平に価格の評価を行うことは，人的資源の限界等により困難であるから，法は，評価方法を自治大臣の定める評価基準によらしめ，評点基準表によって算出される再建築価格をもって統一的に適正な時価とすることを原則とする一方，例外的な事例に対しては所要の補正を行うことによって対応することを予定しているものと解される。

ところで，ある建物の施工方法が既存の評点基準表を補正して適用すべき特殊要因に当たるかについて検討するに，前記のとおり，適正な時価が家屋自体の有する客観的な交換価値を意味することに照らすと，このような要因に当たるというためには，単に一般の施工方法と比較して特殊性を有するというだけでは足りず，そのような工法を用いることによって，完成した家屋の客観的な交換価値の形成に無視し得ない影響を与えることが一般的に承認されていることが必要というべきである。たとえば，ある建築業者の創意工夫によって，材料費や人件費を節約することができ，その結果，請負ないし売買代金を低廉に設定することができたとしても，完成した家屋の形態，機能，規模等が一般的な工法によって建築された他の家屋とほぼ同じであるならば，客観的な交換価値も他の家屋とほぼ同じ程度と評価されるであろうし，評価されるべきである（卑近な言い方をすれば，この場合は「値打ちな買い物をした」にすぎず，担税力を低く評価する根拠にはならない）。もっとも，当該創意工夫を採用する業者が増え，あるいは当該業者の受注件数が伸びて，そのような工法がある程度一般化し，その結果，そのような工法によって建築された家屋が他の家屋と異なる交換価値を有することが客観的，一般的に認識されるようになれば，その時点においては，当該施工方法が家屋自体の客観的な交換価値の形成に無視し得ない影響を与えることが一般的に承認されたものとして，所要の補正等をすることが検討されてしかるべきである。前記争いのない事実等の示す，プレハブ住宅に適用されるプレハブ準則の作成過程および適用要件は，正しくこのような見地から合理性を有するものとして是認できる。

　そこで，本件建物について検討するに，本件建物の施工方法は，工場において，規格化された軽量鉄骨のユニットの数タイプを設計図に従って組み立て，これにプラスターボード，内外装設備，照明灯などを取り付けてユニットを製作し，その後，各ユニットを建築現場に運搬してクレーンで決められた位置に据え付け，これをボルト等の固着手段でもって順に固定していくものであること，この工法によれば，部屋となるユニットのほとんどの製作工程は，工場内で能率よく行われ，天候の影響を受けることがないので，建築現場での作業を大幅に短縮できることなどの事実が認められ，これに照らせば，本件の施工方法は，いわゆるプレハブ工法と共通した目的，態様，長所を有すると判断する

ことができる。しかしながら，上記のいわゆるユニット方式は，本件建物の売主である乙が創業後まもなく手掛けたもので，現在でも数社が採用しているにすぎないことが認められるから，このような工法がある程度広まり，その結果，このような工法によって建築された家屋自体の客観的交換価値は，従来の工法によるものと比較して低く評価されるとの認識が一般化しているとは到底認め難い。また，本件建物に適用された本件基準表の評点数は，プレハブ準則のそれよりも低く設定されている（後者の適用対象が住宅であるのに対し，前者は工場，倉庫，市場用建物を適用対象としていることの反映である）ところ，本件建物の評価に当たり，主体構造部が既成部材で組み合わされていることを考慮して 0.70 の補正が行われ，また，間仕切骨組部分の評価につき，現場組立てでないことをしんしゃくして「既製品」の標準評点数が適用されているなど，既存の評点基準表の枠内で本件建物の施工方法を配慮した評価がなされていることが認められる。

　以上を総合すれば，名古屋市長が本件建物の評価に際して既存の非木造家屋評点基準表を適用し，前記所要の補正等を行わなかったからといって違法とはいえず，したがって，これを是認した Y の本件決定も違法とはいえない。

　争点 4（平成 10 年 1 月以降の地価の下落の反映の要否）について，平成 12 基準年度の評価基準は，平成 10 年 1 月現在の東京都（特別区の区域）の水準により積算替えされたものであるところ，X は，平成 10 年 1 月以降，資材費，労務費等が下落していることは公知の事実であるから，これを評価基準に反映させることが法の趣旨にかなうにもかかわらず，かかる補正をしなかったことは違法である旨主張する。なるほど，固定資産の評価を行うに当たり，できる限り評価時点に近接した時点における物価動向を把握し，これを基礎として標準評点数等が定められることが正確な評価額を決定する上で望ましいといえる。

　しかしながら，建築資材や人件費等の工事原価を調査，検討し，これを統計化して標準評点数等に反映させるためには相当な期間を要することが見込まれるので，調査時点と評価時点における工事原価との間に無視し得ないかい離が存すると認められない限り，前者の工事原価をもって評価の基礎とすることを法は許容していると解すべきところ，平成 10 年 1 月以降平成 12 基準年度までの間に，景気後退の影響を受けて特定の分野の消費者物価が下落傾向を示した

ことは否定できないが，建築の分野において無視し得ない物価の下落が生じた
ことが公知の事実であるとは到底認められず，その事実を示す証拠もない。よ
って，Xの上記主張も採用できない。

コメント 　争点1，2についての租税法律主義に関する憲法論は，き
ちんと整理されて分かりやすく述べられており，参考にな
ります。

　争点3については，家屋についての適正な時価とは何かという難しい
議論です。評価基準で採用している再建築価格方式による評価額と実際の
取引価格がかい離している場合に，本件家屋の特殊性から，評価基準自体
を訂正するか，少なくとも補正すべきではないかという問題です。本件判
決はいずれもこれを否定しましたが，議論のあるところです。

　争点4については，調査時点と評価時点の間の工事原価のかい離が無
視し得ないほどのものかという事実認定の問題ですから，賛否両論がある
と思います。

【33】　需給事情を理由として，固定資産評価審査委員会の認定した価格が適正な時価を超えるとして取り消した例があるか？

（鳥取地裁平成19年1月23日判決・判例地方自治297号17頁）

事案の概要 　本件各建物は，鳥取県倉吉市大正町に所在する地上6階建
ての店舗建物と地上7階建ての駐車場建物を各区分所有建物と
する大型商業施設です。倉吉市は，鳥取県中部の中心都市ですが，鳥取県内の
景気は国内景気と比べて厳しい状況にあり，平成14年度の国内総生産の成長
率が名目1.1％に対し，鳥取県の県内総生産のそれはマイナス4.0％で，倉吉
市の人口も昭和60年の5万2,638人から平成15年には4万9,863人へと5.3％
減少しました。過去20年間で売り場面積当たりの販売額が32.1％減少し，商
業地域の地価も約4割下落しています。倉吉市の中でも，本件各建物が所在す

る打吹地区は特に衰退しており，昭和60年と比べて平成15年の人口は約3割減少し，顧客吸引力が低下しています。本件各建物は，昭和58年に建築された後，Xが営業譲渡により所有権を取得し，平成7年に直営店とテナントからなる甲店を開業しましたが，売上不振により平成17年に甲店を閉鎖しました。その後使用されないままで，入札にも買受け希望者が出てきません。そうした状況下で，倉吉市が平成16年3月付でした固定資産課税台帳に登録された平成15年度の価格について，Xが，倉吉市固定資産評価審査委員会Yに対し，審査申出をしたものの，棄却されたため，その取消しを求めて提訴したところ，鳥取地裁は，その一部を取り消しました。

判決の要旨　倉吉市の市況は，昭和60年ころ以降低迷しており，その中でも特に，本件各建物が所在し，甲店の主な顧客の居住している打吹地区は，旧国鉄倉吉線の廃止以降，人口の減少および高齢化が進んでおり，また，上井地区を含む新市街地や周辺地区に人口が流出し，これらの地区の幹線国道沿いに消費者の需要に適合した大型店舗が進出する等していて，これらの要因により商業地域が縮小傾向にあったことが認められる。そして，本件各建物は，新築後約20年を経過した地上7階建て，合計延べ床面積が約2万3,939㎡の大型商業施設であり，一般の非木造家屋の中では特殊性が強く，他の用途への転用可能性は乏しいものとみられ，上記のような所在地域の商況の著しい減退傾向により，交換価値に大きな影響を受けていたものと認められる。加えて，近隣地域の大型核店舗であった旧たからやも閉店を余儀なくされていることにかんがみれば，本件各建物は，賦課期日である平成15年1月1日当時，非木造家屋としての市場価値が相当に低下していたものといわなければならない。現に，同日以後の事情ではあるが，平成17年10月31日に甲店が閉店し，その後に実施された本件各建物の入札でも買受希望者がなかったこと，本件各建物と同様に大型商業施設として使用された旧たからやの敷地・建物についても購入者がなかったことは，上記の市場価値の低下を裏付けるものである。

　このような事情を総合すると，大型商業施設である本件各建物については，所在地域である打吹地区の経済的状況に基づき，その価額が相当に減少していることが認められる。そうすると，本件各建物について適正な時価を算定する

ためには，所在地域の状況によりその価額が減少すると認められる非木造家屋に該当するとして，需給事情による減点補正を行う必要がある。

これに対し，Ｙは，需給事情による減点補正について，本件各建物については，Ｙが主張する具体的基準に則して行うべきところ，本件各建物については，この基準に該当するような事情はないと主張する。しかし，Ｙの主張する基準は，平成15年度基準に明示されたものではなく，減点補正を必要とする場合はこれに限定すべき理由はないから失当である。

そして，鑑定の結果によれば，人口，小売販売業および商業地の地価等の各種指標を参照した上，本件各建物の所在地域等における経済的状況について，上記の具体的事情を踏まえると，本件各建物の減点補正率は，30％と算定すべきであるとされているところ，これは，合理性を有すると認められる。

これに対し，Ｘの不動産鑑定評価書は，原価法における市場性修正率を65％と算定しているが，鑑定の結果と比較すると，その数値を導き出した具体的な根拠が乏しく，採用できない。また，Ｙは，①打吹地区を含む旧市街地全体でみれば商業地域の衰退はみられず，②打吹地区についてみても，観光施設等の整備により，かえって観光地として活性化していると主張している。しかし，上記①については，これを裏付ける具体的な証拠がなく，上記②についても，観光施設等の整備により近隣地域の経済的状況が好転したことを示す証拠がないから，いずれも採用できない。

以上の認定判断を前提とし，本件各建物の価格について，30％の需給事情による減点補正を行って算定すると，次のとおりとなる。

(1)　本件建物1：6億5,694万2,875円

平成14年度における再建築費評点数	1,306,943,269点
再建築費評点補正率	0.96
経過年数に応ずる減点補正率	0.6800
需給事情による減点補正率	0.70
評点1点当たりの価額	1.10

$$1{,}306{,}943{,}269 \times 0.96 \times 0.6800 \times 0.70 \times 1.10$$

(2)　本件建物2：1億1,157万2,987円

平成14年度における再建築費評点数	278,020,785点

再建築費評点補正率	0.96
経過年数に応ずる減点補正率	0.5429
需給事情による減点補正率	0.70
評点1点当たりの価額	1.10

$278,020,785 \times 0.96 \times 0.5429 \times 0.70 \times 1.10$

以上によれば，本件決定のうち，本件建物1につき6億5,694万2,875円，本件建物2につき1億1,157万2,987円の各価格を超える部分は，法349条1項，341条五号に定める適正な時価を超えて価格を決定した違法があるから，取り消されるべきである。Xの請求は，上記の限度では理由があるから，その部分を認容し，その余の部分は理由がないから，これを棄却することとして，主文のとおり判決する。

コメント　本件は，需給事情による減点補正を認めた珍しい事案です。地方では，本件のように放置された大型商業施設が結構あります。放置の1つの理由として固定資産税の負担が重いことも挙げられます。そこで，不動産の所有者は，市に対し需給事情による減点補正を求めるのですが，市としても，貴重な財源ですから，そう簡単に評価を下げずに，固定資産課税台帳に登録します。このため，行政訴訟になるのですが，本件のように，需給事情による減点補正を認めた例はほとんど見当たりません。

需給事情を数値化することが極めて困難であるからともいえます。しかしながら，地方の衰退化を少しでも食い止めるとともに，空家対策の一環として固定資産税が重視されていることを踏まえると，本件判決が下した判断は勇気あるものといえます。

【34】 空港ターミナルビル事業の廃止に対し，需給事情による補正は1割程度にとどまるか？

(那覇地裁平成20年10月28日判決・判例秘書)

事案の概要　Xは，昭和31年に空港ターミナルビル事業を目的として設立され，昭和49年には大阪航空局長から那覇空港における構内営業の承認を受け，同空港ターミナルビルである本件各建物を所有・管理してきました。平成4年に設立された甲が，Xの空港ターミナル事業を引き継ぎ，その後新ターミナルビルを建築し，平成11年5月26日から新ターミナルビルの供用が開始されることとなりました。このため，Xは，事業を廃止し，本件各建物を使用できなくなり，平成17年6月30日に解散し，清算手続中です。

Xは，平成14年に甲に対し，本件各建物について，売買契約等に基づき約14億円の支払請求を求めて提訴しましたが，那覇地裁，福岡高裁那覇支部はいずれもXの請求を棄却し，最高裁も平成17年3月にXの上告棄却および上告不受理の決定をしました。

Xは，平成12年度から平成17年度までの本件各建物の固定資産税を納付してきましたが，那覇市長が平成18年5月1日付で平成18年度の固定資産価格を8億1,946万2,468円と決定し，固定資産税額を通知しました。Xは，これを不服として，那覇市固定資産評価審査委員会Yに対し，同年6月13日付で審査申出をしたところ，Yは需給事情による1割の減点補正を認め，本件登録価格の9割を超える部分を取り消すとともに，その余の審査申出を棄却しました。そこで，XがXの審査申出を棄却した部分は違法であるとして，その取消しを求めて提訴したところ，那覇地裁はXの請求を認めました。

判決の要旨　固定資産評価基準は，需給事情による減点補正率について，「建築様式が著しく旧式となっている非木造家屋，所在地域の状況によりその価額が減少するものと認められる非木造家屋等について，その減少する価額の範囲において求めることとする。」と規定し，本件通達（筆者注：「昭和42年10月21日改正の固定資産評価基準の取扱いについての依命通達」で平成12年に廃止された後も全国の市町村で参考とされている実情）は，需給事

情による減点補正を適用する具体例として，「①最近の建築様式又は生活様式に適応しない家屋で，その価額が減少するものと認められるもの，②当該地域の事情により当該地域に所在する家屋の価額が減少すると認められる地域に所在する家屋，③交通の便否，人口密度，宅地価格の状況等を総合的に考慮した場合において，当該地域に所在する家屋の価額が減少すると認められる地域に所在する家屋」を挙げている。

　上記①は，当該建物の「建築様式が著しく旧式になっている」こと（建物自体の個別的要因）により，②および③は，当該建物の「所在地域の状況」（地域要因）により，それぞれ需給事情による減点補正を適用すべきものをいうものと解される。

　本件審査決定が本件各建物の需給事情による減点補正率を 0.9 とした理由の要旨は，①新ターミナルビルの供用開始に伴う X の空港ターミナル事業の廃止によって，本件各建物の所在地域の状況が変化し，所有者である X と無関係な一般的，普遍的な事情により，需給が制限され，本件各建物はその価額が減少した事情があると認められ，この事情は，固定資産評価基準が定める「需給事情による減点補正」を適用すべき事情に該当する，②需給事情による減点補正率は，X が事業廃止後，本件各建物の固定資産税の賦課期日である平成 18 年 1 月 1 日までの約 6 年 7 か月の間，本件各建物を取り壊して撤去することなく所有し保有していたことからすれば，本件各建物自体に財産の価値が存していたことを意味するから，減価割合は 1 割程度の僅少にとどまり，減点補正率は，0.9 とするのが相当であるというものである。

　本件審査決定が本件各建物について需給事情による減点補正を適用すべきとした理由が，建物自体の個別的要因によるものなのか，その地域要因によるものなのか決定自体からは必ずしも判然としない（Y の主張は，上記③によるとする趣旨のようである）が，新ターミナルビルの供用開始とこれに伴う X の空港ターミナルビル事業の廃止によって，上記地域（狭くは那覇空港の所在する地域，広くは同空港のほか，軍港・基地等の所在する地域）内の建物全体の需給が減少するような地域要因の変化が生じたと認めることはできず（むしろ，那覇空港の所在する地域については，新ターミナルビルの供用開始による観光客等の増大により，経済価値が上昇する一方，軍港・基地等の所在する地域には格別の変化がな

いのが通常であろう），新ターミナルビルの供用開始によって，旧第1ターミナルビル（本件各建物）が旧式のものとなり，その経済価値が相対的に減少したという個別的要因（①）が需給事情による減点補正を適用すべき理由と解するのが相当である。

そこで，本件審査決定が本件各建物の需給事情による減点補正率を0.9としたことの適否について検討する。本件通達廃止後も，全国の市町村において，需給事情による減点補正がおおむね1割を限度としてされてきて，Yはこのような前例を参考として，本件においても減点補正率を0.9としたものと推認される。しかしながら，固定資産評価基準は，需給事情による減点補正率の具体的な適用について，何ら制限をしておらず，本件通達の発出後は，需給事情による減点補正率は減少する価額の範囲内で適用するものとされ，行政解釈上も何ら制限はなかったものである。また，本件各建物は，那覇空港の航空需要の著しい増大に対処するために，昭和50年に旧第1ターミナルビルとして建築された暫定的な建物であったところ，新ターミナルビルは，Xと沖縄県が，平成4年1月，分散・狭あい化している旧ターミナルビルの統合整理に着手し，旧ターミナルビルに代わり空港ターミナル事業を行うために建築されたものであり，平成11年5月にその供用が開始されたものである。

上記のような旧第1ターミナルビル（本件各建物）および新ターミナルビルの建築の経緯に照らせば，旧第1ターミナルビル（本件各建物）は，新ターミナルビルの供用が開始された平成11年5月以降は，その歴史的使命を終えた，著しく旧式のものとなっており，本件通達の「最新の建築様式に適応しない家屋で，その価額が減少するものと認められ得るもの」であり，固定資産評価基準の「建築様式が著しく旧式となっている非木造家屋」に当たるというべきである。

さらに，本件各建物は，国が所有しXがその許可を得て使用していた本件敷地上に存在していたものであり，新ターミナルビルが建築され空港ターミナル事業が，Xから甲に引き継がれることとなったことにより，同敷地の使用許可は，新ターミナルビルの供用開始の前日の平成11年5月25日をもって終了している。また，本件各建物は，Xが空港ターミナル事業を行うに当たり，旧第1ターミナルビルとして暫定的に利用することを目的として建築された建物で

あり，その用途も限られていたものである。このような本件各建物の建築目的・用途等からすると，本件各建物が，他に転用されて利用される可能性もほとんどないと考えられる（Xは，別訴事件の確定後，本件各建物の取壊しに着手している）。

　以上によれば，新ターミナルビルの供用開始後の本件各建物は，「建築様式が著しく旧式となっている非木造家屋」に当たり，これによる同建物の減価割合は，1割にとどまらないと解するのが相当であり，本件審査価格が適正な時価を超えることは明らかである。そうすると，本件審査決定が本件各建物の需給事情による減点補正を0.9としたのは，全国の市町村が需給事情による減点補正をおおむね1割を限度としていた前例を安易に適用したものにすぎず，本件各建物の特殊性について十分な検討がされておらず，違法というほかない。

　したがって，本件審査決定中，本件審査申出を棄却した部分は取消しを免れないというべきであり，本件各建物に適用すべき需給事情による減点補正が0といえるかは必ずしも明らかでない（Xは，不動産鑑定による本件各土地の鑑定評価額は1,433万円であると主張している）から，上記部分の全部を取り消すのが相当である。

　これに対し，Yは，Xが空港ターミナル事業が廃止された平成11年5月以降も，本件各建物の固定資産税の賦課期日である平成18年1月1日までの約6年7か月の間，本件各建物を取り壊して撤去することなく所有していたことは，同建物に財産的価値が存していたことを意味すると主張する。しかしながら，Xは，甲との間で本件各建物を帳簿価格で有償譲渡する交渉をし，その後，Xは甲を被告として本件各建物についての売買契約に基づく売買代金等の支払いを求める別訴事件を提起しており，Xが本件各建物を取り壊さないでいたのは，同事件が係属していたためにすぎないと推認される（本件各建物は，平成11年5月以降使用されなくなったため，塩害によるさびと腐食が進み，台風による雨漏りの被害が発生するなど老朽化した状態にあり，また，Xが別訴事件の確定後，本件各建物の取壊しに着手していることは上記推認を裏付けるものである）。したがって，Yの上記主張は採用することができない。

コメント 　行政は，とかく先例に従う傾向にあります。本件では，需給事情による減点補正率が全国一律 0.9 としていたため，Y としても，他もそうしてきたのだからと，同じ処理をしたものと思われます。

　しかし，平成 11 年の新ターミナルビルの供用開始により，X の空港ターミナル事業が廃止された後は，X は，本件各建物を利用することができなくなり，その後甲との売買代金等の支払いを求める交渉および訴訟も頓挫して，本件建物の解体に着手したというのですから，本件各建物の価値がほとんど失われたとして，需給事情による減点補正率を再検討すべきであったのではないでしょうか。したがって，本件判決の結論は妥当であったと思われます。

【35】　事務所部分と住居部分からなる区分所有建物については，単一の経年減点補正率を適用するのか？

（札幌地裁平成 28 年 1 月 28 日判決・判例秘書）

事案の概要　　本件建物は，33 の専有部分から構成された 1 棟の区分所有に係る建物です。そのうち 1 階の本件事務所部分を X が平成 23 年 3 月に取得して所有していますが，前所有者は甲健康保険組合で，地方税法 348 条 4 項により固定資産税を課すことができないため，本件事務所部分は非課税とされていました。

　札幌市長は，平成 24 年度における本件建物の価格について，合計 1 億 3,567 万 9,000 円（本件住居部分 1 億 302 万 1,600 円と本件事務所部分 3,265 万 7,400 円の合計額）と決定し，固定資産課税台帳に登録しました。また，本件事務所部分の価格を家屋課税標準額とし，これに土地課税標準額（固定資産税につき 246 万 9,246 円，都市計画税につき 493 万 8,492 円）を加えたものに市税条例所定の税率を乗じ，平成 24 年度の X に係る固定資産税額を 49 万 1,700 円，都市計画税を 11 万 2,700 円とする各賦課決定をしました。

第3編　固定資産税に関する60の下級審裁判例　297

　他方で，北海道は，平成23年4月に札幌市長からXが本件建物を取得した旨の報告書類を受理しました。本件事務所部分については，前所有者の関係で非課税であったため，平成23年度の固定資産課税台帳に価格が記載されていなかったことから，札幌道税事務所は，札幌市中央市税事務所長に対し，本件事務所部分の評価相当額を照会したところ，同所長より，本件事務所部分の平成23年における評価相当額が3,597万1,600円であるとの回答がありました。これを受けて，札幌道税事務所長は，上記額をもって，本件事務所部分の不動産取得税に係る課税標準額と決定した上で，税額を143万8,800円とする不動産取得税賦課処分を行い，Xに通知しました。

　Xは，平成24年4月に，本件登録価格の決定を不服として，札幌市固定資産評価審査委員会に審査申出をしたところ，同年12月にこれを棄却する旨の決定がされたため，Xは，同委員会の同決定についての取消訴訟と札幌市および北海道に対する国家賠償法に基づく損害賠償請求を提起しましたが，札幌地裁は，Xの請求を大筋認めました。

　ここでは，以下，取消訴訟の点についてのみ述べます。

判決の要旨　固定資産のうち，区分所有建物に対して課す固定資産税について，法は，文理上，当該区分所有建物に関する固定資産税額，すなわち，当該区分所有建物を1棟の建物として評価して算出された固定資産税額を算定した上で，当該固定資産税額を原則として各区分所有者の共有部分の持分割合（各専有部分の床面積の割合）で各区分所有者に按分することによって区分所有者ごとの固定資産税額を算定する旨を定めている。

　法352条1項の規定の趣旨は，区分所有権は，区分所有建物の共有部分の持分と不可分であり，その専有部分も各個別の事情を有することなどから，個別に区分所有権を評価することは著しく困難であり，また，区分所有建物に対する固定資産税額の全体について各区分所有者が連帯して納税義務を負うことは当該区分所有建物の実態にそぐわないことから，共有物等に課する地方税等については共有者が連帯納税義務を負うと定める法10条の2第1項の適用を排除して，各区分所有者が個別の納税義務を負うこととし，各区分所有者は，区分所有建物1棟の固定資産税額を一定の割合で按分した額をその固定資産税として納付する義務を負うこととしたものである。そして，実質的に見れば，各

区分所有者が負担すべき税額は本来，その専有部分に係る税額と共有部分に係る税額のうちその持分に応ずる額との合算であるものの，実際上は，全員の共有となる区分所有建物の主体構造部分が区分所有建物の価格の大部分を占めていることから，共有部分の持分割合が，各区分所有者の負担すべき税額の割合を最もよく示すものとして，上記区分所有建物の固定資産税額の按分割合とされたと解される。このことからすれば，上記規定は，区分所有建物1棟の価格について予め用途等により区分して評価することを予定しておらず，当該区分所有建物1棟を基本単位として一括評価すべきであることを定めたものというべきである。

　そうすると，区分所有建物に専有部分を有する者の固定資産税額については，上記の法352条1項の規定の文理および趣旨から，当該区分所有建物1棟を基本単位とした再建築費評点数に，単一の経年減点補正率を乗じて1棟の建物全体を一括評価して固定資産税額を算出し，これを同項所定の割合によって按分した額とすべきである。

　この点に関し，札幌市Yは，①法352条1項の趣旨は専ら法10条の2第1項の適用を排除する点にあり，1棟の区分所有建物の評価方法等について何ら規定するものではないこと，②仮に上記のような解釈を採るとすれば，当該区分所有建物内に用途の異なる複数の部分が存在する本件建物のような固定資産において，本来当該部分を所有する区分所有者が負担すべき固定資産税額をその他の区分所有者が負担してしまうこととなって不都合であること，③上記のような解釈は法364条2項の趣旨にも反すること等を主張する。

　しかし，①については，区分所有建物について，法が1棟全体を基本的な単位として一括評価して固定資産税額を算出した上で同固定資産税額を共有部分の持分割合により按分して各区分所有部分の固定資産税額を算定することを定めていると解されることは法352条1項の文理および趣旨からして明らかであり，Yの上記主張は採用できない。区分所有建物の大部分の価格を占める区分所有建物の主体構造部分が，用途によって異なる経年劣化をするとは通常想定できないことから，1棟の区分所有建物に対して異なる経年減点補正率を適用して当該部分ごとに固定資産の評価をするYの計算方法は，区分所有建物の上記主体構造部分の価格を適正に評価しているとはいえず，法352条1項の趣旨

に反する。また，区分所有建物の専有部分を取得した者に課する不動産取得税について，「当該専有部分の属する1棟の建物」の価格に法352条1項と同様の按分割合を乗じて計算すべき旨定める法73条の2第4項や，1棟の区分所有建物ごとに家屋課税台帳に価格を登録することを定める法341条十二号といった法全体の規定のあり方からみても，法が，Y主張の上記算定方法を想定しているものと解することはできない。

　次に，②について，Yが区分所有者間における税負担の不均衡を指摘する点についても，法352条1項は，区分所有建物1棟全体の区分所有者間における固定資産税の按分につき，各区分所有者の共有部分の持分（専有部分の床面積）割合によってこれを行うことを原則としつつ，単純に共有部分の持分割合のみによって按分するときに負担の均衡を失するような場合には，規則15条の3所定の方法により上記割合を補正することができる旨定めており，区分所有者間の税負担の衡平について，法はこれに配慮した規定および制度を設けているのであるから，Yが主張するような計算方法を採用することによって区分所有者間の税負担の衡平を図るべきものとは認められない。

　さらに，③について，Yが上記解釈が法364条2項の趣旨に反する旨主張する点についても，同規定は，固定資産税の納税者が複数の固定資産を有する場合において，固定資産税が当該固定資産ごとにその課税標準となるべき価格が算定されるものであること，および，免税点の適用が当該固定資産ごとに異なること等から，納税義務者が所有する固定資産ごとの価額の内容をその合計額と合わせて同人に通知することとしている手続的な保障規定であるにすぎない。また，区分所有家屋の価格算定について上記のような計算方法を採用しても，固定資産税の課税標準となる各区分所有家屋の価額を算定することは可能であるから，結局，同項が上記算定方法を否定する趣旨のものであるとは解されない。したがって，Yの上記主張はいずれも採用することはできない。

　以上より，本件建物の価格については，本件建物全体について単一の経年減点補正率を適用して1棟の建物全体の評価をした上で固定資産税額を算定し，これを本件補正割合に応じて按分すべきところ，本件棄却決定は，本件事務所部分と本件住居部分に区分して異なる経年減点補正率を適用してそれぞれの価格を算定する点において，法352条1項に反し違法である。

そして，上記の算定方法を前提に本件建物の価格について検討すると，本件建物は 32 個の住居部分および本件住居共有部分（床面積合計 1,841.91 ㎡）ならびに 1 個の事務所部分（専有床面積 320.23 ㎡）と，区分所有者全員に供される本件全体共有部分（48.96 ㎡）から構成される区分所有建物であって，これらの床面積割合によれば，本件建物は住居を主たる用途とするものであると認められるから，本件建物 1 棟全体の平成 24 年度における再建築費評点数 2 億 4,463 万 2,000 点に，主たる用途を住居として，本件建物の構造，経過年数に応じた経年減点補正率 0.4719 および評点 1 点当たりの価額 1.10 円を乗じると，本件建物の価格は 1 億 2,698 万 6,000 円となる。

したがって，本件棄却決定は，1 億 2,698 万 6,000 円を超える部分につき違法であるから，当該部分に限りこれを取り消すのが相当である。

コメント　本件は，1 棟の区分所有建物の中に住居部分と事務所部分があるときに，用途別に区分して固定資産税評価をするのか否かというのが争点です。区分して評価するということになれば，住居か事務所かによって経年減点補正率が大きく異なるので，事務所部分の区分所有者は住居部分の区分所有者と比べて減額割合が少なくなり，結果的に不利な取扱いを余儀なくされることになります。しかしながら，地方税法 352 条 1 項を素直に読む限り，どうみても用途別に区分して評価することは予定されていないので，本件判決は妥当なものであると思われます。

第3編 固定資産税に関する60の下級審裁判例　　301

⑨　住宅用地の特例措置

【36】　住宅用地の特例を規定した地方税法349条の3の2でいう「家屋」とは，区分所有建物の場合，1棟の建物全体か，それとも区分所有の専有部分か？

（東京高裁平成17年12月13日判決・判例秘書）

（原審：さいたま地裁平成17年7月20日判決・判例秘書）

事案の概要　地方税法349条の3の2第1項，第2項は，住宅用地に対する固定資産税の課税標準の特例として，住宅用地に対して課する固定資産税の課税標準は，200㎡以下の小規模住宅用地の場合は6分の1，それを超える部分については3分の1の額と規定しています。また，同法702条の3第1項，第2項は，都市計画税の課税標準の特例として，小規模住宅用地の場合は3分の1，それを超える部分については3分の2の額を課税標準と規定しています。そして，これらの特例が適用される「家屋」について，併用住宅の場合には，家屋のうち人の居住の用に供する部分の床面積の当該家屋の床面積に対する割合が4分の1以上である家屋とする，と地方税法施行令52条の11第1項で定められました。ところで，共有物に対する地方税は，共有者の連帯納付義務が原則とされていますが（地方税法10条の2），区分所有に係る家屋に対して課する固定資産税・都市計画税については，その例外として，各区分所有者の共用土地に係る持分割合によって按分した額を納付する義務を負うとされています（地方税法352条，352条の2，702条2項）。

　本件のXは，平成16年度の固定資産税等の賦課期日現在，本件土地の100万分の2,919の共有持分を有していましたが，本件土地は店舗，駐車場および住宅からなる複合ビルで，本件建物の全床面積に対する居住部分の床面積の割合は約13％で，地方税法施行令の定める「4分の1以上」の要件を満たしていませんでした。そこで，当時の岩槻市長は，本件土地の課税標準額を8億

4,734万2,078円として，Xに対し固定資産税額を2万307円，都市計画税を2,901円とする本件各賦課処分をしました。

これに対して，Xは，複合ビル全体を共有している場合と異なり，複合ビルの居住用部分について区分所有形態をとる場合には，居住用の専有部分を取得した者は商業用の区画とは無関係であるから，ビル全体の住宅部分の面積割合で本件特例が適用されないのは不当であるとして，岩槻市長に対し異議申立をしましたが，同市長がこれを棄却したため，Xは同市長を相手にその取消しを求めて提訴しました。その後，岩槻市が廃止され，さいたま市に編入されたため，さいたま市長Yが受継しました。争点は，住宅用地の特例が適用されるための土地上の「家屋」の意義について，本件建物全体を1個の家屋とみるのか，区分所有権の目的である各専有部分を1個の家屋とみるのかです。さいたま地裁，東京高裁は，いずれもXの請求を棄却しました。

(判決の要旨) 当裁判所も，地方税法349条の3の2，702条の3および同法施行令52条の11第1項に定められた「家屋」とは，本件土地に建っている店舗，駐車場の非居住用部分と居住用部分からなる複合ビルである本件建物全体をいうと解すべきであり，区分所有の目的となる専有部分自体を上記「家屋」とみることはできないと判断するが，その理由は，原判決の「第3 当裁判所の判断」の1, 2に記載のとおりであるからこれを引用する。なお，当審におけるXの主張にかんがみ付言する。

Xは，地方税法352条1項および352条の2の趣旨から区分所有建物の専有部分について，これをそれぞれ独立した課税対象としていることが明らかであると主張するが，上記各条項は，固定資産税の課税対象となるのは区分所有に係る1棟の建物および共用土地であり，同法10条の2の適用を除外して，各区分所有者が当該1棟の建物の共用部分ないし当該共用土地に係る持分に応じた税額を負担することを定めているものであり，区分所有建物の専有部分について，これをそれぞれ独立した課税対象としたことを定めたものではないから，Xの上記主張は失当である（同法352条1項は固定資産税の課税対象となるのは「区分所有に係る家屋」であることを定めており，複合ビルについてはそのようなビル1棟が同「家屋」に該当することは先に判示したとおりである）。

また，Xは，1戸建ての住宅を所有する者と，区分所有法の適用ある家屋の

第3編　固定資産税に関する60の下級審裁判例　303

住宅専有部分の所有者とは，住居を所有している点においては社会的に全く同等であるのに，建物全体の住宅部分の面積割合によって小規模住宅用地の特例が適用されなくなるのは，税負担の公平の原則に反すると主張するが，区分所有に係る1棟の建物について区分所有権の内容ごとに評価をすることは極めて困難な事柄であり，住宅用地に係る固定資産税および都市計画税についての本件特例を定めるに当たって，区分所有の目的となる専有部分自体を家屋とみて課税対象とするのではなく，区分所有に係る1棟の建物を課税対象とし，その利用状況によって本件特例の適用の有無を決することとした地方税法関係法令の取扱いは不合理なものということはできないし，また，併用住宅該当性の基準について，1棟の建物の全床面積に対する居住用部分の床面積の割合が4分の1以上という一定の基準を設けたこと自体も不合理なものとはいえないから，租税公平主義の原則に反するということはできず，Xの上記主張も失当である。

コメント　東京高裁判決は，まず，原判決の理由を引用しているので，その骨子を述べますと，主に3つの理由を挙げています。

　第1に，「家屋」の意義です。地方税法における「家屋」とは，住家，店舗，工場，倉庫その他の建物をいうとされており（地方税法341条），不動産登記法の規定により建物登記簿に登記されるべき建物と同義であると解されています。そして，租税法規の用語については，同一租税法規の中で同一の文言が用いられる場合には，同一の意義に解すべきであり，みだりに拡張ないし縮小解釈をとることは租税明確主義の観点からも許されないので，「家屋」についても他の解釈を用いることはできないとします。区分所有法の規定は，各専有部分の1つ1つを「建物」や「家屋」と称していなく，あくまで区分所有権の対象としているにすぎず，地方税法も，区分所有の目的となる家屋およびその敷地に関して，352条等で課税の特例を定めているが，それは，地方税法10条の2第1項に定められている連帯納税義務の規定を排除する旨を定めたところにあり，区分所有権の目的である専有部分自体が「家屋」に該当し得ることを前提としているものでないことは文言上明らかであるとしました。

第2に，区分所有建物については，各専有部分ごとに所有・使用関係が別個であるのに，建物全体の住宅部分の面積割合によって本件特例が適用されなくなるのは不当な結果となるとのＸの主張に対し，立法政策としては傾聴に値するが，法令の文言から離れた拡張解釈で採用できないとしています。

　第3に，1戸建ての住宅所有者と区分所有法の適用のある家屋の住宅専有部分の所有者との間で本件特例の適用に差があるのは税負担の公平の原則に反するとのＸの主張に対し，憲法14条1項に規定する平等の保障は，課税権の行使にも及ぶが，租税法の分野における所得の性質の違い等を理由とする取扱いの区別は，その立法目的が正当なものであり，かつ当該立法において具体的に採用された区別の態様が右目的との関連で著しく不合理であることが明らかでない限り，その合理性を否定できず，憲法14条1項の規定に違反するものということはできないとしています。

　本件のＸの主張の中で，特に1戸建ての住宅所有者と区分所有法の適用のある家屋の住宅専有部分の所有者との対比は，共感できないことはないのですが，原審も，東京高裁も理由として挙げているとおり，租税法解釈の明確性の要請から，「家屋」の意義を統一的に解釈すると，Ｘの主張には無理があると思われます。

【37】　阪神・淡路大震災で損壊した居住用建物が所在していた土地が有料駐車場として使用されている場合に，小規模住宅用地の特例措置が適用されるか？

（大阪高裁平成19年3月27日判決・判タ1251号186頁）

事案の概要　　Ｘは，芦屋市内の本件土地上に居住用建物を所有していたところ，平成7年1月の阪神・淡路大震災により同建物が損壊したため，これを取り壊し，以後更地の状態で有料駐車場としてきました。本件土地は，震災当時，小規模住宅用地の特例（以下「本件特例」という）が適用されており，地方税法附則16条の2第1項（以下「本件附則」という）により，

震災後一定の期間，住宅用地として使用することができないと市町村長が認める場合に限り，本件特例を適用するものとされました。ところが，芦屋市Yは，本件土地について，平成17年度の賦課期日において，本件土地は住宅用地として使用することができない場合に該当しないとして本件附則を適用せずに課税標準価格を認定して賦課決定（以下「本件決定」という）をしました。

　Xは，芦屋市長に対し，本件決定について異議申立を行いましたが，芦屋市長はこれを棄却しました。そこで，Xは，Yを相手に，本件附則を適用した上で算出した額を超える部分の取消しを求めて提訴したところ，原審がXの請求を棄却したため，Xが控訴しましたが，大阪高裁はこれを棄却しました。

判決の要旨　本件附則は，本件震災直後に制定された同趣旨の附則が順次改定されたものであるところ，その趣旨は，200㎡以下の住宅用地に家屋が存在し，小規模住宅用地として，固定資産税については通常の課税標準の6分の1，都市計画税についてはその3分の1とする課税標準減額特例を受けていた土地であっても，その家屋が滅失または損壊した場合は，当然に非住宅用地となり，上記特例措置を受けられなくなるが，本件震災の場合，その被害が甚大かつ広域であり，住宅の再建まで相当の期間を要することが予想されることから，被災者を支援するため，住宅が再建されるまでの間の固定資産税等の負担が急増する事態を避ける特別措置を図ることとしたものである。

　上記の趣旨から，その要件は，①本件震災直前の平成7年度に係る固定資産税等の賦課期日（平成7年1月1日）において，上記特例措置を受けていた被災住宅用地であること，②附則で定められた各年度の賦課期日において家屋または構築物の敷地の用に供されている土地以外の土地であること，③各年度の賦課期日において住宅用地として使用することができないと市町村長が認める場合であること，の3要件が定められた。そして，この特別措置を受けられる期間については，当初2年とされていたが，住宅復興が進まない状況に対応して，順次延長され，現在では平成22年度までとされている。

　Xの所有している本件土地が上記①，②の要件に該当していることは前提事実のとおりであり，本件の争点は③の要件（本件減額要件）の有無であるところ，③の要件についての本件附則の規定は「住宅用地として使用することができな

い」というものであり，これは，本件附則の文言からして，ア）本件震災によって土地が崩落するなど物理的に住宅建築ができない場合や，イ）区画整理事業の対象地となるなどして，それらの法的規制によって住宅建築ができない場合や，ウ）被災者の経済的事情から住宅建築の目処がたたない場合など，本件震災がなければ住宅を保持し得ていたのに，本件震災によって生じたこれらの障害によって住宅の再建が実現できない状況に至っている場合をいうものと考えられるが，本件附則の制定趣旨や「できない」という文言からして，これらの事由がある場合であっても（これらの事由がない場合は，そもそも「住宅用地として使用することができない」場合に当たらない），被災者自身に住宅再建の意思がない場合（その場合には「しない」のであって，「できない」とは言わない）には，本件附則を適用する必要性も余地もないから，本件附則は，当然に，被災住宅用地の所有者において，住宅を再建する意思があることを前提とするものであると解するのが相当である。

　この点について，Xは，本件附則に「住宅用地として使用する意思」を必要とする旨の定めがないから，このような要件を加えることは租税法律主義に反し，本件附則制定の趣旨にも反するなどと主張する。しかし，租税法律主義は，課税要件を法定することにより行政庁の恣意的な徴税を排除し，国民の財産的利益が侵害されないようにするための原則であり，同原則から課税要件の明確化が要請されるが，他方，税法の対象とする社会経済生活上の事象の一切を法律により一義的に規定し尽くすことは到底困難であって，法律の定めるところの意味内容を合理的に解釈することは租税法律主義に反するものではない。そして，「住宅用地として使用する意思」の存在は，本件附則の趣旨および文言から当然に導き出されることがらであるから，それが明記されていないからといって，そのような解釈が租税法律主義に違反するものとは到底言い難い。また，住宅を再建する意思のない者についてまで課税標準減額特例を適用しなければならない理由もないから，Xの主張は採用できない。

　なお，Xは，所有者自らが住宅用地としての使用を中止して別の用途での利用を行う意図があったような場合でなければ，引き続き住宅用地とされていたはずであるのに，本件震災によって意に反して住宅を喪失したものである以上，本件附則を適用すべきであるとも主張する。確かに，遠隔地での勤務を余儀な

くされている場合など，自宅があればたまには帰宅したり，他人に貸したりなどして使用し，遠隔地の勤務が解除されれば自宅に帰る心積もりをしており，本件震災によって，意に反して建物を喪失したものの，震災後もその意思は持ち続けているが，その地に戻る見込みが立たないため，住宅を再建する適期でないと判断して建築を見合わせるような場合もあることは容易に推察できるところであって，そのような場合も本件震災による被害を受けたことは明らかである。しかしながら，本件附則がこのような場合まで対象としていると解することは，その文言に照らしても困難というほかはなく，Xの上記主張についても採用できない。

　Xは，本件減額要件の立証責任は課税庁にあると主張するが，本件附則が「住宅用地として使用することができない」と規定していることからして，これを適用するには，Xの主張するような住宅用地として使用するについての物理的，法的または経済的な客観的障害事由の存在をそのまま主張する側において立証し，これが積極的に認定できることを要すると解すべきであり，これとは反対に，これらの障害事由の不存在を要件とする解釈をすることは，上記文言とも整合しない。Xは，本件減額要件も課税要件の1つであるから当然に課税庁が主張立証をすべきであると主張するが，住宅用地として使用されていない土地については，通常の課税標準に従って課税されるのであって，本件減額要件の存在は，その課税についての軽減事由であるから，課税要件と同列に扱わなければならない理由はなく，軽減事由を主張する側に主張立証責任があると解するのが相当であり，Xの上記主張は採用しない。

　上記のとおり，本件減額要件の存在については，Xに主張立証責任があるところ，Xは，本件震災による物理的，法的，経済的障害によって本件土地に住宅を建築できない具体的な事由については，何ら主張も立証もしていない。かえって，本件土地は平坦地であって有料駐車場として使用しているのであるから，物理的に住宅を建築することに障害があるとは考え難く，また，何らかの法的規制によって建築が制限されているような事情も全くうかがえない。さらに，Xの経済的事情についても，その具体的状況について何ら主張も立証もないから明らかではないが，前提事実で認定したようなXの職業，社会的地位，横浜市に2戸のマンションを所有していること，しかもそのうち1戸は本件震

災後に取得したものであることなどからして，本件土地に住宅を再建できない
ような経済的状況にあるとも考え難い。そうすると，もはや「住宅用地として
使用することができない」との要件さえ認めることはできないから，その意思
の有無を問うまでもないが，念のためその点についても検討しておく。

　本件減額要件の有無の判断は市町村長に委ねられているところ，物理的，法
的，経済的障害の有無については，できるだけ客観的な資料に基づいて判断す
べきであるが，「住宅用地として使用する意思」の有無については，当該土地
の所有者の主観に係る面のあることは否定できない。しかし，それのみに依拠
するのではなく，生活状況や当該土地の使用状況等の客観的な諸事情をも総合
的に斟酌して判断するのが妥当でもあり，合理的でもあるというべきである。

　ところで，本件附則は，被災住宅用地について，家屋または構築物の敷地の
用に供されている土地を除外するものとしているが，それ以外の使用について
は制限していないし，その使用によって収益を上げているか否かも問題として
いない。したがって，Ｘが本件土地を外形的にも明確な形で有料駐車場として
いるからといって，それのみを理由として，他の用途に使用しているから「住
宅用地として使用できない」のであって，本件震災を理由とする障害によるも
のではないと即断することは相当ではない。Ｘも指摘するとおり，住宅再建の
意欲を持ちながらも経済的理由によってままならない状況があって，しかし，
遊休地としておくより，簡易な駐車場や資材置き場として貸すなどしていくら
かでも収入を得，それも一助として住宅再建を目指そうとすることも十分考え
られるし，そのような一時使用は，本件附則の趣旨に反するものとまではいえ
ない。だからこそ，Ｙは，本件震災から５年間は，そのような事例が多いと推
定し，個別事情を斟酌することなく，有料の駐車場として利用している場合等
にも一律に本件附則を適用していたものと考えられる。その意味からすれば，
本件決定に対する異議申立に対し，市長が，「他の用途に供されていることが
明らかな場合」は本件減額要件に該当しないと判断すべきであるとしている点
は，それのみで本件減額要件の存否を決定するとするのであれば問題がないと
はいえない。

　しかしながら，Ｘの場合，前提事実のとおり，①勤務の都合とはいえ，昭和
41 年以来，本件土地上の建物には居住していないこと，②本件震災前に横浜

第3編　固定資産税に関する60の下級審裁判例　**309**

市に高額のマンションを購入していたこと，③本件震災後にも同市内でさらに
マンションを取得していること，④本件震災後，1年半程したころから本件土
地を有料駐車場として収益を上げ，既に10年余に及ぶこと，⑤本件土地にお
ける住宅建築について検討した形跡がないこと，⑥将来は本件土地に戻ると言
いながら，具体的な計画も示していないことなどの事情が認められるのであっ
て，これらの事情は，XがYを相手取って平成14年に提起した同種の訴訟に
よって明らかとなっていた事実であることからすれば，Yがこれらの事情をも
斟酌して本件決定をしたことは容易に推測できるところであり，これらの事情
を総合的に判断すれば，Xにおいて，少なくとも平成17年度の賦課期日にお
いて，本件土地を住宅用地として使用する意思がないと判断したことは正当で
あって，その判断に何らの違法も見出しがたい。

> **コメント**　大阪高裁判決が，Xの職業・経歴等から，住宅を再建でき
> ないような経済的状況にあるとは考え難いとした上で，「住
> 宅用地として使用する意思」についても，6つの理由を挙げて本件減額要
> 件に該当しないと認定したことは，やむを得ない判断であると思われます。

【38】　賦課期日時点で建物が未完成の場合には，住宅用地の特例措置は適用されないか？

（さいたま地裁平成15年2月26日判決・判例地方自治244号62頁）

事案の概要　Xは，埼玉県春日部市所在の本件土地を所有していますが，
平成14年度の固定資産税の賦課決定等につき，住宅用地の
特例措置がなされていないことなどを理由に，春日部市長Yを相手に無効確認
請求を提訴しましたが，さいたま地裁はこれを棄却しました。

判決の要旨　Xが主張する住宅用地の認定は，地方税法349条の3の2に
おいて，住宅用地の固定資産税の課税標準の特例措置が講ぜ
られていることから問題となるところ，同条1項所定の「人の居住の用に供す
る家屋の敷地の用に供されている土地」（住宅用地）とは，特定の者が継続し

て居住の用に供する家屋の敷地のことをいうものである。そして，賦課期日において現に居住していない家屋敷地については，当該家屋が構造上住宅と認められ，かつ，当該家屋が居住以外の用に供されるものでないと認められる場合は「住宅用地」に該当するが，それ以外の場合は「住宅用地」に該当しないと解される。

　ところで，本件建物は，平成9年11月頃までには建築工事によって屋根が葺かれ，囲壁が完成するに至ったが，その後，建築工事が中断されており，内装等は完成していないことから，少なくとも，平成10年1月1日から平成14年1月1日（平成14年の賦課期日）当時まで，本件建物は未完成であったと認めることができる（Xも，Xと請負業者との間の建築工事請負契約履行をYが妨害したために，建築物が未完成であると主張しており，現況は，本件土地上にある建物が未完成であることを認めていると解される）。そうすると，平成13年度および平成14年度の賦課期日において，本件建物は，構造上住宅として完成しておらず，現に特定の者が継続して居住の用に供する状況にはなかったというべきであるから，本件土地を建築中の家屋敷地で非住宅用地として扱った本件14年度賦課処分は適法であって，何ら重大かつ明白な違法があるということはできないというべきである。

コメント　地方税法349条の3の2第1項所定の「人の居住の用に供する家屋の敷地の用に供されている土地」（住宅用地）とは，特定の者が継続して居住の用に供する家屋の敷地のことをいうものと解されるので，賦課期日において，構造上住宅として完成しておらず，現に特定の者が継続して居住の用に供する状況にはなかった以上，住宅用地の特例措置を適用しなかった本件課税処分を適法とした本件判決は正しいものといえます。【24】最高裁平成23年3月25日判決も参考にしてください。

10 相続の場合の納税義務者

【39】 登記名義が被相続人のままの場合に，固定資産税納税義務者の代表者を指定するのは課税庁の裁量に任されているか？

（福岡地裁平成 25 年 2 月 26 日判決・判例地方自治 381 号 21 頁）

事案の概要　北九州市八幡東区に所在の本件不動産（土地と家屋）は，亡甲名義で登記されています。Xは，甲の長男である亡乙の次女（つまり甲の孫）で，固定資産税納税義務者の代表者に指定されています。北九州市八幡東区長がXに対して平成 17 年度分ないし平成 22 年度分の固定資産税および都市計画税の各賦課決定をしたところ，Xが各賦課決定について無効確認請求を提訴しましたが，福岡地裁はこれを棄却しました。なお，その後，Xの控訴は棄却され，上告受理申立についても不受理決定がなされています。

判決の要旨　本件代表者指定の裁量権の逸脱・濫用について，八幡東区長は，平成 13 年 2 月付けで本件不動産に係る固定資産税納税義務者の代表者として，Xを指定しているところ（本件代表者指定），これは地方税法 343 条 2 項後段の「当該土地又は家屋を現に所有している者」として納税義務を負う者の中から納税通知書等を送付する代表者をXと指定したものであり，同法 9 条の 2 第 2 項に基づく指定ではないことが認められる。

そうすると，固定資産の所有者として登記されている個人が賦課期日前に死亡しているときには，同日において当該土地または家屋を現に所有している者を固定資産税等の納税義務者とするのであるから，単独相続でない限り，遺産分割等により所有者が確定するまでの間，当該固定資産を相続により共有する各共同相続人は，同法 10 条の 2 第 1 項により，他の共同相続人と連帯して当該固定資産に対する固定資産税等を納付する義務を負う。

このような場合，地方団体の長は，共同相続人のうち 1 人に対して，または

同時もしくは順次に全ての共同相続人に対して固定資産税等の納税の告知，督促および滞納処分（以下「納税の告知等」という）をすることができると解され，共有者である共同相続人のうちのいずれの者に対して，また，いかなる順序で納税の告知等を行うかについては，地方団体の長の裁量に委ねられているというべきである。

本件土地の登記名義人である甲は，本件賦課決定の賦課期日前である昭和46年2月に死亡し，その後，Xが本件不動産の共有者の1人となっていたところ，①Xは甲の直系血族たる孫であること，②本件代表者指定までに，Xの妹弟が相続について放棄をしていたこと，③Xが他の弟よりも年長者であること，④Xの父親も以前に相続人として代表者届に記載されていたことなどの事情が認められる。そして，納付後に他の共有者に対して求償する際や遺産分割を行う際の便宜等を考慮すると，Xを代表者と指定したことには合理性がある。

Xは，八幡東区役所に対し，平成12年4月付けで，代表者届を返送してその提出を断ったこと，同年11月付けで経済的に苦しいことを理由に代表して固定資産税等を支払うことはできない旨の手紙を送付していることが認められる。しかしながら，Xはもとより本件不動産の共有者として固定資産税等の連帯納付義務を負っていること，そして，納税者の経済状態をもって賦課決定を行わない理由にはならないことからすると，Xの主張する当時の事情を踏まえても，本件不動産の共有者である共同相続人の中からXを代表者として指定したことが，地方団体の長に与えられた裁量権を逸脱・濫用してされたものということはできない。したがって，本件代表者指定に，裁量権の逸脱・濫用による違法があるとはいえない。

一括課税方式の違法性について，まず，Xは，単独所有物と共有物とは，法律上内部関係や効力が異なるものであり，これを納税通知書に明示しないことは納税義務者を混乱させる結果となるとして，本件納税通知書に共有物であることを明示しないことを違法であると主張する。しかしながら，固定資産税等について，納税通知書に共有物であること，または共有物であることが判別できるような事項を記載することは，法令上義務付けられておらず，後記のとおり，納税通知書に連帯納付義務者を記載することで納税義務者の諸々の負担を軽減することは否定できないとしても，これを欠くことをもって直ちに違法で

あるということはできない。

　次に，共有者である各共同相続人は，地方税法10条の2第1項により，持分に関係なく，各自独立して共有物全体に係る固定資産税等の連帯納付義務を負うのであって，その課税処分は当該不動産の共有者の各持分に応じて，またはこれに対してされるものではない。そのため，同法352条または352条の2などの例外規定に該当する場合を除いて，共有者のそれぞれの持分に応じた課税をしないことに違法はないと解される。したがって，本件賦課決定がいわゆる分割課税方式でなく，一括課税方式によっているとしても，違法とはいえない。

　さらに，Xは，Xを除く共有者に対しては納税通知書を発送することなく納税義務を実質的に免除する一方，生活に苦しむXに対してのみ本件賦課決定を行い，極めて不公平な賦課決定を繰り返したことが違法である旨主張する。固定資産税等の徴収は，普通徴収の方法によることとされ，納税通知書を当該納税者に交付することによって，その租税債権が具体的に成立するものと解すべきである。そして，納税通知書による納税の告知は，納税義務者に対し抽象的に発生していた租税債権を具体的に確定し，その税額について履行の請求をするという2つの性質を有しているところ，前者の租税債権の確定は，民法434条にいう「履行の請求」には含まれないから，同条を準用する余地はない。そのため，共有土地についての固定資産税等は，納税通知書の送付によりその名宛人として送付を受けた者に対してのみ具体的な租税債権が成立し，その余の連帯納付義務者は，抽象的納税義務を負担するにとどまり，具体的納税債務を生じさせるものではないと解される。

　本件についてみると，八幡東区長ないし北九州市長は，Xに対し，平成13年度から平成22年度分までの本件不動産に係る固定資産税等について，本件賦課決定を行い，本件納税通知書を送付したことにより，Xに対して具体的納税義務を発生させたことが認められる。他方，八幡東区長ないし北九州市長は，X以外の共有者に対し，納税通知書を送付せず，具体的納税義務を発生させていないことが認められる。確かに，代表者として指定され，本件賦課決定により本件納税通知書を受け取ってきたXが，自分にしか具体的な租税債権が発生せず，他の共有者には何ら具体的な租税債権も発生していない点に不満を抱く

ことは十分に理解できるところである。そこで，地方団体の長は，必要に応じて，他の連帯納付義務者に対しても納税告知書を送付するなどの措置を講じることにより，このような不満の解消に努めることが望ましい場合もあり得よう。

しかしながら，そもそもXは，共有者として独立して共有物全体に係る固定資産税等の連帯納付義務を負っている以上，他の共有者に納税通知書が送付されていないことを理由にして，その納付義務を免れることはできない。以上のとおりであるから，本件賦課決定が一括課税方式を採っている点に違法はない。

本件納税通知書の違法性について，共有物に対する固定資産税等については，共有者全員が連帯納付義務を負うので，１人が納付した場合に他の共有者への求償の便宜等のため，納税通知書に連帯納付義務者の氏名を列記し，あるいは「何某外何名」と記載することは，納税義務者にとっては有益である。しかしながら，本件のように，登記名義人の死亡後，遺産分割が行われることなく，長期間放置され，その間に数次の相続が生じるなど，当該固定資産の共有関係を確定することが容易でない場合，地方団体の長において，その共有者を逐一調査してこれを全て明示することは困難を強いるものである。そもそも，固定資産税等において，共有不動産に対する課税に係る納税通知書に，他の連帯納付義務者の氏名を列記し，あるいは，「何某外何名」と記載すること，また，共有物に対する課税であることを明示することは，法令上義務付けられていない。そして，納税通知書に納税者の氏名の記載を求めているのは，処分の名宛人を特定するためであるから，本件納税通知書に，具体的な租税債権を発生させる名宛人としてXの氏名が記載されていれば足りる。したがって，本件納税通知書に，X以外の連帯納付義務者が記載されていなくとも，本件賦課決定が違法になるものではない。

コメント　不動産の登記名義人が死亡しても，そのまま放置されていることはよくあります。相続登記をするにも登録免許税や司法書士手数料がかかるということで登記しないこともありますが，その場合は相続人が確定しており，市町村側も納税義務者を把握できるので特に問題はありません。問題なのは，相続人間の話し合いがなされず相続人が確定しない場合です。これが結構あります。私の経験でも，三代にわた

って遺産分割がなされないままに放置され，相続人が50人を超えた場合がありました。そのようなことが生じる理由はいくつかあります。もともと仲の悪い相続人同士で話し合いが困難とか，相続人の1人が未成年者あるいは行方不明で協議できない等々。最近多いのは認知症や精神疾患等で意思能力を失っている場合です。本来は，家庭裁判所に成年後見人等の選任の申立をすることで，遺産分割協議をすることができるのですが，そのための費用や手間を考えると，放置してしまうことが多いのです。

　その結果，固定資産税等をだれがどこまで負担するのかという問題が生じますが，ここでは，3つの争点が述べられています。第1は，市町村が誰を相続人代表者と指定するのかの裁量が認められているのか，第2は，指定された相続人が全額支払う一括課税方式は不公平ではないのか，第3は，全額支払った相続人が他の相続人に求償できるように納税通知書に他の連帯納付義務者の氏名の列挙等の記載をすべきではないか，ということです。

　第1については，市町村の裁量を認めるとともに，本件の具体的事情にかんがみても，Xが登記名義人の直系血族の孫であること等から，裁量権の逸脱，濫用はないとしましたが，やむを得ないと思います。

　第2については，地方税法10条の2第1項に「連帯納付義務」が明記されている以上，分割納付ではなく，一括課税方式も仕方のないところです。

　第3については，確かに，法令上納税通知書に他の相続人についての記載義務は課されていません。しかし，その理由については若干の疑問があります。数次の相続が生じた場合に地方団体の長が共有者の調査をすることは困難を強いるといいますが，地方団体の長が調査できないことについて，一民間人が調査することは，はるかに困難です。市町村等の課税処分庁は，もっとも強力な調査権限を有しているのですから，公平な税負担の原則からしても，納税通知書に他の相続人の名前を列挙することくらいは認めてもよいと思われます。また，そのために立法的手当てが必要というのであれば，そうすべきではないでしょうか。

11 農地の賃貸借の解約申入れ

【40】 固定資産税額が賃料額を上回る逆ざや現象の場合に，農地法に基づく解約申入れが認められるか？

（宇都宮地裁平成24年9月13日判決・判例秘書）

事案の概要　Xは，相続により宇都宮市内の本件土地を所有し，甲が兼業農家として本件土地を耕作してXに賃料を支払っています。本件土地は，昭和45年に栃木県の都市計画で市街化区域に組み入れられ，平成8年には賃料額が年間1万2,650円であるのに対し，固定資産税額等は2万1,354円となり，逆ざや現象が生じています。その後，Xは，甲に対し，平成9年7月頃および平成11年3月頃，賃料増額の民事調停を申し立てましたが，甲がこれに応ぜず，賃料額は据え置かれたままで，平成22年度の固定資産税額等は賃料額の約6.4倍にまで逆ざや現象が進んでいます。

　Xは，具体的な転用計画は立てていないものの，逆ざや現象による不利益解消のため，本件土地の明渡しを希望し，農地法18条に基づき，栃木県知事に，本件土地の賃貸借契約について解約申入れの許可申請をしましたが，これを不許可としたため，この処分は違法であるとしてその取消しを求めて，栃木県Yを相手に提訴しました。宇都宮地裁は，Xの請求を認め，不許可処分を取り消しました。

判決の要旨　Xは，本件許可申請は，農地法18条2項二号に定める「その農地又は採草放牧地を農地又は採草放牧地以外のものにすることを相当とする場合」に該当すると主張する。しかしながら，Xには，本件賃貸借契約の解約申入れの許可を求めた当時も，本件土地を農地以外のものに転用する計画はなかったことが認められ，Xの上記主張は採用することができない。

　都市計画法は，市街化区域を，すでに市街地を形成している区域およびおお

むね 10 年以内に優先的かつ計画的に市街化を図るべき区域と定め，市街化区域内に所在する農地については，昭和 47 年度以降，固定資産税等の課税標準となるべき価格をその農地と状況が類似する宅地に比準する価格で定めるといういわゆる宅地並み課税が導入され，その結果，賃貸人が支払う固定資産税額等の額が，賃借人が支払う賃料の額を大幅に上回る逆ざや現象が生じるようになっている。しかし，この制度の目的には，宅地の供給を促進することが含まれているのであるから，市街化区域内に所在する農地の所有者に生ずる宅地並み課税の税負担は，値上がり益を享受している農地所有者が資産維持の経費として担うべきものと解され，固定資産税額等が増加したことを理由として賃料の増額を請求することはできないと解するのが相当であり（最高裁平成 13 年 3 月 28 日判決・民集 55 巻 2 号 611 頁），農地所有者が受ける上記の不利益は，当該農地の賃貸借契約を解約し，これを宅地に転用した上，宅地として利用して相応の収益を上げることによって解消することが予定されているというべきである。本件土地は，市街化区域内にあり，平成 8 年には，固定資産税額等が賃料額を上回る逆ざや現象が発生していたが，その後，賃借人が賃料の増額を了解しなかったことから，賃料額は，平成 8 年当時と同額のまま据え置かれ，平成 22 年度には，固定資産税額等が賃料の額の約 6.4 倍となっている。そして，Ｘには，本件土地について具体的な転用計画はないが，他方，甲は，兼業農家であって本件土地における耕作により生計を立てているものではない。また，Ｘは，離作料の支払いについて消極の主張をしているものの，甲が既に経済的利益を得ているとして，離作料を支払う必要はないとしているにとどまり，離作料支払いの意思がないものとは認められない。

　これらの事情のもとでみると，Ｘの本件許可申請は，適正な離作料の支払いを条件として許可するのが相当であり，このような条件が付されることにより，農地法 18 条 2 項五号に定める「正当な事由がある場合」に該当するというべきである。しかるに，処分行政庁は，上記の場合にも該当しないとしてＸの本件許可申請を却下したものであるが，Ｘから，離作料についての意見は聴取したものの，その額について検討した事実は認められない。そうすると，処分行政庁がＸの本件許可申請を不許可としたことには，農地法 18 条 2 項五号に反した違法があるから，本件不許可処分は取り消されるべきである。

コメント 本件判決は，判決文でも引用されている【12】最高裁平成13年3月28日判決を受けたものといえます。上記最高裁判決は，「宅地並みの資産を維持するための経費を小作料に転嫁し得る理由はない」とする一方で，以下のとおり述べています。

「農地所有者が宅地並み課税による税負担を小作料に転嫁することができないとすると，農地所有者は小作料を上回る税を負担しつつ当該農地を小作農に利用させなければならないという不利益を受けることになる。しかし，宅地並み課税の制度目的には宅地の供給を促進することが含まれているのであるから，農地所有者が宅地並み課税によって受ける上記の不利益は，当該農地の賃貸借契約を解約し，これを宅地に転用した上，宅地として利用して相応の収益を挙げることによって解消することが予定されているのである。……当該農地の賃貸借契約について合意解約ができない場合には，農地所有者は，具体的な転用計画があるときには農地法20条2項二号に該当するものとして，あるいは当該農地が優先的かつ計画的に市街化を図るべき区域であることや逆ざや現象が生じていることをもって同項五号に該当するものとして，解約について知事の許可を申請し，具体的事案に応じた適正な離作料の支払を条件とした知事の許可を得て，解約を申し入れることができるものと解される。」

本件判決は，上記最高裁判決を受けて，逆ざやの場合に，土地所有者による解約申入れの正当事由が認められることを実証したものといえます。

第3編　固定資産税に関する60の下級審裁判例　　319

12　固定資産税の賦課決定の手続

> **【41】　賦課決定に当たり価格の適正を判断するのに必要な資料の交付を欠いていても違法ではないのか，また裁決手続において建築士を代理人として選任できるか？**
>
> （東京高裁平成 23 年 12 月 15 日判決・ウェストロー・ジャパン）
>
> （原審：東京地裁平成 23 年 6 月 30 日判決・ウェストロー・ジャパン）

事案の概要　　Xは，東京都練馬区に所在する 1 棟の建物の各専有部分である本件各家屋を所有していますが，練馬都税事務所長から平成 21 年 6 月付けで上記 1 棟の建物に対して課する平成 21 年度の固定資産税および都市計画税のうち本件各家屋に応じてXが納付すべき額についての本件各賦課決定を受け，それぞれについて審査請求をしたところ，東京都知事から平成 22 年 2 月付で審査請求をいずれも棄却する旨の本件裁決を受けたことから，Xは，本件各賦課決定には，固定資産の価格が適正かどうかを判断するのに必要不可欠な資料の交付を欠いており，憲法 84 条の租税法律主義の一内容である手続的保障原則に反する違憲違法であり，本件裁決については，Xが代理人として選任した建築士甲による主張立証を許さなかったという手続の瑕疵が存在するとして，東京都Yに対し，本件各賦課決定および本件裁決の取消しを求めました。

　原審は，Xの請求をいずれも棄却したため，Xが控訴したところ，東京高裁はこれを棄却しました。

判決の要旨　　Xは，家屋は，家屋ごとに建築材料の種類，使用量，施工される工事の内容・量，仕様，仕上げの内容等が異なるから，家屋の所在，家屋番号，種類，構造，床面積，価格を縦覧して比較させる家屋価格等縦覧制度では，自己の家屋の価格の適正を判断することは不可能であり，この制度を前提としてされた本件各賦課決定は，手続的保障を欠くものとして，

違憲違法であると主張する。しかしながら，Xの主張を前提としても，家屋価格等縦覧帳簿制度によって，他の同様な構造等の建物との比較によるおおよその価格差等の確認は可能であり，その結果を得て固定資産評価委員会に対する審査の申出をすることができることは，原判決が認定・判断するとおりであって，現行の制度が納税者の権利保護に欠けると評価することはできないから，Xの主張は失当というほかない。

　また，Xは，再建築費評点数計算書，基準年度別計算書および標準家屋の再建築費の計算書である比準表がXに交付されなかったとして，これを前提にされた本件各賦課決定が違法であると主張する。しかし，これらの書面がXに交付されていないとしても，本件各賦課決定が違法となるものでないことは，原判決の認定，判断のとおりであって（なお，本件各家屋についての比準表は，Xが交付を求めれば，処分行政庁においてこれを交付する取扱いをしていること，Xはその交付を求めていないことが認められる），Xの主張を採用することはできない。

　また，Xは，本件裁決の手続において，Xが代理人に委任した甲建築士の手続への関与を認めなかったことが違法であるとして，司法書士が，当事者の一方から嘱託されて取り扱った事件について，相手方の業務を行うことを禁じる司法書士法の規定に反して締結された契約が無効とはされていないことを，その根拠として主張する。しかし，税理士の資格がない者が税務代理等を行うことを業とし，弁護士の資格がない者が報酬を得る目的で法律事務等を取り扱うことを業とすることは，犯罪とされる違法行為であって，これらの事務等を目的とする委任契約が公序良俗に反し，無効であることは，原判決が認定，判断するとおりであり，X主張の司法書士法に違反する契約の効力の問題とは次元を異にするのであって，いずれにしてもXの主張を採用することはできない。

コメント　本件では，2つの争点があります。第1は，本件各賦課決定において，固定資産の価格が適正かどうかを判断するのに必要な資料の交付を欠いているか，第2は，本件裁決において，代理人に選任した建築士の手続への関与を認めなかったことが手続の瑕疵といえるかです。

第3編　固定資産税に関する60の下級審裁判例　321

　第1については，現在の家屋価格等縦覧制度で価格確認は可能であること，また本件各家屋についての比準表の交付は不可欠なものでないし，求められれば，交付する取扱いになっていたことを挙げて，Xの主張を退けており，妥当な判断と思われます。

　第2については，裁決手続という法的手続において，Xが選任した建築士に限らず，弁護士以外の者を代理人として委任することは弁護士法72条に違反する行為で無効とされており，本件判決の結論は当然といえます（最高裁昭和38年6月13日判決・民集17巻5号744頁）。

　そもそも論をいえば，Xは本件の手続選択を誤っていたといえます。固定資産税の価格の適正さを争うのであれば，処分行政庁への審査請求ではなく，固定資産評価審査委員会への審査申出をすべきであったもので，そのような手続選択の誤りも，弁護士へ委任しなかったことが一因である可能性があります。

【42】　東日本大震災の減免措置が取り消された場合に，市長への審査請求を経ることなく取消訴訟を提起することができるか？

（仙台地裁平成25年10月8日判決・判例秘書）

事案の概要　Xらは，仙台市太白区所在のマンションに居住する住民です。平成23年3月に発生した東日本大震災により本件マンションも被害を受け，同年8月30日に本件マンションについて「大規模半壊」とする仙台市太白区長の罹災証明書が発行されたため，同震災に伴い実施された災害救助法により，固定資産税等の税金の減免等の本件各優遇措置を受けました。ところが，仙台市Yが同年11月に本件マンションの再調査をし，平成24年2月10日付で被害程度を一部損壊とする罹災証明書を発行した上，本件各優遇措置を取り消す旨の本件各処分を行いました。上記経緯により，仙台市太白区長は，固定資産税および都市計画税の年税額について，たとえばX₁に対し，平成23年7月11日付で11万4,800円の納税通知書を送付したものの，同年

10月11日付で4万9,100円とする賦課額更正処分を行い，さらに，平成24年2月10日付で再度11万4,800円に戻す賦課額更正処分を行いました。

そこで，Xらは，各処分の手続に違法がある，もしくは処分要件を欠くので違法であると主張して，その取消訴訟を提起しましたが，仙台地裁は，Xらの請求をいずれも不適法であるとして却下しました。本判決では，本件各優遇措置の取消しに係る本件各処分について判断していますが，固定資産税等に関してのみ以下述べます。

（判決の要旨） 当裁判所は，本件各請求に係る訴えは，いずれも各訴えに係る処分について審査請求を前置しないことに正当な理由（行訴法8条2項三号）があるとはいえず，審査請求前置主義に違背した不適法な訴えであると判断する。

行政処分の取消訴訟を提起するにつき，審査請求前置が要求されるのは，主として，司法審査に先立ち，行政庁あるいはその設置する第三者機関（以下「行政庁等」という）に，当該行政処分につき，反省，見直しの機会を与えることにより，紛争の自主的解決を図るとともに，行政庁等の専門性，技術性を活かした迅速，的確な紛争解決を期待する趣旨と解される。そうすると，個別法において審査請求前置主義が定められているにもかかわらず，審査請求を経ることなく取消訴訟を提起することに正当な理由（行訴法8条2項三号）があるとして許容されるためには，司法審査に先立ち，不服申立手続を経由させることにつき合理的な理由がない場合，すなわち，不服の内容に対する行政庁等の判断が既に表明されており，かつ客観的にみてその変更の余地がないと考えられるため，改めて審査請求をして行政庁等の判断を求めることがもはや無意味であるということができるほどの確実性をもって裁決の内容が予測されるような場合に限られるというべきである。

Xらに対する固定資産税賦課額更正処分（平成23年度分）および固定資産税・都市計画税賦課処分（平成23年度）についての取消訴訟は，仙台市長に対する審査請求に対する裁決を経た後でなければ提起することができず，審査請求は，処分があったことを知った日の翌日から起算して60日以内にしなければならない（地方税法19条1項一号，同法19条の12，行政不服審査法5条1項一号，同法14条1項）。そして，Xらは，本件処分について，仙台市太白区長が平成24

年3月28日に送付した同年2月10日付の更正通知書および納税通知書を同年3月28日頃にそれぞれ受領して知ったものと認めることができる。したがって，Xらは，本件処分について，平成24年5月27日頃までに仙台市長に対する審査請求をしなければならなかったものである。Xらは，審査請求を経ていないことについて，仙台市太白区長や仙台市長がXらから再三にわたって本件マンションの被害の程度を一部損壊とする平成24年2月10日付罹災証明書は誤りであるから取り消すべきであるとの要望や本件罹災証明書の判定変更についての抗議を受けたのに対し，同罹災証明書が正しい旨の回答を繰り返した本件の経緯からすれば，XらはYまたは仙台市長に対して熟慮・再考の機会を既に十分提供したものであり，重ねて本件各処分について審査請求をしたとしても，その結果について何ら期待することができなかったから，Xらには「裁決を経ないことにつき正当な理由」がある旨主張する。

　しかし，Xらの上記主張は採用の限りでない。以下，その理由を述べる。①Xらが仙台市長に対して本件罹災証明書の判定変更に関する要望や抗議を申し入れたのは平成24年5月17日頃に同日付要望書を仙台市長に提出したのが初めてであること，②同要望書に対して，仙台市長は，同年6月6日付回答書により，同年2月10日付罹災証明書の判定が正しい旨等回答したこと，③Xらは，仙台市長に対し，同月28日付で公開質問状を提出し，同年7月20日までの回答を求めたこと，④本件公開質問状に対し，仙台市長は，仙台市太白区長が実施した3回の説明会における説明や同年6月6日付回答書に記載のとおりであること等を記載した同年7月23日付回答書により回答したこと，以上の各事実を認めることができる。確かに，仙台市長は，Xらの要望や抗議に対し，平成24年6月6日付回答書および同年7月23日付回答書により自らの立場を示したことが認められるものの，いずれも同年2月10日付罹災証明書の判定内容ないし本件罹災証明書の判定変更に関する仙台市長の回答についてみても，Xらが平成24年6月6日付回答書に対して改めて仙台市長の考えを知りたいとして同月28日付で詳細な質問を交えながらより発展的な本件公開質問状を提出したこと，そして，一般的に不服申立の理由によっては処分行政庁においてもその処分を再考する余地がないわけではなく，そうであるからこそ一度処分を通知することによって行政庁の立場が明示された後も審査請求または異議

申立という不服申立制度が設けられていることからすれば，少なくとも本件公開質問状に対する回答である平成24年7月23日付回答書をＸらが受領するまでは，本件各処分に対する審査請求期限である平成24年5月27日頃を含めて，客観的にみて仙台市長の立場にもはや変更の余地がないということができる状態ではなかったというべきである。そして，Ｘらは，これらいずれの処分についても後に審査請求をしておらず，上記仙台市長の立場も審査請求の手続において示されたものでなかったことからすると，上記各審査請求の請求期限の頃において，審査請求に対する裁決の内容が確実に予測されていたということはできない。したがって，本件各処分について，審査請求を経ることなく取消訴訟を提起することに正当な理由があると認めることはできない。

> **コメント**　審査請求前置主義が定められている場合に，審査請求を経ることなく取消訴訟を提起するには，正当な理由が必要です（行訴法8条2項三号）。これについて，本判決は，司法審査に先立ち，不服申立手続を経由させることにつき合理的な理由がない場合，すなわち，不服の内容に対する行政庁等の判断が既に表明されており，かつ客観的にみてその変更の余地がないと考えられるため，改めて審査請求をして行政庁等の判断を求めることがもはや無意味であるということができるほどの確実性をもって裁決の内容が予測されるような場合に限られるとした上で，本件についてはこれには該当しないと判断しました。
>
> 　法律の条文で例外的な場合として「正当な理由」が定められている場合には，一般の人が考える以上に「よほどの理由」がなければ，裁判所がこれを認めることはありません。本件でも，太白区長や仙台市長とのやりとりだけでは，審査を経ないでもよい「正当な理由」とは認めなかったものですが，行政事件訴訟法の建前からするとやむを得ない結論と思われます。

第3編　固定資産税に関する60の下級審裁判例　325

⑬　固定資産評価審査委員会への審査申出か，市町村長への審査請求か

【43】　課税地目の認定に誤りがあることを理由に，固定資産評価審査委員会への審査申出をしないで賦課決定の取消しを求めることができるか？

（岡山地裁平成22年9月29日判決・判例秘書）

（控訴審：広島高裁岡山支部平成23年6月23日判決・判例秘書）

事案の概要　　　Xは，本件土地を所有していますが，平成20年度の固定資産税・都市計画税の課税明細書では，課税地目について畑として，固定資産税評価額および固定資産税課税標準額についていずれも3万3,003円と記載されていました。Xは，平成20年9月に本件土地について貸露天駐車場への転用目的とする農地法4条に基づく許可申請をして，申請どおり許可を受けました。

　岡山市長は，Xに対し，平成21年4月付けで本件土地について，平成21年度固定資産税・都市計画税の課税明細書では，課税地目について雑種地，固定資産税評価額につき1,277万1,000円，固定資産税課税標準額につき893万9,700円として，本件賦課決定をしました。

　Xは，岡山市長に対して，同年5月付けで固定資産税・都市計画税につき，現況は従前どおり畑だから課税地目を畑と認定すべきであるとして異議申立をしましたが，岡山市長は，同年6月付けで本件異議申立を却下しました。そこで，Xは，Yに対し，岡山市長がXに対してなした本件賦課決定について地目認定の誤りがあるとしてその取消しを，異議申立却下決定について理由が付記されていない違法があるとしてその取消しを，さらに過納金の支払いを求めて提訴しました。

　岡山地裁は，本件賦課決定の取消請求については却下し，その余の請求を棄

却しました。なお，Xは同判決について控訴しましたが，広島高裁岡山支部は，控訴を棄却しています。同高裁判決は，ほぼ岡山地裁判決を引用しているので，ここでは，岡山地裁判決を紹介します。

判決の要旨 訴えの適法性（本案前の抗弁）について，岡山市長の本件賦課決定が，固定資産課税台帳に登録された本件土地の価格に基づいて行われた以上，Xにおいて，その価格の適否を争うには，固定資産評価審査委員会への審査の申出および同委員会の決定に対する取消訴訟の提起によることが必要である。このような地方税法の争訟方法に関する定めの趣旨は，固定資産税の賦課手続においては，当該市町村区域内に存在する大量の土地・家屋に対する課税手続を要することから，固定資産課税台帳に登録された価格を正確かつ早期に確定し，円滑な課税を実現することを目的としたものと解される。

　ところで，固定資産の評価および価格の決定については固定資産評価基準によるとされているところ，その趣旨は，評価方法を一律にすることによって価格の評価を衡平にすることを目的とするものと解される。固定資産評価基準によると，土地の評価は，土地の地目の別に，評価基準に定める方法によって行うものとするとされ，また，この場合の土地の地目の認定に当たっては，土地の現況および利用目的に重点を置く等して，土地の全体としての状況を観察して認定するものとするとされている。このように固定資産の価格の決定に際しては，地目の認定が行われるが，一律の方法で固定資産の価格を決定するという立場を採用している評価基準の方法においては，地目の認定は，土地の種類を類型的に分類して，一律の方法で土地の価格決定を行うための不可欠の判断要素であり，土地の評価および固定資産税等の課税に関する問題と土地の地目に関する問題とは密接に関連しているといえる。そして，評価基準による土地の評価と価格の決定の方法を前提とする限り，地目の認定だけを土地の価格の決定と切り離して独立に争う必要と利益は通常見当たらず，納税者が市町村長のした地目の認定についての不服がある場合も，その不服は突き詰めれば，特段の事情がない限り，その固定資産の価格の決定についての不服となるのが通例であるから，「地目の認定についての不服がある場合」は，「固定資産課税台帳に登録された価格について不服がある場合」に該当し，前記に記載した不服

申立の制約を受けることになると解するのが相当である。

　本件において，Xは，平成21年1月1日における本件土地の現況は，前年から全く変更がなく従前どおり畑であったから，岡山市長は本件土地の課税地目につき，平成21年度の固定資産評価においても畑と認定すべきであったのに，雑種地との課税地目認定を行って課税したのであるから本件賦課決定は違法である旨の主張をしており，Xの不服は課税地目の認定についての不服であるといえる。そして，本訴において，Xが請求の趣旨第3項において，過大に納付したとする固定資産税の返還を求めていることからしても，Xの不服は，結局のところ，単に固定資産課税台帳に登録された課税地目の認定の不服にとどまらず，認定された課税地目を前提として決定された土地の価格に対する不服を含む趣旨であったと解されるのであり，特段の事情があることもうかがわれない。

　そうすると，Xとしては，固定資産評価審査委員会に審査の申出をし，その決定に不服があるときは，その取消しの訴えを提起するという手続を経る必要があったのであり，同手続を経ないまま，訴えにより岡山市長の本件賦課決定の取消しを求めることはできない。したがって，請求の趣旨第1項の訴えは不適法であるから，本件賦課決定の違法性について判断するまでもなく，却下を免れない。

　Xは，本件異議申立却下決定について，理由が付記されていないことになるから違法である旨の主張をする。しかしながら，Xの主張は，結局のところ，固定資産課税台帳に登録された価格に対する不服をいうものであると解されるところ，本件異議申立却下決定では，本件異議申立は「地方税法432条1項に規定する固定資産課税台帳に登録された価格についての不服があることを理由とするものであると判断される。」，「固定資産評価審査委員会に審査を申し出ることができる事項についての不服を理由とする本件賦課決定処分についての異議申立は地方税法432条3項により不適法であると判断される。」との理由が記載され，Xの主張に対する判断が示されているのであるから，本件異議申立却下決定に理由が付記されていないとの違法があるとは認められない。

> **コメント** 本件の主たる論点は，地目認定についての不服申立につい
> て，固定資産評価審査委員会に審査申出をするのか，市長
> に対する異議申立をするのかです。Ｘは，後者であると主張しているので
> すが，固定資産評価基準によると，土地の評価は，土地の地目の別に評価
> 基準に定める方法によって行うものとするとされる以上，地目認定は評価
> の一環と考えられるので，固定資産評価審査委員会への審査申出をすべき
> とした本件判決は妥当なものであると思われます。なお，異議申立却下決
> 定に理由が付記されていないとのＸの主張についても，地方税法の条文を
> 挙げているので，理由が示されているといえます。

【44】 市長による登録価格の修正処分への不服申立は審査委員会への異議申出か市長への審査請求か，修正処分は何年分できるか？

（大阪地裁平成 15 年 7 月 25 日判決・判例地方自治 264 号 51 頁）

事案の概要 本件各建物を含む 1 棟の建物が昭和 45 年 3 月頃新築され，
本件各建物が昭和 48 年 7 月に区分建物表示登記がされまし
た。その頃までは，本件各建物は大阪市所有の非課税家屋で，固定資産価格の
決定もされていませんでしたが，昭和 48 年に大阪市から本件建物 1 は甲へ，
本件建物 2 は乙へ譲渡されたことに伴い，昭和 49 年度から固定資産税等が賦
課されることとなりました。これを「課税成り」といいます。その後，甲と乙
はＸに本件各建物を譲渡しました。

ところが，昭和 49 年度の価格決定の際に，再建築費評価点数と経年減点補
正率との組み合わせを誤り，その誤った価格を前提にその後の価格決定がなさ
れてきましたが，大阪市長が平成 12 年にその誤りに気付き，地方税法 417 条
1 項に基づき，平成 8 年度ないし平成 12 年度の過去 5 年分にわたって固定資
産税価格の修正を行いました（以下「本件各処分」という）。

Ｘは，大阪市長を相手に本件各処分の取消しを求めて審査請求をしたところ，

大阪市長はXを名宛人として棄却の裁決をしました。そこで，Xは，大阪市長に対し，本件各処分および本件裁決の取消しを，大阪市固定資産評価審査委員会に対しても，同様の取消しを求めて提訴しましたが，大阪地裁は，大阪市長に対する本件各処分の取消請求は不適法なものとして却下し，その余の請求は棄却しました。ここでは，手続の適法性の有無と5年分の修正の適法性についてのみ述べます。

判決の要旨　本件各処分は，本件各建物について，評価計算誤謬（経年減点補正率の適用誤り）による修正として，法417条1項の規定により，本件各年度分の固定資産価格を修正する処分であるから，固定資産課税台帳に登録された価格について不服がある場合にあたる。したがって，Xは，本件各処分に対しては，大阪市固定資産評価審査委員会に対する審査の申出，および同申出を棄却する本件各決定の取消しを求める方法によってのみ争うことができるのであり，大阪市長を相手として本件各処分の取消しを訴求することは許されないものと解するのが相当である。よって，大阪市長に対する本件各処分の取消請求は不適法なものとして却下を免れない。

大阪市長は，大阪市長に対する本件審査請求は本来不適法なものとして却下すべきものであったとして，本件各裁決の取消請求も不適法である旨主張する。しかしながら，Xから大阪市長に対する本件審査請求に対し，大阪市長によりXを名宛人とする本件各裁決がされており，Xは，本件各処分の取消しとは別に，この本件各裁決の取消しを求めているのであるから，かかる本件各裁決の取消しを求める訴え自体は適法なものというべきである。

Xは，課税庁による価格等の修正にも法432条1項による納税者の審査申出の制限と同様の制限を認めるべきであり，5年分にわたって固定資産価格の修正を行うことは許されない旨主張する。

しかしながら，法432条1項に基づく，固定資産課税台帳に登録された価格に不服がある納税者が行う固定資産評価審査委員会に対する審査の申出と，法417条1項に基づく，固定資産課税台帳に登録された価格等に重大な錯誤が存したことを発見した市町村長が行う同価格等の修正とは，その性質を全く異にするものであるから，法417条1項に基づく本件各処分について，法432条1項と同様の制限が課せられるものと解することはできない。

そして，法417条1項は，固定資産価格等の修正を行うことができる期間について何ら制限を設けていないところ，固定資産税等にかかる賦課決定は，法定納期限の翌日から起算して5年を経過した日以後においてすることができない旨の法17条の5第3項の規定を斟酌して，本件各年度の5年分に限って固定資産価格等の修正を行った本件各処分には，その修正期間について違法な点は認められない。

> **コメント**　地方税法417条1項は，「市町村長は，……登録された価格等に重大な錯誤があることを発見した場合においては，……決定された価格等を修正して，これを固定資産課税台帳に登録しなければならない。この場合においては，市町村長は，遅滞なく，その旨を当該固定資産に対して課する固定資産税の納税義務者に通知しなければならない。」と定めています。
>
> 本件各処分は，この規定に基づいてなされた価格に関するものですから，本来は固定資産評価審査委員会に対する異議申出をすべきであったのが，誤って市長に対する審査請求をしてしまったもので，ルートを間違えた以上，本件各処分の取消請求が不適法却下されたことはやむを得ないと思います。
>
> もっとも，市長も本件各処分に対する審査請求について，門前払いすればよいところを，こちらも間違えてそうせずに裁決をしたために，こちらの取消請求については棄却としています。
>
> ところで，修正処分をどこまで遡れるのかということについて，Xは法432条1項を引き合いにして，審査申出が60日以内（注：その後，平成26年改正で3か月に延長）の制限があるのだから，修正処分も同様の制限に服すべきと主張しました。面白い主張ですが，「その性質を全く異にする」として，あっさり否定されました。やむを得ないところでしょうか。

第3編　固定資産税に関する60の下級審裁判例　331

【45】　固定資産評価審査委員会では，非課税の有無について争えるか？

（東京地裁平成25年1月16日判決・ウェストロー・ジャパン）

事案の概要　　本件は，いくつかの争点がありますが，学校法人が所有する土地のうち本件土地について，非課税物件に当たるか否かを固定資産評価審査委員会が審査すべき事項といえるかについてのみここでは述べます。

　Xは，昭和61年ころ，生保2社らと共同して，新宿区所在の本件土地を含む一団の土地上に，大学棟，オフィス棟等の本件建物を建築することに関する協定をして，その後順次建築をしていきました。そして，Xは，平成5年9月および平成8年2月にYの主税局新宿都税事務所固定資産税課に非課税申告書を提出しました。同課は，平成5年度から本件建物について，平成8年度から本件土地について，それぞれ一部を非課税と認定しました。

　Xは，平成21年7月に東京都固定資産評価審査委員会に対し，本件土地については0円を超える部分，他の土地については42億3,583万9,325円を超える部分の取消しを求めて審査申出をしました。これに対し，同委員会は，本件土地の非課税性に係る主張については審査の対象事項とならないなどとして，他の土地の分も含め，全て棄却しました。

　そこで，Xは，東京都Yを相手に，非課税土地か否かを含めて審査の対象になるなどとして，同委員会の棄却決定の取消し等を求めて提訴しましたが，東京地裁はこれを棄却しました。

判決の要旨　　①地方税法においては，市町村長（東京都の特別区にあっては東京都知事）の選任に係る固定資産評価員が作成した当該市町村に所在する土地または家屋の評価に係る評価調書に基づき決定し固定資産課税台帳に登録した当該固定資産の価格についての不服は，固定資産評価審査委員会に対する審査の申出においてのみ不服の理由とすることができるという仕組みが採用されていること，②固定資産評価員は固定資産の評価に関する知識および経験を有する者から選任されるものとされ，同委員会の委員の選任に当たっても固定資産の評価について学識経験を有する者が対象の1つとされて

いること，③このように同法が固定資産の登録された価格についての不服の審査を評価および課税の主体である市町村長から独立した第三者的機関である同委員会に行わせることとしているのは，中立の立場にあり，かつ，固定資産の評価について学識経験を有する者を委員に含む同委員会に固定資産の評価額の適否に関する審査を行わせ，これによって固定資産の評価の客観的合理性を担保し，納税者の権利を保護するとともに，固定資産税の適正な賦課を期そうとするものであると解されること（最高裁平成2年判決参照），④固定資産の課税標準の決定の基礎となるその価格（適正な時価）についての評価に関する判断と，当該固定資産が非課税とされる要件に該当するか否かの判断は，判断の対象および内容を異にするものであることからすれば，同委員会に申し立てることができる不服は，固定資産の評価に関する事項として固定資産の登録された価格についてのものに限られ，これとは直接関係しない事項については，当該固定資産が非課税とされる要件に該当するか否かを含め，同委員会に対する審査の申出の対象となる事項に当たらないと解するのが相当である（なお，このように考えることは，平成11年法律第15号による改正前の地方税法423条1項が，「固定資産課税台帳に登録された事項（土地登記簿または家屋登記簿に登記された事項を除く。）に関する不服を審査決定するために，市町村に，固定資産評価審査委員会を設置する。」と定めており，同法432条1項にも同様の定めがあったところ，上記の改正により，同委員会に対して審査の申出をすることができる事項は，「固定資産課税台帳に登録された価格」に限定されることとなったこととも整合する）。

　Xの主張は，要するに，①本件土地の全部または一部が同法の定める非課税とされる要件に該当するとし，②そのことを前提に，それらの部分の価格について争う趣旨のものであるが，上記①の点については，Xの主張する事項は，固定資産評価審査委員会に対する審査の申出の対象としては失当というべきものであり，また，上記②の点についても，Xの主張するところは，固定資産税の賦課の可否に関する事項を固定資産の価格に関する事項と区別することなく論ずるものであって，採用することができないというべきである。

コメント　　所有する土地の一部が非課税とされる要件に該当するか否かは，固定資産課税台帳の登録価格がゼロか否か，つまり

は固定資産税および都市計画税がゼロかどうかという問題であり，登録価格や固定資産税等の額がどの程度かという問題とは次元が異なると思われます。

本件判決は，地方税法432条１項の改正の経緯（従前の「固定資産課税台帳に登録された事項」との定めが，「固定資産課税台帳に登録された価格」と変更されたこと）からしても，非課税か否かは固定資産評価審査委員会の審査申出の対象とはならないとしたのは，妥当な判断と思われます。

14　固定資産評価審査委員会の手続

【46】　固定資産評価審査委員会が地方税法433条１項の審査決定期間を守らなくても違法ではないのか？

（神戸地裁平成14年11月14日判決・判例地方自治244号58頁）

事案の概要

Xが所有する神戸市所在の本件土地は，Xの兄弟が所有する本件隣地およびXが取締役を，兄弟が代表取締役をしている甲社所有の乙地とともに一体をなして（以上の３つの土地を合わせて「本件各土地」という），その上に甲社所有のパチンコ店と事務所の本件建物があります。神戸市は，本件各土地が一体利用されているとして１画地として本件土地の登録価格を計算し，7,527万2,774円としました。

Xは，所有者が異なる以上，１画地の認定は違法であるとして，当初は4,087万4,031円，後日に3,454万9,677円への変更を求めて，神戸市固定資産評価審査委員会へ審査申出をしましたが，１年以上経過した後に棄却されました。そこで，Xは，地方税法が定める審査期間を遵守しない違法があるなどとして，棄却決定の取消しを求めて提訴しましたが，神戸地裁はこれを棄却しました。ここでは，審査期間の点に絞って，以下述べます。

判決の要旨　Xは，本件審査決定は，地方税法に定められている期間遵守規定（地方税法433条1項）に違反しており，取り消されるべきであると主張する。しかし，地方税法433条1項は，固定資産の評価についての不服申立手続（審査手続）を，速やかに行うという見地から規定されたものであり，「30日以内」という極めて短い期間を定めていることからしても，訓示規定に過ぎないものであると解され，その不遵守が直ちに審査決定の効力に影響を及ぼすという性質のものではないというべきである。

このことは，Xの審査申出から1年1か月余りが経過した後に，本件審査決定がなされた本件においても，妥当する。したがって，地方税法433条1項の期間順守規定に違反していることをもって，本件審査決定が違法であると認めることはできない。

コメント　地方税法433条は，「固定資産評価審査委員会は，前条第1項の審査の申出を受けた場合においては，直ちにその必要と認める調査その他事実審査を行い，その申出を受けた日から30日以内に審査の決定をしなければならない。」と規定しており，30日の期間遵守を明記しています。

もっとも，この規定は本件判決も述べるとおり，期間が短いこともあり，訓示規定とみなされており，【48】福岡高裁平成18年2月14日判決・判例秘書も同様な判断を示していますが，同判決が表明しているように，「遺憾の意」を表わした方がよかったかもしれません。

【47】　固定資産評価審査委員会が時価について評価基準への適合の有無とは別に実体的判断をしなければならない場合があるか？

（東京地裁平成16年2月27日判決・判例秘書）

事案の概要　Xらは，それぞれ東京都港区所在の本件各土地を所有しています。平成12年度の固定資産課税台帳登録価格について，

東京都固定資産評価審査委員会に対し審査申出をしましたが，同委員会がこれを棄却する本件各決定をしました。そこで，Ｘは本件各決定の取消しを求めて提訴したところ，東京地裁はＸの請求を認めました。

判決の要旨　　Ｘらは，本件各審査申出において，具体的な売買実例に関する資料を提出し，本件各土地の登録価格の基礎となった鑑定評価額が適正な時価を上回っていることを具体的に主張したのであるから，当該売買実例の存否，価格，鑑定評価書がこれらの実例を採用しなかった合理的理由の有無，採用した場合における本件各標準宅地および本件各土地の客観的時価等を審査して，登録価格が適正な時価を上回っているか否かを実質的に判断すべきであったにもかかわらず，Ｙがこの点について審理，判断しなかったことは違法であると主張しているので，この点について検討する。

　本件実例①および②の取引が行われたことが認められるところ，Ｘらが本件各審査申出において，これらの具体的実例を示したうえで，本件各標準宅地の評価の基礎とされた本件基準地の基準地価格がこれらの実例における価格を約2倍も上回ることを指摘して，登録価格等がいずれも時価を上回っている旨主張している。そして，本件実例①は，本件標準宅地2に沿接する主要な街路と同じ街路である一ツ木通りに沿接しており，本件実例②は，本件標準宅地1に沿接する主要な街路であるみすじ通りに沿接しており，取引時点もそれぞれ平成11年8月18日または同年12月27日であって，本件各標準宅地の鑑定評価における価格時点（同年1月1日）よりも同年度の固定資産税の賦課期日（平成12年1月1日）に近接した時点における取引事例である。また，本件に顕れた主張および証拠を検討しても，本件実例①および②について，売り急ぎ等の特別の動機や，価格に特段の影響を及ぼすような個別的事情が当該土地に存在することなどにより，正常価格を大きく下回る価格によって取引されたことを窺わせる事実は認められず，これらの実例が，本件各標準宅地の時価を判断する上で考慮することが不適切な取引事例であると認めることはできない。

　このようなことからすれば，本件各審査申出を受けた審査委員会としては，地価公示価格および基準地価格がそれぞれの価格調査時点における対象地の時価を評価したものとして，原則として一応の合理性を認められるものであるとしても，このことのみをもって，本件実例①および②を検討することにより本

件各標準宅地の時価を審査，判断する必要がなかったということはできず，審査委員会としては，これらの実例について，地価公示価格および基準地価格との乖離が生じた原因を検討した上で，本件各標準宅地の時価を審査するに当たりこれらの実例を考慮すべきか否かを検討し，これらを考慮すべきでないとする合理的な理由がない場合には，本件各標準宅地の時価について，これらの実例を考慮して実質的な審査，判断を行うことが相当というべきである。

　また，Xらは，本件各土地の登録価格が適正な時価を上回る旨主張，立証したにもかかわらず，Yがこの点について審理，判断しなかったことが違法であると主張する。そこで検討するに，評価基準等による評価の方法は，可及的に「適正な時価」に接近するための方法として一応の合理性を有するものとされていることにかんがみれば，審査委員会としては，このような方法に基づく評価によっては当該固定資産の客観的時価を算定することができず，かつ，そのことにより，登録価格が客観的時価を上回る可能性があることを具体的，客観的に窺わせる特段の事情が認められない限り，評価基準等への適合性とは別途に，登録価格が客観的時価を上回るか否かについて，審理，判断すべきであるということはできないというべきである。

　本件の場合，実例①の土地は本件土地２および３の各正面路線である一ツ木通りに沿接しており，しかも本件土地２および３に係る標準宅地である本件標準宅地２よりも本件土地２および３に近接した位置に所在していること，実例②の土地も本件土地１の正面路線であるみすじ通りに沿接していること等の事情が認められる。また，本件実例①および②が正常価格を大きく下回る売買価格によって取引されたものであって，本件各標準宅地の時価を判断する上で考慮することが不適切な取引事例であると認めるに足りる証拠がない。そして，本件各土地の評価額は，可及的に「適正な時価」に接近するために一応の合理性を有するものとされる方法によって求められたものにすぎず，本件実例①および②を考慮に入れた場合にも，本件各土地の登録価格が必ずしも賦課期日における客観的時価であるといいきることはできない。

　さらに，固定資産の課税標準となる固定資産の価格である適正な時価とは，基準年度に係る賦課期日における価格であり（最高裁平成15年6月26日判決），審査委員会としては，登録価格が適正な時価であったか否かを審理，判断する

第3編　固定資産税に関する60の下級審裁判例　337

に当たり，賦課期日である平成 12 年 1 月 1 日における時価として適正であっ
たか否かについて審理，判断すべきであるところ，本件各土地の登録価格は，
価格調査基準日である平成 11 年 1 月 1 日における時価を求めたにすぎないの
であって，本件基準地の平成 11 年 1 月 1 日から平成 12 年 1 月 1 日までの時点
修正率がマイナス 11.5 ％，本件標準地の平成 11 年 1 月 1 日から平成 12 年 1
月 1 日までの時点修正率がマイナス 7.7 ％と，相当程度に大きな値となること
に照らせば，価格調査基準日よりも賦課期日に近接した時点において行われた
取引事例である本件実例①および②を考慮すべき必要性は，決して低いものと
はいえない。このようなことからすれば，本件の場合，Ｘらが本件実例①およ
び②を具体的に指摘して登録価格が客観的時価を上回る具体的な可能性を主張
したことにより，評価基準に基づく評価によっては当該固定資産の客観的時価
を算定することができず，かつ，そのことにより，登録価格が客観的時価を上
回る可能性があることを具体的，客観的に窺わせる特段の事情を認めることが
できるから，審査委員会としては，評価基準等への適合性と別途に，これらの
実例を検討して，登録価格が客観的時価を上回るか否かについて，審理，判断
すべき義務を有するものというべきである。

　これに対し，Ｙは，本件実例①および②について具体的に審査を行ったと主
張し，これに沿う証拠として本件報告書を提出している。しかしながら，本件
実例①および②に基づく主張がＸらの本件各審査申出における主要な主張であ
ったにもかかわらず，本件各決定に係る決定書にはこれに対する検討が全く記
載されていないこと，本件報告書の記載内容を客観的に裏付ける証拠はなく，
これを裏付けるべき本件報告書の作成者本人の証人尋問においても，Ｙ自身が
これを不相当として申請しなかったこと等に照らせば，本件報告書のみをもっ
て，ＹがＸらの主張に対して本件報告書に記載された検討を行った事実が存在
すると認めるには疑問が残るといわざるを得ない。

　また，仮にＹが本件報告書に記載された検討を行ったとしても，これをもっ
て，ＹがＸらの摘示した本件実例①および②を実質的に検討して，登録価格等
が客観的時価を上回るか否かについて審理，判断すべき義務を果たしたという
ことはできない。その理由は，次のとおりである。

　本件報告書は，本件実例①および②を検討したところ，「取引事情を検討し

ていない点と，時点修正，地域要因比較及び個別的要因比較も合理的に行って
いるとは見られない点，さらに，収益価格の検討が全く為されていない点があ
り適正な価格算定のうえで杜撰であると判断しました。」としている。しかし
ながら，これらの実例の取引事情についてＸらにおいて検討されていない点が
存在するとしても，本件各標準宅地の時価を判断する上で考慮することが不適
切な取引事例であると認めるべき資料が存在したというわけでもないのである
から，それだけで，直ちにこれらの実例に係るＸらの主張が審理判断する必要
もない程度に杜撰であるということはできない。また，本件実例①および②に
は売買取引の実例であって，これ自体について地域要因比較，個別的要因比較，
収益価格の検討を行う余地はないし，本件報告書の上記記載が，このような検
討を行った基準地価格，地価公示価格および鑑定評価書における鑑定価格と比
較して，本件実例①および②の価格が杜撰であるから採用できないという意味
であれば，結局，基準地価格及び地価公示価格と異なる価格の取引事例につい
ては，審査委員会において審査，検討する余地が否定されることとなるのであ
って，このことは，このような売買実例についての検討を拒否するに等しいも
のというべきである。なお，本件報告書は，本件実例①および②について，時
点修正を合理的に行っていないとするが，これらの実例の方が価格調査基準日
よりもむしろ賦課期日に近接していることは前記のとおりである。

　次に，本件報告書は，地価公示価格，基準地価格および固定資産の鑑定評価
が更地の評価として評価基準に則して実施されており，それらを活用して行っ
た評価庁の評価が評価基準に則して適正に行われており，その評価額は他の公
的評価と均衡しており妥当であると判断した旨述べている。しかしながら，本
件において，登録価格等が，地価公示価格およびこれと調和するものとして定
められた基準地価格に基づいて算定されている以上，これらの価格と均衡して
いることは当然であり，その余の記載は，評価庁の評価が評価基準に則して適
正に実施された旨述べているにすぎないから，これらの記載をもって，本件実
例①および②を実質的に検討して登録価格等が客観的時価を上回るか否かにつ
いて審理，判断したものということはできない。そして，他に，Ｙが本件実例
①および②を実質的に検討して，登録価格等が客観的時価を上回るか否かにつ
いて審理，判断すべき義務を果たしたことを認めるに足りる主張，立証はない。

第3編　固定資産税に関する60の下級審裁判例　　339

　以上によれば，Ｙは，評価基準等への適合性とは別途に，本件実例①および②を検討して，登録価格等が客観的時価を上回るか否かについて審理，判断すべき義務を果たしたものということはできないから，本件各決定には，Ｙが本件各標準宅地および本件各土地の賦課期日における時価について，評価基準等に適合するか否かとは別個に実体的な審理判断を行わなかった手続的違法が存するというべきである。

　以上によれば，本件各請求は，いずれも理由があるから，これらを認容することとし，主文のとおり判決する。

コメント　本件で問題となった舞台は，東京でも有数の繁華街の1つである港区赤坂です。平成12年当時で200万円/㎡前後の公示価格や基準地価格が付けられていました。そのような地域がらか，取引価格の上下動も激しく，現実の取引価格が公示価格等よりも相当低い場合が目立つようになっていたのかもしれません。そのような状況にあるときに，固定資産評価審査委員会としては，実例価格を突き付けられた場合にも，固定資産評価基準に従ってさえいればよいのかが問われた事案です。

　実例は「適正な時価」を示す何よりの証拠であると思いますので，このような場合には，固定資産評価審査委員会として，単に固定資産評価基準に従うというのではなく，実質的な審査，判断を行うべきとする本件判決に同意します。

【48】　現所有者が前所有者の代理人としてなした審査申出に対する棄却決定の取消しを求める訴えについて原告適格があるか？

(福岡高裁平成18年2月14日判決・判例秘書)

事案の概要　Ｘは，平成13年3月16日に甲から北九州市所在の本件土地を買い受けましたが，同年度の固定資産課税台帳に登録され

た本件土地の価格を不服として，甲の代理人として北九州市固定資産評価審査委員会Yに審査申出をしたところ，これを棄却する本件決定がされました。そこで今度は，X自身が原告となって，本件決定の取消しを求めて提訴しました。原審がXの請求を棄却したため，Xが控訴しましたが，福岡高裁はこれを棄却しました。

判決の要旨　　固定資産税は固定資産の所有者に課されるものであり，ここに所有者とは，土地については，登記簿等に登記等がされている者をいう。また，固定資産税の賦課期日は当該年度の初日の属する年の1月1日とされている。したがって，本件土地に対する平成13年度の固定資産税は，平成13年1月1日に本件土地の登記簿上の所有者であった甲に課されることは疑問の余地がない。

　しかして，固定資産課税台帳に登録された価格について不服がある納税者は，固定資産評価審査委員会に審査の申出をすることができ，これに対し，同委員会は申出を受けた日から30日以内に審査の決定をするものとされ，この決定に不服のある納税者はその取消しの訴えを提起することができ，かつ，この審査の申出と審査の決定に対する取消しの訴えによってのみ争うことができるものとされている。

　そうすると，平成13年度固定資産課税台帳に登録された本件土地の価格についてYに審査の申出をすることができ，また，同申出に対するYの決定の取消しの訴えを提起することができるのは，甲であることもまた明白である。それ故，本件申出は甲がしたのであり，Xはあくまでその代理人として振る舞うにとどまったのである。

　然るに，Yが本件申出に対する本件決定をしたところ，これに対しては，一転して，X自身が原告となって本件訴訟を提起したのである。

　しかしながら，本件土地の平成13年度の固定資産税の納税者は甲であって，Xではないから，Xには本件訴訟の原告適格がなく，また，審査の申出も甲がしたものであって，Xはその代理人にすぎなかったのであるから，本件訴訟は審査請求前置の要件も充足していないことが明らかである。

　Xは，平成13年度の登録価格が平成14年度の固定資産税の課税標準とされるから，Xにも原告適格があるとか，不動産取得税の納税者は，その賦課決定

の取消訴訟において上記登録価格を実質的に争うことができないから，Xにも原告適格が認められるべきであるなどと主張するが，いずれも独自の見解であって，採用の限りでない。

また，Xは，審査請求前置の関係についても，平成13年度分の本件土地の固定資産税を負担するのはXであるから，本件審査申出は実質的にはXのための審査申出と同視しうるとか，本件審査申出を実際に担当したのはXであり，平成13年度の固定資産税を実際に納付したのもXであるし，Xは甲の保証人であるから，Xのために適法な審査申出を経たものといえるなどと主張するが，既に見たところに照らして採用することができないことは明らかである。

さらに，Xは，Xが甲の地位を承継したものと認めるにつき何らの不都合もなかったとか，YはXに対して地位の承継について教示すべきであるのにしなかったのであるから，地位の承継が認められるべきは当然であるなどとも主張するが，審査手続の過程で，一定の要件を充足する場合に，Yの許可を得ることによって，はじめて地位の承継が認められるのであるし，Yにそのようなことについての教示義務があるとまでいうことはできないから，上記主張を採用することはできない。

なお，本件決定までに異常なまでに時間がかかっていることはXの指摘するとおりであり，いかなる事情があるにせよ遺憾なことといわなければならない。しかしながら，その期間を遵守しなかった場合に当該決定が無効になるというものではない（本件審査申出をして3か月を経過しても決定がないときは，それを経ないで取消しの訴えを提起することもできたのである（行政事件訴訟法8条2項））。

以上の次第であるから，いずれの点からも本件訴えは不適法として却下を免れないものというべきである。

コメント　そもそもが，固定資産評価審査委員会において弁護士以外の者が代理人となれるかについて疑問があることは，【41】で述べたとおりですが，本件は，本件土地の譲受人ですから，いわゆる非弁の可能性は少ないので，これ以上触れません。

固定資産評価審査委員会に審査申出ができるのは納税者ですから，本件判決のとおり本件では甲のみとならざるをえません。そして，その甲を名

宛人として本件決定が下された以上，甲のみが取消訴訟を提起できるというのも論理の必然といえます。ただ，固定資産評価審査委員会の手続では，同委員会の許可により地位の承継が認められており，それがなされていれば，本件決定の名宛人もXとなるので，Xが取消訴訟を提起できたはずです。Xは，地位の承継の点について教示しなかったYを責めていますが，法律を知らなくても救済されない建前であることから，本件判決の結論はやむをえないところですが，同委員会として，承継手続の告知などもう少し配慮してもよかったと思います。

【49】 審査途中に不動産を買い受けた者は審査請求人の地位を承継するか？

（福岡地裁平成 20 年 8 月 26 日判決・判夕 1296 号 146 頁）

事案の概要　　甲が，北九州市所在の本件土地を所有していましたが，北九州市長が平成 15 年度の固定資産課税台帳の登録価格を 10 億 6,791 万 7,307 円と決定し，課税台帳に登録したことについて，不服があるとして，同年 6 月 13 日付で北九州市固定資産評価審査委員会Yに審査申出をしました。その後，Xは，甲から同年 6 月 23 日に本件土地を買い受けたことから，Yに対し審査申出人の地位を承継する旨の申請をして，Yも平成 16 年 1 月 9 日付でこれを許可しましたが，同年 8 月 11 日付けでXに対し，本件審査申出について棄却決定をしました。そこで，Xは，本件決定の取消しを求めて提訴しましたが，福岡地裁はこれを棄却しました。本裁判では，登録価格の相当性などいくつかの争点がありますが，ここでは，Xがそもそも取消訴訟を提起できるのか，という「原告適格」の問題のみを取り上げます。

判決の要旨　　Xは，平成 15 年度の途中に本件土地を譲り受け，法 433 条 11 項，行政不服審査法 37 条 6 項により，審査申出人の地位を承継しているところ，承継が認められている趣旨は，譲渡人は評価額を争う関心を失い，この者に評価額を争うことを期待することができなくなる一方，評価額につき利害関係を持つに至った譲受人の権利救済を図る必要がある点に

あると解される。このような法の趣旨にかんがみると，取消訴訟においても，譲受人に当該土地の評価額を争い得る地位が与えられるべきである。とりわけ，固定資産税台帳の登録価格は，基準年度の価格が，第2，3年度も据え置かれ，当該土地を基準年度以降に所有するに至った譲受人はこれに拘束されるのであるから，譲受人は基準年度の登録価格について法律上の利益（行政事件訴訟法9条）を有しているのであって，基準年度において評価額を争う機会が与えられるべきである。

また，Ｘは，本件決定の相手方（名宛人）となっているのであり，その者にこそ，これを争う機会が与えられるべきである。以上によれば，Ｘは，本件決定の取消しを求めるにつき法律上の利益を有する者に当たり，原告適格を有するというべきである。

コメント 私には，Ｙが，Ｘの原告適格をなぜ争ったのか，理解できません。Ｙは，自らの手続ではＸの承継を認めているからです。Ｙの下した決定に不服があるからといって，その取消訴訟で一転してＸの原告適格を否定するのは一貫性がないといえるのではないでしょうか。

もっとも，地方税法434条1項が，「固定資産税の納税者は，固定資産評価審査委員会の決定に不服があるときは，その取消の訴えを提起することができる。」と規定しており，固定資産税は，当該年度の1月1日現在の所有者に賦課されることから（同法343条，359条），ここでいう「納税者」は，平成15年1月1日時点での本件土地の所有者である甲であって，Ｘはこれに当たらないという反論が出てくるわけです。

しかし，ＹがＸの審査手続における承継を認めて本件決定の名宛人とした以上，甲は取消訴訟の原告にはなれません。その一方で，Ｘの原告適格も否定されれば，Ｙに対して誰も訴えることができなくなり，これは不当なものです。

また，行政事件訴訟法は，平成16年改正で，9条2項の追加により原告適格を拡大して広く認めるようになりました。

したがって，本件において，「法律上の利益を有する者」としてＸに原

告適格が認められたのは正当であると思われます。

【50】 固定資産評価審査委員会が市側のみを呼び出したことは中立性，独立性に反するか？

（東京高裁平成 24 年 3 月 14 日判決・判例秘書）

事案の概要 Ｘは，東久留米市所在の本件土地を所有していますが，東久留米市長が決定し固定資産課税台帳に登録した価格を不服として，東久留米市固定資産評価審査委員会（以下「審査委員会」という）に審査申出をしましたが，棄却決定がなされたため，その取消しを求めて提訴しました。原審は，Ｘの請求を棄却したため，Ｘが控訴しましたが，東京高裁はこれを棄却しました。Ｘは，東久留米市の取扱要領の不整形地評価の違法性等内容面で多くの主張をしていますが，審査委員会における手続面での主張のみ取り上げます。

判決の要旨 Ｘは，審査委員会が，当事者のうちＹ側のみを呼び出し，説明を受けたことについて，中立性，独立性を欠く審理であると主張する。

　しかし，審査委員会の審理に関して，当事者から意見や説明を直接的に聴取する場合に他方当事者の出頭を要する旨の規定はなく，審理の対象がＹによる固定資産の評価額が評価基準および取扱要領に従って決定されているか否かに限られていることに照らしても，常に双方から直接的に意見聴取を行う必要性があるとはいえないことからすれば，審査委員会が，必要に応じて当事者の一方のみの出席を求めて説明を受けることが特に不当な措置であるとはいえない。

コメント 裁判所で行われる裁判では，憲法 82 条が「裁判の対審及び判決は，公開の法廷でこれを行う。」と定めているとおり，両当事者が出席して公開の法廷で行われる手続となっています。

　しかし，固定資産評価審査委員会は，独立した委員会とはいえ，行政の

第3編　固定資産税に関する60の下級審裁判例　　345

一機関であることには変わりないので，法律で特別の規定を設けていない
限り，両当事者の出席が義務付けられているわけではありません。

　地方税法433条は，同委員会の審査の決定の手続について定めていま
すが，5項で書面審理を原則としており，6項で規定する「公開による口
頭審理」も，「審査のために必要がある場合に」同委員会の裁量に任され
ているものです。

　したがって，本件判決が，当事者の一方のみの出席を求めて説明を受け
ることが不当な措置であるとはいえない，としたのはやむを得ない判断で
あったといえます。

　とはいえ，同委員会の中立性，独立性を考えた場合に，行政側当事者の
みを呼び出して説明を受けることは，審査申出人にいらぬ不信感を与えか
ねないので，手続の運用としては，できるだけ同条6項が規定する「公
開による口頭審理」によることが望ましいと思われます。

15　国家賠償訴訟

【51】　住宅用地の特例を適用しないで過大納付させた市に対する国家賠償請求が認められるか？

（神戸地裁平成17年11月16日判決・判例地方自治285号61頁）

事案の概要　　Xは，平成7年8月に甲とともに乙より本件土地を購入しま
した（持分Xが4分の3，甲が4分の1）。Xは，平成8年1月
1日以前から本件土地上の建物を住居としていたことから，本件土地について
は住宅用地の特例があるはずでした。ところが，神戸市北区長は，平成8年度
から平成15年度までの間，本件土地につき住宅用地の特例がないものとして
過大に固定資産税等を賦課・徴収していました。その後，北区長は，過大な賦
課・徴収に気付き，地方税法417条に基づき，同特例を適用して平成11年度

ないし平成16年度の固定資産税等の課税標準額を修正し、土地課税台帳に登録した上、その旨Ｘに通知するとともに、税額変更の賦課決定をしました。Ｘは、それまで、固定資産税等を過大納付したとの認識がありませんでした。その後、Ｘは神戸市Ｙに対し、平成8年度ないし平成10年度の合計36万9,202円の還付を求めましたが、Ｙがこれを拒否したため、主位的に、過大納付した固定資産税等36万9,202円の返還および慰謝料60万円の支払いを求め、予備的に国家賠償法に基づき過大納付した固定資産税等と同額の損害を被ったとして36万9,202円の損害賠償を請求したところ、神戸地裁は、Ｘの予備的請求を認めました。ここでは、国家賠償請求に絞って述べます。

判決の要旨 本件土地については、住宅用地の特例がある。固定資産税等は、申告納税方式ではなく、賦課課税方式を採用していること、および同特例の要件を充たす土地につきＹは、同特例を適用するか否かの裁量を有しないと解すべきことからして、Ｙの市長または市長から委任を受けた区長等（以下「Ｙ担当職員等」という）は、個別住民に対する関係で、同特例の適用要件の有無を調査し、適用される土地については同特例に従って算出した価格を固定資産課税台帳に登録した上、この価格に基づき固定資産税等の賦課決定をなすべき義務を負い、これに違反したときは、国家賠償法1条1項の適用上違法の評価を受けると解すべきである。本件において、Ｙが本件土地につき住宅用地の特例を適用せずに本件課税処分をしたことについては、Ｙ担当職員等に前記義務違反があったものというべきである。また、一般に、住宅用地の特例の適用の可否は、Ｙが有する住民票、土地課税台帳等の資料および実地調査等から容易に認定することができると解されるところ、本件土地につき、この認定を困難とするような特段の事情が存した旨の主張立証はないから、Ｙ担当職員等には少なくとも過失があったというべきである。Ｙ担当職員の前記義務違反により、Ｘは、平成8年度ないし平成10年度に過大に納付した固定資産税等の額36万9,300円相当の損害を被ったものと認められる。

Ｙは、課税処分の違法を理由として国家賠償請求を行う場合、取消訴訟により当該処分を取り消して公定力を排除しておかなければ、国家賠償請求はなし得ない旨主張する。しかし、国家賠償請求は、行政処分の効力そのものを問題とするものではなく、取消訴訟とは、目的、要件および効果を異にするもので

あるから，当該処分が取り消し得べき瑕疵にとどまる場合であっても，あらかじめ当該処分について取消判決を得なければならないものではない（最高裁昭和36年4月21日判決）。課税処分についても，取消訴訟とその違法を理由とする国家賠償請求とが実質的に目的を同じくするといえる場合があるとしても，その他の点では他の行政処分一般と異ならないから，別異に解すべき理由はない。

　Yは，課税処分の違法を理由とする国家賠償請求において，国家賠償法に基づく請求と過納金の還付請求が同一内容であるような場合にも，直ちに国家賠償請求が可能であるとすると，実質的には，当該課税処分を取り消すことなく，過納金の返還請求を認めたことと同一の効果が生じることになり，不服申立期間の制限等により課税処分を早期に確定させて徴税行政の安定とその円滑な運営を確保しようとした法の趣旨が没却される結果を招来することから，当該課税処分が無効なものでなく，取り消し得べきものにとどまる場合は，これを取り消した上でなければ，国家賠償請求はなし得ないと主張する。Yの前記主張は採用できない。その理由は次のとおりである。

　前記のとおり，公定力の存在が，課税処分を含む行政処分の違法を理由とする国家賠償請求訴訟の妨げにならないとすると，この国家賠償請求訴訟が認められないとする根拠は乏しくなる。すなわち，Yが主張する行政上の不服申立て前置および不服申立て期間・出訴期間の制限による行政上の法律関係の早期確定は，そもそも国家賠償請求を否定する理論的根拠になり得るか疑問であり，しかも，課税処分およびそれ以外の金銭の徴収または給付に関わる行政処分に特有の事情ではなく，法は，その他の多くの行政処分についても同様の措置を講じているので，課税処分のみを特別に扱う理由にはならないというべきであるから，国家賠償請求を否定する根拠としては極めて薄弱である。

　課税処分の取消訴訟とその処分の違法を理由とする国家賠償請求訴訟とでは，要件を異にし，後者が認容されるためには，加害公務員の故意または過失を要するから，取り消し得べき課税処分であるからといって，当然に国家賠償請求が認容されるわけではない。換言すれば，課税処分の違法を理由とする国家賠償請求が認容されたことによって，取消訴訟制度の趣旨が没却されることにはならない。前記のとおり，行政上の法律関係の早期確定の要請は，課税処

分といった租税関係に限られるものではない上，課税処分は，一般的に課税庁と被課税者との間に存するもので，処分の存在を信頼する第三者の保護を考慮する必要がなく（前記最高裁昭和48年4月26日判決），課税処分を早期に確定させる要請は専ら課税庁側の都合であることから，第三者に利害関係がある行政処分よりも早期確定の要請は高くないと言わねばならない。しかも，国家賠償請求権も，3年の短期消滅時効にかかるから，法律関係の早期確定の要請が蔑にされることはない。

　賦課課税方式を採る固定資産税および都市計画税の課税処分の過誤については，国家賠償法による救済を否定することの不当性が特に顕著となる。すなわち，固定資産税等についての違法な課税処分により損害を被った者が，直ちにまたは早期に課税処分の違法を認識するとは限らず，むしろ，ある程度の期間を経過してから初めてこれを知る場合が少なくないと考えられる。しかし，納税者が，課税処分の違法を認識し，現実的に国家賠償請求することが期待できる時点において，本件のように，職権取消または取消訴訟等によって当該課税処分を是正することが，賦課決定期間または審査請求期間・出訴期間の徒過のため法令上およそ不可能な場合，通常は，違法な課税処分がなされ，これが是正されなかったことにつき納税者側には過失または落ち度がないのに，なお，違法な処分をし，かつそれを放置して是正を不可能にした課税庁側の行政目的を尊重し，納税者の救済を否定するのは，極めて不当であり，正義公平の原則にもとるというべきである。このことは，本件課税処分の過誤が課税要件の根幹についてのものではないから，同課税処分は当然無効ではないとした前記判断と矛盾するものではない。

　したがって，違法な課税処分により損害を被った者は，当該課税処分を取り消すことなく，当該課税処分の違法を理由として国家賠償法1条1項に基づく請求をすることができるというべきであるから，本件課税処分が取り消されていないことは，Ｘの予備的請求を排斥する理由にはならない（最高裁平成16年12月17日判決・集民215号975頁は，固定資産税および都市計画税の賦課決定に対する審査請求をし，これに対する裁決がなされる前に，同賦課決定の違法を理由として納税相当額等の賠償を求める国家賠償訴訟が提起された事案につき，この訴訟を提起することが妨げられる理由はない旨判示して，本訴におけるＹの前記主張と

第3編 固定資産税に関する60の下級審裁判例 349

同旨の原審の判断を是認することができないとするものであり，同判決は，違法な固定資産税および都市計画税の賦課決定につき，公定力が排除されていない時点で，取消訴訟を提起することなく国家賠償法に基づき損害賠償請求することを許容する趣旨と解される）。

コメント 本件判決は，【23】最高裁平成22年6月3日判決を先取りしたような判決です。最高裁昭和36年4月21日判決を援用して公定力の主張を退けたこと，課税処分の取消しが国家賠償請求の前提となるわけではないこと，などの論旨の展開をみると，平成22年最高裁判決が本件判決を見習ったのではないかと感じさせるほどです。

　固定資産税等について，申告納税方式ではなく，賦課課税方式を援用していること，課税処分は課税庁と被課税者との間に存するもので，処分の存在を信頼する第三者の保護を考慮する必要がなく，早期確定の要請は高くないことまであげており，むしろ，平成22年最高裁判決よりも説得的であるとさえいえます。

【52】 登記官の過失と市の担当官の過失のいずれもが認められる場合に国の責任が認められるか？

（新潟地裁平成23年1月29日判決・判例秘書）

事案の概要 新潟地方法務局内野出張所は，昭和35年2月，その管轄する土地につき，登記簿・台帳一元化作業実施庁の指定を受け，新潟市西区所在の本件土地の表示に関する登記事項を土地台帳から登記用紙の新表題部となる用紙に移記した際，当時の担当登記官が，土地台帳には坪数が「35.00」と記載されていたところ，坪数を350坪と誤って移記しました。その後，坪数の表記を㎡に書き換える作業が行われた際も，当時の担当登記官は，350坪を換算した値である1,157.02㎡に書き換えました。

　甲が本件土地を所有していましたが，平成15年4月に死亡したため，Xと乙が本件土地を相続しました。その後，本件土地の地積の誤りが判明したため

に，平成19年2月に当時の担当登記官が，職権で本件土地の地積を115.70㎡とする旨の更正登記をしました。

　本件土地について，本来の地積の10倍の広さの地積の登記がされたため，固定資産課税台帳上の課税標準額に基づく課税額が実際よりも過大な金額にされてしまい，Xおよびその被相続人甲は，多年にわたり固定資産税を過大に賦課され過剰納付を余儀なくさせられていました。X補助参加人である新潟市Zは，平成22年2月に本件過剰納付の還付金として一定額を還付しました。

　そこで，Xは被相続人甲の分を含め，国家賠償法に基づき，Yに対し元金46万200円，確定遅延損害金29万2,394円，弁護士費用7万円の支払いを求めて提訴したところ，Xの請求のうち元金と遅延損害金の合計額75万2,594円を認め，弁護士費用は主張立証がないとして棄却しました。

（判決の要旨）　新潟地方法務局（内野出張所）の当時の担当登記官が登記簿・台帳一元化作業の際に，本件土地の地積につき，登記簿の新表題部となるべき用紙に35坪と移記すべきであったにもかかわらず，誤って350坪と移記したことについて，過失があることは明らかである。そうすると，Yの過失が本件過剰納付の起因となっていると認めるのが相当である。

　もっとも，Yは，補助参加人Zの過失が重大であり，登記官の過失と本件過剰納付との間には相当因果関係がないという旨の主張をするので，以下検討する。登記所からの通知制度および固定資産課税台帳への登録方法からすれば，昭和48年に甲が本件土地を相続し，所有権移転登記を経由した際に，新潟地方法務局が，新潟市長に本件土地の新所有者甲を通知したところ，本件土地の地積が固定資産課税台帳における地積と相違していたので，Zの担当職員において新潟地方法務局にある登記簿を閲覧して調査し，登記簿には地積が1,157.02㎡と登記されていたので，これを受けて新潟市長が，固定資産評価基準に基づき，本件土地の固定資産課税台帳の地積を訂正したと推認するのが合理的であり，かかる推認に反する証拠はない。

　そうすると，Yが主張するとおり，Zにも過失があったと認めるのが相当である。すなわち，本件土地に係る登記簿は新表題部を含めて4枚であったところ，新表題部には地積欄に「350（坪）」，「1,157.02（㎡）」と記載されているが，2枚目に綴じられている旧表題部には「宅地35坪」と記載されているのであって，

第3編　固定資産税に関する60の下級審裁判例　351

地積に関して矛盾のある記載となっており，しかも，地積の変更の原因となる記載は全く見当たらないのであるから，Ｚの担当職員が登記簿を閲覧した際，地積の変更の原因についても確認しさえすれば，地積の記載に齟齬があることを容易に発見することができたのであり，そのような確認さえしない調査は明らかに不十分であるというべきであり，Ｚにも過失があったと認めるのが相当である。

　しかしながら，Ｚに過失があったからといって，Ｙの過失と本件過剰納付との間に相当因果関係がないということはできないものと解する。すなわち，担当登記官の過失は，一元化作業の際に本件土地の地積の移記を誤ったというものであり，登記簿上重要な記載の一つである登記地積の誤移記という最も基本的であるといってしかるべき注意義務に違反する過失であり，わが国の不動産登記制度の下，国家の管理する公簿に寄せる一般の信頼性からすれば，不動産登記の専門官である登記官のこのような過失は重大というほかない。そうすると，確かにＺの過失も相当程度大きいというべきものではあるが，固定資産税の課税実務上，固定資産課税台帳に登録する土地の評価額を求める場合に用いる地積は，原則として土地登記簿に登記されている地積によるものとされていることからすれば，Ｚの過失が，Ｙの過失と本件過剰納付との間の相当因果関係を切断する程の重大な過失であったとまでは認められず，Ｙにおいて国家賠償法１条１項に基づく賠償責任を免れる理由とはならないというべきである。

　なお，Ｙは，本件賦課行為が本件過剰納付の原因であり，本件賦課行為の帰属主体たるＺが国家賠償法１条１項の責任主体であるかのような主張もする。確かに，本件過剰納付の直接の原因は本件賦課行為であるが，本件で問題とすべきは，Ｙの過失と本件過剰納付との間に相当因果関係があると認められるかどうかであるので，Ｙの上記主張は理由がないというべきである。

コメント　①の過失に起因して③の結果が生じたが，その間に②の過失が介在している場合に，①の過失の責任を問えるのか，すなわち，①と③との間に相当因果関係があるのか，それとも②によって相当因果関係が切断されるのかという問題ですが，本判決が指摘するとおり，登記地積の誤移記という重大な過失であることや，固定資産課税台帳

の地積が登記簿によることから，相当因果関係が認められてしかるべきと思われます。

【53】 別荘についての定義が変わったことで住宅用地の特例を適用すべきであるのに不適用のままにしていたことで市の責任が問われるか？

（鳥取地裁平成26年10月15日判決・判例地方自治403号17頁）

事案の概要　　Xは，平成元年に鳥取市鹿野町所在の本件土地を，温泉付き別荘地として購入し，平成2年9月に本件建物を新築しました。鳥取市のYは，鳥取法務局から新築の旨の通知を受けました。そこで，Yの固定資産評価補助員が同年12月23日付で，Xの立会いのもとに，Xからの聴取り調査等の本件実地確認調査を行いました。Xは，Yに対して，日常的な生活の本拠を大阪府高槻市にある居宅に置き，本件建物は専ら保養の用に供する目的で利用する旨説明したことから，同補助員は，木造家屋部分別評点調査表に本件建物は別荘であることを記載しました。Y市長は，Xに対し，平成3年度において，本件土地については，住宅用地に対する固定資産税の課税標準の特例（以下「本件特例」という）が適用されないことを前提として算出された固定資産税を賦課しました。その後も，平成24年度まで，同様に賦課しました。

　Xは，Yを相手に，本件特例を適用せずに固定資産税を賦課したことは国家賠償法上違法であるとして，損害賠償請求をしたところ，鳥取地裁は，Xの請求の一部を認めました。

判決の要旨　　Y市長が本件土地につき本件特例を適用せずに固定資産税を賦課したことにつき国家賠償法上の違法性および過失が認められるかについて，平成9年度までは，通常自己および自己と生計を一にする親族が居住の用に供しない家屋またはその部分で主として保養の用に供する目的で所有するものが別荘に当たるとされていたので，Y市長が本件特例を適用せずに本件土地の固定資産税を賦課したことは適法であるというべきである。

　平成10年度以降は，別荘の定義が，毎月1日以上の居住（これと同程度の居

住を含む）の用に供する家屋またはその部分以外の家屋またはその部分のうち専ら保養の用に供するものと改められたことから，本件建物が，平成10年度から平成23年度の間，この別荘の定義に該当していたといえるか否かを検討する。Xらが本件建物を毎月1日以上の居住の用に供していたといえるかについて，Xらの本件建物の利用頻度について，Yは，本件建物における1か月ごとのLPガスの使用量をもとにその利用頻度を推認することが考えられるところ，「居住」の意義および「2人世帯」における1か月当たりのLPガスの標準的な使用量に照らすと，Xが本件建物に「毎月1日以上の居住」をしていたと推認するためには，1月当たり0.51㎡以上のLPガスを使用していたことが必要であると主張する。しかしながら，Xは，本件建物のある鳥取市鹿野町から直線距離にして約160km も離れている大阪府高槻市の居宅に生活の本拠を置いているために，Xが本件建物を利用した際には本件建物に1泊した可能性が高いと考えられることに加え，本件建物は温泉が引かれており，風呂を沸かすためにLPガスを使用する必要がないことから，本件建物に宿泊した際に使用されるLPガスの量は，一般の住居よりも大幅に少なくなると考えられることも考慮すると，Xが本件建物でLPガスを使用したと認められる月は，たとえその使用量がわずかであったとしても，Xらが本件建物に最低1泊はしたと推認できるというべきである。そして，Xらは，平成9年から平成23年までの間，本件建物におけるLPガスの使用量から平成9年，10年，12年，15年および16年の5年間は，Xらが毎月1泊2日以上本件建物を利用したと推認できるのに対し，それ以外の9年間は，ガス使用量からは直ちにXらが本件建物を毎月1日以上利用していたと認めることはできず，他にこれを認めるに足りる証拠はない。そうすると，Xらは，平成9年，10年，12年，15年および16年の5年は，本件建物に毎月1日以上居住していたといえるから，その5年については，本件建物を別荘と評価するべきでなかったといえる。したがって，Y市長は，その5年の翌年度の賦課処分においては，本件土地に対して本件特例を適用した上で固定資産税を賦課すべきであったといえる。

　Y市長が，法改正後も本件建物を「別荘」と認定し続けたことについて，職務上尽くすべき注意義務を尽くしたといえるかについて，Y市長は，平成10年度，11年度，13年度，16年度および17年度の5年度は，本件土地に対し

て本件特例を適用すべきであったにもかかわらず，本件建物を別荘と認定して，本件土地に本件特例を適用せずに，固定資産税を過大に賦課してきたことが認められる。もっとも，Y市長が本件土地の固定資産税を過大に賦課したことが，国家賠償法1条1項にいう違法に当たるか否かは，固定資産課税等を過大に賦課したという結果のみをもって判断されるべきではなく，Y市長が，本件特例の適用に関し，職務上通常尽くすべき注意義務を尽くしたか否かにより判断するのが相当である。固定資産税については，地方税法上，申告納税方式ではなく，賦課課税方式が採用されており，本件特例の適用についても，住宅用地の所有者の申告は要件とされていないこと，Y市長は，住宅用地の要件を満たす土地について，本件特例を適用するか否かの裁量を有するものではないと解されることおよび法403条2項は，固定資産の評価の適正と均衡を確保するため，固定資産の評価に関する事務に従事する市町村の職員は，納税者とともにする実地調査，納税者に対する質問，納税者の申告書の調査等のあらゆる方法により，公正な評価をするように努めなければならないと規定しており，本件特例の適用についても，固定資産の公正な評価が要請されることは明らかであることからすれば，Y市長は，本来的には，個別住民との関係で，本件特例の適用要件の有無を調査し，本件特例が適用される土地については本件特例に従って算出した固定資産税の賦課処分をすることが望まれていることは，否定し難いところである。

　そして，平成10年度以降の別荘の定義が，平成10年政令第114号および自治省令第16号によって改められたことにより，本件特例が適用される範囲が変化したこと，しかも，この変化は，Yが自認するとおり，法令上の別荘の範囲を縮減する方向での定義の改変によるものであったこと，したがって，従来別荘認定を受けていたが，この定義の改変に伴って，別荘認定を免れる事例が生じるであろうことは当然に想定されるはずであることからすれば，Y市長としては，この改正によって，土地上の建物の別荘該当性について変化が生じるのかどうかにつき可能な限り的確な情報を収集し，かかる情報に基づいて土地の固定資産税を賦課すべき義務があったというべきである。

　この点，確かに，前記政令および省令による改正後の別荘の定義では，毎月1日以上の居住またはこれと同程度の居住という建物の利用頻度が問題となる

ところ，この利用頻度については，本来，その建物の所有者，建物所有者に土地を利用させている土地の所有者またはこれらの関係者しか知りえない事柄である。したがって，Yがこれを具体的に認識しようとするなら，上記建物所有者等に直接その利用頻度を確認せざるを得ないことになる。しかるところ，Yにおいては，その行政区画内に固定資産税の課税対象となる土地が約37万筆もあるため，Yの評価担当職員が，それらの土地全てについて，土地上にある建物の所有者等に対して，その建物の利用頻度を確認することは，Yに事実上不可能なことを要求するものであって，相当とはいえない。

　しかしながら，固定資産の評価事務においては，あらゆる方法により公正な評価に努めることはそもそも法律上の要請であるとともに，先に指摘したとおり，平成10年度以降本件特例の適用範囲が縮小方向に改められ，したがって別荘認定を免れる事案が生じ得ることが相当に高い確率をもって予想される以上，Y市長としては，課税対象たる土地の筆数が膨大であるという事情のみを理由として拱手傍観することが許容されるとは思われない。かかる事情を考慮してもなお，Y市長としては，上記のとおり，別荘該当性の変化に関する情報を収集すべく合理的な範囲で手段を尽くすべきものであると考える。一例をあげれば，Yの広報誌紙等に，別荘の定義が改められ，本件特例の適用範囲に変動が生じたこと，およびその改正によって別荘から住居へ変更される可能性がある建物の敷地の所有者はYに届け出て欲しい旨を記載し，本件改正により本件特例の適用可能性がある土地の情報を入手し易くする措置を講ずることなどが考えられよう。この程度の措置すらとらずに建物の利用状況等に変化があった旨の情報が確認されなかったとして漫然と本件特例の適用をしなかった場合には，本件特例の適用に関し，職務上通常尽くすべき注意義務を尽くしたとはいえないというべきである。

　本件において，Y市長は，Yが本件建物の利用状況に変化が生じた旨の情報を得ておらず，Xが自主的に本件建物の利用目的の変更に係る申告をしたことなどもなかったとして，漫然と本件土地に本件特例を適用することなく固定資産税を賦課し続けたものであり，課税対象となる土地の所有者に対して申出を促すなどの合理的な情報収集措置を講じたことを認めるに足りる証拠はないから，Yは注意義務を怠ったといわざるを得ない。したがって，Xに対して平成

10年度，11年度，13年度，16年度および17年度において，本件特例を適用することなく，固定資産税を賦課したことについて，国家賠償法上の違法性及び過失があるというべきである。

コメント　別荘については，住宅用地の特例の適用がありません。ところが，従前の別荘の定義では別荘に該当するとして，住宅用地の特例の適用が否定されていた建物が，平成10年度以降に別荘の定義が，「毎月1日以上の居住（これと同程度の居住を含む。）の用に供する家屋又はその部分以外の家屋又はその部分のうち専ら保養の用に供するもの」と改められたことから，新定義の別荘には当たらないとして，住宅用地の特例の適用が認められる場合が生じました。

本来であれば，市町村も現地調査をし直して，新定義の別荘に当たるかどうかを確認すればよいのですが，対象となる建物が多くあると，限られた人員では調査できず，従前どおりに住宅用地の特例の適用がないものとして取り扱っていることが少なくないと思われます。

しかし，本来支払う必要のない税金を支払わされる納税者としては，それではたまったものではありません。

所得税や法人税のような申告納税方式と異なり，固定資産税は賦課課税方式ですから，市町村からの連絡がない限り納税者は分かりようがないものです。したがって，少なくとも，市町村が別荘の定義が改められたことを，対象となる可能性のある土地所有者に情報提供する必要があると思われます。それをしないで，漫然と従前どおりに住宅用地の特例の不適用とし続けてきたのであれば，それは国家賠償法上の過失がありと認定されてもやむを得ないと思います。

第3編　固定資産税に関する60の下級審裁判例　357

【54】　住宅用地の特例の不適用による国家賠償法上の請求について過失相殺が認められるか？

（東京地裁平成27年10月26日判決・判例秘書）

事案の概要　　Xの父甲は，昭和58年に東京都世田谷区内にある本件土地の所有権を相続により取得し，平成25年10月に死亡するまで所有していました。甲は，本件土地以外にも賃貸用の不動産等を所有して不動産賃貸業を行っていました。Xは，甲の死後に，他の相続人との遺産分割協議により本件土地および本件土地に対する平成11年度分から平成21年度分までの固定資産税等の過納付に関する損害賠償請求権を単独相続しました。本件土地上には，本件土地の賃借人の乙が建築した本件建物が存在しており，外観上住宅用地の特例の適用要件を満たす状況にありました。

　世田谷都税事務所長Ｚは，甲に対し，平成10年度分までは住宅用地の特例を適用した金額を納税額として通知し，これに基づき甲は固定資産税を納税しました。ところが，Ｚは甲に対し，平成11年度分から平成25年度分まで住宅用地の特例の適用をせずに固定資産税を納税させました。

　甲の死後，Xは，世田谷都税事務所を訪問し，本件土地に対する固定資産税等の金額について疑義があると指摘したところ，Yは本件土地に対する平成22年度から平成25年度までの過納付額合計115万2,800円および還付加算金合計8万5,200円をXに還付しました。

　Xは，平成11年度から平成21年度までの過納付相当額の損害賠償として303万9,715円および弁護士費用30万3,967円の合計334万3,682円ならびに各過納付日の後の日から民法所定の年5分の遅延損害金を請求したところ，東京地裁は，Yが主張する過失相殺について1割と認定した上で，Xの請求を認めました。ここでは，過失相殺の点についてのみ触れます。

判決の要旨　　一般に，税務の専門家ではない納税義務者は，都税事務所長の通知が正当なものと信じ，その課税内容の妥当性を精査することなく納税を行うことも無理からぬものと考えられ，地方税法上は，住宅用地の特例の適否を含めた固定資産評価および賦課税額決定を原則として課税庁の責務としていると解されること，甲は，平成10年以降本件土地の利用状

況に変更を生じさせた事実はなく，東京都都税条例 136 条の 2 第 1 項に基づく申告義務を負っていたものとは認められないことからすると，甲が，本件課税処分が適正なものと信じてその通知に係る納税額を納付したことはやむを得ないものであったと解される。

　もっとも，甲は，本件課税処分がされた当時，本件土地以外にも賃貸用の不動産等を複数所有して不動産貸付業を行っていたもので，その所有に係る不動産の固定資産税等の額について関心を有しているのが通常であるところ，本件土地に対する平成 11 年度課税分以降の固定資産税等の納税額は，平成 10 年度までの納税額と比較して 4 倍にも増額となっていたもので，甲は税制上の特段の変更等がないのに，本件土地の固定資産税等が増額となっていたことの異常さを認識することができたと認められること，Z は，甲に対し，本件土地に関する平成 11 年度課税分以降の本件課税処分において，平成 10 年度までと異なり，非住宅用地または非住宅用地減免と記載した課税明細書を送付するとともに，住宅用地には固定資産税等につき税負担の軽減等の特例措置があることなどが記載された書面を同封し，平成 13 年度から平成 17 年度までは，同書面に加え，住宅用地の税負担の軽減に関し，課税明細書の備考欄の課税区分を確認し，土地の利用状況との相違がないかの確認を求める旨を記載した書面を同封していたこと，以上のような経過にあって，甲は，本件土地の固定資産税等の納税額が適正額であるか否かを確認することもなかったことが認められる。

　そうすると，甲において本件課税処分が，それまで適用していた住宅用地の特例を，何らの事情の変更がないのに適用外のものと不利益に扱ってされたものであることを認識することができたというべきで，本件課税処分の内容が適正ではないことを，前記課税明細書の内容を確認することによって容易に知り得たものと認められるから，本件課税処分に従って行った過納付による損害について，損害額の 1 割を過失相殺するのが相当である。

コメント　本件で納税者の過失相殺が認定された理由として，平成 10 年度まで住宅用地の特例の適用があったのに，その翌年以降適用されなくなったこと，および不動産賃貸業を営む者は固定資産税等について関心があるはずで，約 4 倍も増額があった異常さから，課

第3編　固定資産税に関する60の下級審裁判例　359

税明細書を確認することで課税処分の内容が適正でないことを容易に知り得たことなどが挙げられています。

　もっとも，上記の理由は本件に特有な例外的事情ですから，賦課課税方式の固定資産税等の過納付について，一般的には納税者の過失相殺が認められることはないと思われます。

　本件においても，課税庁の過失の重大さからか，納税者の過失も1割にとどめており，妥当な判断と思われます。

【55】　事務所部分と住居部分からなる区分所有建物に単一の経年減点補正率を適用しなかったことについて市と県の責任を問えるか？

（札幌地裁平成28年1月28日判決・判例秘書）

事案の概要　本件は，【35】と同じ判決です。【35】では，事務所部分と住居部分からなる区分所有建物について，別々の経年減点補正率を適用してそれぞれの価格を算定した点で違法があるとして，固定資産評価審査委員会の審査申出を棄却する旨の決定の取消しを認めた点について触れました。ここでは，国家賠償法に基づく市と県に対する損害賠償請求について述べます。

判決の要旨　国家賠償法1条1項における違法とは，国または公共団体の公権力の行使に当たる公務員が個別の国民に対して負担する職務上の法的義務に違背することをいい（最高裁平成17年9月14日判決・民集59巻7号2087頁），そして，ある事項に関する法律解釈について，複数の解釈が考えられ，そのいずれについても相当の根拠が認められる場合において，公務員がそのうちの1つの解釈に基づいて行為をしたときは，後に当該解釈が違法と判断されたとしても，直ちに国家賠償法1条1項にいう違法があったものとすることは相当ではない（最高裁昭和46年6月24日判決・民集25巻4号574頁，最高裁平成3年7月9日判決・民集45巻6号1049頁，最高裁平成16年1月15日判決・民集58巻1号226頁）。

本件棄却決定は地方税法（以下「法」という）352条1項に反するものであり，固定資産課税台帳に登録された価格を課税標準として行われた本件賦課決定1および2は，いずれもその課税額が客観的に過大であったと認められる。そして，札幌市の担当職員の注意義務違反の有無について検討すると，地方公共団体における課税実務において参考とされている固定資産税務研究会編集「固定資産税実務提要」には，複数の用途に供されている1棟の家屋の評価については，原則として主たる用途に応じた経年減点補正率を適用すべきとしつつも，家屋の評価および課税の均衡上の問題があると市町村長が認める場合には，例外的に，用途，構造の異なる部分ごとに異なる経年減点補正率を適用することができる旨記載されており，Yにおいては，その主張する評価および税額の算定方法が採用され，長年にわたって実務の運用が行われてきた。また，Y以外の政令指定都市のうち，新潟市，さいたま市，千葉市，静岡市，名古屋市，堺市，広島市および福岡市においては，区分所有建物全体における用途に応じた単一の経年減点補正率を適用しているのに対し，横浜市，相模原市，浜松市，大阪市，北九州市および熊本市の各市においては，専有部分ごとに当該専有部分の構造・用途に応じた経年減点補正率を適用するYと同様の運用を行っており，実務上の運用が区々に分かれていることが認められ，上記運用について，所管行政庁である自治省ないし総務省等から違法であるとの指摘を受けたり，裁判上違法であるとの判断が示されたりしたことをうかがわせる事情は認められない。

しかし，法352条1項の文言上，Yら主張の算定方法が取りえないことは明らかであることに加え，同算定方法は区分所有建物の適正な評価という点においても合理性を有するものとはいえないことに鑑みれば，Yの主張する算定方法を採用することについて相当の根拠があったとはいえない。そうすると，本件において，Yの担当職員が，長年にわたる実務上の運用に基づき従前と同様の処分を行ったものであるなどの事情が存在するとしても，そのような実務上の運用について相当の根拠があったとは認められず，本件賦課決定1および2を行うに際し，上記担当職員には国家賠償法上の注意義務違反があったものと認められる。

本件建物の本件事務所部分については，平成23年3月に甲健康保険組合が

所有していたことにより固定資産税の課税は除外されていたことから，固定資産課税台帳に本件事務所部分に係る価格が記載されていなかった。そのため，北海道Ｚは，本件事務所部分が，Ｘがこれを取得した平成23年度において仮に上記価格が算定されていたとした場合の額について，Ｙ中央市税事務所長に評価相当額を照会し，本件事務所部分の課税標準が3,597万1,600円になるとの回答を得たことが認められる。

　不動産取得税は，不動産を取得した時点における当該不動産の価格を課税標準として課せられる都道府県税であり，不動産評価の統一および評価事務の簡素化の趣旨から，固定資産課税台帳に価格が登録されている不動産については原則としてその価格により不動産取得税の課税標準を決定し，他方，固定資産課税台帳に価格が登録されていない場合または特別の事情があるために固定資産課税台帳価格により難い不動産については，都道府県知事が固定資産評価基準によって自ら課税標準を決定することとされている。そして，法は，区分所有建物の専有部分を取得した者に課する不動産取得税については，「当該専有部分の属する一むねの建物」の価格に法352条1項と同様の按分割合を乗じて算定する旨の明文の規定を置いており（73条の2第4項），本件事務所を取得したＸに対して課す不動産取得税を算出する場合においては，文理上，本件建物1棟全体の価格に道税条例所定の税率を乗じて算出した税額を本件補正割合に応じて按分する方法によるべきであることは明らかである。

　そうすると，本件は，固定資産課税台帳に価格が登録されていない場合に当たるから，Ｚとしては，自らが第一次的な責任をもって単一の経年減点補正率を適用して算出された本件建物1棟全体の価格を課税標準として決定し，これに道税条例所定の税率を乗じて不動産取得税額を算定すべきであったにもかかわらず，Ｙから本件事務所部分についての固定資産課税台帳に登録する価格の回答を受け，同価格に基づき不動産取得税額を算定したことが認められる。しかし，このような算定方法は法73条の2第4項の要求する算定方法に明らかに反するものであり，Ｚが採用した算定方法が同項の解釈として相当な根拠を有することをうかがわせる事情は存在しないから，結局，Ｚの担当職員が本件賦課決定3を行うに際しては国家賠償法上の注意義務違反があったものと認められる。

以上によれば、本件賦課決定 1 ないし 3 は、いずれも、Y らの担当職員によって X に生じた損害を賠償すべき責任を負う。そして、法 73 条の 2 第 4 項および 352 条 1 項により本件建物の価格が 1 億 2,698 万 6,000 円と算定され、これに法および市税条例ならびに道税条例所定の計算を施し、X が有する他の固定資産も考慮すると、本件事務所部分に課されるべき平成 24 年度の固定資産税額は 37 万 3,000 円、都市計画税は 8 万 7,300 円、不動産取得税は 106 万 3,500 円となる。そうすると、X は、X が現実に納付した金額との差額として、固定資産税につき 11 万 8,700 円、都市計画税につき 2 万 5,400 円、不動産取得税につき 37 万 5,300 円の損害を被ったと認められる。

本件に関し相当因果関係のある弁護士費用としては、事案の難易等を考慮し、Y に対する請求の関係では 3 万円、Z に対する請求の関係では 7 万円の限度でこれを認めるのが相当である。

コメント　本件判決の結論は、率直に言って厳しすぎると思われます。確かに行政処分としての違法性が認められて取消しがなされるのはよいのですが、だからと言って国家賠償法上の違法性まで直ちに認めてよいことにはならないからです。

本件判決自身が述べている通り、地方税法 352 条 1 項の解釈および運用との関係では、固定資産税務研究会編集「固定資産税実務提要」には、複数の用途に供されている 1 棟の家屋の評価については、家屋の評価および課税の均衡上の問題があると市町村長が認める場合には、例外的に、用途、構造の異なる部分ごとに異なる経年減点補正率を適用することができる旨記載されており、Y においては、長年にわたって実務の運用が行われてきたこと、横浜市、大阪市、北九州市等の各市においては、専有部分ごとに当該専有部分の構造・用途に応じた経年減点補正率を適用する Y と同様の運用を行っていること、上記運用について、所管行政庁である自治省ないし総務省等から違法であるとの指摘を受けたり、裁判上違法であるとの判断が示されたりしたことをうかがわせる事情が認められないことからすると、担当公務員の過失を認めるのは困難であると考えるのがむしろ自然な解釈と思われるからです。行政処分の効力を争う取消訴訟や無効確

認訴訟と国家賠償請求訴訟とでは，訴訟の目的や趣旨が異なり，国家賠償請求訴訟では公務員の故意または過失が要件であるのに対して，取消訴訟等ではこの要件が不要であることを踏まえると，行政処分の取消しを認めても，国家賠償法上の責任は否定してよかったのではないかと思います。

16　冷凍倉庫の課税ミス

【56】　地方税法所定の救済手続を経ることなく，各課税処分の違法を理由とする国家賠償請求をすることは許されるか？

(名古屋高裁平成 21 年 4 月 23 日判決・判時 2058 号 37 頁)

事案の概要　　Ｘらは，各冷凍倉庫の所有者ですが，名古屋市Ｙが各冷凍倉庫用の経年減点補正率を適用せず評価を誤り，固定資産税等を過大に徴収したとして，Ｙに対し，国家賠償法 1 条 1 項に基づき，昭和 46 年度分から平成 13 年度分までの固定資産税等の過納金相当額およびこれらに対する固定資産税等の各年度第 4 期納期限の翌日から支払済みまで民法所定の年 5 ％の割合による遅延損害金，既に過納金の返還がなされた平成 14 年度分から平成 17 年度分までについてはその過納金相当額に対する固定資産税等の第 4 期納期限の翌日から支払済みまで年 0.9 ％（民法所定の利率と実際の還付加算金利率との差額）の割合による金員の支払いを求めて提訴しました。原審は，本件各課税処分が適法に取り消されない限り，国家賠償法に基づく損害賠償請求は許されない等としてＸらの請求をいずれも棄却しました。そこで，Ｘらが控訴したところ，名古屋高裁は，原判決を変更し，昭和 61 年度以降分について，Ｘらの請求を認めました。

なお，本件判決は，最高裁平成 22 年 6 月 3 日判決の原審判決ではありません。同原審判決は名古屋高裁平成 21 年 3 月 13 日判決です。

判決の要旨 行政処分が違法であることを理由として国家賠償の請求をするについては，あらかじめ当該行政処分につき取消判決を得なければならないものではない（最高裁昭和36年4月21日判決・民集15巻4号850頁）。取消訴訟は，行政処分の効力の否定を目的としているのに対し，国家賠償訴訟は，民法上の不法行為責任制度の特則として違法な国・公共団体の活動により生じた損害の賠償を目的としているのであって，行政処分の法的効果を直接否定するものではない。このように，両制度は，その目的，効果（処分の遡及的取消しに対し，事後的金銭による補填），期間制限等を異にしているから，両立し得るのであって，原則として，行政処分の取消しが国家賠償のための要件となるものではなく，このことは課税処分においても異なるところはないというべきである。ただし，上記最高裁判所判例の事例のように自作農創設特別措置法に基づく買収計画の違法と国家賠償というように必ずしも行政処分の違法と損害が表裏の関係にない場合には，上記の原則がそのまま適用されることになるが，課税処分の違法と国家賠償という場合には，後者の損害が前者の取消しの結果生じる不当利得金と同一となることもあるから，そのような表裏の関係にあるような場合において，課税処分がたとえば出訴期間を過ぎたために取り消すことのできなくなったときに，取消しの結果得られる不当利得金と同額の賠償請求権の支払いを認容することは，制度趣旨に反することにもなりかねないという結果が生ずることもあり，その場合には，侵害行為の態様およびその原因，あるいは，当該課税処分発動に対する被害者側の関与の有無・程度等に照らし，権利の濫用等の法理によって，国家賠償請求が許されないとされる場合もありうるとすることで均衡が保たれるように解すべきである。

　Yは，登録価格については，固定資産評価審査委員会に対する審査の申出および審査申出に対する決定の取消しの訴えのみによって争うことができると規定されている旨主張する。しかしながら，評価基準による固定資産の価格の決定，当該価格の固定資産課税台帳への登録，これに基づく固定資産税等の賦課徴収は，いずれもY担当者により行われる固定資産税等の課税処分のための一連の手続であるが，価格登録後はそれまでの過誤が一切免責されるというのは相当ではなく，地方税法の諸規定は，目的，要件および効果を異にする国家賠償訴訟を排除する取扱いとなるものではなく，国家賠償請求の全面的な排除に

は合理的根拠は見い出し難い。

　また，Ｙは，Ｘらが地方税法上の救済手続を利用しなかった以上，国家賠償訴訟を提起することは許されない旨主張し，最高裁昭和57年2月23日・民集36巻2号154頁を援用する。しかしながら，Ｙ指摘の上記判決は，不動産の強制競売事件における執行裁判所の処分が利害関係人間の実体的権利関係に適合しない場合に手続内の救済を求めることを怠った事案に関するものであって，本件とは事案を異にする。したがって，Ｙの上記主張は採用することができない。

　さらに，Ｙは，課税処分の違法を理由とする国家賠償を認めることは，当該課税処分を取り消すことなく過納金の返還請求を認めたのと同一の効果が生じることになり，不服申立期間の制限等により課税処分を早期に確定させて徴税行政の安定とその円滑な運営を確保しようとした法の趣旨が没却される結果を招来するなどと主張する。しかしながら，過誤納金の還付等の制度は，民法上の不当利得返還制度の特則としての意義を有すると解されるところ，国家賠償制度とは，趣旨や目的，要件および効果を異にする別個の制度であるというべきであり，また，一般の行政処分の場合にはその違法を理由とする国家賠償訴訟は取消訴訟を経ることなく提起することが原則として許されているのであり，課税処分の効果と損害の内容が実質的に同一であるからといって，課税処分にだけ国家賠償がおよそ排除されるとするのは適当ではなく，課税処分が違法である場合には，その取消判決がないことの一事をもって，当該納税者に損害を甘受させる合理的な理由は見出し難い。

　以上の次第で，地方税法所定の救済手続を経ることなく，本件各課税処分の違法を理由とする国家賠償請求をすることは，原則として許されるというべきである。

　Ｘらは，本件各課税処分には，Ｙ担当者において，本件各倉庫につき，一般倉庫と認定し，本件基準表七(2)の経年減点補正率を適用せずに，同表七(1)のそれによって評価し，これにより過大な課税徴収が行われた点で違法がある旨主張するので，以下，同表七(2)の「冷凍倉庫用のもの」の意義および本件各倉庫がこれに該当するか否かについて，検討する。租税規定の解釈は，課税要件明確主義（憲法84条参照）および法的安定性の要請から，規定文言の意味が容易

に理解されるはずであり，もとより規定の趣旨目的も踏まえて文理解釈によるべきは当然であって，みだりに拡張解釈や類推解釈を行うことは許されない。

これを本件についてみるに，工場，倉庫，発電所，変電所，停車場および車庫用建物について定める本件基準表七は，(1)で，「一般用のもの（(2)，(3)以外のもの）」とした上，(2)において，「塩素，塩酸，硫酸，硝酸その他の著しい腐食性を有する液体又は気体の影響を直接全面的に受けるもの」，「冷凍倉庫用のもの」，「及び放射性同位元素の放射線を直接受けるもの」としている。上記のような記載内容，とりわけ同表七(2)の三者が並列的に記載されていることに照らすと，このうち二番目の「冷凍倉庫用のもの」が，その文理解釈として，内部の物を冷凍・保存できる機能を有する倉庫として通常の維持管理がされているものを指していることは明らかであり，Yが主張するように「冷凍倉庫用のもの，ただし，著しい腐食性を有する液体又は気体の影響を直接全面的に受けるようなものと同等なものに限る」というように読み込むことは困難であるといわなければならない。本件各倉庫は，各建築年以降冷凍食品，アイスクリーム等を保管する冷凍倉庫（保管温度がマイナス 20 度以下であるから，内部の物を冷凍・保存できる機能を有する倉庫であることは明らかである）として維持管理されてきたことが認められ，これに反する証拠は存しない。そうすると，本件各倉庫は，本件基準表七(2)の「冷凍倉庫用のもの」に該当するというべきで，Y担当者が，その経年減点補正率を適用せず，同表七(一)のそれを適用して過大に価格を評価し，これに基づき過大な課税徴収が行われた点で，本件各課税処分には誤りがあるといわなければならない。しかも，その誤りは，本件基準表七(2)の定める「冷凍倉庫用のもの」についての自明の解釈を誤り，Xらの冷凍倉庫をこれに該当しないとした重大明白なものであって，本件各課税処分には無効事由に該当する瑕疵があるというべきである。

次に，上記のとおりの誤った本件各課税処分がされたことにつき，Yに賠償責任を認めるためには，Y担当者において，職務上通常尽くすべき注意義務を尽くさなかったと認め得るような事情があるかどうか（最高裁平成 5 年 3 月 11日判決・民集 47 巻 4 号 2863 頁参照）を検討する。地方税法が固定資産評価員等において実地調査，納税者に対する質問等の調査を行うことにより公正な評価をするよう努めなければならないなどと定めていること（地方税法 403 条 2 項，

408条)，本件基準表七(1)，と同(2)において一般用の倉庫と冷凍倉庫とで異なる経年減点補正率を定めていることに照らすと，Y担当者において，実地調査，納税者に対する質問や納税者から提出された書類等を確認・閲覧するなど，税務担当者として通常要求される程度の注意を払って，当該建物が冷凍倉庫として使用されているか一般用の倉庫として使用されているのかを識別するに足りる程度の調査を行うべき注意義務があるというべきである。

本件では，本件各倉庫の構造，用途，使用状況等は，Y担当者において，実地調査やXらへの質問，さらに，XらがYに提出した建築確認概要書や登記関係書類等を閲覧・確認等することにより，さほど困難を伴うことなく把握し得るものであり，また，XらにおいてY担当者による調査等に協力しなかったというような事情も窺えないことに照らすと，Y担当者が，上記のような調査等を怠り，その後も漫然と本件基準表七(1)の倉庫として評価していたことは，税務担当者として職務上通常尽くすべき注意義務を尽くしていなかったものといわざるを得ない。

Yは，課税物件調査の状況として，多数の物件を抱えていること，また，Y担当者は基本的には任意で調査を行っており，他方，納税者において行政庁の現況調査を忌避する傾向にあるなどと主張する。しかしながら，Y担当者数の実情を充分考慮しても，新増築家屋の調査時において上記調査義務を懈怠したままその後も漫然と本件基準表の適用を誤っていた場合においてまで，Yのいうような事情をもってY担当者に職務懈怠がなかったとして，納税者であるXらに損害を受忍させるのは相当ではない。したがって，Yの上記主張は採用することができない。

以上のとおり，Y担当者は，税務担当者として通常要求される程度の注意義務を怠って，本件各冷凍倉庫につき，本件基準表七(2)の経年減点補正率を適用することなく，同表七(1)のそれを適用して過大に価格を評価し，これに基づき過大な課税徴収がされたというのであるから，本件各課税処分には国家賠償法上の違法性があり，また，Y担当者には過失があるというべきである。

コメント 本件判決は，最高裁平成22年6月3日判決が出る前の冷凍倉庫に関する一連の下級審判決の1つです。行政処分，

とりわけ課税処分の取消訴訟と国家賠償訴訟との関係についていわゆる違法性相対説に立脚して，行政処分の取消判決を待たずに，行政処分の違法を理由として国家賠償請求ができるとした点は，上記最高裁判決を先取りするもので，また，固定資産評価基準別表七(2)の「冷凍倉庫用のもの」の解釈について，文理解釈からすれば自明であるとした点で，意義があると思われます。

【57】 「冷凍倉庫用のもの」とは何だろうか？

(東京地裁平成 24 年 1 月 25 日判決・判タ 1387 号 171 頁)

事案の概要 Ｘらはいずれも倉庫業者で，それぞれ東京都中央区，大田区，港区，品川区，江東区に所在する本件各建物を所有し，固定資産税および都市計画税（以下「固定資産税等」という）を東京都Ｙに納付してきましたが，Ｙの知事および税務担当職員が，平成元年度から平成 13 年度までの各年度における本件各建物についての固定資産税等の各賦課決定の前提となる価格の決定等において，正しい経年減点補正率を適用せず，その評価を誤って価格を過大に決定し，過大な税額の賦課処分をした結果，Ｘにおいて過大な金額を納付することで損害を被ったとして，Ｙに対し，国家賠償法 1 条 1 項に基づき，上記各年度における過納金相当額，確定遅延損害金および弁護士費用相当額等についての支払を求めて提訴しました（なお，Ｙの知事は，平成 14 年度から平成 17 年度までの固定資産税等については，過納金相当額を還付しています）。

東京地裁は，「Ｘらは，いずれも，地方税法所定の不服申立手続を経ていないが，たとえ固定資産の価格の決定及びこれに基づく固定資産税等の賦課決定に無効事由が認められない場合であっても，公務員が納税者に対する職務上の法的義務に違背して当該固定資産の価格ないし固定資産税等の税額を過大に決定したときは，これによって損害を被った当該納税者は，同法 432 条 1 項本文に基づく審査の申出及び同法 434 条 1 項に基づく取消訴訟等の手続を経るまでもなく，国家賠償請求を行い得る。」と最高裁平成 22 年判決を引用して，取消

第3編　固定資産税に関する60の下級審裁判例　　**369**

訴訟と国家賠償請求との関係を争点から外し，Ｘらの請求のうち相当額を認め
ました。

判決の要旨　　都知事が固定資産の価格を決定するにあたり，Ｙの評価担当
職員は，適正に固定資産評価基準を解釈した上，その解釈に
従って，実地調査や納税者に対する質問を行い，あるいは，納税者から提出さ
れた書類等を確認・閲覧し，上記解釈に従って当該固定資産の評価を行うなど，
税務担当者として通常要求される程度の注意を払って当該固定資産を評価する
職務上の注意義務を負っているものというべきである。また，都知事としても，
適正に固定資産評価基準を解釈し，その解釈に従って，Ｙの評価担当職員によ
る評価に基づいて当該固定資産に係る固定資産税等の賦課処分を行うなど，固
定資産の価格決定および固定資産税等の賦課処分の主体として通常要求される
程度の注意を払って，当該固定資産の価格を決定し，固定資産税等の賦課処分
を行う職務上の注意義務を負っているというべきである。

　固定資産評価基準は，非木造家屋のうち工場，倉庫，発電所，変電所，停車
場および車庫用建物の経年減点補正率を定めるに当たり，本件基準表(1)におい
て「一般用のもの（(2)及び(3)以外のもの）」として，これについての経年減点補
正率を定めた上，本件基準表(2)において，本件基準表(1)とは異なる経年減点補
正率を定める対象として，「(2)塩素，塩酸，硫酸，硝酸その他の著しい腐食性
を有する液体又は気体の影響を直接全面的に受けるもの，冷凍倉庫用のもの及
び放射性同位元素の放射線を直接受けるもの」と規定している。ところで，冷
凍倉庫との語は日常的に用いられており，物を冷凍させ，または冷凍させた物
を冷凍させた状態で保存することができる機能を有する倉庫を意味する語であ
るということができるが，上記のように，本件基準表(2)が対象とする三つの類
型のものが並列的に記載されており，「冷凍倉庫用のもの」とは，その文理解
釈として，物を冷凍させ，または冷凍させた物をその状態で保存することがで
きる機能を有する倉庫を指すと解すべきである。

　本件各建物は，平成14年度の時点においては，冷凍倉庫に該当する建物で
あり，Ｙは，これを前提として，Ｘらに対し，平成14年度から平成17年度ま
での各年度に係る過納金の還付等を行ったものであるところ，本件各建物の具
体的状況等を考慮すれば，本件各建物は，その建築当時から，冷凍倉庫に該当

するものであったと認められる。Yの評価担当職員は，本件各建物の評価を行うに際して，本件基準表(2)にいう「冷凍倉庫用のもの」を，前記のとおり解釈した上で，本件各建物について，実地調査や納税者であるXらに対する質問を行い，あるいは，Xらから提出された書類等を確認・閲覧し，上記解釈による冷凍倉庫であると判断されれば，本件基準表(2)に定められた経年減点補正率を適用して評価すべき職務上の注意義務を負っていたのに，これを怠り，本件各建物について，これらが冷凍倉庫であり，本件基準表(2)に定める経年減点補正率を適用すべきであるにもかかわらず，冷凍倉庫でないとして本件基準表(1)に定める経年減点補正率を適用し，本件各建物の価格を過大に評価したものである。したがって，Yの評価担当職員は，職務上尽くすべき注意義務を尽くさなかったものといわざるを得ない。そして，都知事は，Yの評価担当職員が行った本件各建物の過大な評価に依拠して本件各価格決定を行い，これに基づいて本件各賦課決定を行ったものであるから，その職務上の注意義務を尽くさなかったということができる。したがって，本件各価格決定及び本件各賦課決定には，国家賠償法1条1項の定める違法性があるというべきである。以上に照らせば，Yの評価担当職員には，本件各建物の評価をするに当たり，都知事には，本件各価格決定および本件各賦課決定をするに当たりそれぞれ過失があることも明らかである。

コメント 平成22年最高裁判決が出た以上，地方税法所定の不服申立手続きと国家賠償請求との関係については争点とならず，「冷凍倉庫用のもの」の解釈と評価担当職員の注意義務が専らの争点となり，いずれもXらの主張が認められましたが，妥当な判断と思われます。

第3編　固定資産税に関する60の下級審裁判例　371

17　怠る事実と住民訴訟

【58】　本来の額をより減額した固定資産税を賦課した町長の怠る事実の確認を求められるか？

（高松高裁平成 14 年 3 月 28 日判決・判例秘書）

事案の概要　　Xは，徳島県阿波町の住民で，Yは昭和 55 年から平成 3 年までおよび平成 9 年から平成 11 年まで阿波町長の職にありました。農事組合法人甲は，昭和 61 年 3 月に本件建物を新築し，同年 6 月に所有権保存登記を経由しました。徳島県による本件建物の不動産取得税の課税に当たっては，本件建物が補助金を受けて建築された施設であることなどから，課税標準額の算定について地方税法附則旧 11 条 1 項による減額を行うこととされ，本件建物の通常の評価額である 8,267 万 4,201 円から 6,275 万 7,705 円を差し引く計算がされた上で，本件建物の課税標準額が 1,991 万 6,000 円と定められました。Yは，昭和 63 年 5 月付けで，甲他 1 名を納税義務者として，家屋の課税標準額を 1,835 万 1,280 円，差引年税額を 25 万 6,900 円とする固定資産税納税通知書による課税をしましたが，本件建物が課税漏れとなっていたことが判明して，本来の課税標準額を加えて家屋の課税標準額を 9,842 万 7,785 円，差引年税額を 137 万 7,900 円とする固定資産税納税通知書を作成して甲に交付しました。

　これに対し，甲は，同年 6 月にYに対し，固定資産税免除申請書を提出し，地方税法 367 条の適用により免除を受けたい旨の申請をしたところ，Yは，甲を納税義務者とする家屋の課税標準額について，家屋の課税標準額 1,835 万 1,280 円と，前記不動産取得税に際し定められた課税標準額 1,991 万 6,000 円との合計額である 3,826 万 7,280 円とし，差引年税額を 53 万 5,741 円とする固定資産税納税通知書を作成して，甲に交付しました。

　昭和 63 年度から平成 11 年度までに本件建物に賦課されていた現実の固定資

産税額（括弧内に課税標準額を示す）は，昭和63年度から平成5年度までが27万8,800円（1,991万6,000円），平成6年度から平成8年度までが27万400円（1,931万9,000円），平成9年度から平成11年度までが26万5,800円（1,898万9,000円）です。他方，本来の固定資産税額（括弧内は本来の課税標準額）は，昭和63年度から平成5年度までが115万7,400円（8,267万4,000円），平成6年度から平成8年度までが112万1,500円（8,011万1,000円），平成9年度から平成11年度までが110万1,300円（7,866万9,000円）です。

　Xは，平成11年3月に，Yが本件建物に対する固定資産税の賦課を怠り阿波町に損害を与えているので必要な措置を講ずるよう請求する旨の住民監査請求を行いました。阿波町監査委員は，Xに対し，同年5月に本件監査請求を却下する旨の通知をしました。

　そこで，Xは，Yを相手に，昭和63年度から平成11年度までの固定資産税につき，本来の固定資産税額から減額した固定資産税額を賦課したのみで，これを超える本来の固定資産税額の一部の賦課を怠る事実が違法であることの確認と固定資産税減額による損害額1,033万1,400円などの支払いを求めて提訴しました。原審は，昭和63年度から平成10年度の怠る事実の確認に係る訴えを却下し，その余の請求を棄却しました。Xが控訴したところ，高松高裁は，怠る事実の確認に係る却下および平成11年度の固定資産税の賦課を怠る事実の違法確認請求を棄却した部分を取り消し，平成9年度から平成11年度までの固定資産税につき，本来の固定資産税額から減額した固定資産税額を賦課したのみで，これを超える本来の固定資産税額の一部の賦課を怠る事実が違法であることの確認をして，その余の請求を棄却しました。ここでは，怠る事実が違法であることの確認を認めた部分についてのみ述べます。

判決の要旨　平成9年度から平成11年度までについて，Yが本件建物に本来の固定資産税額を賦課していないことが違法かどうかを検討する。本件建物の固定資産税については，本来の固定資産税額の一部のみが賦課され，その余の額は賦課されていない状態にあるところ，これを地方税法6条ないし阿波町税条例の定めにより課税免除がされたものとみることはできないから，この部分に賦課がされていないことを法律上正当なものとみることはできない。Yらは，このような状態を地方税法367条および阿波町税条例

62条1項によるものであると主張するが，これらの条項は一旦課税権が行使された後に行う税の減免に関する規定であるから，同条項に基づく減免措置を取るのであれば，一旦本来の固定資産税額の賦課をした上で，税の減免をする必要がある。まず，このような手続上の意味において，Yが平成9年度から平成11年度まで本件建物に本来の固定資産税額を賦課していないことは違法なものというべきである。さらに，本件建物に本来の固定資産税額を賦課しないことが実体的にみても違法でないかどうか，換言すれば，Yが一旦本件建物に本来の固定資産税額を賦課した上で阿波町税条例62条1項に基づく税の減免をしたとしても，それが違法なものとなるかどうかについて検討する。

　地方税法367条は，「市町村長は，天災その他特別の事情がある場合において固定資産税の減免を必要とすると認める者，貧困に因り生活のため公私の扶助を受ける者その他特別の事情がある者に限り，当該市町村の条例の定めるところにより，固定資産税を減免することができる。」と定めている。同条の「その他特別の事情がある者」については，天災等や貧困という同条に挙げられた事由以外の事由により客観的に担税力を喪失した者をいうほか，市町村において，公益上の観点から，必要があると認められる者に対して税の減免をすることをも許容したものと解される。しかし，市町村長が公益上の必要があると認められる者について固定資産税を減免するためには，条例または少なくとも条例に基づき予め定められた規則において，どのような場合に減免ができるかについて具体的な定めがあることが必要であり，そのような具体的な定めがないまま，市町村長が個々の事例ごとに，公益上の必要性を裁量的に判断し，「その他特別の事情がある者」に当たるとして，税の減免をすることは許されないと解される。仮に，行政庁が「その他特別の事情がある者」というような包括的で不確定な概念のもとに，公益上の必要があるとして裁量的に税の減免ができるとすると，そのようなことは納税者間の公平を害する恐れが強く，租税法律主義の趣旨にも反するものであって，相当でない。地方税法は，第3条において，地方税の税目，課税客体，課税標準，税率その他賦課徴収について定めをするには，当該地方団体の条例によらなければならないとし，その条例の実施のための手続その他その施行について必要な事項を規則で定めることができる旨規定しており，市町村長がこれらの具体的定めに基づかず，個々の事例ご

とに公益上の必要があるかどうかを裁量的に判断して税の減免を行うことを許容しているとは考え難い。地方税法367条も，前示のとおり，「当該市町村の条例の定めるところにより」と規定して，このことを重ねて明示している。

　ところが，阿波町税条例62条1項四号は，町長が固定資産税を減免する事由の1つとして「その他特別の事情がある者」と包括的に定めており，阿波町において，これに該当する者をより具体的に定めた規則が存することも窺われない。このような条例の定め方は，地方税法や租税法律主義の趣旨にそぐわない不適切なものである。仮に，同規定が，少なくとも具体的な規則の定めを待たずして，町長が広く公益上の事由に基づき固定資産税の減免をすることを認めたものであるとすれば，そのような規定は地方税法に反する違法，無効な規定であるといわざるを得ない。したがって，町長が阿波町税条例62条1項四号の「その他特別の事情がある者」に当たるとして税の減免ができる場合とは，少なくとも具体的な規則の定めがない限り，同項一号ないし三号には直接当たらないが，これに準ずる事由により担税力が著しく減少した場合のみに限定して解釈するのが相当である。

　この解釈を前提にすると，Yらが本件建物に対する固定資産税の減額が許される理由として主張する諸事由が，阿波町税条例62条1項四号の事由に該当するものでないことは明らかである。したがって，実体的にも，本件建物に本来の固定資産税額を賦課しないことは違法であるというべきである。そうすると，Yが平成9年度から平成11度までにつき本件建物に本来の固定資産税額を賦課していないことは違法であり，同部分に関するXのYに対する同賦課を怠る事実の違法確認請求は理由がある。

コメント　本件判決は，地方税法367条および阿波町税条例62条1項で規定する「その他特別の事情がある者」について，地方税法367条の「天災その他特別の事情がある場合において固定資産税の減免を必要と認める者，貧困により生活のため公私の扶助を受ける者」に続いていることから，これに準ずる事由により担税力が著しく減少した場合のみに限定して解釈するのが相当であると判断しており，適正な解釈と思われます。

第3編　固定資産税に関する60の下級審裁判例　**375**

　そうでなければ，町長の恣意的な判断によって税の減免が行われることになり，租税法律主義の趣旨に反すると思われるからです。

【59】　第三セクターに対する固定資産税延滞金の徴収を怠るのは違法か？

（津地裁平成 17 年 2 月 24 日判決・判タ 1217 号 224 頁）

事案の概要　Xは，三重県御浜町の住民で，Y_1 は御浜町長，Y_2 は御浜税務住民課長です。甲は，御浜町が 80 % 以上出資しているいわゆる第三セクターで，本件課税対象物件を所有または共有しています。甲は，平成元年分から平成 12 年分までの固定資産税を延滞して支払いましたが，平成元年度第 2 期から平成 12 年度第 4 期までの固定資産税に係る延滞金（以下「本件延滞金1」という）は，合計 3,347 万 6,100 円です。甲は，平成 13 年度分の固定資産税を延滞して支払いましたが，第 1 期から第 4 期までの延滞金は，合計 179 万 3,600 円です（以下「本件延滞金2」といい，本件延滞金1と合わせて「本件各延滞金3」という）。X_1，X_2 は，本件各延滞金3の徴収を違法に怠っているとして，Y_1，Y_2 に対して本件各延滞金3の徴収を怠っていることが違法であることを確認する旨の住民訴訟を提起したところ，津地裁は，Y_2 に対する請求については滞納処分の権限がないことなどを理由に棄却しましたが，Y_1 に対する請求について，納付された平成元年度第 2 期を除いた延滞金（以下「本件各延滞金4」という）についての怠る事実の確認を認めました。

判決の要旨　地方税法は，租税法律主義に基づき課税権の主体としての地方公共団体と納税者としての住民との間の租税に関する法律関係を規制するものであるところ，地方税法 373 条 1 項は，市町村吏員に対して，督促状を発して 10 日以内に徴収金を完納しない滞納者の財産を差し押さえる権限を与えたものであるが，他方で，同法 15 条が，地方税の徴収猶予について規定し，同法 15 条の 5 が，滞納者が徴収金の納付について誠実な意思を有すると認められ，かつその財産を直ちに換価することにより事業の継続またはその生活の維持を困難にするおそれがあり，換価を猶予することが，直ち

に換価をするよりも滞納にかかる徴収金および最近に納付すべきこととなる徴収金の徴収上有利であるときは，換価の猶予のために必要だと認められれば，地方団体の長は，差押えにより事業の継続またはその生活の維持を困難にするおそれがある財産の差押えを猶予することが，2年を超えない範囲でできるものとしていることからすると，滞納者に対して滞納処分を行う対象や時期については，一方では，個々の滞納者の担税力や誠実なる納入意思の有無に応じてその事業の継続や経済生活の維持がむやみに損なわれることのないよう配慮しながら，他方では，公平を欠き，偏頗な徴税行為であるとの非難を受けることのないよう，計画的，能率的かつ実質的にその徴収権の確保を図るに相当な範囲での裁量が与えられているものと解される。

　したがって，固定資産税の滞納分に対する督促状を発してから10日以内に差押えがされないからといって，当然にこれが地方税法に違反するとはいえないが，差押え等滞納処分を取られないために実質的に公金徴収権の確保が図られない場合や，公平を欠き偏頗な徴税行為であるとみられる場合には，地方団体の長はその裁量を逸脱し，徴収金の徴収を違法に怠るものと解するのが相当である。

　そこで，Y_1において上記の裁量の逸脱があったか否かにつき検討する。まず，Xらの指摘する第三銀行の預金債権については，仮に差押えをしても，1億6,000万円を超える反対債権により相殺され，徴収に効果のないことは明らかであるから，預金債権の差押えをしないとしても，本件各延滞金4の徴収を違法に怠っているとはいえない。他の預金債権についても，反対債権があり相殺されるか，残高が少額であることからするとやはり徴収を違法に怠っているとはいえない。また，本件施設に入店するテナントに対する賃料債権については，仮に差押えをしても，第三銀行が平成元年5月15日付根抵当権に基づく物上代位を行使すれば，法定納期限がこれに遅れるため本件各延滞金4は劣後し，徴収に効果のないことは明らかであるから，賃料債権の差押えをしないとしても，本件各延滞金4の徴収を違法に怠っているとはいえない。

　しかし，本件課税対象物件については，本件各延滞金4に優先する日本政策投資銀行および第三銀行の被担保債権を弁済してもなお剰余があり（平成13年度における固定資産税1,148万3,000円を税率1.4％で割った約8億2,000万円が本

件課税対象物件のおおよその時価であると考えられ，他方，上記優先債権は平成 16 年 3 月 31 日時点で約 1 億 7,200 万円である），滞納処分としての差押えをすれば，本件各延滞金 4 を徴収することが十分に可能であると認められる。

　もっとも，差押えをし公売すると，御浜町の貸付金 9 億 5,000 万円の回収も困難となるが，租税法は，一般的標準により，多数の人を相手方として公平かつ普遍的に租税を課することを建前とするものであるから，同じ御浜町の貸付金とはいえ，その回収可能性に配慮することは相当ではない。

　そして，本件各延滞金 4 は，古いものでその発生以来 15 年以上もの長期間にわたって未納となっていること，甲は平成 10 年 8 月 24 日に 350 万円を納付したほか，平成 15 年 10 月 29 日付の本件計画書に基づき，平成 15 年度に 150 万円，平成 16 年度（同年 9 月 21 日現在）に 60 万円を納付したものの，現在の毎月 10 万円ずつの分割納付では完納までに 30 年近くかかり，さらに，これ以外に平成 14 年度分以降の固定資産税本税も滞納し，これに対する延滞金も発生しているという状況からすれば，差押えを控えても徴収につながるとはおよそ認め難い。

　そうすると，Y₁ が本件課税対象物件について滞納処分をしないことは，実質的に公金徴収権の確保が図られないものであるとともに，公平を欠き偏頗な徴税行為であるともいうべきであって，Y₁ はその裁量を逸脱し，徴収金の徴収を違法に怠るものと認められる。

コメント　地方団体の長は，固定資産税の滞納者に対して滞納処分を行う対象や時期については，一方では，個々の滞納者の担税力や誠実な納付意思の有無に応じてその事業の継続や経済生活の維持がむやみに損なわれることのないよう配慮しながら，他方では，公平を欠き，偏頗な徴税行為であるとの非難を受けることのないよう，計画的，能率的かつ実質的にその徴収権の確保を図るに相当な範囲での裁量が与えられています。もっとも，差押え等滞納処分を取らないために実質的に公金徴収権の確保が図られない場合や，公平を欠き偏頗な徴税行為であるとみられる場合には，地方団体の長はその裁量を逸脱し，徴収金の徴収を違法に怠るものと解されます。

一般的に，地方団体の上記徴収権限の裁量は相当に広く認められており，その裁量を逸脱したと判断されることは少ないと思われます。それにもかかわらず，本件で裁量を逸脱し，徴収を違法に怠る，と認定されたのは，滞納期間が15年を超える異常な長期間であること，直近の固定資産税本税も滞納していること，課税対象物件を売却すれば本件延滞金が完納できること等から，裁量を逸脱していると判断されてもやむを得ない事案といえます。

　本件の甲は，バブル時代に設立された第三セクターで，他の第三セクターと同様に甘い経営見通しのもとに設立され，その後，実質的に経営破たんしているもので，そうである現状を踏まえて，徴収権者としては早期に対処すべきであったと思われます。

【60】　市の住民が固定資産税等の賦課徴収を怠ったとして，市長に対し，元市長らに対する支払請求をするように住民訴訟を起こせるか？

（大阪地裁平成20年2月29日判決・判タ1281号193頁）

事案の概要　　本件は，【11】と同じ判決です。【11】では，地方税法348条の固定資産税の非課税の適用の問題を述べましたが，ここでは，地方自治法242条の2第1項三号，四号に定める「怠る事実」に係る住民訴訟に関する部分について触れます。

判決の要旨　　本件土地は，デッキプレートが構築されている部分とその余の部分とに区分し，前者についてはその地目を宅地，後者についてはその地目を池沼と認定した上，固定資産評価基準に従ってその価格を評価し，地方税法および堺市市税条例の定めるところに従って固定資産税および都市計画税を賦課徴収すべきところ，課税権者である堺市長Yは，本件各賦課期日に係る年度（平成13年度，平成15年度および平成16年度）の固定資産税および都市計画税を全く賦課徴収していないというのであるから，Yは，本件土地に対する上記各年度の固定資産税および都市計画税の賦課徴収を違法に怠

っているというべきである。

　Yは，本件土地に対し平成13年度の固定資産税および都市計画税を賦課徴収すべきところ，これを違法に怠ったことにより，その徴収権を時効により消滅させたものというべきところ，本件土地に対する固定資産税および都市計画税の賦課徴収については，平成13年10月までは甲が，それ以降は乙がそれぞれ堺市長としてその本来的な権限を有し，また，平成13年度から平成14年度までの間は丙が，平成15年度から平成16年度までは丁がそれぞれ堺市北支所税務課長としてこれを専決処理する権限を有していたというのである。そこで，甲ないし丁が本件土地に対する平成13年度の固定資産税および都市計画税の賦課徴収を違法に怠ったことについて過失が認められるか否かについて検討する。

　本件土地は，平成13年度の固定資産税および都市計画税の賦課期日である平成13年1月1日において，その貯溜水が現実に広く不特定多数人の耕地かんがいの用に供されていたものとは証拠上認め難いというべきであり，このような事実は，本件土地付近の航空写真等を調査すれば，ある程度の推測がつくものということができる。

　しかしながら，地方税法348条2項六号の「公共の用に供するため池」として同項本文および同法702条の2第2項により非課税とされるためには，固定資産税等の賦課期日において当該土地が客観的にみて耕地かんがい用の用水貯溜池としての機能を果たし得る状態にあっただけでは足りず，その貯溜水が現実に広く不特定多数人の耕地かんがいの用に供されていることが必要であるところ，一般に，登記簿上その地目をため池とする表示に関する登記等がされている土地が固定資産税等の賦課期日において現実に広く不特定多数人の耕地かんがいの用に供されているか否かについては，当該土地が埋立て等により当該賦課期日においてその貯溜水を失い池沼としての原形をとどめていないような場合は格別，そうでない限り，当該土地付近を撮影した航空写真等を用いて当該土地の貯溜水をかんがいの用に利用し得るものと社会通念上考えられる位置関係に田畑が存在するか否かを調査するなどすればある程度の推測がつく場合もなくはないものの，これを確定するためには，現地を実地に調査したり当該土地を管理している水利組合等からその利用状況等を聴取するなどの調査を行

うことが必要であると考えられる。のみならず，一般に，賦課課税方式がとられている固定資産税等の賦課徴収に当たる市町村長は，定められた期間内にその区域内に存在する極めて多数の固定資産を評価した上，固定資産税等を賦課徴収しなければならないのであって，地方税法408条に規定する固定資産の状況の実地調査の程度，態様についても，少なくとも土地についていえば，すべての土地の利用状況の細部についてまで逐一行う必要はなく，特段の事情がない限り，外観上土地の利用状況，現況地目等を確認し，これらに変化があった場合にこれを認識する程度で足りるものと解される。しかるところ，堺市内には，本件各土地以外にもその地目をため池とする表示に関する登記がされている土地が多数存在している事実が認められるのであるから，市長等において，上記のような固定資産税等の賦課徴収事務の一環として，限られた期間内にこれらのため池について逐一その現実の利用状況等を調査することが事務的，技術的に極めて困難であることは明らかである。このことに加えて，本件土地は，現に貯溜水が存在して池沼としての形状をとどめている上，旧土地台帳や登記簿の記載等に照らし古くから地域の住民により耕地かんがい用の用水貯溜池として総有的に利用されてきた事実が容易に推認され，しかも，平成19年11月付け堺市農業土木課長の堺市税政課長宛て書面においても，本件土地について，水利組合名をB水利組合，利用地域をC，確認時期を同年11月とする旨の回答がされていることなどをも併せ考えると，本件土地付近の航空写真によればその貯溜水をかんがいの用に利用し得るものと社会通念上考えられる位置関係にある地域に田畑が見当たらない事実等をしんしゃくしてもなお，本件土地に対する固定資産税等の賦課徴収を専決処理する権限を有していた丙および丁においてその在職中に本件土地に対する固定資産税および都市計画税の賦課徴収を行わなかったことについて過失があるということはできず，また，甲および乙が市長として丙および丁に対する指揮監督上の義務に違反したということもできない。

> **コメント** 　地方自治法242条の2第1項三号では怠る事実の違法確認を，同項四号では当時の市長や税務担当者への損害賠償等の支払請求をそれぞれ求めるものです。本来であれば，怠る事実の違法

確認さえ認められれば，行政は違法を解消するために徴収権限を行使して固定資産税等を賦課徴収すればよいといえます。

　ところが，違法確認しても，すでに固定資産税等の租税債権が時効消滅していると，市長としても徴収権限を行使できません。そこで，租税債権が消滅したことによる市の損害を弁償するように，当時の市長等に対して損害賠償を請求することを求める住民訴訟が別途認められているのです。

　本件では，三号の怠る事実の違法確認は認められましたが，四号の賠償請求については，市長らの過失がないとして否定されました。航空写真をみれば，貯溜水をかんがいの用に利用し得るものと社会通念上考えられる位置関係にある地域に田畑が見当たらないことから，過失の認定もあり得たと思われます。しかし，本件判決は，登記簿の地目がため池のままであり，実際に貯溜水が存在して池沼としての形状をとどめていることから，限られた期間内における多数の固定資産の実地調査の困難さを重視して，過失を否定しました。微妙な判断であったと思われます。

《判例索引》

【最高裁判所】

昭和30年3月23日判決 ……………………… 83

昭和44年3月11日判決 ……………………… 85

昭和47年1月25日判決 ……………………… 86

昭和49年9月2日判決 ……………………… 87

昭和51年3月26日判決 ……………………… 90

昭和54年9月20日判決 ……………………… 93

昭和57年1月19日判決 ……………………… 94

昭和62年7月17日判決 ……………………… 95

平成2年1月18日判決 ……………………… 97

平成6年4月21日判決 ……………………… 102

平成6年12月20日判決 ……………………… 104

平成13年3月28日判決 ……………………… 108

平成14年7月9日判決 ……………………… 112

平成15年6月26日判決 ……………………… 115

平成15年7月18日判決 ……………………… 119

平成16年12月17日判決 ……………………… 120

平成17年3月29日決定 ……………………… 122

平成17年7月11日判決 ……………………… 125

平成18年7月7日判決 ……………………… 127

平成19年1月19日判決 ……………………… 129

平成19年3月22日判決 ……………………… 132

平成21年6月5日判決 ……………………… 134

平成22年6月3日判決 ……………………… 139

平成23年3月25日判決 ……………………… 143

平成25年7月12日判決 ……………………… 146

平成26年9月25日判決 ……………………… 150

平成27年7月17日判決 ……………………… 153

平成28年3月29日判決 ……………………… 156

【高等裁判所】

高松高裁平成14年3月28日判決 …… 371

東京高裁平成14年10月29日判決 …… 227

仙台高裁平成14年10月31日判決 …… 205

東京高裁平成17年12月13日判決 …… 301

福岡高裁平成18年2月2日判決 …… 216

福岡高裁平成18年2月14日判決 …… 339

大阪高裁平成19年3月27日判決 …… 304

東京高裁平成20年1月23日判決 …… 177

名古屋高裁平成21年4月23日判決 … 363

大阪高裁平成23年6月30日判決 …… 171

東京高裁平成23年12月15日判決 …… 319

高松高裁平成23年12月20日判決 …… 241

東京高裁平成24年3月14日判決 …… 344

東京高裁平成24年3月28日判決 …… 181

東京高裁平成24年7月11日判決 …… 162

名古屋高裁平成24年7月19日判決 … 250

大阪高裁平成25年7月25日判決 …… 168

福岡高裁平成26年12月1日判決 …… 186

【地方裁判所】

名古屋地裁平成14年6月28日判決 … 281

大阪地裁平成14年7月19日判決 …… 244

大阪地裁平成14年7月25日判決 …… 197

東京地裁平成14年10月18日判決 … 223

神戸地裁平成14年11月14日判決 … 333

さいたま地裁平成15年2月26日判決

………………………………………… 309

大阪地裁平成15年7月25日判決 … 328

東京地裁平成16年2月27日判決 … 334

名古屋地裁平成17年1月27日判決 … 234

津地裁平成17年2月24日判決 ……… 375

神戸地裁平成17年11月16日判決 … 345

大阪地裁平成18年3月23日判決 …… 201

大阪地裁平成18年12月20日判決 … 237

鳥取地裁平成19年1月23日判決 …… 288

東京地裁平成19年5月28日判決 …… 170

佐賀地裁平成19年7月27日判決 …… 270

東京地裁平成19年10月11日判決 … 207

大阪地裁平成20年2月29日判決

…………………………………… 190, 378

福岡地裁平成20年8月26日判決 …… 342

那覇地裁平成20年10月28日判決 … 292

東京地裁平成22年2月4日判決 ……… 175

大阪地裁平成22年6月24日判決 …… 252

岡山地裁平成22年9月29日判決 …… 325

大阪地裁平成23年1月19日判決 …… 272

新潟地裁平成23年1月19日判決 …… 349

秋田地裁平成23年3月4日判決 ……… 210

東京地裁平成23年5月26日判決 …… 164

東京地裁平成23年10月21日判決 … 194

東京地裁平成24年1月25日判決 …… 368

宇都宮地裁平成24年9月13日判決 … 316

東京地裁平成25年1月16日判決 …… 331

福岡地裁平成25年2月26日判決 …… 311

仙台地裁平成25年10月8日判決 …… 321

東京地裁平成26年3月27日判決 …… 274

鳥取地裁平成26年10月15日判決 … 352

大阪地裁平成27年8月5日判決 ……… 267

東京地裁平成27年10月26日判決 … 357

大阪地裁平成27年12月25日判決 … 265

札幌地裁平成28年1月28日判決

…………………………………… 296, 359

東京地裁平成28年5月24日判決 …… 183

《著者紹介》

宮崎　裕二（みやざき　ゆうじ）

1979年3月，東京大学法学部卒業。同年10月，司法試験合格。1982年4月，弁護士登録。1986年4月，宮崎法律事務所開設。2008年度に大阪弁護士会副会長，2009年から現在に至るまで大阪地方裁判所調停委員を務める。専門は，不動産，倒産・再生，相続，企業法務。

[主要著書]（共著を含む）
『不動産取引における心理的瑕疵の裁判例と評価』（プログレス）
『土壌汚染をめぐる重要裁判例と実務対策』（プログレス）
『Q&A 重要裁判例にみる私道と通行権の法律トラブル解決法』（プログレス）
『ザ・信託——信託のプロをめざす人のための 50 のキホンと図解で読み解く 66 の重要裁判例』
　　　　　　　　　　　　　　　　　　　　　　　　　　　　　　　　　　　　（プログレス）
『わかりやすい借地借家法のポイント』（三菱 UFJ リサーチ＆コンサルティング）
『これならわかる！ Q&A55　定期借地権なるほどガイド』（PHP 研究所）
『賃貸住宅経営トラブル解決法（改訂）』（清文社）
『道路・通路の裁判例（第 2 版）』（有斐閣）
『改訂・相続の法律知識』（三菱 UFJ リサーチ＆コンサルティング）
『非常勤社外監査役の理論と実務』（大阪弁護士会・日本公認会計士協会近畿会編）（商事法務）
『借家の立退き Q&A74』（住宅新報社）

宮崎法律事務所
〒 530-0047　大阪市北区西天満 2 丁目 6 番 8 号　堂ビル 211 号室

固定資産税の③⑧のキホンと⑧⑧の重要裁判例
　　——多発する固定資産税の課税ミスにいかに対処するか！

2017 年 10 月 10 日　印刷
2017 年 10 月 20 日　発行

著　者　宮崎　裕二 ©

発行者　野々内邦夫

発行所　株式会社プログレス　　〒 160-0022　東京都新宿区新宿 1-12-12
　　　　　　　　　　　　　　　電話 03(3341)6573　FAX03(3341)6937
　　　　　　　　　　　　　　　http://www.progres-net.co.jp　E-mail: info@progres-net.co.jp

＊落丁本・乱丁本はお取り替えいたします。　　　　　　　　　　　モリモト印刷株式会社

本書のコピー，スキャン，デジタル化等の無断複製は著作権法上での例外を除き禁じられています。本書を代行業者等の第三者に依頼してスキャンやデジタル化することは，たとえ個人や会社内での利用でも著作権法違反です。

ISBN978-4-905366-68-3　C2033

http://www.progres-net.co.jp

ザ・信託
信託のプロをめざす人のための50のキホンと関係図で読み解く66の重要裁判例

弁護士 **宮崎 裕二 著**　　■A5判・540頁 ■本体5,000円+税

《信託》ビジネスに成功するための必携の書！！

認知症対策としての財産管理に，また，相続対策の有効な手段として，いまや《信託》の知識は必要不可欠です。さらに《信託》の実務では，委託者・受託者・受益者等の間で様々な法律トラブルが発生しがちであり，《信託》をめぐる66の重要な裁判例すべてに【関係図】を掲げて詳細に解説しています。

Q&A
《重要裁判例にみる》
私道と通行権の
法律トラブル解決法

弁護士 **宮崎 裕二 著**　　■A5判・368頁 ■本体4,200円+税

土壌汚染をめぐる重要裁判例と実務対策
土壌汚染地の売買契約条文と調査・処理の実際

弁護士 **宮崎裕二** ／ 不動産鑑定士 **森島義博** ／ 技術士[環境] **八巻 淳**
■A5判・260頁　■本体3,000円+税

不動産取引における
心理的瑕疵の裁判例と評価
自殺・孤独死等によって、不動産の価値はどれだけ下がるか？

宮崎　裕二	（弁護士・宮崎法律事務所）
仲嶋　　保	（不動産鑑定士・堂島総合評価システム株式会社）
難波　里美	（不動産鑑定士・株式会社難波不動産鑑定）
髙島　　博	（不動産鑑定士・株式会社谷澤総合鑑定所）

■A5判・200頁　■本体2,000円+税

いわゆる《事故不動産》をめぐる多くの裁判例を詳解するとともに，賃貸・売買市場での取引実態を解明し，心理的瑕疵による減価率の査定手法を具体例をあげて解説した初めての書。